Der Mensch des 19. Jahrhunderts

Der Mensch des 19. Jahrhunderts

Herausgegeben von
Ute Frevert und Heinz-Gerhard Haupt

Campus Verlag
Frankfurt/New York

Übersetzungen: Aus dem Französischen von Rüdiger Hentschel (Kapitel 13), Monika Noll (Kapitel 3), Bettina Schmidt (Kapitel 4), Bodo Schulze (Kapitel 8) und Josef Winiger (Kapitel 1), aus dem Italienischen von Gesa Schröder (Kapitel 12) und Andreas Simon (Kapitel 5), aus dem Niederländischen von Dieter Maenner (Kapitel 9) und aus dem Englischen von Günther Mulder (Kapitel 2).

CIP-Titelaufnahme der Deutschen Bibliothek

Der Mensch des 19. Jahrhunderts / hrsg. von Ute Frevert und Heinz-Gerhard Haupt. [Übers.: Aus dem Franz. von Monika Noll…, aus dem Ital. von Gesa Schröder und Andreas Simon, aus dem Niederländ. von Dieter Maenner und aus dem Engl. von Günther Mulder]. – Frankfurt/Main ; New York : Campus Verlag, 1999
ISBN 3-593-36024-1

Umschlaggestaltung: Atelier Warminski, Büdingen
Umschlagmotiv: Akg, Berlin
Satz: TypoForum, Singhofen
Druck und Bindung: Druckhaus Beltz, Hemsbach
Gedruckt auf säurefreiem und chlorfrei gebleichtem Papier.
Printed in Germany

Inhalt

Einführung
Der Mensch des 19. Jahrhunderts
Ute Frevert, Heinz-Gerhard Haupt
9

Kapitel 1
Der Arbeiter
Vincent Robert
19

Kapitel 2
Unternehmer und Manager
Youssef Cassis
40

Kapitel 3
Der Ingenieur
Sylvie Schweitzer
67

Kapitel 4
Der Arzt
Oliver Faure
86

Kapitel 5
Die Gläubige
Michela de Giorgio
120

Kapitel 6
Das Dienstmädchen
Gunilla-Friederike Budde
148

Kapitel 7
Die Lehrerin
Claudia Huerkamp
176

Kapitel 8
Der Staatsbürger
Gérard Noiriel
201

Kapitel 9
Der Migrant
Frank Caestecker
228

Kapitel 10
Großstadtmenschen
Friedrich Lenger
261

Kapitel 11
Der Künstler
Ute Frevert
292

Kapitel 12
Der Adlige
Giovanni Montroni
324

Kapitel 13
Der Bauer
Heinz-Gerhard Haupt,
Jean-Luc Mayaud
342

Literaturhinweise
359

Autorinnen und Autoren
371

Einführung

Der Mensch des 19. Jahrhunderts

Ute Frevert, Heinz-Gerhard Haupt

Das 19. Jahrhundert wird von europäischen Historikern gern als ›langes Jahrhundert‹ beschrieben, das bereits im späten 18. begann und erst im frühen 20. Jahrhundert endete. Die zeitlichen Eckdaten lassen sich sogar noch genauer benennen: 1789, das Jahr der Französischen Revolution, markiert den Anfang, 1914, der Ausbruch des Ersten Weltkriegs, den Abschluß.

Für diese großzügige Periodisierung, die sich nicht an kalendarische Zeitvorgaben hält, spricht viel. Schon Zeitgenossen hatten den Eindruck, daß der Sturm der Bastille und die darauf folgenden dramatischen Veränderungen der politischen und gesellschaftlichen Verfassung Frankreichs in ganz Europa den Beginn eines neuen Zeitalters einläuteten. Und auch der Erste Weltkrieg wurde vielerorts als Zeitenwende wahrgenommen. »Das bürgerliche Zeitalter ist dahin«, schrieb Kurt Tucholsky 1920, »was jetzt kommt, weiß niemand.«

Das bürgerliche Zeitalter zwischen 1789 und 1914 war ein europäisches Zeitalter, und dies in zweifacher Hinsicht. Zum einen erreichte Europa den Zenit seiner wirtschaftlichen, politischen und kulturellen Macht. Zum anderen waren die Innovationen und Entwicklungen, die Menschen während dieser Zeitspanne ebenso in Gang setzten wie erlitten, europaweit spür- und erfahrbar. Kaum ein Land, kaum eine Region konnte sich diesen Entwicklungen entziehen, alle waren mittelbar oder unmittelbar, früher oder später daran beteiligt.

In diesem Sinne tragen bereits die Eckdaten einen europäischen Charakter. Der Erste Weltkrieg begann und endete in Europa, alle wichtigen europäischen Mächte waren daran beteiligt. Auch die Revolution von

1789 wirkte weit über Frankreichs Grenzen hinaus, entweder in der Form eines direkten Exports, einer indirekten Kopie oder als Horrorszenario, von dem man sich bewußt abzusetzen suchte. Selbst in Ländern wie Großbritannien oder den Nachfolgestaaten des Heiligen Römischen Reichs Deutscher Nation, wo sich die Verhältnisse weniger rasch und radikal wandelten, galt 1789 als historisches Ereignis ersten Ranges, als Wendepunkt von gesamteuropäischer Ausstrahlung. Sicher waren nicht alle Beobachter mit dem einverstanden, was im revolutionären Frankreich vor sich ging: Konservative Strömungen spielten im ganzen 19. Jahrhundert eine wichtige gegenrevolutionäre Rolle. Doch auch sie bezogen sich, wenngleich negativ-abwehrend, auf das, was die Revolution neu in die Welt getragen hatte: das Bekenntnis zu universalen Menschen- und Bürgerrechten, die Freiheit des Individuums von geburtsständischen Beschränkungen, die Teilnahme der Bürger am politischen Prozeß, die Souveränität der Staatsbürger-Nation, die Bindung der Regierung an eine Verfassung.

Es waren aber nicht nur politische Freiheiten, die die Revolution den Menschen – zunächst nur den Männern – versprach und verschaffte. Auch die Befreiung von wirtschaftlichen und sozialen Zwängen gehörte zum innovativen Programm. Daß Menschen, unabhängig von ihrer sozialen Herkunft, ihre Berufe frei wählen konnten, daß sie Land erwerben und das Land verlassen konnten, wenn es ihnen beliebte (und sie dazu finanziell in der Lage waren), daß sie ihren Wohnsitz dort nehmen durften, wo sie wollten – all das waren Errungenschaften, die sich auch außerhalb Frankreichs allmählich verbreiteten. Hatten die Aufklärungsphilosophen des 18. Jahrhunderts die geistige Mündigkeit des Menschen eingefordert und ausgerufen, setzten die revolutionären und reformerischen Bewegungen des späten 18. und frühen 19. Jahrhunderts den Menschen als Wirtschaftssubjekt frei.

Damit erleichterten und ermöglichten sie eine Entwicklung, die in fast allen europäischen Ländern im Verlauf des 19. Jahrhunderts – mal früher, mal später – einsetzte und die Lebensverhältnisse der Menschen mit rasanter Geschwindigkeit umkrempelte: die Industrialisierung. Binnen weniger Jahrzehnte führte sie eine grundlegende Veränderung der Wirtschaftsweise sowie ein atemberaubendes Wachstum der Wirtschaftstätigkeit herbei. Vor allem das produzierende Gewerbe (Bergbau, Industrie, Handwerk) vermochte sein Produktionsvolumen um ein Vielfaches zu steigern. Neue maschinelle Produktionstechniken, kapitalistisch organisiert, traten an die Stelle alter, vorwiegend auf Handarbeit beruhender Herstellungsweisen; ihr Einsatz hatte einen enormen Anstieg der Produktivität zur Folge. Zugleich expandierte der Absatzmarkt für gewerblich-industrielle Erzeugnisse, so daß immer mehr Arbeitskräfte eingestellt werden konnten. Fand die übergroße Mehrheit der Menschen zu Beginn des 19. Jahrhunderts noch in der Landwirtschaft ihr Auskommen, sah dies hundert Jahre später schon anders aus: Immer mehr Frauen und Männer vertauschten ihre ländlich-agrarischen Arbeitsplätze mit städtisch-gewerblichen Tätigkeiten. In Großbritannien, dem Pionier ökonomischer Entwicklung, schritt diese Entwicklung besonders rasch voran, aber auch in Deutschland reduzierte sich der Anteil der Beschäftigten im Agrarsektor zwischen 1780 und 1914 von zwei auf ein Drittel. Kurz vor Ausbruch des Ersten Weltkriegs arbeiteten hier erstmals mehr Menschen in Industrie und Handwerk als auf der Scholle. In anderen, gewerblich weniger entwickelten Gesellschaften – zu denken ist an Frankreich, Italien und Spanien, aber auch an die mittel- und osteuropäischen Verhältnisse – prägten weiterhin das Land und die Landwirtschaft Lebens- und Arbeitsverhältnisse der Mehrheit der Bevölkerung. Der Kleinbauer war dort die dominante Sozialfigur.

Dennoch war der Mensch des 19. Jahrhunderts immer häufiger ein Industriearbeiter – oder auch eine Arbeiterin. Ihr Arbeitsplatz war die Fabrik, jener neue Ort gewerblicher Produktion, in dem die zeit- und kraftsparenden Maschinen aufgestellt und in Betrieb gehalten wurden. Die Arbeitsplätze in der Fabrik waren hoch arbeitsteilig organisiert – auch wenn das Zeitalter des Fließbandes erst im 20. Jahrhundert anbrach. Anders als der alte Handwerksbetrieb beschäftigten Fabriken in der Regel viele Menschen; sie konzentrierten die Arbeiter und unterwarfen sie einer völlig neuen, ungewohnten Zeit- und Arbeitsdisziplin.

Die Fabrik – das war nicht nur der Raum, in dem Männer und Frauen, anfangs auch Kinder bis zu 14 Stunden täglich für einen meist kargen Lohn schufteten. Es war auch der Ort, an dem sie eine neue Form sozialer Herrschaft und Abhängigkeit kennenlernten. Standen sie doch am untersten Ende einer wohlgegliederten Statuspyramide, an deren Spitze der Fabrikherr thronte. Er hatte, zumal in der ersten Phase der Industrialisierung, das Unternehmen gegründet und aufgebaut; er traf alle Entscheidungen über die Entwicklung der Firma – und über das Wohl und Wehe seiner Arbeiter und Angestellten. Die Dauer der Beschäftigung, die tägliche und wöchentliche Arbeitszeit, die Höhe des Lohnes sowie die Reglements, die die

Arbeitsabläufe ordneten – all das lag in seiner Hand und wurde von oben nach unten durchgesetzt. Erst ganz allmählich mußten sich Unternehmer daran gewöhnen, daß ihre Arbeiter möglicherweise andere Vorstellungen hegten und diese auch zum Ausdruck brachten.

Die Fabrik war schließlich auch der Raum, in dem Arbeiter neue, bislang ungewohnte Formen der Kooperation und Solidarität lernten und in Arbeitskämpfen ausprobierten. Das 19. Jahrhundert war, vor allem in Mitteleuropa, die Zeit großer, langer und blutiger Streiks, mit deren Hilfe Arbeiter ihre Forderungen durchzusetzen suchten. Mächtige Gewerkschaften entwickelten sich (in Deutschland und Frankreich) allerdings nicht vor dem letzten Drittel des 19. Jahrhunderts, und Tarifverträge gab es erst im 20.

Je deutlicher sich die europäischen Gesellschaften des 19. Jahrhunderts von Agrar- zu Industriegesellschaften wandelten, desto stärker wuchs das soziale Prestige der Unternehmer und Wirtschaftsbürger. Zuerst und am nachhaltigsten in Großbritannien, später auch auf dem Kontinent gewannen sie Zugang zur sozialen und politischen Elite ihres Landes. Selbst wenn der Adel – vor allem in Deutschland und Italien – nach wie vor die dominierende soziale Schicht bildete und die höchsten Positionen im Staat besetzte, gelang es den wirtschaftsbürgerlichen Gruppen – Fabrikanten, Bankiers, Großkaufleuten, Managern – immer erfolgreicher, sich mit dieser Schicht zu verbinden und vielfältige Allianzen – von der Heirat bis zur Politik – mit ihr einzugehen.

Den Ruf der genialen Erfinder und wagemutigen Initiatoren, den sich (manche) Unternehmer gerade in der Frühzeit der Industrialisierung erworben hatten, mußten sie allerdings bald an die Techniker und Ingenieure abgeben. In dieser Berufsgruppe, die im Verlauf des 19. Jahrhunderts an Zahl ebenso wie an Selbstbewußtsein stetig wuchs, bündelten sich die kreativen Energien der Epoche. Hier wurde erfunden und experimentiert, verfeinert und verbessert, patentiert und angewandt. Der Ingenieur galt im Verein mit dem Naturwissenschaftler als Prototyp des Fortschrittsmenschen, der mit den Mitteln der modernen Forschung und des Experiments die permanente Innovation zu seinem Leitmotiv erhob.

In den Sog dieser unaufhaltsamen Verwissenschaftlichung geriet auch der altehrwürdige Beruf des Arztes. Er gewann im Verlauf des 19. Jahrhunderts ein ausgesprochen wissenschaftliches Profil und rechtfertigte damit seine berufliche Kompetenz. Ähnlich wie der Rechtsanwalt sicherte er sich auf diese Weise einen Expertenstatus, den er so nie zuvor besessen hatte.

Mußte er noch im frühen 19. Jahrhundert mit allen möglichen Heilern und Gesundheitspraktikern konkurrieren, stand er hundert Jahre später unangefochten an der Spitze der medizinischen Hierarchie. Sein Wort hatte Gewicht und mußte nicht mehr durch Tricks und Winkelzüge gegen andere Anbieter auf dem Gesundheitsmarkt durchgesetzt werden. Zu dieser Aufwertung trugen nicht nur die erhöhte wissenschaftliche Qualität seiner Ausbildung und die Erfolge der Medizin bei der Diagnose und allmählich auch bei der Therapie von Krankheiten bei. Hinzu trat ein gesteigertes Gesundheitsbewußtsein der Menschen. Gesundheit wurde zunehmend als ein Gut aufgefaßt, das einerseits kostbar und entscheidend für individuellen Erfolg und Glücksempfinden war, andererseits aber auch aktiv bewahrt und hergestellt werden mußte. Krankheiten galten je länger, desto weniger als gottgesandtes Schicksal, dem man sich ergeben zu beugen hatte. Vielmehr wuchs im Zeichen von Fortschrittsoptimismus und Machbarkeitsglauben die Erwartung, eine gesunde und hygienische Gesellschaft ohne Seuchen und Massensterblichkeit schaffen zu können. Der klinisch ausgebildete und mit einem wissenschaftlichen Sendungsbewußtsein ausgestattete Arzt sollte diese Gesellschaft auf den Weg bringen.

Der Glaube an die individuelle Gestaltbarkeit der Zukunft prägte jedoch keineswegs die ganze Gesellschaft. Der Triumphzug der Naturwissenschaften erreichte längst nicht alle Regionen und sozialen Gruppen. Breite Schichten der Bevölkerung verließen sich nicht (nur) auf die Ratschläge professioneller Experten, sondern suchten Trost und Hilfe bei traditionellen Verfahren, Instanzen und Institutionen. Das 19. Jahrhundert, oft als Zeitalter der Säkularisierung und Rationalisierung bezeichnet, erlebte im Gegenzug auch einen neuen Aufschwung des Wunderglaubens. Marienerscheinungen zogen in vielen europäischen Ländern Unmengen von Gläubigen an; Herz-Jesu-Kulte fanden dank der neuen Kommunikationstechniken ein schnell wachsendes Publikum. Dieses Publikum war überwiegend weiblich; Frauen jeglichen Alters zählten zu den beständigsten Jüngerinnen der Kirche. Während Männer sich zunehmend von den kirchlichen Formen der Frömmigkeit distanzierten, blieben Frauen ihnen treu; darüber hinaus suchten sie neue Wege, ihren Glauben zu bezeugen und die konfessionelle Gemeinschaft zu bekräftigen. Dazu gehörten kollektive Wallfahrten ebenso wie kirchliche Sozialarbeit, individuelles Gebet ebenso wie Familienandachten. Im Katholizismus nicht anders als bei Protestanten und Juden war das Haus, die

Familie der erste und bedeutendste Ort, an dem Frömmigkeit eingeübt und praktiziert wurde. Die Feminisierung der Familie und die Feminisierung der Religion gingen hier Hand in Hand.

Zugleich öffnete die Religion Frauen jedoch auch das Tor zur Öffentlichkeit, zur Vergemeinschaftung mit anderen Menschen. Sie sprengte die engen Grenzen der Familie – Grenzen, die im 19. Jahrhundert mit seinem ausgeprägten Privatheits- und Familienkult weitaus enger gezogen wurden als früher. Die Familie, so sah es die herrschende Meinung, sollte ein abgeschlossener Ort sein, eine Art Hortus clausus, in dem die wahren menschlichen Tugenden genährt und gepflegt wurden, ohne von den Zwängen und Gefahren der Außenwelt berührt zu werden. Ihren Mittelpunkt bildete die Frau, die Kinder und Gatten selbstlos liebend umsorgte und eigene Bedürfnisse zurückstellte. Selbst wenn dieses Familienideal nur selten verwirklicht wurde und vor allem den ländlichen und städtischen Unterschichten fremd blieb, übte es doch bis ins Kleinbürgertum hinein eine große Faszination aus. Der bürgerliche Lebensstil, der sich im 19. Jahrhundert normsetzend entfaltete und verbreitete, war ohne die bürgerliche Familie mit ihrer glasklaren, sogar in psychische Dimensionen verlagerten Arbeitsteilung zwischen Erwerbs-Mann und Haus-Frau nicht denkbar.

Nicht denkbar war er aber auch ohne Dienstmädchen. Jede Familie, die es sich irgend leisten konnte, hielt sich im 19. Jahrhundert eine »Perle«, mit steigendem Einkommen sogar mehrere. Das Dienstmädchen war Ausweis bürgerlicher Wohlhabenheit und Respektabilität; es bezeugte den Anspruch einer Familie, zum oberen Segment der Gesellschaft zu gehören. Die Haus-Frau entlastete es von körperlicher Arbeit und stellte sie für Koordinations- und Repräsentationsaufgaben frei. Zugleich eröffnete es ihr die Möglichkeit, selber ›Herrschaft‹ zu sein und auszuüben. Diese Herrschaft war im 19. Jahrhundert kaum normiert und schwer zu kontrollieren. Ebenso wie im ländlichen Bereich unterstanden städtische Dienstmädchen in Deutschland bis 1918 einem Gesinderecht, das ihre Freizügigkeit und Ansprüche extrem beschnitt und sie in einem Zustand der Unfreiheit hielt, der eher vormodern-ständischen als modern-bürgerlichen Verhältnissen entsprach.

Andererseits bot der Beruf des Dienstmädchens vielen jungen Frauen aus unbemittelten Familien eine Chance, Geld zu verdienen und Kenntnisse zu erwerben, die ihnen später, bei der Gründung einer eigenen Familie, nützlich sein konnten. Selbst wenn die Ausstattung eines bürgerlichen Haushalts und die dafür notwendigen Qualifikationen nicht umstandslos auf Arbeiterhaushalte übertragen werden konnten, blieben die dort erfahrenen mentalen und sozialen Prägungen weiterhin spürbar. Das Dienstmädchen überbrückte gleichsam in eigener Person zwei soziale Welten, die sich ansonsten relativ scharf voneinander schieden.

War die Existenz als Dienstmädchen ausschließlich für junge Mädchen und Frauen aus der städtischen und ländlichen Arbeiterbevölkerung attraktiv, eroberten Töchter aus bürgerlichen Familien im 19. Jahrhundert nach und nach den Lehrberuf. Eigentlich dazu ausersehen, nach der Schulzeit auf einen passenden Ehemann zu warten, zogen es immer mehr »höhere Töchter« vor, eine Ausbildung zur Lehrerin zu absolvieren. Dabei kam ihnen der massive Ausbau des Schul- und Bildungswesens entgegen, mit dem die europäischen Staaten den Alphabetisierungsgrad ihrer Bevölkerungen zu erhöhen suchten. Der Mensch des 19. Jahrhunderts – er konnte lesen, schreiben und rechnen und hatte zumindest eine Elementarschule besucht. Überdies kamen nicht nur Jungen in den Genuß schulischer Bildung, sondern zunehmend auch Mädchen. Allerdings trennten sich die Wege, sobald weiterführende und berufsbildende Schulen in Frage standen. Letztere waren in der Regel Schülern männlichen Geschlechts vorbehalten, ebenso die Universitäten. Damit blieben Frauen auch die prestigereichen akademischen Berufe versperrt. Allerdings gelang es, vor allem über den Umweg der Lehrerinnen-Bildung, diese Beschränkungen nach und nach zu durchlöchern, bis sie im 20. Jahrhundert endgültig aufgehoben wurden.

Nicht zufällig gehörten Lehrerinnen zu den Vorkämpferinnen der Frauenemanzipation; sie waren in der Frauenbewegung, die sich in der zweiten Hälfte des 19. Jahrhunderts fast überall zu formieren begann, stark vertreten. Beflügelt von dem Versprechen der modernen bürgerlichen Gesellschaft, alle ständischen Privilegien und Restriktionen zu bannen und Menschen die Möglichkeit zu geben, ihre Fähigkeiten und Leistungen ungehindert zu entfalten, forderten sie diese Freiheit auch für Frauen. Die Widerstände, die ihnen dabei entgegentraten, bezeugen sinnfällig, wie stark das 19. Jahrhundert in seiner Individualisierungs- und Modernitätsbewegung entlang der Geschlechterlinie »halbiert« war. Nur sehr langsam gelang es, diese Widerstände zu überwinden und Frauen in das Projekt der Moderne einzuschließen.

Am unerbittlichsten formierte sich der Widerstand gegen die politische Gleichberechtigung beider Geschlechter. Signalisierten die europäischen Gesellschaften nach langem Feilschen in Bildungs- und Berufsfragen allmählich Entgegenkommen, hielten sie die Tore zur staatsbürgerlichen Partizipation fest geschlossen. Staatsbürger – das konnten in allen europäischen Gesellschaften des 19. Jahrhunderts nur Männer sein. Allerdings kamen längst nicht alle Männer in den Genuß jenes Status. Um das allgemeine und gleiche Männerwahlrecht mußte hart gerungen werden; Abstufungen nach Seßhaftigkeit, Vermögen oder Steuerleistung blieben weithin üblich. Gerade sie aber heizten den Wunsch nach breiter politischer Teilnahme an – einer Teilnahme, die sich nicht nur in Wahlen äußerte, sondern auch in parteipolitischem und Vereinsengagement. Politik wurde im 19. Jahrhundert nicht mehr nur in Kabinetten und Ministerrunden gemacht. Sie fand auch – und zwar in zunehmendem Maße – auf der Straße, im Wirtshaus, in der Presse, in Parteiversammlungen statt. Staatsbürger zu sein hieß, daran teilzunehmen, sich einzumischen – für das Gemeinwohl, aber auch und immer mehr für die eigenen, sozial- und milieuspezifischen Interessen.

Zuweilen geboten es diese Interessen, die Staatsbürgerschaft abzulegen und auszuwandern. Das 19. Jahrhundert war eine Epoche massiver Migrationen. Millionen Menschen verließen ihre Heimat und ihr Land, um anderswo bessere Lebensbedingungen oder mehr religiöse und politische Freiheit zu suchen. Frankreich wurde zum Refugium polnischer Flüchtlinge, die der Russifizierung entgehen wollten; Deutschland nahm viele polnische und russische Juden auf, die vor den Pogromen Osteuropas flohen. Zugleich warb die Industrie polnische und böhmische Arbeitskräfte an. Andererseits wanderten Millionen Deutsche, Polen, Italiener, Iren nach Amerika aus, wo sie sich günstigere Zukunftsaussichten und freiere Entwicklungsmöglichkeiten erhofften.

Mobilität fand aber auch innerhalb nationaler Räume statt. Menschen zogen, immer auf der Suche nach Arbeitsplätzen und Verdienstchancen, von Region zu Region, von Stadt zu Stadt und – vor allem – vom Land in die Stadt. Lebte zu Beginn des 19. Jahrhunderts noch die weit überwiegende Mehrheit der Bevölkerung auf dem Land, waren die Landgemeinden hundert Jahre später in großen Teilen West- und Mitteleuropas in die Minderheit gerückt. In Deutschland etwa stieg der Anteil der städtischen Bevölkerung zwischen 1871 und 1910 von 36 auf 60 Prozent. Dabei legten vor allem die Großstädte zu. Sie erwiesen sich je länger, desto mehr als Magneten des Bevölkerungszuzugs und damit als Experimentierräume moderner Lebensstile.

Der Mensch um 1900: Er war, anders als der um 1800, immer häufiger ein Großstadtmensch. Als solcher sah er sich mit Herausforderungen konfrontiert, die in ländlichen Gegenden, aber auch in Kleinstädten noch weithin unbekannt waren: mit den Segnungen moderner Technik (Elektrizität, Verkehr, Kanalisation) ebenso wie mit den Risiken großer, allzu schnell gewachsener Agglomerationen, mit den Angeboten einer boomenden Freizeitindustrie ebenso wie mit den Gefahren neuer Geschwindigkeiten und Massenkommunikationsmittel.

Eben diese Ambivalenzen, in denen sich die Chancen und Risiken der Moderne verdichteten, machten die Großstadt zum bevorzugten Gegenstand literarischer und künstlerischer Reflexionen. Faszination und Kritik hielten sich dabei ungefähr die Waage. Konnte doch die Entfremdung des modernen Menschen an diesem Sujet ebenso dargestellt werden wie seine Freisetzung von einschnürenden Fesseln der Tradition, des Herkommens, des Kollektivs. Gerade Künstler – die in der Regel selber in Großstädten lebten – waren für solche Ambivalenzen empfänglich und kannten sie oft aus eigener, ästhetisch zugespitzter Erfahrung. Manchmal antworteten sie mit prononcierten Gegenentwürfen oder empfahlen Kunst als Medium der Weltverbesserung. Stärker verbreitet aber war die Einstellung, Kunst als Gegenstand individueller Produktion und Aneignung zu betrachten. Der Künstler wurde damit zum Individualisten schlechthin, in dem die Modernität der Epoche besonders deutlich zum Ausdruck kam.

Schöpferisch, dynamisch, innovativ, bindungslos, urban, marktabhängig, männlich – mit diesen Eigenschaften deckte der moderne Künstler einen Großteil jener Charakteristika ab, die der neue Mensch des 19. Jahrhunderts sein eigen nannte. Zugleich aber konnten Künstler auch Zauberer, Magier sein, deren Werke den Betrachter entrückten, erhoben, verstörten oder in eine Sphäre religionsähnlicher Anbetung versetzten. Gerade die Fähigkeit der Kunst, elementare anthropologische Situationen und Bedürfnisse zu reflektieren und auszudrücken, verlieh ihr in einem Jahrhundert, das sich von diesen elementaren Zuständen immer schneller und bewußter entfernte, eine besondere Kraft und Bedeutung.

Der Mensch des 19. Jahrhunderts: Er lebte unter verschiedenen Bedingungen, arbeitete und wohnte an unterschiedlichen Orten, dachte und fühlte, träumte und hoffte auf mannigfache Weise. Trotz dieser Vielfalt unterschied er sich in einem Punkt grundsätzlich von seinen Vorfahren wie von seinen Kindern und Enkelkindern: Seine Lebenssituation und Lebensperspektive waren weitaus stärker von seiner sozialen und ökonomischen Stellung in der Gesellschaft bestimmt als vorher und nachher. Tradierte Symbole und Rituale, rechtliche Privilegien und Festschreibungen verloren für ihn an Bedeutung. Man hat diese Besonderheit des 19. Jahrhunderts mit dem Begriff der Klassengesellschaft belegt und damit zu Recht auf Eigentum und Beruf, Kompetenz und rechtliche Gleichheit abgehoben, die individuelle männliche Lebenslagen maßgeblich prägten. Die vorliegende Gliederung des Bandes nach sozialen und Berufsgruppen trägt diesem Charakteristikum des Jahrhunderts Rechnung. Selbst wenn – wie bei der Gläubigen und beim Künstler – jene Grundierung in Frage gestellt wird, unterstreicht dies deren Stärke gleichsam ex negativo.

Der Mensch des 19. Jahrhunderts – er war männlich und weiblich, alt und jung, städtisch und ländlich, arm und reich, religiös und weltlich, abhängig und selbständig, mächtig und ohnmächtig, in Bewegung und bei sich, europäisch, national, lokal. Man könnte sich zahlreiche weitere Kennzeichen vorstellen und um ihre Ausleuchtung bitten. Als unmöglich hat es sich erwiesen, die europäische Sichtweise konsequent und allumfassend an jedes Thema heranzutragen. Die meisten Texte konzentrieren sich auf ein oder zwei (in der Regel west- und mitteleuropäische) Länder, werfen allenfalls Seitenblicke auf andere nationale Prägungen.

Vorgelegt wird schließlich ein Buch, das den wichtigsten Neuerungen und Veränderungen, die Menschen im Europa des 19. Jahrhunderts erfuhren, nachspürt. Daß die Wirklichkeit unendlich vielfältiger, verwobener und komplizierter war, als diese Perspektive einfangen kann, ist dabei selbstverständlich: »Der Mensch« des 19. Jahrhunderts existiert nicht.

Kapitel 1

Der Arbeiter

Vincent Robert

»Unsere Industrie- und Handelsgesellschaft hat ihre offene Wunde, wie jede andere Gesellschaft auch; diese offene Wunde sind ihre Arbeiter. Keine Fabriken ohne Arbeiter, und keine Ruhe für die Gesellschaft mit einer ständig wachsenden und ständig notleidenden Arbeiterbevölkerung. Nehmt den Handel hinweg, und unsere Gesellschaft siecht dahin, steht still, stirbt; belebt, vermehrt, entwickelt den Handel, und ihr vermehrt damit eine proletarische Bevölkerung, die von der Hand in den Mund lebt und beim geringsten Mißgeschick völlig ohne Unterhalt ist.«

Die Konsequenzen aus dem Lyoner Arbeiteraufstand vom November 1831, die der Pariser Publizist Saint-Marc Girardin unter dem frischen Eindruck der Ereignisse im hochangesehenen *Journal des Débats* zog, erregten großes Aufsehen. Etwas Unerhörtes war geschehen: Unter der schwarzen Fahne des Elends und mit der Parole *Vivre en travaillant ou mourir en combattant!* (Arbeitend leben oder kämpfend sterben) hatten die Seidenarbeiter Armee und Nationalgarde besiegt und waren einige Tage lang die unumschränkten Herren der zweitgrößten Stadt Frankreichs gewesen. Der berühmte Text, der die Zeitgenossen durch seine Direktheit schockierte, bewirkte seinerzeit sehr viel mehr als siebzehn Jahre später das *Manifest der kommunistischen Partei*, und seine Sätze dröhnten den Bürgern noch lange in den Ohren: »Die Barbaren, welche die Gesellschaft bedrohen, sind nicht im Kaukasus oder in den Steppen der Tatarei, sie sind in den Vororten unserer Industriestädte.«

Arbeiter hatte es immer schon gegeben; die industrielle Revolution hatte lediglich ihre Zahl erhöht, wenn auch in gewaltigem Ausmaß. Aber bisher waren sie in der Masse der städtischen Habenichtse untergegangen, die man normalerweise wenig ernst nahm und von denen man glaubte, sie seien im Fall von größeren revolutionären Umwälzungen leicht beeinflußbar oder gar manipulierbar, ganz gleich in welchem Lager: In Frankreich konnten sie die jakobinische Konvention unterstützen und 1793 die bedrohte Revolution verteidigen, in England hingegen um dieselbe Zeit »für Kirche und König« marschieren. Plötzlich erschienen sie nun mit einer gefährlichen Individualität, einer bedrohlichen Selbständigkeit. Arbeiter, Fabrikarbeiter, Proletarier erhoben sich da ohne bürgerliche Anführer, ohne eigentlich politische Forderungen. Schlimmer noch: Sie bewiesen eine Art Ordnung, die unheimlicher war als alle Unordnung und Krawalle, weil man darin die bedrohliche Möglichkeit einer anderen Gesellschaft erblickte. In ganz Europa sollten fortan Aufmärsche, Revolutionstage, städtische Aufstände, Streiks und deren Niederschlagung die Gestalt des Arbeiters größer erscheinen lassen, gleichsam als Schlagschatten der industriellen Revolution, bis er am Ende des Jahrhunderts, weibliche Allegorien wie Marianne oder Liberté verdrängend, zum Symbol der sozialen Revolution wurde, das die einen mit Angst, die anderen mit Hoffnung erfüllte. Muß eigens betont werden, daß für jemanden, der heute das Porträt des Arbeiters des 19. Jahrhunderts zeichnen will, diese mythische Dimension eine nicht geringe Schwierigkeit darstellt?

Mit Barbaren sind Menschen gemeint, die man wegen ihrer Kraft fürchtet und wegen ihrer Unkultiviertheit verachtet. Etymologisch sind es auch die, die man nicht versteht, und das traf ganz auf die Arbeiter zu. Denn vom Leben und Sterben, von der Kultur der unteren Bevölkerungsschichten der Städte, aus denen die Gestalt des Arbeiters heraustrat, wußte man damals in der bürgerlichen »Mittelklasse« von Industriellen und Geschäftsleuten so gut wie überhaupt nichts. Nur zwei Beispiele: Obwohl sie in den Industriegebieten wohnten, gingen vielen wohlmeinenden Briten buchstäblich erst die Augen auf, als eine Öffentlichkeitskampagne, die sich größtenteils auf Aussagen der Arbeiter selbst stützte, Anfang der 1830er Jahre die Greuel der Kinderarbeit anzuprangern begann. Wie Benjamin Disraeli etwas später schrieb, regierte Victoria nicht über eine, sondern über »zwei Nationen, die über die Gebräuche, Gedanken und Gefühle der jeweils anderen so wenig wissen, als wohnten sie auf zwei verschiedenen Planeten« (*Sybil oder Die beiden Nationen*. 1. Buch, 5. Kapitel). Und um dieselbe Zeit sahen in Frankreich alle wohlhabenden Städter die Aufmärsche der Handwerksburschen. Doch niemand hatte die geringste Ahnung, was die erhobenen Stöcke und die wallenden Bänder bedeuteten; es hatte sie auch niemand beschrieben, bis 1840 das *Livre du compagnonnage* eines gewissen Agricol Perdiguier erschien, eines Schreinergesellen und Verkünders eines neuen Arbeitertums.

Nun begann ein regelrechtes Entdecken einer unbekannten Welt. Zu Beginn der 1830er Jahre machten erste Berichte bewußt, daß auf dem Kontinent etwas um sich griff, was England schon eine Generation lang kannte und was bald den Namen »industrielle Revolution« erhalten sollte: maschinelle Produktion, Dampfmaschine, technischer Fortschritt, und damit einhergehend eine Bereicherung der Nationen, ein Anwachsen der Zahl der Arbeiter, ihre Konzentration auf bestimmte Gebiete – unerklärlicherweise auch eine wachsende Massenarmut.

Das sehr schwarze Bild, das die ersten Berichterstatter vom Arbeiterdasein vermitteln, zeichnete für lange Zeit, mindestens für zwei Generationen, die Gestalt des Proletariers. Doch wir dürfen nicht einfach für bare Münze nehmen, was sie sagten, denn sie entwarfen zwar ein eindrucksvolles Bild des Arbeiters und der Arbeiterin, doch sie betonten dabei einseitig die neueste Erscheinung, den von der Maschine versklavten Textilarbeiter. Das Leben der Arbeiter in anderen Industriezweigen mit seiner extremen Vielfalt kannten sie kaum. Vor allem waren ihnen die Arbeiterkulturen, die sie beobachteten, fast völlig fremd; sie beschrieben sie zwar, verstanden sie aber nicht. Dazu kommt, daß die Aussagen der Arbeiter übersetzt werden mußten, denn selbst in den Städten sprach das einfache Volk nicht das Französisch, Englisch, Deutsch oder Italienisch der gebildeten Schichten, sondern Dialekte oder lokale Mundarten.

Wir müssen also versuchen, die logischen Zusammenhänge zu entschlüsseln, die den Beobachtern möglicherweise entgangen sind, und die Äußerungen, Gewohnheiten und Werte der verschiedenen Gruppen zu rekonstruieren, wenn wir verstehen wollen, wie sich in den verschiedenen Ländern die Arbeiterklasse herausbildete und wie sich der Arbeiter im Bezug zu seiner Zeit und zu den anderen gesellschaftlichen Gruppen selbst sah.

Außenansichten:
Das Arbeiterdasein in der Optik der Berichterstatter

Die 30er Jahre waren also die Zeit der ersten großen Umfragen über die Lebensbedingungen der Arbeiter, die zunächst in Frankreich und in Deutschland erschienen. Es sei hier lediglich an einige Namen erinnert: 1840 veröffentlichte der Arzt und Soziologe Louis René Villermé sein *Tableau de l'état physique et moral des ouvriers employés dans les manufactures de coton, de laine et de soie*, drei Jahre danach brachte Bettina von Arnim *Dieses Buch gehört dem König* heraus, wiederum zwei Jahre später Engels *Die Lage der arbeitenden Klassen in England*. Ob diese Untersuchungen nun spontan oder in offiziellem Auftrag durchgeführt wurden, ob ihre Autoren Sozialreformer oder, wie in einer späteren Phase, liberale Berichterstatter waren, ob sie nun anklagten oder nur beklagten, sie stützten sich immer auf zahlreiche bereits vorliegende Einzeldarstellungen, auf lokale Monographien und medizinische Bestandsaufnahmen, in England auch auf parlamentarische Untersuchungen. Gleichwohl beruhten sie alle auch auf persönlichen Nachforschungen und haben den Wert von Augenzeugenberichten. Das Bemerkenswerte an ihnen ist indessen, daß sie das Genre der Arbeiter-Enquete begründeten und die Stereotypen prägten, die von den späteren Beobachtern übernommen wurden. Woher stammt diese Zählebigkeit der Klischees, wo wir doch heute wissen, daß sich die Existenzbedingungen der Arbeiter nach dem ersten Schock der Industrialisierung und dem anfänglichen Trauma im weiteren Verlauf des Jahrhunderts allmählich verbessert hatten? Ein Grund dafür ist, daß die Ströme der notleidenden Wanderarbeiter auch in den fortgeschrittensten Gesellschaften nie wirklich versiegten, auch wenn die Elendsgestalten von immer weiter her kamen. Zudem war die Industrialisierung ein Prozeß, der nur langsam ganz Europa erfaßte und mit einer Verzögerung von 20, 30 oder 50 Jahren anderswo wieder dieselben Phänomene hervorrief, wobei er immer tiefgreifende Umwälzungen der traditionellen Gesellschaftsformen nach sich zog. Und selbst in den entwickelten Gesellschaften bestanden manchmal schockierendste Verhältnisse weiter: Die Hinterhöfe und Keller von Lille oder bestimmte Viertel von Nantes und Rouen, die schon die Beobachter der 30er Jahre mit Entsetzen erfüllt hatten, waren um 1900 immer noch bewohnt; auch der Alkoholismus grassierte um die Jahrhundertwende nicht weniger als zwei Generationen zuvor. Und die »große Depression«

der Jahre 1873–1896 brachte mitten im wohlhabenden England das längst verschwunden geglaubte Elend der Londoner Parias ans Tageslicht.

Bei den ersten Untersuchungen über die Lage der Arbeiter stand allgemein die Enthüllung des Arbeiterelends im Vordergrund, das man als »Pauperismus« bezeichnete: Die Arbeiter seien unterernährt, sie gingen in Lumpen und lebten in elenden, gesundheitsschädlichen Löchern, was ihre Wohnviertel zu Brutstätten von Epidemien mache.

Am stärksten fiel zunächst die Brutalität und relative Häufigkeit der Industriekrisen auf, die Zehntausende, manchmal Hunderttausende von Menschen in einer einzigen Stadt oder Region um Brot und Arbeit brachten. In Roubaix waren 1846/47 60 Prozent der Textilarbeiter arbeitslos, in Rouen drei Viertel. Die großen Fabriken von Berlin beschäftigten 1875 noch 70000 Arbeiter, drei Jahre später nur noch 29000. Das geringste Nachlassen der Industrietätigkeit traf die Arbeiter mit ganzer Härte. Waren sie Heimarbeiter, so sah sich ihr Auftraggeber keineswegs verpflichtet, sie mit Rohmaterial oder Arbeit zu versorgen. Waren sie Lohnarbeiter, so konnten sie von einer Stunde auf die andere eingestellt und auch wieder entlassen werden; nur wenige Unternehmen waren schon so modern, daß sie Spezialisten benötigten, bei denen sich eine Weiterbeschäftigung unabhängig von der Konjunktur lohnte, die also einen einigermaßen sicheren Arbeitsplatz hatten und einen Monatslohn bezogen. Der Arbeiter lebte in der Regel von der Hand in den Mund, was ihn in den Krisen der ersten Jahrhunderthälfte in eine verzweifelte Lage brachte: Da Industriekrisen und Agrarkrisen weitgehend aneinandergekoppelt waren, gingen sie mit einer Verteuerung des Getreides einher. In den späteren Krisen während der großen Depression 1873–1896 wurde der Verfall der Löhne zwar etwas gedämpft durch sinkende Preise, vor allem bei den Lebensmitteln. Doch nun begann sich, in Deutschland und in Großbritannien stärker als im malthusianistischen Frankreich, eine Dauerarbeitslosigkeit bemerkbar zu machen, die bislang unbekannt war oder durch die Unterbeschäftigung in den ländlichen Gebieten und die Auswanderung nach Übersee verschleiert wurde.

Wie auch immer, die ersten Berichterstatter stellten übereinstimmend fest, daß die bezahlten Löhne kaum für einen jungen unverheirateten Arbeiter zum Leben reichten. Sie waren eindeutig ungenügend für eine junge alleinstehende Arbeiterin – die Frauenlöhne betrugen die Hälfte der Männerlöhne –, die damit zur Gelegenheitsprostitution gleichsam verdammt war, ebenso ungenügend auch für alternde Arbeiterinnen oder Arbeiter, die sich an die öffentliche Wohlfahrt halten mußten. Sie reichten auch nicht für den Lebensunterhalt einer Familie, sobald diese kleine Kinder hatte. In normalen Zeiten wurde der größere Teil der verfügbaren Mittel, regelmäßig mehr als die Hälfte, oft drei Viertel, für die Nahrung aufgewandt, vor allem für Brot, natürlich Schwarz- oder Graubrot, für Kartoffeln und oder andere stärkehaltige Lebensmittel, wohl auch für Gemüse, aber selten Fleisch oder Fisch. Es war eine eintönige Nahrung aus minderwertigen, oft noch von skrupellosen Krämern oder Zwischenhändlern mit Absicht verdorbenen Erzeugnissen. Sobald die Zeiten aus irgendeinem Grund schlechter wurden, hielt der Hunger Einzug, und man mußte sich mit einem »Allerlei« aus Gaststätten- und Großküchenabfällen behelfen, mit denen in Frankreich noch Ende des Jahrhunderts gehandelt wurde. Gewiß besserten sich die Zustände mit der Zeit: Nach der Krise der Jahrhundertmitte verschwanden die großen, durch Mißernten verursachten Brotteuerungen. Der Speisezettel wurde besser und reichhaltiger, er enthielt öfter Fleisch, Milch, Früchte, Zucker, Kaffee oder Tee. Aber auch noch im wohlhabenden Frankreich der Belle Époque wußte noch jeder Arbeiter aus eigener Erfahrung, was Hungern hieß. Obwohl die Art ihrer Arbeit fast immer einen gewissen Kraftaufwand erforderte, waren nach den verfügbaren Statistiken die Arbeiter deutlich kleiner, sie wurden auch deutlich öfter als die Angehörigen der Mittelklassen von den Militärbehörden wegen körperlicher Schwäche als wehruntauglich eingestuft. Für die Aktivisten der Arbeiterbewegung blieb der Bürger allemal der vollgefressene Dickwanst.

Nach den Ausgaben für Lebensmittel blieb kaum etwas übrig für die restlichen Bedürfnisse. Nur wenig wurde für Kleidung und Wohnung ausgegeben: Die Alltagslumpen flickte man, bis sie auseinanderfielen, und nicht immer hatte man genug Wäsche zum Wechseln. Die Wohnverhältnisse waren durchweg schlecht, und je mehr die Familie wuchs, desto weniger Geld blieb für die Miete. Man mußte also umziehen, und zwar nicht in eine größere Wohnung, sondern in eine kleinere oder noch unbequemere in einem höheren Stockwerk. Oder, was in den Industriestädten und -regionen Deutschlands verbreitet war: Man nahm einen Untermieter oder »Schlafgänger«.

Die schlechten Wohnverhältnisse waren damals Gegenstand einer umfangreichen Literatur, weil man in ihnen die Ursache für pathologische Erscheinungen im Arbeitermilieu sah. Besorgnis erregten hauptsächlich drei Folgen: die mangelnde Seßhaftigkeit der Arbeiter, die Unmoral im Privatleben sowie der häufige Schenkenbesuch und der damit verbundene Alkoholismus. Da die Arbeiter nicht immer liquide waren, wechselten sie zum Leidwesen der Vermieter oft die Wohnung, manchmal zwang auch ein gerichtlicher Räumungsbefehl dazu. Die Instabilität des Wohnsitzes nahm in manchen Fällen unglaubliche Ausmaße an: Im Lyoner Arbeitervorort La Guillotière war in der Mitte des 19. Jahrhunderts nicht einmal einer von neun Haushalten zehn Jahre oder länger an derselben Adresse gemeldet, und die Seßhafteren waren entweder Seidenarbeiter oder gar keine Arbeiter; in Leeds zogen zwischen 1851 und 1861 85 Prozent der Haushaltsvorstände um, in Berlin waren 1885 weniger als die Hälfte der Wohnungen seit zwei Jahren von denselben Personen bewohnt. Diese Instabilität ist allerdings insofern zu relativieren, als sie nicht unbedingt weiträumige Wanderungsbewegungen implizierte: Man konnte trotz allem seinem Wohnviertel oder seiner Stadt treu bleiben, wie etwa jener Lyoner Weber, von dem Yves Lequin berichtet, daß er innerhalb von elf Jahren sechsmal umzog – in einem Umkreis von fünfhundert Metern!

Auf die Unmoral im Privatleben der Arbeiter schlossen die Berichterstatter aufgrund der Promiskuität in den Wohnungen, in denen oft familienfremde Personen nächtigten, aufgrund der vielen wilden oder nur standesamtlich geschlossenen Ehen, aufgrund des hohen Prozentsatzes von unehelichen Kindern und natürlich der stark verbreiteten Prostitution. Diese Schlüsse waren etwas voreilig: Es sei daran erinnert, daß uneheliche Geburten auf dem Land häufiger waren als in den Städten und die verführten jungen Bäuerinnen vielfach mit ihrer »Schande« in die Stadt zogen, freilich nicht in die wohlhabenden Viertel. Die verfügbaren Untersuchungen über die soziale Herkunft der Prostituierten zeigen, daß sie zwar hauptsächlich aus den unteren Bevölkerungsschichten kamen, doch häufiger aus dem Milieu der Dienstboten, Kleinhändler und Näherinnen als aus dem der Fabrikarbeiterinnen. Wir wissen außerdem, daß das Konkubinat dauerhaftes Zusammenleben bedeuten konnte und daß, wenn bei den Arbeitern des vergangenen Jahrhunderts häufig der Trauschein fehlte, es vielfach daran lag, daß man die Erlaubnis der Eltern nicht einholen konnte, weil man sich aus den Augen verloren hatte, oder daß die erforderlichen Papiere schwer zu besorgen waren. Außerdem wurde im anglikanischen England den religiösen Dissidenten das Heiraten nicht eben leichtgemacht, und in den deutschen Städten bestanden in der ersten Jahrhunderthälfte zahlreiche gesetzliche Restriktionen für Eheschließungen zwischen Armen. Fest steht auch, daß die früh auf sich selbst gestellten Arbeiter und Arbeiterinnen bei der Heirat jünger waren als der Durchschnitt – beim von außen kommenden Beobachter erweckte das den Eindruck von Freizügigkeit und Sittenlosigkeit.

Bei der horrenden Überbelegung der Wohnungen, die in der Mitte des Jahrhunderts häufig, aber auch gegen Ende noch längst nicht überwunden war, erstaunt es nicht, daß Schenken, Pubs oder andere öffentliche Lokale bei den Arbeitern eine große Rolle spielten. Es war der Ort, wo man die Probleme im Alkohol ertränken, vielleicht auch der Familie entfliehen konnte. Die Berichterstatter verwiesen einhellig auf den im Arbeitermilieu grassierenden Alkoholismus. Aber bis ganz zum Jahrhundertende war die Schenke auch der einzige Ort, wo man gesellschaftliche Kontakte frei pflegen konnte. Abgesehen vom recht untypischen Fall der Lyoner Seidenweber-Wohnungen, die sich für Zusammenkünfte eigneten, weil sie der Webstühle wegen hoch und ziemlich geräumig sein mußten, verfügten die Arbeiter sonst nirgends über andere Treffpunkte. Schenke, Pub oder Wirtshaus, manchmal von einem auf der schwarzen Liste der Unternehmer stehenden Aktivisten der Arbeiterbewegung geführt, waren der Sitz sämtlicher Volksvereine, Selbsthilfeorganisationen, Arbeitervereine, lange Zeit sogar der Gewerkschaften. Man versteht dadurch, wie wichtig es war, daß die Kommunen in Frankreich ab 1880 und in Italien ein Jahrzehnt spater Räume für Arbeitsbörsen zur Verfügung stellten oder die belgischen Arbeiterorganisationen *Maisons du peuple*, Volkshäuser, bauten.

Den Hauptgrund für das Elend erblickten Zeitgenossen darin, daß die Arbeiter zu früh eine Familie gründeten und unbedacht Kinder in die Welt setzten, die sie nicht in der Lage waren aufzuziehen. Die Armen sollten weniger Kinder haben: erstens, weil etwas Gewöhnung an moralische Zwänge in Sachen Fortpflanzung sich positiv auf die – natürlich als miserabel eingeschätzte – Moral der Unterschicht auswirken würde, und zweitens, weil die Leute dann sparen könnten, um für die unvermeidlichen Wechselfälle des Lebens und das Alter vorzusorgen. Hierin zeigt sich die malthusianistische Moral der herrschenden Klassen, die im Arbeitermilieu auf vehemente und prinzipielle Ablehnung stieß. Zahlreiche Anekdoten belegen, daß die Forderung als Ungeheuerlichkeit empfunden wurde. So merkt ein konservativer Lokalhistoriker der Lyoner Gegend beiläufig an, 1848 sei als neues politisches Schimpfwort lediglich

»Malthusianist« zu verzeichnen. Die sarkastischen Bemerkungen von Marx und Proudhon über die Theorien von Malthus oder das, was man darunter damals verstand, sind vielleicht diskutabel und werden den hehren Intentionen des Pastors sicherlich nicht gerecht. Aber es steht wohl außer Zweifel, daß sie mehr waren als ein Schlagabtausch zwischen Wirtschaftstheoretikern. In der Sicht der breiten Bevölkerung, vor allem des Proletariats im engeren Sinne, waren Kinder ein Reichtum und eine Sicherheit für die Zukunft: Sie begannen früh zu arbeiten, oft an der Seite der Eltern, und das Geld, das sie verdienten, besserte die Familienkasse auf. Im Alter, sofern man dieses erreichte, waren sie die einzige zuverlässige Stütze, denn für die überwältigende Mehrheit gab es keinerlei Pension, und die Renten, die von den ersten Pensionskassen ausbezahlt wurden, waren – bei den genossenschaftlichen wie den betrieblichen Kassen – so niedrig, daß sie allenfalls als Zusatzeinkommen gelten konnten. Es sollte noch bis zum Ende des Jahrhunderts dauern, bis, vor allem in Frankreich, die Arbeiterfamilien begannen, allmählich die Kinderzahl zu verringern, und die anarchistischen Intellektuellen, die einen antikapitalistischen »Neomalthusianismus« predigten, im Arbeitermilieu etwas mehr Gehör fanden.

Die Erfahrung der Arbeit

Die körperliche Arbeit, der noch der Makel der Verachtung durch die alten Eliten anhaftet, einigt zwar breite städtische Bevölkerungsschichten. Gleichwohl ist mit der Arbeitserfahrung der Arbeiter längst nicht zureichend definiert. Man sollte auch eher von Erfahrungen in der Mehrzahl reden, denn auf dem Gebiet der Arbeit ist die Vielfalt praktisch unendlich. Diese frappierende Mannigfaltigkeit der Arbeitserfahrungen führte zu unterschiedlichen Arbeiterkulturen, die die soziale und politische Vereinigung der Arbeiter erschwerten, selbst und vor allem wenn man von den Bereichen absieht, die traditionell als marginal galten. In diesen Randbereichen lebte nämlich ein bedeutender Teil, lange Zeit sogar der Hauptteil der Arbeiter: Zu ihnen gehörten die Heimarbeiter auf dem Land, die für einen städtischen Unternehmer arbeiteten; Gruben- oder Gießereiarbeiter, die halbtags beschäftigt waren und ihre Lohnarbeit in der warmen Jahreszeit mit landwirtschaftlicher Tätigkeit verbanden; städtische Arbeiterinnen und Arbeiter vor allem der Bekleidungsindustrie, die zu Hause im Stücklohn arbeiteten im Rahmen dessen, was man gegen Ende des Jahrhunderts, als es einen neuen starken Aufschwung erlebte, *sweating system*, Schwitzsystem, nannte. Um zur eigentlichen Arbeiterklasse und der modernen Industrie zurückzukommen, wie wir sie beispielsweise in der Posamentenfabrikation von Saint-Etienne finden, ist die Vielfalt ebenso frappierend. Sie ist die Regel: Alter, Geschlecht, Qualifizierung und Familienstand überlagerten sich ständig und kombinierten sich auf nicht immer vorhersehbare Weise mit den verschiedenen Entlohnungsarten, mit dem Qualifizierungsgrad – gelernte, angelernte und ungelernte Arbeiter –, mit den Chancen des betrieblichen oder gesellschaftlichen Aufstiegs. Es bot sich also ganz und gar nicht das einheitliche Bild, das die Berichterstatter und manchmal die Arbeiterbewegung selbst liefern.

Arbeit und Beruf

Daß die Arbeiterbewegung ein einheitliches Bild der Klasse vermitteln wollte, ist erklärlich. Sie wurde nämlich das ganze Jahrhundert hindurch von der Schicht der gelernten Facharbeiter dominiert, die ihre Sprecher und Anführer stellte, die sich aber auch im Zentrum des Produktionsprozesses festsetzte und gegenüber der gesamten Belegschaft und selbst gegenüber den Unternehmern über eine wirkliche Autorität verfügte. Mit einiger Mühe gelang es dieser Elite, ihre Stellung ein Jahrhundert lang zu behaupten und ihre Dequalifizierung abzuwehren. In großem Maßstab setzte die Dequalifizierung der Fabrikarbeit in Europa erst ein, als in den großen Unternehmen die verschiedenen Formen wissenschaftlicher Arbeitsorganisation eingeführt wurden, das heißt nicht vor dem Ersten Weltkrieg und den 1920er Jahren. Im 19. Jahrhundert hingegen wurde die Arbeiterschaft gesellschaftlich, technisch und oft auch zahlenmäßig dominiert von den Fachkräften, die über eine mit dem Handwerk vergleichbare berufliche Kompetenz verfügten und häufig eine regelrechte Macht über die Produktion besaßen. Wir wollen uns dies an einem Beispiel ansehen.

Für die Zeitgenossen war die industrielle Revolution gleichbedeutend mit dem Vordringen der Dampfmaschine und dadurch, wenigstens in den Ländern mit großen Vorkommen, mit der Kohleförderung. Diese schuf auch eine Vielzahl neuer Tätigkeitsformen im Beruf des Bergmanns, der alt war, aber lange Zeit alternativ zur Feldarbeit betrieben wurde. Vor dem Stahlarbeiter war der Kohlekumpel der Archetyp des Arbeiters im 19. Jahrhundert; durch Emile Zolas Roman *Germinal* und die großen Streiks rückte er immer wieder ins Rampenlicht der Öffentlichkeit. Seine Arbeit, die keine Lehre voraussetzte, war der Fronarbeit vergleichbar. Sie war ziemlich schlecht bezahlt, körperlich äußerst hart und permanent gefährlich. Selbst zahlenmäßig waren die Bergleute von beträchtlicher Bedeutung, in England und Belgien stellten sie bis zu einem Fünftel der in der Industrie tätigen Bevölkerung, und wenn ihr Anteil in Deutschland und Frankreich insgesamt niedriger war, so dominierten sie doch in den großen Schwerindustrieregionen; die Aussicht, sie könnten streiken, ließ die Regierungen erzittern, denn die Kohle war das Brot der Industrie. Gegen Ende des Jahrhunderts bildeten sie überall in Europa starke Gewerkschaften und stimmten wie ein Mann für die ersten Arbeiterdeputierten in den nationalen Parlamenten. Doch ebensowenig wie in der Textilindustrie gab es im Kohlebergbau nur einen Beruf: Es gab die Arbeiter über Tage und die Arbeiter unter Tage, wobei insgesamt die Hauer dominierten, sowohl durch ihre Zahl als auch durch ihre Tätigkeit, die zwar als unqualifiziert galt, aber im Zentrum des Geschehens unter Tage stand: Ihre Arbeit bestimmte die Arbeit aller anderen, von ihrer Leistung und ihrer Umsicht hingen das Schicksal und der Lohn der ganzen Mannschaft ab, die ihnen zuarbeitete.

Ein Arbeitsleben

Was auch immer der ausgeübte Beruf und die Qualifikation war, die Erfahrung der Arbeit war die eines ganzen Lebens, und für Freizeit und Erholung blieb darin wenig Raum. Für den erwachsenen Arbeiter war der Arbeitstag schier endlos: Die erste allgemeine gesetzliche Vorschrift war bekanntlich das Dekret der französischen Februar-Regierung von 1848, das den Arbeitstag auf zehn Stunden in Paris und auf elf in der Provinz beschränkte. Es fand praktisch allerdings keine Anwendung. Der normale Arbeitstag lag Mitte des 19. Jahrhunderts meist bei zwölf Stunden. Er verringerte sich allerdings nach und nach. Doch als 1889 die internationale Arbeiterbewegung den Achtstundentag auf den Forderungskatalog der Maidemonstrationen setzte, wußte jedermann, daß er zu einem guten Teil befreiende Utopie war. Der wöchentliche Ruhetag wurde erst spät für Männer und Frauen gesetzlich vorgeschrieben. Zwar war Großbritannien 1850 mit gutem Beispiel vorangegangen, doch die Beschränkung der Wochenarbeitszeit auf 60 Stunden, die nicht auf den Samstagnachmittag und den Tag des Herrn übergreifen durften, galt damals nur für die Textilindustrie. Erst zwei Jahrzehnte später wurde sie allgemein verbindlich. Andernorts ließ sie auf sich warten, oft sogar sehr lange: In Deutschland kam sie 1891 nach Bismarcks Entlassung, in Frankreich und Spanien erst 1904, in Italien 1907, und die vorgesehenen Ausnahmen waren zahlreich. Trotzdem war am Ende des Jahrhunderts die Zahl der jährlichen Arbeitstage mit Sicherheit höher als drei Generationen vorher, weil mit der Säkularisierung die Zahl der Feiertage reduziert wurde und ein strengeres Regiment der Fabrikherren den blauen Montag zurückgedrängt hatte, der vordem mehr oder weniger überall im kontinentalen Europa bei den traditionellen Berufen gang und gäbe war. Unter den Lohnabhängigen hatte auch nur eine Minderheit von Angestellten und Beamten Anspruch auf bezahlten Urlaub. Die Arbeiter nicht.

Das Los der Kinder war das, was zunächst schockierte, Verbote und Beschränkungen kamen deshalb relativ früh. Als erstes verbot Großbritannien mit dem *Factory act* von 1833 die Arbeit von Kindern unter neun Jahren in den Textilfabriken, 1842 auch in den Minen. Ähnliche Maßnahmen gab es 1839 in Preußen, 1840 in Bayern, 1841 in Frankreich und im darauffolgenden Jahr in Österreich. Die ersten Schutzgesetze waren häufig nicht sehr wirksam, weil nicht immer unabhängige Kontrollen vorgesehen waren. Sie wurden von den Fabrikbesitzern hintertrieben, die vorgaben, auf Kinder angewiesen zu sein für bestimmte diffizile Vorgänge, die komplementär seien zu Tätigkeiten von Erwachsenen. Daher seien unterschiedliche Arbeitszeiten unmöglich. Es ist wahrscheinlich, daß die Arbeit von sehr jungen Kindern dort relativ schnell verschwand, wo die Gesetzgebung darauf drängte und die Entwicklung der Volksschulen fortgeschritten war. Die Arbeit der acht- bis zwölf- oder dreizehnjährigen Kinder indessen wurde jedoch erst durch die allgemeine Schulpflicht in erheblichem Maße zurückgedrängt, das heißt gute 40 Jahre später. Selbst danach soll in Deutschland nach einem Bericht der Gewerbeinspektoren von 1898 die Zahl der in der Industrie beschäftigten schulpflichtigen Kinder eine halbe Million überschritten haben. In Sachsen, wo die Gesetzgebung deutlich im Rückstand und die Textilindustrie sehr stark war, soll fast ein Viertel der schulpflichtigen Kinder in Fabriken gearbeitet haben. Die Kinderarbeit war also auch in den industriell fortgeschrittensten Ländern bei weitem nicht völlig verschwunden. In Italien und Spanien, wo die Gesetze sehr spät erlassen und wenig befolgt wurden, war sie noch üblich, zumal auch das Schulwesen hinterherhinkte. Wie auch immer – da der Zugang zu weiterführenden Schulen den Arbeitern absolut verschlossen war, begann für die Söhne und Töchter der Arbeiter nach bestenfalls einigen Jahren Schulbesuch das Arbeitsleben schon vor der Pubertät. Mit und in der Arbeit in Werkstätte oder Fabrik machten sie sich mit der Erwachsenenwelt vertraut.

Auch die Fabrikarbeit der Frauen warf Probleme auf, wenn auch recht unterschiedliche. Der Skandal hatte nicht dieselbe Dimension, und es ging um andere Dinge. Das erklärt, weshalb sich der Gesetzgeber durchweg später und zögerlicher einschaltete und warum auch innerhalb der Arbeiterbewegung gegenüber der Frauenarbeit eine entschieden ablehnende Haltung vorherrschte, die uns heute befremdet, selbst wenn sie nicht absolut durchgängig war. Was die Beobachter zunächst als Skandal empfanden, war die Trennung von Arbeitsort und Wohnort, die Tätigkeit in der Fabrik oder in der Werkstatt, die kein öffentlicher Raum war wie beispielsweise der Markt, wo die Frauen immer klare und persönliche Funktionen innehatten, sondern ein privater und anonymer Bereich der Lohnarbeit unter männlicher Aufsicht. In der ersten Zeit schockierten die Textilfabriken in England, Frankreich oder Deutschland aus unterschiedlichen Gründen. Allgemein wurde erklärt, die Fabrik sei ein unmoralischer Ort, wo die Mädchen und die jungen verheirateten Frauen verdorben würden. Für Berichterstatter wie beispielsweise die Schüler von Frédéric Le Play bestand aber der eigentliche Skandal darin, daß die Familie als Hort der Moral und der traditionellen Werte zerstört würde. Der Eintritt in die Fabrik stellte die traditionellen Räume und Geschlechterrollen in Frage: Eine Frau, die in der Fabrik arbeitete, mußte unweigerlich den Haushalt und ihre Mutterpflichten vernachlässigen. Desgleichen eine Frau, die ins Wirtshaus oder zu Kundgebungen und öffentlichen Versammlungen ging: Die eine wie die andere standen im Verdacht, in der Lohnarbeit ihre Unabhängigkeit oder im öffentlichen Leben ihre intellektuelle Emanzipation zu suchen. Die Männer sollten also, wie vor allem die Drucker sagten, so viel verdienen, daß die Frauen zu Hause bleiben konnten. Von wenigen bemerkenswerten Ausnahmen abgesehen scheinen auch die Arbeiterinnen selbst die Sache nicht viel anders gesehen haben: Außer in Frankreich, wo ein solcher Arbeitskräftemangel herrschte, daß man auf Frauen, aber auch auf eine große Zahl von Fremdarbeitern angewiesen war, betrachtete man die Arbeit in der Fabrik als Übergangslösung bis zur Heirat.

Nomadisierende Arbeiter

Daß es vor der Arbeit kein Entrinnen gab, wenn man nicht zum Bettler absinken wollte, bedeutete nicht, daß der Arbeiter dazu verdammt war, sein ganzes Leben in der gleichen Fabrik, der gleichen Werkstätte oder der gleichen Stadt zu verbringen. Der Arbeiter des 19. Jahrhunderts war oft ein Nomade, und seine Mobilität stand in deutlichem Gegensatz zu dem, was wir von der heutigen Arbeiterwelt kennen. Freilich waren diese Wanderungsbewegungen schwer einzuschätzen, weil die meisten der zur Verfügung stehenden amtlichen Quellen und Statistiken versuchten, vor allem die stabilen Verhältnisse zu erfassen. Aber es steht außer Zweifel, daß die Mobilität das ganze Jahrhundert hindurch groß war, auch wenn ihr Ausmaß, ihre Rhythmen und ihre Formen sich stark von Land zu Land und von Region zu Region unterschieden und außerdem vom Beruf, vom Industriezweig und von der Konjunktur abhängig waren.

Werte, Arbeitervereine und Arbeiterkämpfe

Würde vor allem

»Wir verlangen weder Kantinen noch Läden, noch Notunterkünfte, noch Arbeiterheime, noch Krankenhäuser, noch Gesetze zu unserem *Schutz*; wir verlangen die Gleichheit der Rechte und Pflichten, die Anerkennung der Würde unserer Persönlichkeit; die wahre Gerechtigkeit. Alles andere ist Dreck.« (*»No queremos ni restauranes obreros, ni tiendas, ni asilos, ni hospicios, ni hospitales, ni leyes protectoras; queremos la igualdad de deberes y derechos; la dignificación de nuestra personalidad; la verdadera justicia. Lo demás es prodredumbre.«*) Man darf sich von der Heftigkeit und dem anarchisierenden Ton dieses in *La Asociación*, einer Arbeiterzeitung von Barcelona, im Februar 1886 abgedruckten Textes nicht irreführen lassen. Hier äußerte sich nicht die kulturelle Partikularität einer lokalen, chronologisch datierten Arbeiterbewegung, hier wurde vielmehr ein wesentlicher und universeller Wert der Arbeiterkultur bekräftigt, auch wenn diese dann je nach Land und Zeit verschiedene kulturelle und politische Formen annahm.

Diese Betonung der persönlichen Würde könnte als rhetorischer Topos der Arbeiterbewegung gelten, wenn wir ihr nicht in alltäglichen Verhaltensweisen wiederbegegneten, namentlich beim ebenso banalen wie tragischen Anlaß der Beerdigung. Arbeiter und Arbeiterinnen starben häufig jung. Der Tod klopfte beim einfachen Volk früh an: Arbeitsunfälle, berufsbedingte Krankheiten, Erschöpfung. Familie und Arbeitskollegen legten aber großen Wert auf ein würdiges Begräbnis. Es galt, um jeden Preis das hastige Verscharren im Massengrab, ohne Zeremonie und ohne Geleit zur letzten Ruhestätte, zu vermeiden. Alle auf Gegenseitigkeit beruhenden Hilfsgesellschaften, die überall die wichtigste Form der Arbeiterorganisation waren, sowohl in Großbritannien (1815 eine knappe Million, 1872 vier Millionen Mitglieder, viermal mehr als die Trade-Unions) als auch in Frankreich (800000 Mitglieder um 1870), als auch in Deutschland (»Hilfskassen« mit zwei Millionen Mitgliedern um die gleiche Zeit), kümmerten sich immer auch um die Vorsorge für das Begräbnis ihrer Mitglieder. Während die Krankheit eines Gesellschafters die anderen nur finanziell betraf, war ihre Teilnahme am Trauerzug (oder zumindest die Anwesenheit einer Delegation) von den Statuten vorgeschrieben. Die anderen Formen der Arbeiterorganisation mit eher sozialer und politischer Zielsetzung, ob es nun Bünde, Gewerkschaften oder Arbeiterparteien waren, behielten diese Tradition bei, zumal der Trauerzug, ganz unabhängig vom Rang des Verstorbenen, eine der seltenen Kundgebungen auf öffentlicher Straße war, die von den Behörden fast immer toleriert werden mußte.

Nicht jedes Arbeiterbegräbnis wurde mit dem Pomp und Gepränge begangen, das mitunter die französischen Arbeitervereine in der ersten Jahrhunderthälfte entfalteten; aber die Statuten der Hilfsgesellschaften sahen oft Geldstrafen vor für den Fall, daß jemand betrunken oder in unziemlicher Kleidung daran teilnahm. Denn die Würde zeigte sich auch im Anzug: Die Alltagskleidung mochte sein, wie sie wollte, auch unterschiedlich je nach Beruf, aber man schuldete es sich, einen Sonntagsstaat zu besitzen, selbst wenn man ihn die Woche über ins Leihhaus geben mußte. Ende des Jahrhunderts traten die deutschen Arbeiter zu den Maifeiern immer in festlicher Kleidung an, um ihre Respektabilität zu demonstrieren und sich gegenüber einer Gesellschaft, die sie politisch marginalisierte, als vollwertige Bürger zu präsentieren. Die französischen Arbeiter begingen, nebenbei bemerkt, den Tag ostentativ in Arbeitskleidung.

Würde bedeutete auch, daß man sich gegen das demütigende, stigmatisierende oder mitleidige Bild verwahrte, das die anderen, Behörden und Bürger, von den Arbeitern vermitteln wollten. Man legte deshalb höchsten Wert auf Abgrenzung: Arbeiter waren weder Bettler noch Kriminelle. Die enorme und sehr frühe Organisationsarbeit der *Friendly societies*, der Selbsthilfeorganisationen der britischen Arbeiter, zielte in erster Linie darauf ab, den Mitgliedern die Demütigung zu ersparen, unter das Armengesetz zu fallen, und den gefängnisartigen *workhouses* zu entgehen, denn in den unteren Bevölkerungsschichten wußte sich so gut wie niemand gegen die Wechselfälle des Lebens gefeit. Die Ablehnung jeglicher Mildtätigkeit der Kirche und der Wohlhabenden erklärt zu einem guten Teil den tiefen Antiklerikalismus, der in den katholischen Ländern wie Frankreich, Spanien, Italien oder Belgien verbreitet war. Die Arbeiter wollten auch nicht mit Straftätern oder Verbrechern gleichgesetzt werden, und bei Aufständen gingen sie unnachsichtig gegen Diebe und Plünderer vor, übrigens zur grenzenlosen Verwunderung der bürgerlichen Beobachter.

»Nur vereinigt sind wir stark!«

Die Forderung nach Koalitionsfreiheit entstand ganz natürlich, sobald die Aktivisten der Arbeiterbewegung über den engen Rahmen des Berufs und des Ortes hinausstrebten, sobald sie – und sei es völlig friedlich – die Gesellschaft verändern wollten. Diese Veränderung konnte durch Arbeiterbildungsvereine geplant werden, die in der ersten Jahrhunderthälfte verbreitet waren, Vorbilder kamen von den Britischen Inseln. Noch 1880 waren sie aber sehr aktuell in Spanien, wo das Schulwesen im Rückstand war. Auch Konsumgenossenschaften galten als Mittel der Veränderung. Auch hier gingen 1844 die Briten mit der *Rochdale Society of Equitable*

Pioneers voran. Daneben erlebten Produktionsgenossenschaften vor allem besondere Popularität: Daß die ersten Theoretiker des Sozialismus, die sich nicht in die Utopie flüchteten (Robert Owen, Louis Blanc), in ihnen die Möglichkeit sahen, das Kapital mit den eigenen Waffen zu schlagen, bewies ihr Gespür für die Erwartungen der Arbeiter.

Die Koalitions- und Gewerkschaftsfreiheit war indessen selbst für liberale Regierungen etwas höchst Gefährliches, das man überwachte, nur widerstrebend und meist spät zugestand und auch jederzeit wieder zurückzunehmen bereit war. So hatte das britische Parlament als erstes den Arbeitern 1824 die Gewerkschafts- und Koalitionsfreiheit gewährt, dachte aber schon im darauffolgenden Jahr daran, sie wieder zurücknehmen. Gewaltige Proteststürme hinderten es daran. Auf dem Kontinent wurden Koalitions- und Gewerkschaftsfreiheit sehr langsam gewährt. Die Regierungen mußten wohl erst begreifen, daß man die politischen Forderungen nicht von den wirtschaftlichen abkoppeln konnte, genausowenig wie sich die legalen Koalitionen von den subversiven Bestrebungen ganz trennen ließen oder die Gewerkschaften von den republikanischen oder radikalen Geheimbünden. In der ersten Hälfte des Jahrhunderts gab es wohl ziemlich klare Verbindungen zwischen beiden Strömungen. 1861 wurde die Koalitionsfreiheit in Sachsen gewährt, 1871 wurde sie auf das ganze Reich ausgedehnt, doch die Gewerkschaften genossen keinen Sonderstatus in einer Vereinsgesetzgebung, die kompliziert und umständlich war und erst sehr spät vereinheitlicht wurde. In Frankreich hinkte die Legalisierung der Gewerkschaften dem Koalitionsgesetz von 1864 20 Jahre hinterher. In Spanien wurden sie 1887 anerkannt, doch erst 1902 werden Streiks legal. In Italien, wo Koalitionen und Gewerkschaften kurz nach der Einigung verboten worden waren, wurden sie erst ab 1889 toleriert. Während also für die Arbeiter des vergangenen Jahrhunderts die Vereinigungsfreiheit ein vorrangiges Ziel war und die Vereinigung selbst als Modell einer auf Solidarität statt auf Konkurrenz gründenden Ordnung einen zentralen Wert darstellte, tolerierten die Regierungen sie mehr, als daß sie sie anerkannten. Sie versuchten auch immer, sie zu gängeln, und neigten ständig dazu, sie wieder in Frage zu stellen.

Erst Ende des Jahrhunderts wurde der Streik zur Hauptwaffe der Arbeiterbewegung, und auch erst dann nahm der Arbeiter in der öffentlichen Meinung, die von den großen Zeitungen geprägt wurde, die mehr und mehr beängstigende Gestalt des Streikenden und Gewerkschaftsagitators an. Diese Jahre waren in der Tat gezeichnet von großen Ausständen in allen industrialisierten Ländern. Es waren sehr große, emblematische Konflikte, die spektakulär genug waren, daß man auch jenseits der Grenzen davon sprach: der Streik der Londoner Hafenarbeiter im Sommer 1889 und der Hamburger Hafenarbeiter im Winter 1896/97, der Streik der Kohlearbeiter im belgischen Borinage-Becken 1886 und drei Jahre später der Streik von Hunderttausenden von Bergleuten im Ruhrgebiet, der Streik der Bauarbeiter in Hamburg 1890, in London im Jahr darauf, in Paris im Herbst 1898.

In diesen Jahren breitete sich auch die Streikpraxis generell aus. So stieg beispielsweise in Italien die jährliche Zahl der Streiks in den Jahren 1906 bis 1910 auf 1 560, mit durchschnittlich 340 000 Streikenden (ein gutes Drittel davon Landarbeiter), während es zwischen 1881 bis 1885 nur 80 Ausstände mit 2 000 Streikenden gegeben hatte. Die Arbeitskämpfe gipfelten in der Zeit vor dem Ersten Weltkrieg in Streikwellen, die eine totale Lähmung der Wirtschaft befürchten ließen. So traten 1911–1913 in Großbritannien Eisenbahner, Bergarbeiter, Hafenarbeiter und Bauarbeiter fast gleichzeitig in den Streik – es war die Zeit des *Great Labour Unrest* der britischen Arbeiter, die nun in hohem Maße gewerkschaftlich organisiert waren.

Tendierten diese Unruhen, die knapp am Generalstreik vorbeigingen, zur Revolution? Viele glaubten es, die einen hoffnungsfroh, wie die Linkssozialisten oder die revolutionären Gewerkschafter, die anderen voller Bangen. Doch unter dem Banner des Generalstreiks vereinten sich sehr unterschiedliche Streiksituationen und Streikende: städtische Aufstände wie in Mailand im Mai 1898 oder in Barcelona 1902 und 1909, danach in allen großen Städten des russischen Reichs; auf bestimmte Berufsgruppen begrenzte Bewegungen wie die Streiks der deutschen Bergarbeiter von 1905 oder der französischen Eisenbahner von 1910, die spezifische Forderungen an Unternehmer und Staat richteten; schließlich der politische Generalstreik, den einige, die sich auf das Vorbild der belgischen Arbeiterpartei von 1893 beriefen, der Erringung oder Verteidigung von demokratischen Grundfreiheiten wie dem allgemeinen Wahlrecht vorbehalten sahen, während andere sich von ihm die soziale Revolution erhofften. Der Generalstreik war eindeutig ein Mythos, im Sinne George Sorels, das heißt ein Mobilisationsprinzip. Doch hätte er nie diese Resonanz gehabt, hätte er nicht auf der Praxis des berufsspezifischen Streiks aufbauen können, die allen Arbeitern mehr oder weniger vertraut war, und hätte er nicht dazu beigetragen, die Enge der berufsbezogenen Praktiken und Organisationen zu überwinden, die ihre Wirksamkeit einbüßten. Er trug damit zu einem Lernprozeß bei, in dem die meisten gewerkschaftlichen Vereinigungen mehr oder weniger von sich aus den Übergang zu offeneren, auf die Veränderungen des Kapitalismus flexibler reagierenden Industriegewerkschaften anvisierten. Vor 1914 erlebten die Gewerkschaftsbünde, unabhängig von ihrer Haltung zum Generalstreik, einen beträchtlichen Zulauf, der die Regierungen zusätzlich beunruhigte, zumal man befürchtete, daß die sozialistischen Parteien diesen Mitgliederzuwachs in Wahlerfolge ummünzen könnten. So stieg die Mitgliederzahl der britischen Trade-Unions zwischen 1900 und 1914 von zwei auf mehr als vier Millionen, bei den freien deutschen Gewerkschaften erhöhte sie sich von 680 000 auf 2 500 000, und wenn die französischen, italienischen oder spanischen Gewerkschaften vor dem Krieg bei weitem nicht diese Mitgliedsstärke, auch nicht diesen hohen Grad an Organisiertheit erreichten, so mag es daran gelegen haben, daß sie weder eine Arbeitslosenversicherung boten, wie ihre britischen Kollegen, noch eine Krankenkasse, wie die deutschen Gewerkschaften.

Zwiespältige Integration in die Nationalgesellschaften

Nie waren die Arbeiter in Europa zahlreicher und besser organisiert, nie zielstrebiger auf die Durchsetzung ihrer Rechte bedacht als in den Jahren vor dem Ersten Weltkrieg. Nie schienen sie auch so eine Welt für sich, eine so unintegrierte, dumpf drohende Gegengesellschaft innerhalb der europäischen Nationen zu bilden. Aber dann eilten sie bekanntlich 1914 fast geschlossen unter ihre jeweilige nationale Fahne. Jenseits der konjunkturellen und politischen Erklärungen müssen wir also dieses Porträt des Arbeiters im 19. Jahrhundert damit beschließen, daß wir an die Werte erinnern, die er mit anderen, bessergestellten oder gar führenden gesellschaftlichen Schichten teilte, und untersuchen, inwieweit die spezifischen Werte der Arbeiterwelt ein Integrationsfaktor waren.

So wie die europäischen Gesellschaften des 19. Jahrhunderts insgesamt, zumindest im selben Maß wie die Bürger und wohl mehr als die Aristokraten und die Bauern, glaubten die Arbeiter an den Fortschritt, an die Bildung und an die Wissenschaft als Werkzeuge der Befreiung. Auch die Nation war ein Wert, mit dem sie sich identifizierten, oder doch zumindest der Rahmen, in dem sich dieser Fortschrittsglaube konkretisierte. Aber die Arbeiter erwiesen sich als recht unanfällig für die nationalistischen Ideologien, die am Ende des Jahrhunderts in den großen europäischen Ländern einen Höhepunkt erreichten und von manchen als Vorstufe zum Faschismus betrachtet werden: Wenn sie sich schon in den Fabriken nicht fügen wollten, warum sollten sie dann das Lob der Armee singen, der sie überdies in den Streiks allzuoft gegenüberstanden? Oder die uneingeschränkte Befehlsgewalt von Offizieren akzeptieren, die meist den ihnen verhaßten Schichten angehörten? Es verwundert also nicht, daß die Sozialdemokraten in deutschen konservativen Milieus als »vaterlandlose Gesellen« galten und die rechte französische Presse die Gewerkschafter der C. G. T. als *antipatriotes* bezeichnete.

Allerdings blieben die organisierten Arbeiterbewegungen von den nationalen Spannungen nicht verschont: Die deutschen Gewerkschafter äußerten sich wenig schmeichelhaft über ihre französischen Genossen, und umgekehrt. Die kämpferische Energie der revolutionären Gewerkschafter, die Victor Griffuelhes so teuer war und die in seinen Augen dem deutschen Proletariat völlig fehlte, stieß bei einem Organisator wie Carl Legien, der auf seine Millionen von Mitgliedern und die im Vergleich zur C. G. T. gewaltigen Finanzmittel pochen konnte, auf völliges Unverständnis. Andererseits ließen innerhalb der großen multinationalen Imperien die nationalen Bestrebungen der fremdbeherrschten Völker auch die Arbeiter nicht immer gleichgültig: Unmittelbar vor 1914 stand es in Österreich-Ungarn mit dem Einvernehmen zwischen deutschen und tschechischen Arbeitern nicht zum besten, und ihre Gewerkschaften waren entlang den Sprachen gespalten; im russischen Reich war ein jüdischer Arbeiter normalerweise Mitglied des Bundes, dessen Beziehungen zu den sozialdemokratischen Gewerkschaftsorganisationen Rußlands gespannt waren; ein polnischer Bergmann im Ruhrgebiet ging weder zur freien noch zur katholischen Gewerkschaft, die beide deutsch waren, sondern zur polnischen – die manchmal mit den anderen zusammenarbeitete. Auch von Fremdenfeindlichkeit war die Arbeiterklasse nicht frei, sobald die Einwanderung zunahm: Die aus Irland eingewanderten Arbeiter in den großen Städten Englands bekamen es als erste zu spüren, doch am Jahrhundertende erging es den Italienern und Belgiern in Frankreich nicht besser: 1893 gab es bei einem Massaker in der südfranzösischen Stadt Aigues-Mortes zehn Tote. Warum sollte die Arbeiterklasse, deren Einheit nicht natürlich, sondern gewollt, konstruiert war, immun sein gegen nationale, sprachliche und religiöse Spaltungen, zumal diese auch Unterschieden in der Qualifikation und in den Industriezweigen entsprachen?

Um eine bei deutschen Historikern beliebte Formulierung aufzugreifen und zu verallgemeinern: Das Verhältnis zwischen den Arbeitermilieus und den Nationalstaaten kann nicht mit dem Begriff der »negativen Integration« erfaßt werden. Die Arbeiter waren insofern nicht integriert, als sie politisch, gesellschaftlich und kulturell am Rande standen. Aber auf ihre Weise hatten auch sie die Nationen mitgeschaffen. Die Nation war mehr ein Schutzraum als ein Wert an sich. Aber der internationalistisch gesinnte Arbeiter konnte, ohne das Gefühl zu haben, sich untreu zu werden, in Frankreich zu den Fahnen eilen oder in der britischen Armee kämpfen, um die Freiheit Belgiens zu verteidigen.

Kapitel 2

Unternehmer und Manager

Youssef Cassis

In dem halben Jahrhundert, das dem Ersten Weltkrieg vorausging, vollzog sich der Aufstieg der Unternehmer und Manager zu ökonomischer Dominanz. Geschäftsleute waren gleichzeitig Motor und Produkt der europäischen Industrialisierung und der Internationalisierung der Weltwirtschaft. In den 1880er Jahren wurde ihre wirtschaftliche Tüchtigkeit mit großem Wohlstand belohnt, als sie in ganz Westeuropa die Großgrundbesitzer aus ihrer Position als reichste Berufsgruppe verdrängten. In die Jahre vor 1914 fiel aber auch ihre soziale und politische Lehrzeit; es war eine Zeit, in der angehäufter Reichtum in sozialen Status und politischen Einfluß umgesetzt wurde.

Geschäftsleute wurden damit zu einer der herausragenden Gruppierungen der europäischen Gesellschaft in der zweiten Hälfte des 19. Jahrhunderts. Bildeten sie die neue Elite der modernen Welt? Möglicherweise, obwohl sie auf unterschiedlichste Reaktionen stießen: Von Thomas Carlyle mußten sie sich ins Gesicht sagen lassen, daß er sie für unehrlich und schäbig hielt, während Joseph Schumpeter eine Theorie entwickelte, die ihnen die Rolle »destruktiver Schöpfer« zuwies, deren Innovationen im Zentrum der wirtschaftlichen Entwicklung stünden. Diese beiden Urteile schließen einander nicht aus: Trotz ihrer immensen wirtschaftlichen Leistungen zeigten sich Geschäftsleute im großen und ganzen wenig schöpferisch, wenn es um soziale, politische und kulturelle Belange außerhalb ihrer eigenen Interessen ging. Um diese Gruppe in historischer Perspektive vollständig zu erfassen, müssen deshalb beide Sichtweisen berücksichtigt werden.

Vielfalt und Veränderung

Hier wurde bewußt der sehr allgemeine Begriff »Geschäftsleute« zur Kennzeichnung jener Männer benutzt, die an der Spitze wirtschaftlicher Unternehmen standen. Ein weiter gefaßter gemeinsamer Nenner wäre schwer zu finden – außer der Tatsache, daß es sich fast ausschließlich um Männer handelte. Vor 1914 gab es keine einzige Frau im Vorstand einer großen Aktiengesellschaft oder in der Rolle eines Partners in einem bedeutenden Privatbetrieb. Frauen konnten zwar das Unternehmen oder Vermögen ihres Vaters oder Großvaters erben, durften aber nicht die Firma weiterführen. Zwei sehr bekannte Beispiele sind Angela Burdett-Coutts (1814–1906), die 50 Prozent des auch in königlichen Diensten stehenden Bankhauses Coutts & Co. erbte, und Bertha Krupp von Bohlen und Halbach (1886–1957), die nach dem Tod ihres Vaters Friedrich Albert im Jahre 1902 alleinige Besitzerin des legendären Metall- und Waffenkonzerns wurde.

Ansonsten aber waren Geschäftsleute eine außerordentlich heterogene Gruppe. Ein »Geschäftsmann« konnte der Besitzer einer mittelgroßen Firma sein und ein paar hundert Arbeiter beschäftigen oder der Vorsitzende und erste Geschäftsführer eines gigantischen Industriekonzerns mit mehreren tausend Beschäftigten. Beide trennten Welten, was ihre Aufgaben als Manager, ihr Einkommen und ihren Reichtum, ihre gesellschaftliche Position und ihr Netzwerk von Beziehungen, das Ausmaß ihres politischen Einflusses und schließlich ihre Weltanschauung betraf. In der ersten Hälfte des 19. Jahrhunderts, als die große Mehrheit der führenden Geschäftsleute sich aus lokal angesehenen und wohlhabenden Besitzern kleiner oder mittlerer Firmen zusammensetzte, waren diese Unterschiede noch nicht so stark ausgeprägt. Erst der Aufstieg großer Unternehmen brachte eine weitere wichtige Unterscheidung mit sich: die zwischen Firmenbesitzern und angestellten Managern. Während die einen noch gänzlich oder zum Teil die Kontrolle über das Familienunternehmen hatten, wurde den anderen die Führung einer in Familienbesitz befindlichen Aktiengesellschaft anvertraut.

Unterschiede gab es auch in den Betätigungsfeldern der Geschäftsleute. Bankiers zum Beispiel hegten eine ganz eigene Einstellung zur Risikofreude, die sich aus dem Umgang mit ihrer eher abstrakten Ware ergab. Unter den Industriellen stellten die Besitzer von Stahlwalzwerken und Baumwollspinnereien zwei unterschiedliche Typen des Geschäftsmannes dar: Beide repräsentierten andere Phasen wirtschaftlicher Entwicklung, führten Betriebe von sehr unterschiedlicher Größe und sahen sich mit spezifischen Märkten und technologischen Zwängen konfrontiert. Auf die gleiche Weise kontrastierten alte Industriezweige (Textil, Kohle, Eisen und Stahl) mit neuen Branchen (Elektronik, Chemie, Automobile), die sich in den letzten zwei Jahrzehnten des 19. Jahrhunderts entwickelten und sich nicht nur in ihrer Geschäftsorganisation, sondern auch in ihrem Geschäftsgebaren von den alten Industrien absetzten. Einzelne Bereiche und Branchen waren häufig eng mit einer bestimmten Region verknüpft: Kohle, Eisen und Stahl mit dem Ruhrgebiet, Baumwolle mit Lancashire, das Bank- und Finanzwesen mit der Londoner City – um nur einige der berühmtesten Beispiele zu nennen. Regionale Differenzierungen waren aber nicht nur Ausdruck wirtschaftlicher Spezialisierung, sondern auch von nationalen oder sogar internationalen Hierarchien. Die Londoner City etwa galt als Finanzzentrum der Welt, stand aber auch an der Spitze der britischen Wirtschaft.

Auch auf soziopolitischem Gebiet zeigten sich Unterschiede: im Einkommensniveau, zumindest was angestellte Manager betraf; in der Vermögenshöhe, die vom Wohlhabenden bis zum Multimillionär reichte; in gesellschaftlichen Beziehungen, die auf familiären Bindungen, der Zugehörigkeit zu religiösen Minderheiten oder anderen sozialen Netzwerken basierten. Die Geschäftswelt war überdies durch unterschiedliche ökonomische Vorstellungen gespalten. Befürworter des Freihandels auf der einen und des Protektionismus auf der anderen Seite stellten lediglich zwei Positionen eines breiten Interessenspektrums dar. Zudem genossen nicht alle Interessenvertretungen der verschiedenen Wirtschaftszweige den gleichen politischen Einfluß. Sein Grad hing von einer Vielzahl von Faktoren ab: von der wirtschaftlichen und militärischen Bedeutung eines Wirtschaftszweiges, von der Nähe einzelner oder der gesamten Branche zur politischen Macht und nicht zuletzt von den richtigen politischen Allianzen.

Um zu verstehen, welchen Anteil die Wirtschaft an der Gestaltung der modernen Welt hatte, ist es notwendig, die verschiedenen Gruppen der Geschäftsleute in ihren vielfältigen Facetten zu betrachten. Dieser Beitrag wird sich vor allem mit den Spitzen der Wirtschaft befassen, den Leitern von Großunternehmen. Weniger Aufmerksamkeit wird den kleineren, aber deswegen nicht weniger wichtigen, in der Provinz ansässigen Geschäftsleuten zuteil werden, die in Banken, im Handel oder in der Industrie tätig waren. Ein Hauptgrund für diese Konzentration liegt in der weit besseren Überlieferung der Geschichte großer Firmen. Noch wichtiger ist jedoch, daß die großen Firmen mit den wesentlichsten Veränderungen im Zusammenhang standen, die die Ökonomie der zweiten Hälfte des 19. Jahrhunderts, insbesondere zwischen den Jahren 1880 und 1914, erfaßten und darüber hinaus entscheidenden Einfluß auf die Entwicklung des 20. Jahrhunderts nahmen. Dazu gehörten vor allem das Aufkommen neuer Industrien in der zweiten industriellen Revolution, neue Formen wirtschaftlicher Organisation und ein neuer Typus des Geschäftsmannes. Seine Entwicklung und Ausprägung wird im Vordergrund dieses Beitrages stehen.

Der Aufstieg der Großunternehmen

Mit dem Wachstum großer Unternehmen wurde auch der Weg der Geschäftsleute zu ökonomischer Dominanz geebnet. Große Firmen spielten in der Frühzeit der Industrialisierung noch eine untergeordnete Rolle. Selbst in Großbritannien beschäftigten Baumwollunternehmer in der ersten Hälfte des 19. Jahrhunderts selten mehr als 1 000 Arbeiter. Der Aufstieg der Großindustrie in der zweiten Hälfte des 19. Jahrhunderts vollzog sich in drei Etappen. Zunächst kam die Ära der Eisenbahngesellschaften, der ersten großen Firmen der modernen Welt. Sie entstanden in den 1850er und 1860er Jahren auf dem europäischen Kontinent und ein oder zwei Jahrzehnte früher in Großbritannien. 1850 verfügten die Eisenbahngesellschaften über ein Kapital von mehr als £3 Mio. und das zu einer Zeit, in der nur eine Handvoll von Industriebetrieben ein Kapital von mehr als £500 000 besaß. 1881 waren in Frankreich die fünf größten Firmen allesamt Eisenbahngesellschaften, wobei die größte unter ihnen, die PLM (Paris-Lyon-Méditerrannée), ein Kapitalvolumen von 400 Mio. Francs aufbrachte, während das des damals größten Industriebetriebs, Saint Gobain, bei gerade 80 Mio. Francs lag.

Die zweite Phase brachte den Aufstieg der großen Banken und Industriebetriebe in den 1870er und 1880er Jahren. Die meisten europäischen Aktienbanken wurden schon zwischen den frühen 1850er und den frühen 1870er Jahren gegründet. In Großbritannien begann diese Entwicklung mit der Gründung von Banken wie der London and Westminster, der National Provincial oder der Midland in den 1830er Jahren etwas früher. Auf dem Kontinent kam der erste Impuls vom Crédit Mobilier, einer französischen Bank, die 1852 von den Brüdern Emile und Isaac Péreire gegründet wurde. Beeinflußt von saint-simonistischen Ideen, war es ihr Ziel, Sparguthaben für die industrielle Entwicklung zu mobilisieren. Aber sie scheiterten 1867, weil sie sich in zu viele verschiedene Investitionen verzettelt hatten. Die anderen großen Banken, die zu dieser Zeit gegründet wurden, erwiesen sich als weitaus widerstandsfähiger. Zu nennen sind hier für Deutschland etwa die Darmstädter Bank (1853), die Disconto-Gesellschaft (1856), die Deutsche Bank (1870) oder die Dresdner Bank (1872), für Frankreich der Crédit Lyonnais (1863), die Société Générale (1864) oder die Banque de Paris et des Pays-Bas (1872).

Dennoch wurde das Bankgeschäft bis in die 1870er Jahre hinein von den großen Dynastien der Privatbankiers in London, Paris, Frankfurt, Berlin, Hamburg, Amsterdam und Brüssel regiert. Über die mit Abstand größte Macht verfügten dabei immer noch die Rothschilds. Ihr Kapital aus den Niederlassungen in London, Paris, Frankfurt und Wien wurde für 1863 auf über £20 Mio. geschätzt, womit die Bank zu den größten Gesellschaften Europas zählte. Andere führende Privatbankiers genossen ebenfalls enormes Ansehen und Macht und bildeten – in Stendhals Worten – die »Aristokratie der Bourgeoisie«. Zu ihnen gehörten die Barclays, Barings oder Glyns in London, Mallet und Hottinguer in Paris, Mendelssohn in Berlin, Oppenheim in Hamburg und Bischoffsheim in Brüssel, Paris und London. Auch wenn ihre Banken vergleichsweise klein waren, hielten sie große finanzielle Macht in ihren Händen, insbesondere dadurch, daß sie für Regierungen und große Firmen (vor allem Eisenbahngesellschaften) Bürgschaften über große Summen stellten. Seit den 1880er Jahren konnten sie sich aber im Wettbewerb mit den Aktienbanken, die mit den Einlagen des besitzenden Bürgertums über immense Ressourcen verfügten, nicht länger behaupten.

Die Schwerindustrie – Kohle, Eisen und Stahl – bildete die Speerspitze des Aufstiegs der großen Industriebetriebe. Einige von ihnen hatten bereits um die Mitte des 19. Jahrhunderts eine beträchtliche Größe erreicht. Die damals größte Eisenhütte der Welt, Downlais Iron Co., Vorgänger von Guest Keen and Nettlefolds, beschäftigte 1842 6000 Arbeiter. Die größten Firmen auf dem Kontinent, Le Creusot und Krupp, erreichten diese Zahl in den frühen 1860er Jahren und übertrafen sie bald. Dies waren jedoch Ausnahmen. Erst in den 1870er und 1880er Jahren wurde die Schwerindustrie von großen Firmen dominiert. Mitverantwortlich dafür war die Erfindung der Bessemer- und Siemens-Martin-Verfahren, die zu einer immensen Steigerung der Eisen- und insbesondere der Stahlproduktion geführt hatten. In Deutschland beschäftigten 1887 nahezu 20 Kohle-, Eisen- und Stahlunternehmen jeweils über 3000 Arbeiter, etwa die Hälfte der Unternehmen sogar 5000 und mehr.

Die dritte Phase des Aufstiegs der Großunternehmen fand in den zwei Jahrzehnten vor dem Ersten Weltkrieg statt. Expansion und Konsolidierung waren an der Tagesordnung, wobei die großen Firmen sowohl an Zahl als auch an Größe zunahmen. Hier war die deutsche Entwicklung besonders bemerkenswert: Die Zahl der Firmen mit mehr als 10000 Arbeitern stieg innerhalb von zwei Jahrzehnten von drei im Jahre 1887 auf 23 zu Beginn des 20. Jahrhunderts an. Fünf Betriebe hatten mehr als 30000 Arbeiter, darunter Krupp, die Gelsenkirchener Bergwerks-AG (GBAG) und Phönix in der Schwerindustrie sowie Siemens und die Allgemeine Electricitäts Gesellschaft (AEG) im Bereich der Elektrotechnik. In Großbritannien kam es zwischen 1888 und 1914 zu einer Welle von Firmenzusammenschlüssen, die ihren Höhepunkt 1907 erreichte und einige der wichtigsten Firmen des Landes wie Guest Keen and Nettlefolds, Fine Cotton Spinners, Imperial Tobacco, Watney Combe Reid hervorbrachte. Bis 1907 stieg die Zahl der Firmen mit 5000 Arbeitern und mehr in Großbritannien auf 60, in Deutschland auf 50, während die Zahl solcher Großbetriebe in Frankreich und kleineren europäischen Ländern geringer blieb.

Die Banken und die Schwerindustrie bildeten den Kern der Großunternehmen – vor allem in Deutschland und Frankreich. Über 70 Prozent der deutschen Firmen mit mehr als 5000 Arbeitern waren 1907 mit Kohlebergbau und Metallherstellung befaßt, dagegen nur 40 Prozent in Großbritannien. Hier verteilten sich die Großunternehmen auf ein breiteres Branchenspektrum und waren noch stark in der Konsumgüterindustrie, auf dem Textil-, Nahrungsmittel-, Getränke- und Tabaksektor vertreten. Doch auch in Deutschland beschäftigten nur wenige der neuen Elektro- und Chemiebetriebe mehr als 5000 Arbeiter. Die Bedeutung der Banken resultierte natürlich eher aus der Größe ihres Kapitals als aus der Zahl ihrer Angestellten: So gesehen, war 1907 die größte deutsche Firma die Deutsche Bank und die größte französische der Crédit Lyonnais; in beiden Ländern waren fünf der sechs größten Unternehmen Banken.

Allerdings machten die großen Firmen trotz ihres Spurts in den drei

Jahrzehnten vor dem Krieg nur einen kleinen Teil der Wirtschaftswelt aus. 1907 lag in Deutschland der Anteil der 100 größten Firmen an der Gesamtproduktivität unter 17 Prozent, in Großbritannien unter 16 Prozent und unter 12 Prozent in Frankreich. Ein beträchtlicher Teil des Wirtschaftsvolumens wurde demnach von kleinen und mittleren Firmen erwirtschaftet. Dabei handelte es sich um einen völlig anderen Typus von Wirtschaftsunternehmen, um ein Sammelsurium von Neuerern und Nachzüglern, abhängig von Größe, Wirtschaftszweig und individueller Ausrichtung. Dabei muß zwischen Firmen mittlerer Größe und den kleinen unterschieden werden. Erstere betätigten sich zumeist erfolgreich in einer der »Nischenbranchen«, wie etwa der Herstellung von Luxusgütern. Dies gilt zum Beispiel für Christofle, die 1845 gegründete französische Silberschmiede. Ebenso wie in größeren Firmen waren solide Managementmethoden, Qualitätskontrolle und die Investition in technische Innovationen der Schlüssel zum Erfolg der Firma. Die Masse der Besitzer kleiner und mittlerer Firmen mit weniger als 1000 Arbeitern kann jedoch nicht zu den Mitgliedern der wirtschaftsführenden Schichten gezählt werden, wie auch immer ihr sicherlich nicht zu unterschätzender Beitrag zum Wirtschaftswachstum ausgesehen haben mag.

Unternehmer, Eigentümer und Manager

Bis 1914 verblieben die meisten europäischen Firmen, unabhängig von ihrer Größe, in Familienbesitz. In Chandlers Terminologie waren sie entweder *personal firms*, also von den Inhabern geleitet bzw. mit dem Manager als einem der Besitzer, oder *entrepreneurial firms*, in denen die Gründerfamilien einen Teil oder auch sämtliche Managementaufgaben an angestellte Manager übertragen hatten. Auch wenn genaue Statistiken dazu fehlen, drängt sich der Eindruck auf, daß Familienbesitz in allen Zweigen der herstellenden Industrie weit verbreitet war. Das traf auf einige der größten europäischen Firmen zu: auf Krupp (Schwer- und Rüstungsindustrie) und Siemens (Elektroindustrie) in Deutschland, Schneider und De Wendel in Frankreich (die beiden führenden Eisen- und Stahlhersteller des Landes) oder Vickers (Schiffbau und Rüstung) und J. & P. Coats (Textil) in Großbritannien.

Manager als Firmeneigner teilten sich in zwei Gruppen: Gründer und

Erben. Die Gründer großer Firmen kamen dem Schumpeterschen Idealtypus des Unternehmers am nächsten: Sie zeigten Risikobereitschaft, Wagemut, Beharrlichkeit, aber auch Glück, Instinkt und Visionsfähigkeit, sogar Kreativität, kurz: alles, was ein Geschäftsgenie ausmacht. Aus diesem Stoff sind die Helden der Wirtschaftsgeschichte, die ihr mitunter einen Hauch von Romantik verleihen. Aber gab es diese Helden wirklich? Jenseits einer Handvoll wirklicher Innovatoren, deren Initiativen den Lauf des Wirtschaftslebens verändert haben, ist das Schumpetersche Konzept des Unternehmers eher verwirrend als erhellend und wirft eine Reihe von Fragen auf. Läßt es sich auf ein Team oder eine einzelne Person anwenden, und wenn ja, auf welche innerhalb einer großen Firma? Können angestellte Manager, die nicht selten mindestens ebenso innovativ waren wie die Firmeninhaber, als Unternehmer bezeichnet werden? Oder sollte diese Bezeichnung den Kapitaleignern vorbehalten bleiben, die letztlich das Investitions- und Expansionsrisiko tragen? Die letzte Variante läutete mit ihrer Trennung von Besitz und Kontrolle und ihrer Myriade kleiner Anteilseigner auch das Ende des Unternehmers ein. Während die Vorstellung vom *Unternehmertum* sich als fruchtbar erweisen kann, um den Innovationsprozeß innerhalb einer großen Aktiengesellschaft zu analysieren, wird der effektive Nutzen des Begriffs *Unternehmer* durch die widersprüchlichen Antworten auf die oben gestellten Fragen eingeschränkt.

Trotz aller Definitionsschwierigkeiten gehören die Gründer großer, dynamischer und expandierender Betriebe immer zu den Unternehmern. Seine eigene Firma zu schaffen und diese innerhalb der persönlichen Lebensspanne zu einer großen Gesellschaft aufzubauen war kein leichtes Unterfangen. Die zweite Stufe wurde häufig erst in der folgenden oder dritten Generation erreicht, wobei große Firmen aus bereits existierenden kleinen und mittleren Firmen entstanden. Die Firma, aus der einmal Michelin werden sollte, gab es zum Beispiel bereits 1830; sie stand kurz vor dem Zusammenbruch, als Edouard Michelin, der Enkel des Firmengründers, 1891 das Prinzip des entnehmbaren inneren Schlauches entdeckte. Die zweite Hälfte des 19. Jahrhunderts bot allerdings mit dem Aufkommen der neuen Industrien der zweiten industriellen Revolution (Stahl, Chemie, Elektronik, Automobile, Öl, Gummi) den Unternehmern bessere Chancen als je zuvor in der Geschichte, im Laufe ihres Lebens ein wirklich großes Unternehmen aufzubauen, eines der größten ihres Landes, wenn nicht sogar einen *global player* auf dem Weltmarkt.

Solche Gelegenheiten waren vor 1880 sehr begrenzt, da die Industriebranchen der ersten industriellen Revolution nur wenig Spielraum zum Aufbau großer Firmen boten. Auch nach 1914 gab es diese Möglichkeit kaum, da der Aufstieg der von großen Firmen bestimmten Wirtschaft das Ausmaß der individuellen Initiative einschränkte.

Dies waren auch die Jahre der Gründung der Allgemeinen Electricitäts Gesellschaft in Deutschland, der General Electric Company in Großbritannien und der Compagnie Générale d'Électricité in Frankreich – sämtlich die führenden Firmen der Elektroindustrien ihrer jeweiligen Länder und alle geleitet von ihren jeweiligen Gründern oder Mitgründern, Emil Rathenau (1838–1915), Hugo Hirst (1863–1943) und Pierre Azaria (1865–1953). Zu den weiteren Gründermanagern führender Industriebetriebe gehörte August Thyssen (1842–1926), der Gründer von Deutsche Kaiser, einem der größten deutschen Konzerne der Schwerindustrie. Auch William Lever, der spätere Lord Leverhulme (1851–1925), ist hier zu nennen – er gründete die Lever Brothers (die spätere Unilever) und bescherte damit der britischen Arbeiterklasse die Seife. Marcus Samuel, der spätere Lord Berstead (1853–1927), gründete Shell, William Harvey (1846–1918) gründete Du Cros und spielte eine führende Rolle bei der Gründung von Dunlop. Die Firma von Louis Renault (1877–1944) beschäftigte 1914 bereits 4400 Arbeiter und Angestellte und sollte in den 1920er Jahren zu gigantischer Größe heranwachsen.

Solche Unternehmer gab es nicht nur im industriellen Sektor. Einige nutzten die Chancen, die sich im aufsteigenden Dienstleistungsbereich boten, engagierten sich im Einzelhandel und im Zeitungsverlagswesen, in Schiffsspeditionen, Handels- und Finanzgesellschaften. 1869 eröffnete Aristide Boucicaut Bon Marché und machte das Geschäft schnell zum weltgrößten Warenhaus mit Umsätzen, die in seinem Todesjahr 1885 120 Mio. Francs übertrafen. Thomas Lipton war ein Pionier der Ladenketten und verkaufte in seinen Geschäften Tee und andere Lebensmittel. Von seinen Läden gab es 1898 in Großbritannien bereits 242 und daneben noch 38 Niederlassungen im Ausland. John Ellerman wurde im frühen 20. Jahrhundert zum reichsten Mann Großbritanniens und möglicherweise ganz Europas. Sein Vermögen belief sich schätzungsweise auf über £20 Mio., gewonnen durch Immobilien-, Zeitungs- und Handelsbankgeschäfte sowie vor allem mit der Überseespedition.

Neben den Gründern der ersten Generation kleinerer und mittlerer Firmen prosperierten in der letzten Hälfte des langen 19. Jahrhunderts vor allem die Gründer großer Firmen. Dennoch überwog unter den Geschäftsleuten zu dieser Zeit der Erbe. Erben übernehmen in der Dramaturgie der Wirtschaftsgeschichte einen unangenehmen Part: Bei der Rollenbesetzung fällt ihnen die Figur des Schurken zu, agierend neben charismatischen Gründerfiguren und den nüchterneren, moderneren und häufig auch effizienteren angestellten Managern. Mitunter wird den Eigentümern der zweiten Generation, die zugleich auch Betriebsleiter sind, zugestanden, die Erfolge ihrer Väter fortgesetzt zu haben. Doch spätestens mit der dritten Generation fällt die Einschätzung insgesamt negativ aus. Dies gilt insbesondere in Ländern wie Großbritannien und Frankreich, wo sie Niedergang und Rückständigkeit verkörpern.

Dennoch waren diese Erben die »natürlichen« Leiter der Familienunternehmen, die, wie wir gesehen haben, die europäische Geschäftswelt bis 1914 dominierten. Waren sie besonders schlechte Mangager? Nicht unbedingt. Sicherlich gab es wenig motivierte und kompetente Exemplare. Die Vorsitzenden und Direktoren vieler britischer Eisen-, Stahl- oder Textilfirmen fallen einem dazu ein, deren Interessen sich hauptsächlich auf die Politik oder auf gesellschaftliche Ereignisse richteten. Es sind jene, die, in David Landes' Worten, »beim Spielen arbeiteten und bei der Arbeit spielten«. So manche Firma, die von der zweiten oder dritten Generation geführt wurde, konnte jedoch äußerst zufriedenstellende Ergebnisse bezüglich Profitabilität, Innovation oder Wachstum vorweisen. Die Peugeots, eine bekanntermaßen erfolgreiche, über fünf Generationen reichende Unternehmerdynastie, gehörten dazu. Seit dem 18. Jahrhundert sind sie in der Gegend von Montbéliard, im Osten Frankreichs, ansässig. Sie begannen als Müller, wechselten dann zur Textilindustrie, um sich später der Herstellung von kleinen Metallerzeugnissen wie Federn, Sägen, Hobeln, Heugabeln, Kaffeemühlen und Korsettstangen zuzuwenden. Damit beschäftigten sie in den 1840er Jahren etwa 100 Arbeiter. Als die Crinoline während des zweiten Kaiserreichs in Mode kam, stiegen sie in dieses Geschäft ein. Eine Expansion großen Stils begann 1886, in der dritten Generation, mit der Produktion von Fahrrädern. In diesem Bereich übernahmen sie rasch die Führungsrolle auf dem französischen Markt; später stiegen sie auch in die Automobilproduktion ein. In Großbritannien fanden sich viele Familienunternehmen in den Industriebranchen, in denen das Land einen starken Wettbewerbsvorteil genoß, wie zum Beispiel in der Konsumgüterproduktion. Firmen wie Rowntree und Fry in der Schokoladen- und Konfektherstellung,

Bass und Guinness unter den Brauereien und Imperial Tobacco wurden sämtlich von Angehörigen der zweiten, mitunter auch dritten oder sogar vierten Generation geführt. Auch Privatbanken und große Handelsbanken wie Barclays florierten über mehrere Generationen hinweg als Familienunternehmen, auch wenn sie hin und wieder Hilfe von außen benötigten.

Je stärker jedoch ein Unternehmen expandierte, desto unwahrscheinlicher wurde es, daß Erben unmittelbar die Leitung übernahmen, auch wenn sie häufig einen Sitz im Direktorium behielten. Zunehmend tendierten die Familienunternehmen dazu, die Schlüsselposition des Geschäftsführers oder sogar des Vorsitzenden an Außenstehende zu vergeben. Diese angestellten Manager wurden im 19. Jahrhundert häufig als der modernste Faktor im wirtschaftlichen Gesamtgefüge betrachtet. In vielerlei Hinsicht trifft dies zu: Manager entsprachen am ehesten unserer heutigen Vorstellung eines professionellen Geschäftsmannes. Erstens verdankten sie ihren Aufstieg weniger familiären Verbindungen als ihren Fähigkeiten. Zweitens bezogen sie ihr Einkommen aus einem Gehalt (sowie aus Gewinnbeteiligungen) statt aus der Stellung als alleiniger oder Teilinhaber einer Firma. Vor 1914 allerdings bildeten angestellte Manager erst eine Minderheit, deren sozialer und professioneller Status noch nicht klar definiert war. Daraus erklärt sich auch die große Vielfalt von Managertypen, die vom unternehmerischen Geschäftsführer bis zum machtlosen Untergebenen reichte, vom Mitinhaber bis zum höheren Angestellten.

Anfangs war die Funktion und Position des angestellten Managers nicht immer klar unterschieden von der des Besitzers. Familiäre Netzwerke spielten weiterhin eine Rolle, auch in Firmen, die üblicherweise als frühe Vorbilder von managementbetriebenen Industrieunternehmen gelten. Ein Beispiel hierfür ist der deutsche Farbenhersteller Bayer. Carl Duisberg (1861–1935) trat 1883 bei Bayer ein und war von 1899 bis 1925 Geschäftsführer. Er wird oft als der Prototyp des Managers angesehen, der weit mehr Einfluß auf die Geschicke der Firma nehmen konnte als der Gründersohn Friedrich Bayer und der Schwiegersohn Henry von Boettinger. Dabei wird häufig übersehen, daß Carl Duisberg durch seine Mutter mit der Familie Bayer verwandtschaftlich verbunden war. Umgekehrt war es vor 1914 keineswegs unüblich, daß angestellte Manager Firmeninhaber wurden. Das traf etwa auf Camille Cavallier (1854–1926) zu, den Vorsitzenden des französischen Eisen- und Stahlunternehmens Pont-à-Mousson, der nach einer Ingenieurausbildung mit 21 Jahren in die Firma kam. Er kletterte die Karriereleiter stetig höher, bis er 1900 alleiniger Geschäftsführer, bald noch dazu der größte Anteilseigner der Firma wurde. 1912 besaß er, zusammen mit anderen Mitgliedern seiner Familie, 36,8 Prozent des Firmenkapitals. Pont-à-Mousson wurde letztendlich zu einem Familienunternehmen.

Die meisten Manager jedoch hatten vor 1914 Kontrollfunktionen inne, ohne Inhaber zu sein. Dies betraf vor allem Firmen mit einer großen Anzahl weitverstreuter Anteilseigner. Hierzu gehörten in Großbritannien und Frankreich die Eisenbahngesellschaften (allerdings nicht in Deutschland, wo die Eisenbahnen in den 1880er Jahren verstaatlicht wurden), außerdem Aktienbanken und Versicherungsgesellschaften, weniger dagegen die herstellende Industrie. Die erfolgreichsten Manager erlangten die vollständige Kontrolle über die Belange ihrer Firma, besetzten (in Deutschland) die Position des Generaldirektors oder Vorstandsvorsitzenden oder (in England und Frankreich) die des *managing director*, üblicherweise zusammen mit der Position des Vorsitzenden. Edward Holden (1842–1919) beispielsweise, der herausragende britische Bankier seiner Generation, wurde 1908 Vorsitzender der Midland Bank. Als Buchhalter hatte er 1881 bei der damals noch kleinen Provinzbank begonnen, die er zu einem der führenden Finanzinstitute seines Landes hochbrachte. Alexandre Dreux (1852–1939) ging bei den Acières de Longwy einen ähnlichen Weg. Die französische Bank war anders als die Midland Bank ein von der Familie geführtes Unternehmen. Dreux wurde dort 1889 Geschäftsführer, 1919 stellvertretender Vorsitzender und schließlich von 1921 bis 1933 Vorsitzender und Geschäftsführer.

Holden und Dreux blieben Ausnahmefälle. Der durchschnittliche Manager verfügte nicht über eine solch umfassende Macht. Er zeichnete sich mehr durch seinen professionellen Status als durch die tatsächliche Kontrolle über den alltäglichen Betrieb der Firma aus. Er hatte keinen Sitz im Vorstand, der letztlich die Verantwortung für die Führung der Firma trug. Viel entscheidender aber war, daß Direktoren und Manager nicht wirklich derselben gesellschaftlichen Welt angehörten. Oder anders ausgedrückt: Professionelle Manager waren noch nicht vollständig in die ökonomische Elite ihres Landes integriert. Der Graben, den es dafür zu überwinden galt, war in Großbritannien besonders breit. Wie Donald Coleman es treffend formuliert hat, gab es eine Kluft zwischen den *gentlemen* und den *players*. Erstere stammten aus einer Familie der Oberschicht oder der oberen Mittelschicht, erhielten üblicherweise ihre Ausbildung in einer *public school* und studierten anschließend in Oxford oder Cambridge, um dann nach einigen Lehr- und Wanderjahren der Firmenspitze beizutreten, sei es nun als Sproß der Gründerfamilie oder als angesehener Geschäftsmann. Die *players* dagegen rekrutierten sich aus der Mittel- oder unteren Mittelschicht. Sie hatten ihr Können zumeist *on the job* als Angestellte erworben, von wo aus sie sich mühsam an die Spitze der Karriereleiter hochgearbeitet hatten. In Frankreich war der Graben zwischen Managern und Direktoren weniger breit. Dort neigten die Firmendirektoren eher dazu, einen wesentlichen Teil ihrer Verantwortung an Manager abzutreten, die nicht dem Vorstand angehörten. Darüber hinaus trug eine hochqualifizierte Ausbildung zum gesellschaftlichen Ansehen der französischen Manager bei.

In Deutschland hatte sich dagegen bereits zur Jahrhundertwende eine moderne Klasse der Geschäftsleute herausgebildet. Ihr gehörten professionelle Manager an, die die vollständige strategische und operative Kontrolle über die Unternehmen ausübten. Sie bildeten den Kern der Wirtschaftselite und kamen dem oben skizzierten Typus des Geschäftsmannes am nächsten. Sie waren Mitglieder des Vorstandes, der im Vergleich zum Aufsichtsrat eher operative Funktionen übernahm. In ihrem gesellschaftlichen und professionellen Status ähnelten sich die Vorstandsmitglieder und die Angehörigen des Aufsichtsrates. Beim Vorstand bündelte sich die wirkliche Macht. Das deutsche Gesellschaftsrecht von 1870 dokumentierte die Absicht, die alltäglichen operativen Entscheidungen der Gesellschaft von der strategischen Entscheidungsfindung gesetzlich zu trennen. Tatsächlich jedoch zeigte sich auch hier die Kluft zwischen Recht und Realität, denn der Vorstand zog bald auch die Verantwortung für die langfristige Firmenstrategie an sich. Die deutschen Manager des späten 19. Jahrhunderts fanden sich in der Rolle des Geschäftsführers wieder, des eigentlichen modernen Geschäftsmannes. Wie Jürgen Kocka dennoch richtig bemerkt, neigten manche Eigentümer noch im 20. Jahrhundert dazu, auf angestellte Manager herunterzublicken.

Professionalisierung

Wie weit war die Professionalisierung der Geschäftsleute vor dem Ersten Weltkrieg vorangeschritten? Diese Frage kann aus mehreren Blickwinkeln betrachtet werden: Einerseits bestand, abgesehen von wenigen Ausnahmen, das Topmanagement nur aus einer kleinen Zahl von Führungskräften. Vollzeitmanager blieben zudem unter den Managern in gehobenen Positionen, selbst größerer Firmen, in der Minderheit. So gesehen, erscheint der Professionalisierungsgrad eher niedrig. Andererseits bedeutet Professionalisierung auch, für eine bestimmte Tätigkeit ausreichend qualifiziert zu sein. In dieser Hinsicht erscheint das Bild farbiger. Qualifikationen werden sowohl durch formalisierte Ausbildungswege als auch durch alle vor dem Erreichen einer Führungsposition gesammelten Berufserfahrungen erworben.

Das Niveau der formalen Ausbildung erhöhte sich während der zweiten Hälfte des 19. Jahrhunderts trotz fortbestehender Unterschiede zwischen Ländern, Regionen und sogar Firmen. In Frankreich war zu Beginn des 20. Jahrhunderts eine Universitätsausbildung oder eine andere Form höherer Qualifikation bereits recht weit verbreitet, zumindest unter den Direktoren und Managern der größten Unternehmen des Landes. Ihr Anteil lag hier über 70 Prozent. Im Vergleich dazu betrug er in Deutschland weniger als 60 und in Großbritannien etwa 35 Prozent. Bei solchen Unterschieden zwischen den drei größten europäischen Wirtschaftsmächten drängt sich die Frage nach der tatsächlichen Bedeutung der Ausbildung auf. War eine gehobene, insbesondere eine wissenschaftliche Qualifikation tatsächlich ein wesentliches Attribut des modernen Geschäftsmannes der zweiten industriellen Revolution? Die Antwort ist kompliziert. Nehmen wir zum Beispiel Frankreich: Die französischen Wirtschaftsführer waren zweifellos die bestausgebildeten Europas. Die französische Elitenschulung legte zudem einen besonderen Wert auf (natur-)wissenschaftliche Kenntnisse. Dies lag insbesondere an der Rolle, die die *Grandes Écoles* bei der Formierung der französischen Elite spielten. Die Mehrzahl von ihnen waren Ingenieurschulen, unter ihnen auch die berühmteste, die *École Polytechnique*, deren Absolventen in der Regel einen beträchtlichen Anteil der Führungskräfte der größten französischen Firmen stellten. Dennoch erweckten das französische Geschäftsleben und die französische Wirtschaft als Ganzes kaum den Anschein, im europäischen Vergleich als besonders dynamisch hervorzustechen. Nick Craft brachte diesen Eindruck in bezug auf das französische Wirtschaftswachstum im 19. Jahrhundert auf den Punkt: »Respektabel, aber sicher nicht herausragend.«

Die französischen *Grandes Écoles* sind sowohl von Zeitgenossen als auch von Historikern als zu theoretisch und wenig praxisnah kritisiert worden. Doch dies galt nicht nur für Frankreich. Das deutsche Hochschulsystem war kaum besser auf die Bedürfnisse der Industrie ausgerichtet. Das Jurastudium, Inbegriff der Generalistenausbildung, war zum Beispiel unter deutschen Wirtschaftsführern sehr beliebt, ebenso wie das Studium der Naturwissenschaften. Unter den theoriezentrierten deutschen Universitäten bildeten die technischen Hochschulen eine Ausnahme. Ihnen schien es gelungen zu sein, so ein oft gehörtes Lob, eine Balance zwischen den theoretischen akademischen Studien und einer mehr praktisch orientierten Berufsausbildung geschaffen zu haben. Ihr Anteil an der Ausbildung der Führungskräfte der größten deutschen Firmen blieb jedoch gering: Nur etwa 10 Prozent der vor 1914 aktiven Führungskräfte hatten eine TH besucht. Als zur Jahrhundertwende den technischen Hochschulen das Promotionsrecht zugestanden wurde, folgte daraus eine zunehmende Anpassung an die traditionelle Universität.

Diese Skizze der französischen und deutschen Erfahrungen sollte helfen, die Kontroversen um die Ausbildung der britischen Wirtschaftseliten zu relativieren. Die Hauptkritik richtete sich an die Adresse der *public schools* und der zwei traditionsreichen Universitäten Oxford und Cambridge. Es gehört zu den tiefverwurzelten Traditionen englischer Geschichtsschreibung, den *public schools* vorzuwerfen, der britischen Industrie immensen Schaden zugefügt zu haben. Die Klagen sind wohlbekannt: Ziel der *public schools* sei die Schaffung des Gentleman, der mit seiner Vorliebe für Landleben und vornehmen Müßiggang gleichsam den Gegenpol zu den Werten der modernen industriellen Gesellschaft verkörpere. In den *public schools* mit ihrer humanistischen Ausrichtung liege der Unterrichtsschwerpunkt auf alten Sprachen und klassischer Literatur; Naturwissenschaften dagegen würden eher vernachlässigt. Die Folge sei, daß Grundkenntnisse für das spätere Geschäftsleben fehlten und anerzogene Gentlemanvorlieben von ihm ablenkten. Die zwei altehrwürdigen Universitäten unterstützten und verstärkten, so die Kritik, die herrschenden Vorurteile gegenüber den angewandten Wissenschaften und der Industrie, was das Ausbildungsdefizit zukünftiger Wirtschaftsführer noch erhöhe. Tatsächlich aber hielt sich der von *public schools* und »Oxbridge« vermeintlich angerichtete Schaden in Grenzen. Neuere Studien konnten zeigen, daß die britische Großindustrie im späten 19. Jahrhundert wesentlich erfolgreicher war, als ihr gemeinhin zugestanden wird. Darüber hinaus unterschied sich die französische und deutsche Ausbildung nur oberflächlich von der britischen. In der Oberstufe höherer Schulen dominierten hier wie dort die Fächer Latein, Griechisch und Literatur.

Überall näherte sich zudem die Ausbildung der europäischen Wirtschaftseliten der traditionellen Elitenformation an. In Großbritannien und Frankreich, nicht aber in Deutschland, erforderte der Weg nach oben den erfolgreichen Besuch einer exklusiven Schule oder Universität. Um in Deutschland zur Elite zu gehören, war ein akademisches Examen unabdingbar. In noch höherem Maße galt dies für Frankreich, während in Großbritannien das Prestige der *public schools* bereits ausreichte. Dieser Trend zur Elitenbildung minderte jedoch nicht die Rolle der technischen Hochschulen und Colleges sowie der praktischen Ausbildung in Form einer Lehre. Kleinere Geschäftsführer in den Provinzen rekrutierten sich aus diesem Bereich. In Städten wie Bremen, Dortmund oder Frankfurt, wo die Mehrzahl Betriebe mit weniger als 1000 Mitarbeitern leiteten, konnte nur ein Viertel von ihnen ein akademisches Bildungspatent vorweisen. Zu Beginn des 20. Jahrhunderts hatten immerhin 30 Prozent der Geschäftsführer der größten deutschen Firmen eine Lehre absolviert, unter ihnen so bedeutende Persönlichkeiten wie Emil Kirdorf (1847–1938), Geschäftsführer der GBAG, Arthur Gwinner (1856–1931), Sprecher des geschäftsführenden Vorstandes der Deutschen Bank, und Felix Deutsch (1858–1928), Geschäftsführer der AEG.

Nachdem er die Schule oder Universität verlassen hatte, standen dem zukünftigen Geschäftsmann nur begrenzte Möglichkeiten offen, sich beruflich zu etablieren. In einer Wirtschaftswelt, die noch immer von Familienbetrieben dominiert wurde, hing die Wahl weniger von seinen Wünschen oder Fähigkeiten ab, sondern vielmehr von der Stellung seiner Familie und seiner eigenen Position innerhalb der Familie. Der älteste Sohn hatte die größten Chancen, im Familienunternehmen Fuß zu fassen. Das Schicksal seiner jüngeren Brüder hing von der Zahl verfügbarer Positionen ab. Hin und wieder wurden auch Schwiegersöhne und Neffen in die Firma aufgenommen. Ihre Karrieren folgten alle einem ähnlichen Muster: Sie liefen auf eine gehobene Stellung im Betrieb hinaus, sei es nun als Führungskraft oder auf einem mehr oder weniger ehrenwerten Posten. Mit untergeordneten Stellen mußten sie sich, wenn überhaupt, nur vorübergehend während der Einarbeitungszeit abfinden: Der angehende Erbe wurde bald persönlicher Assistent seines Vaters. Vorher machten einige von ihnen ihre ersten Geschäftserfahrungen in anderen, nicht selten ausländischen Firmen, die in der Regel mit der eigenen in irgendeiner Weise verbunden waren. Je nach der Familiensituation konnte schon in sehr jungen Jahren eine hohe Position erreicht werden. In der französischen Eisen- und Stahlindustrie traf dies etwa auf Paul Labbé (1872–1935) zu, der im Alter von 23 Jahren Nachfolger seines Vaters als Geschäftsführer der Société Métallurgique de Gorcy wurde. Auch François de Wendel (1874–1949) wurde bereits mit 29 Jahren geschäftsführender Partner des riesigen Familienkonzerns.

Der Aufstieg der Großunternehmen prägte auch die Karrieren ihrer Geschäftsführer. Interessanterweise traten die meisten – als Nicht-Erben – auf der obersten Hierarchieebene in die Firma ein: als Direktoren – mitunter sogar als Vorsitzende – oder als Generaldirektoren. Ihre ersten Berufserfahrungen hatten sie also außerhalb des Betriebs, üblicherweise, aber nicht notwendig, in der Wirtschaft gesammelt. Welche Positionen hatten sie dort vorher eingenommen? Viele waren Partner eines privaten Unternehmens, Staatsbeamte im gehobenen Dienst oder Direktoren einer mittleren, mitunter auch großen Gesellschaft gewesen; nur eine kleine Minderheit kam aus der Welt der Politik, des Militärs oder aus den freien Berufen. Obwohl alle drei Rekrutierungsmuster in ganz Europa vorkamen, dominierte in jedem Land eine andere Form: die Position des Partners in Großbritannien, der Staatsbeamte in Frankreich und der wirtschaftliche Aufsteiger in Deutschland.

Häufig entwickelten sich im späten 19. Jahrhundert private Firmen zu großen Kapitalgesellschaften, womit aber nicht zwangsläufig eine intensivere Professionalisierung einherging. Vor 1914 schlossen sich in Großbritannien vielfach alteingesessene Privatbetriebe zusammen, die innerhalb des neuen Konzerns einen hohen Grad an Autonomie behielten. Die neue Position an der Spitze eines Großkonzerns brachte in der Regel keine wesentliche Veränderung des professionellen Status mit sich, wie die Beispiele von Henry William Wills, dem späteren Lord Winterstoke (1830–1911), 1901 erster Vorsitzender der Imperial Tobacco, Henry Shepperd Cross (1847–1916), 1898 erster Vorsitzender der Bleachers' Association, oder Francis Augustus Bevan (1840–1919), 1896 erster Vorsitzender der Barclays Bank, zeigen. Erst nach dem Ersten Weltkrieg fand eine vollständige Professionalisierung der Führungskräfte statt.

Die Verbindungen zwischen Einzelfirmen und Kapitalgesellschaften konnten jedoch auch andere Formen annehmen. So saßen etwa angesehene Wirtschaftskräfte wie Privatbankiers, Kaufleute und Direktoren von Gesellschaften im Vorstand von Banken, Versicherungs-, Speditions- oder Industriegesellschaften. Das traf auf so manchen Vorsitzenden von Europas prestigeträchtigsten Firmen zu. John Trotter (1854–1913) zum Beispiel, ein Kaufmann in der Londoner City, war Vorsitzender der Commercial Union Assurance Company; Wilhelm Herz (1823–1914), einer der prominentesten Kaufleute Berlins, saß zwischen 1876 und 1914 dem Aufsichtsrat der Deutschen Bank vor, und der Privatbankier Jean de Neuflize (1850–1928) hatte den Vorsitz der Assurances Générales.

Führende Geschäftsleute nahmen zuvor möglicherweise ähnliche Positionen in anderen, meist kleineren Firmen ein. Dieses Muster, erste Leitungserfahrungen zu sammeln, war vor allem in Deutschland weit verbreitet. Im Zeitalter der Konsolidierung der Großunternehmen verdiente so manche deutsche Führungskraft ihre ersten Sporen im Management einer Firma mittlerer Größe. Paul Reusch (1868–1956) saß in der Geschäftsführung der Friedrich-Wilhelm-Hütte, als er 1905 als 37jähriger den Posten als Generaldirektor der Gutehoffnungshütte annahm und damit einem der ältesten und größten Eisen- und Stahlkonzerne im Ruhrgebiet vorstand. Max Steinthal (1850–1940) trat 1871 nach einer Banklehre, gerade 21 Jahre jung, in die Geschäftsführung der Padersteinschen Bank in Berlin ein. Zwei Jahre später wurde ihm ein Sitz in der Geschäftsführung der Deutschen Bank mit Zuständigkeit für Auslandswechsel angeboten. Diesen Posten behielt er bis 1906. Nicht selten spielten Konzernzusammenschlüsse bei solchen Karrierewegen eine nicht unerhebliche Rolle. Albert Vögler (1877–1945) etwa begann seine Karriere als Ingenieur bei der Union AG in Dortmund, trat 1906 der Geschäftsführung bei und zog 1910 nach Deutsch-Luxemburg, um dort, als Ergebnis der Fusion beider Firmen, die rechte Hand von Hugo Stinnes zu werden. Er wurde schließlich 1926 der erste Vorsitzende der Vereinigten Stahlwerke.

In Frankreich verlief der Weg an die Spitze nur selten über eine vorherige Position in einem Großunternehmen. Seit den 1880er Jahren geriet hier der *pantouflage*, der Übergang vom Staatsdienst in den privaten Sektor, zum gängigen Rekrutierungsmodus der französischen Wirtschaftseliten. Während kleinere und mittlere Firmen weiterhin in der Regel von Familienangehörigen geleitet wurden, dominierten professionelle Manager, zumeist ehemalige Staatsbedienstete, das obere Management der Großunternehmen. Die meisten waren Ingenieure (in der Industrie) oder *inspecteurs des finances* (im Bankenbereich), wie zum Beispiel Léon Lévy (1851–1925). Als *polytechnicien* quittierte er 1891 den Staatsdienst, in dem er es nach 15 Jahren Amtszeit bis zum obersten Bergbauingenieur gebracht hatte, um den Posten des Generaldirektors der Forges de Chetillion-Commentry et Neuves-Maison, einer Eisen- und Stahlgesellschaft, zu übernehmen.

Arbeitspraxis und Geschäftsethik änderten sich durch den erst allmählich einsetzenden Professionalisierungsprozeß nur langsam. Interessanterweise gab es in dieser Hinsicht weder Unterschiede zwischen Inhabern und Managern noch zwischen den einzelnen Ländern. Die Geschäftsführer großer Firmen waren selten junge Männer. Dennoch wurde vor 1914 eine Top-Position, sei es nun als Vorsitzender, Generaldirektor oder Direktor, in jüngeren Jahren erreicht – etwa im Alter von 44 Jahren – als am Ende des 20. Jahrhunderts, als das Durchschnittsalter bei 52 Jahren lag. Es überrascht kaum, daß Erben die obersten Positionen früher erlangten als von außen kommende Manager; es dauerte länger, Vorsitzender zu werden als geschäftsführender Direktor. Vor 1914 lag eine solche Position fast 25 Jahre in denselben Händen, Anfang der 1970er waren es nur noch knapp zehn Jahre. Was die Altersstruktur betraf, gab es unter den Führungskräften demnach sehr junge (unter 35 Jahre) wie auch sehr alte (über 75 Jahre) Männer. 1907 war der älteste Vorsitzende eines deutschen Großunternehmens Wilhelm Herz, der noch als 87jähriger den Vorsitz des Aufsichtsrats der Deutschen Bank einnahm. Aus Altersgründen gaben Spitzenkräfte ihre Position in der Regel nicht auf. Normalerweise starb man in Amt und Würden; vor 1914 war der Tod der häufigste Grund für die Beendigung des Beschäftigungsverhältnisses. Einige starben in sehr hohem Alter: Herz wurde 91 Jahre alt, Andrew Noble (1831–1915), Vorsitzender des riesigen Waffenproduzenten Armstrong Whitworth, 84 Jahre. Das durchschnittliche Pensionierungsalter lag bei über 70 Jahren.

In ihrer Einstellung zu ihren Untergebenen waren die Wirtschaftseliten stark von autoritären und paternalistischen Traditionen geprägt. Großunternehmen versuchten bereits frühzeitig, auf sämtliche Lebensbereiche ihrer Arbeiter Einfluß zu nehmen, angefangen bei den Wohnverhältnissen über die Ausbildung bis zur sozialen Absicherung. Vor allem in Städten, die von einem einzelnen Großbetrieb dominiert wurden, trat dieses Bemühen deutlich zutage. Schneider in Le Creusot, Krupp in Essen oder Peugeot in Sochaux lassen sich hier anführen. Krupp beispielsweise entwickelte eines der ältesten und umfassendsten sozialen Wohlfahrtsprogramme. Es bestand aus einer 1853 gegründeten Krankenkasse und einem zu Beginn der 1870er Jahre gebauten Firmenkrankenhaus, das im frühen

20. Jahrhundert durch ein Heim für Rekonvaleszenten, eine Zahnklinik und eine kleine Entbindungsklinik ergänzt wurde. Das soziale Engagement der Firma in der Alten- und Invalidenfürsorge mündete in eine Pensionskasse für Arbeiter, die Bereitstellung leichter Arbeiten für Invaliden, eine subventionierte Lebensversicherung und eine Wohnanlage für Rentner. Um statt der Löhne das Realeinkommen anzuheben, startete Krupp ein umfassendes Wohnungsbauprogramm, mit dem bis 1914 6971 Wohnungen gebaut oder vermietet wurden, und unterstützte die Konsumgenossenschaft des Betriebes. Für die Aus- und Weiterbildung wurden Bildungsvereine gegründet und eine 1914 50000 Bände umfassende Bibliothek bereitgestellt. Schneider, das französische Pendant zu Krupp in der Schwer- und Rüstungsindustrie, bot ähnliche Wohlfahrtseinrichtungen, u.a. Unterstützung beim Wohnungsbau und eine Kranken- und Sozialversicherung. Eine Familienbeihilfe wurde 1892 ebenfalls eingeführt. Die Firma fühlte sich besonders für Qualifizierungsfragen verantwortlich. Sie richtete eine Vorschule für die École d'Arts et Métiers ein, eine von Frankreichs weniger bedeutenden *Grandes Écoles*, und stellte so eine angemessene Ausbildung der eigenen Vorarbeiter, Buchhalter, Konstrukteure und Ingenieure sicher.

Eine Mischung aus Humanismus und Eigennutz motivierte diese Maßnahmen der Arbeitgeber. Es lag in ihrem Interesse, jegliche staatliche Einflußnahme zu verhindern und vor allem das zentrale Problem, die Rekrutierung von Arbeitskräften und Schaffung einer Stammbelegschaft, zu lösen. Die Zahl der Bergarbeiter im Ruhrgebiet stieg von 12741 im Jahr 1850 auf 161870 1896 und erreichte 1913 einen Stand von 401326. In Frankreich reichten die lokal verfügbaren Arbeitskräfte nicht aus, um die Bedürfnisse der Großunternehmen zu decken, so daß Arbeiter aus immer weiter entfernt liegenden Gegenden geworben werden mußten. Dies hatte zur Folge, daß die Arbeitgeber für Unterbringungs- und Transportmöglichkeiten sorgen mußten. Allerdings blieben die zugewanderten Arbeiter eine instabile Gruppe. Bei Cail, einem Metallbetrieb im Norden Frankreichs, lag die Fluktuationsrate am Anfang des 20. Jahrhunderts bei 75 Prozent. Um diesem Phänomen entgegenzuwirken, versuchten die Unternehmer, die Arbeiter an die Firma zu »ketten«, wie es Alfred Krupp formulierte. Die Arbeitgeber hatten also gute, rationale Gründe für ihr soziales Engagement. Allerdings sollten die Mentalitäten und Vorurteile dieser Zeit nicht übersehen werden. So war etwa William Lever von den Ideen der Gewinnbeteiligung und der Wohnungsbaureform inspiriert, als er sein Modelldorf in Port Sunlight bauen ließ. Die einzige Form der Gewinnbeteiligung jedoch, die für ihn in Frage kam, war die »Bereitstellung schöner Häuser, bequemer Heime und gesunder Erholungsmöglichkeiten« anstelle von Bargeld, das »nichts Gutes bewirkt, wenn man es sich in Form von Whiskyflaschen, Tüten voller Süßigkeiten oder fetten Weihnachtsgänsen in den Rachen schiebt«. Überdies ging Paternalismus Hand in Hand mit einem unbeschränkten Herrschaftsanspruch im Betrieb, der sich oft auch auf das Privatleben der Arbeiter erstreckte. Mit wenigen Ausnahmen waren französische und deutsche Unternehmer nicht bereit, Gewerkschaften als Verhandlungspartner anzuerkennen. Die späteren Umbruchsituationen – 1918 in Deutschland, 1936 in Frankreich – zwangen die Firmen dann allerdings zu einer Kooperation. Britische Arbeitgeber bildeten hier eine Ausnahme. Obwohl sie kämpferisch auf dem Recht bestanden, ihren Betrieb nach eigenem Gutdünken zu leiten, erkannten sie Gewerkschaften als Verhandlungspartner an, diskutierten und unterzeichneten Tarifverträge und agierten somit als die Wegbereiter moderner Arbeitsbeziehungen im industriellen Sektor.

Wohlstand, Status und Macht

Der erste Lohn erfolgreicher Unternehmer war materieller Natur: Die Anhäufung von Reichtum ging dem Erwerb sozialen Status und politischen Einflusses voran. Bereits in der ersten Hälfte des 19. Jahrhunderts häuften Bankiers und Finanziers durch Auslandsanleihen und internationale Emissionen große Vermögen an. Nathan Mayer Rothschild (1777–1836) hinterließ bei seinem Tod £5 Mio. (nach heutigen Wert etwa £250 Mio.) – ein Vermögen, das seinem Umfang nach nur noch von dem der damals größten Landbesitzer übertroffen wurde. 1870 erzielte Eugène Schneider ein jährliches Einkommen von 1,5 Mio. Francs. Es dauerte jedoch noch bis zur Jahrhundertwende, bis sich die Geschäftsleute als reichste Berufsgruppe etablierten. Bis in die 1870er Jahre gebührte in Großbritannien den Landbesitzern dieser Titel, die rund 80 Prozent der nationalen Millionäre stellten. Anfang des 20. Jahrhunderts sank ihr Anteil auf 27 Prozent. Eine ähnliche Situation fand man in Deutschland vor. Dort waren 1912 ein Viertel der Millionäre Landbesitzer und 68 Prozent Geschäftsleute.

Richtig reich jedoch waren nur wenige. In Deutschland verfügten 1911 nur 230 Personen über ein Vermögen von 10 Mio. Mark; gerade einmal 708 britische Geschäftsleute hinterließen zwischen 1860 und 1919 ein Vermögen in dieser Größenordnung. Zu Beginn des 20. Jahrhunderts gehörten dazu nur wenige, die an der Spitze eines Großunternehmen standen. Angestellte Manager gewannen jetzt an Bedeutung, während viele Erben, die ein großes Geschäftsvermögen besaßen, in den Unternehmen keine wesentliche Rolle mehr spielten oder nie gespielt hatten. Gleichwohl waren auch die Leiter größerer Unternehmen ausgesprochen wohlhabend. 1907 besaßen in Großbritannien 94 Prozent und in Deutschland 84 Prozent dieser Gruppe ein Vermögen von £100000 oder mehr – heute wären das £4 bis 5 Mio. Geschäftsführer kleinerer Unternehmen in der Provinz hatten ein geringeres Auskommen. Hartmut Berghoffs Zahlen zeigen, daß in Städten wie Birmingham, Bristol oder Manchester zwischen 1870 und 1914 kaum mehr als ein Drittel der Industriellen über solche Beträge verfügte.

Die Lebensstile der Unternehmer/Manager variierten nach Einkommen, Wohnort und auch nach persönlichen Vorlieben. Generell läßt sich jedoch beobachten, daß traditionell bürgerliche Lebensformen und -vorstellungen, nach denen man arbeitsam, sparsam und möglichst in der Nähe des Arbeitsplatzes lebte und sich vorwiegend im lokalen oder regionalen Raum orientierte, in der zweiten Jahrhunderthälfte zunehmend einer aufwendigeren, eher aristokratischen Lebensweise Platz machten. Selbst Industrielle in der Provinz bezogen elegante Stadtvillen oder große Herrenhäuser, etablierten über Heiraten Unternehmerdynastien und suchten den gesellschaftlichen Verkehr mit »alten Eliten«. Ein wirklich aristokratischer Lebensstil konnte sich allerdings nur in den Hauptstädten entfalten. Die Mehrheit der französischen Wirtschaftselite lebte in Paris, einschließlich der Stahlbarone Lothringens, deren Werke einige hundert Kilometer entfernt lagen. Die Geschäftsleute im Norden Frankreichs dagegen, mit ihrem engen Netzwerk familiärer, von Textilindustriellen dominierter Verbindungen, behielten bis zu einem gewissen Grad eine eigene Identität und waren nicht völlig in die Pariser Oberschicht integriert.

In Großbritannien wohnten indes mehr Bankiers als Industrielle in London. Große Provinzstädte wie Manchester, Birmingham und Glasgow bewahrten eine starke kommunale Identität. Diese Trennung zwischen Hauptstadt und Region spiegelte die Teilung von Finanzwelt und Industrie wider. Dennoch wuchs die Anziehungskraft der Hauptstadt auf erfolgreiche Industrielle, so daß nicht nur der Brauereibesitzer Lord Iveagh von Guinness oder Schwerindustrielle wie Lord Pirrie von Harland and Wolff in London residierten. Die deutsche Wirtschaftselite blieb stärker mit ihrer Region verbunden, auch wenn sich die Mehrheit auf Berlin und das Ruhrgebiet verteilte. Ein beträchtlicher Anteil lebte wie in Großbritannien in der Hauptstadt. Dies hing vor allem mit Berlins Rolle als Wirtschaftszentrum, vor allem was das Bankwesen und die Elektrotechnik betraf, zusammen. Die politische Bedeutung und soziale Anziehungskraft der Stadt spielten dabei eine untergeordnete Rolle.

Es überrascht kaum, daß die bedeutenden Geschäftsleute in den aristokratischeren und gefragteren Vierteln der Hauptstädte Quartier bezogen. Begehrt waren das 8. und 16. Arrondissement in Paris, Mayfair und Belgravia in London sowie die besseren, in der Nähe des Tiergartens gelegenen Viertel im Westen Berlins. Clubs spielten eine große Rolle im gesellschaftlichen Leben der Hauptstädte. Dies galt insbesondere für London, wo die Mitgliedschaft in einem der Gentlemen's Clubs (Carlton, Brooks, Athenaeum, Traveller's, White's) die Zugehörigkeit zur Oberschicht besiegelte. Es versteht sich von selbst, daß nur die prominentesten Geschäftsleute aus der Provinz Mitglied in einem Londoner Club werden konnten, während dies unter der Londoner Finanzelite die Regel war. In Paris gab es ebenfalls Clubs, subtil differenziert nach alten (Jockey Club, Cercle de la rue Royale, Cercle de l'Union), die von der Aristokratie und der *haute bourgeoisie* frequentiert wurden, und den eher bürgerlichen Clubs (Automobile Club de France, Bois de Boulogne). In Berlin fehlten diese Institutionen. Der Finanzadel jedoch traf sich während der Saison regelmäßig auf großen Gesellschaften und suchte die Nähe zur Aristokratie. Das gesellschaftliche Leben im Rhein- und Ruhrgebiet verlief sehr viel schlichter, mit deutlich provinzieller Färbung. Führende Industrielle, auch die prominentesten unter ihnen wie Paul Reusch, August Thyssen, Emil Kirdorf und Carl Duisberg, verkehrten fast ausschließlich innerhalb bürgerlicher, zumeist wirtschaftsbürgerlicher Kreise.

Auch Titel dienten als Ausweis sozialen Status. In Frankreich war eine Nobilitierung nicht möglich, während die *légion d'honneur* recht häufig an führende Wirtschaftskräfte verliehen wurde. Erfolgreichen Geschäftsleuten konnte diese Auszeichnung höchstens aus politischen Gründen verwehrt werden. Als etwa die Verleihung der *légion d'honneur* an Louis Mercier, Generaldirektor der Mines de Lens in Nordfrankreich, zur Debatte stand, entschied man sich dagegen, weil negative Reaktionen der

Arbeiterschaft aus den Kohlengruben des Pas-de-Calais befürchtet wurden, hatte doch Louis Mercier seine Feindseligkeit gegenüber der Gewerkschaft der Bergleute nie verhehlt. Erbliche Adelstitel, wie sie in Großbritannien und Deutschland üblich waren, blieben so lange selten, bis sie im späten 19. und frühen 20. Jahrhundert zunehmend häufiger verliehen und zuweilen auch käuflich erworben werden konnten. Weniger renommierte Titel wurden großzügiger vergeben, wie etwa der des *knight* oder *baronet* in Großbritannien oder auch der neu geschaffene Titel des Kommerzienrates in Deutschland, der speziell für Unternehmer und Bankiers ins Leben gerufen wurde. Innerhalb der Geschäftswelt besaß er großes Prestige, trennte sie aber zugleich von den anderen gesellschaftlichen Eliten. Mit Beginn des 20. Jahrhunderts sank seine Attraktivität, da viele Geschäftsleute einen solchen ihnen allein vorbehaltenen Titel als wenig hilfreich für ihren allgemeinen Status und Einfluß betrachteten.

Wie läßt sich der gesellschaftliche Status der Wirtschaftselite überhaupt einschätzen? Wohlstand war zwar eine notwendige Voraussetzung, jedoch kein alleiniger Garant für soziale Anerkennung. Dies galt zumindest für die erste Generation, die sich mit ihren ökonomischen Aktivitäten den Zugang zur Oberschicht verschaffen wollte. Vor 1914 setzte europaweit und unabhängig vom Grad der industriellen Entwicklung der Landadel den Maßstab, der über die Integration in die Oberschicht befand. Sicherlich differierte die Stellung des alten Adels in den verschiedenen europäischen Ländern. Ihn jedoch als unzeitgemäß abzutun widerspräche seiner realen wirtschaftlichen, gesellschaftlichen, politischen und symbolischen Bedeutung. Über die Beziehung zwischen Wirtschaftselite und Adel hat die Forschung einige Fehldeutungen produziert. Aus ökonomischer Perspektive interpretierte man diese Beziehungen, besonders mit Blick auf Großbritannien, als Ursache unternehmerischen Versagens. Von einem soziopolitischen Standpunkt aus galten sie als Ausdruck eines »Defizits an Bürgerlichkeit«, das man vor allem den deutschen Mittelschichten vorwarf. Dennoch war der Zugang zur alten Elite zweifelsfrei ein Zeichen des Erfolges. Dies galt für den einzelnen Geschäftsmann ebenso wie für die gesamte Schicht. Der »Unternehmergeist« einer Nation wurde zu keiner Zeit von den gesellschaftlichen Bestrebungen ihrer erfolgreichsten Unternehmer beeinflußt, und die soziale Anerkennung geschäftlichen Erfolgs kann kaum als Indiz für die »Unbürgerlichkeit« einer Nationalkultur betrachtet werden.

Nehmen wir das Beispiel Großbritanniens: Zu den erfolgreichsten Wirtschaftseliten gehörten die Privatbankiers der Londoner City, die zugleich auch die engsten Beziehungen zum Landadel pflegten. Sie hatten gemeinsam die elitären *public schools* (Eton, Winchester, Harrow) und Universitäten (Oxbridge) besucht und teilten als Pendler zwischen London und dem Land einen ähnlichen Lebensstil. Häufige Heiratsbeziehungen zwischen Bankiersfamilien und Familien des Landadels befestigten diese Affinität. Hier entwickelte sich der Keim zu einer neuen Elite, dem britischen *establishment* der 1920er Jahre. Dies war in vielerlei Hinsicht ein spezifisch britisches Phänomen, das außerhalb Großbritanniens viel Aufmerksamkeit auf sich zog. Raymond Aron beschrieb die britische Oberschicht insoweit als »eine herrschende Klasse, als die politische Klasse und die gesellschaftliche Elite sich in ihr überschneiden«. In Deutschland fehlte eine solche Formation. Die Annäherung zwischen dem Landadel und den Wirtschaftseliten schritt seit den 1870er Jahren voran, aber die beiden Gruppen lebten nebeneinanderher, teilten Macht und Lebensstil, trafen sich auf dem gesellschaftlichen Parkett und ließen auch hin und wieder eheliche Verbindungen zu, ohne tatsächlich zu einer Einheit zu verschmelzen. Im Gegensatz zu ihren britischen Kollegen gelang den deutschen Wirtschaftsbossen bis zum Ersten Weltkrieg nie die vollständige Integration in die soziale Elite ihres Landes. In Frankreich bildete die Pariser Wirtschaftselite einen angesehenen und mächtigen Teil der nationalen Oberschicht. Ehen mit anderen Elitegruppierungen konsolidierten diese Position. Doch die so entstehende *classe dominante* zeigte nicht den gleichen Zusammenhalt wie ihr britisches Pendant. Zudem war in einer bürgerlichen Republik wie Frankreich der alte Adel eher in der Position eines Juniorpartners. Was die unteren Ränge der Geschäftswelt, also die die Provinzkaufleute, -bankiers und -industriellen, betraf, unterschieden sie sich nicht sehr voneinander. Das gesellschaftliche Leben, einschließlich der Heiratsstrategien, spielte sich hier wie überall in Europa nur innerhalb des eigenen Milieus ab.

Die gleichen Differenzierungen lassen sich auch auf politischer Ebene beobachteten. Ein Topunternehmer war zwangsläufig auch in der Politik engagiert. Allein die Größe der Firma, das wirtschaftliche Gewicht sowohl als Produzent als auch als Arbeitgeber, verlieh ihm eine öffentliche Bedeutung. Wirtschaftliche Entscheidungen konnten Einfluß auf den politischen Kurs nehmen und wurden ihrerseits von politischen Entschlüssen beeinflußt. Nur wenige Geschäftsleute waren direkt politisch tätig, sei es aufgrund persönlicher Überzeugungen oder aufgrund kollektiver Aktivitäten ihrer Interessengruppe. Die meisten Unternehmer zogen es vor, Vertreter mit diesen Aufgaben zu betrauen, die Zeit und Fähigkeiten dazu mitbrachten. Die Parlamente spiegelten diese Beziehung zwischen Wirtschaft und Politik wider. In den 1870er und 1880er Jahren stieg die Zahl der Unternehmer mit einem Sitz im Parlament in ganz Europa auf Rekordhöhe; ihr Anteil betrug 25 bis 30 Prozent. Diese Quote ging bis zum Ersten Weltkrieg kontinuierlich zurück. Wie viele Unternehmer dagegen wirklich eine parlamentarische Karriere anstrebten, ist schwer zu bestimmen. Nach Schätzungen für das frühe 20. Jahrhundert taten dies nur sehr wenige – nicht zuletzt, weil sie sich mit den Regeln der politischen Welt nicht vertraut fühlten. Talentierte Redner und Diskutanten waren unter den Unternehmern nur spärlich vertreten. Zudem mußten sie seit der Einführung des allgemeinen Männerwahlrechts auch mit feindlich gesinnten Wählern rechnen, wenn sie sich etwa in Wahlkreisen mit einem hohen Arbeiteranteil bewegten. Zu Beginn des 20. Jahrhunderts konnten die führenden Industriellen Frankreichs und Deutschlands, Krupp und Schneider, nicht mehr sicher sein, sich oder ihren Repräsentanten in ihren jeweiligen Wahlkreisen, Essen und Le Creusot, durchzusetzen. Überdies waren mit der zunehmenden Professionalisierung sowohl von Unternehmer- als auch von Politikerkarrieren Interessenkonflikte vorprogrammiert. Edward Holden beispielsweise, geschäftsführender Direktor der Midland Bank und liberaler Unterhausabgeordneter zwischen 1906 und 1910, fand nicht nur die zusätzliche Arbeit überwältigend, sondern war zudem mit dem Problem konfrontiert, Kunden anderer politischer Couleur nicht vor den Kopf zu stoßen.

Ein Sitz im Parlament besaß dennoch gerade für britische Geschäftsleute eine gewisse Anziehungskraft, allerdings eher aus gesellschaftlichen als aus politischen Gründen. Um ihre politischen Ziele zu verwirklichen, entwickelten sie andere, effektivere Interventionsstrategien, unter anderem industrielle Interessenverbände. Der 1858 gegründete Verein für die bergbaulichen Interessen im Oberamtsbezirk Dortmund gehörte in Deutschland zu den ältesten Verbänden dieser Art. Das Comité des Forges, die Interessenvertretung der französischen Eisenbarone, etablierte sich 1864. Andere folgten, insbesondere in Deutschland, wo der Verein Deutscher Eisen- und Stahl-Industrieller 1874 gegründet wurde, zwei Jahre später der Centralverband Deutscher Industrieller (CVDI). All diese Verbände wurden, wenig überraschend, von der Schwerindustrie, der führenden Branche der Großunternehmen, dominiert. Ursprünglich ins Leben gerufen, um für Schutzzölle zu werben, befaßten sie sich bald mit dem gesamten Spektrum wirtschaftlicher Interessen, insbesondere auch den Arbeitsbeziehungen. Seit dem späten 19. Jahrhundert wurden die mächtigsten Verbände zunehmend in politische Entscheidungsfindungsprozesse einbezogen. Sie hielten direkten Kontakt zu Politikern und hohen Staatsbeamten, wurden im Vorfeld zu Rate gezogen und sogar unmittelbar an der Ausarbeitung von Gesetzesvorlagen beteiligt.

Noch verbreiteter als in Großunternehmen war die Leitung dieser Interessenverbände durch angestellte Manager. Sie kamen häufig aus der staatlichen Verwaltung und handelten im Interesse der Unternehmer. Robert Pinot, der Generalsekretär des Comité des Forges, und Axel Bueck, sein Pendant beim CVDI, repräsentierten diesen neuen Typus des Wirtschaftsfunktionärs. Pinots starke Persönlichkeit, gepaart mit seiner Position als Schlichter zwischen den rivalisierenden französischen Eisenbaronen, verstärkte seinen Einfluß im Comité des Forges, als dessen Verkörperung er sich mitunter gern präsentierte. Die Unternehmer jedoch blieben die eigentlichen Herren. Persönliche Verbindungen prägten auch weiterhin die Beziehungen zwischen Wirtschaft und Politik, sei es durch informelle, stärker persönlich bestimmte Interventionsformen, die in Großbritannien vorherrschten, sei es durch die massive Präsenz ehemaliger Staatsbeamter an der Spitze von Frankreichs größten Gesellschaften oder durch das individuelle Gewicht führender Persönlichkeiten, die den Industrieverbänden in Deutschland und anderswo vorstanden.

Die Spannung zwischen der effektiven Macht der Wirtschaftsmagnaten und der symbolischen Macht der alten Eliten reflektiert in gewisser Weise die Position, die führende Unternehmer und Manager am Vorabend des Ersten Weltkriegs erreicht hatten. Die Intensität dieser Spannungen war nach Ländern, Branchen und Individuen unterschiedlich stark, ebenso wie sich auch die Herausbildung der modernen europäischen Wirtschaftswelt in der zweiten Hälfte des 19. Jahrhunderts ungleichmäßig fortsetzte. Der hochqualifizierte und hochbezahlte Leiter eines großen Unternehmens, der sich gleichzeitig vollständig in die Elite seines Landes integriert hatte, war zwar schon auf der historischen Bildfläche erschienen, mußte aber erst noch zur Norm werden.

Kapitel 3

Der Ingenieur

Sylvie Schweitzer

Der Ingenieur ist nicht nur eine Schlüsselfigur der Industrialisierung, sondern zugleich ein unverzichtbares Modell für die im 19. und 20. Jahrhundert stattfindende Professionalisierung. So lassen sich am Wandel seiner Funktion in den Umbruchphasen der Jahre 1850–1920 die Veränderungen ablesen, die die zweite Phase der Industrialisierung mit sich brachte: Sie schuf neue Industriezweige wie die Metallverarbeitung, den Maschinenbau und die Chemie, nie dagewesene Produktionsstätten wie die durchrationalisierten Großbetriebe, moderne Produktionsweisen wie Massen- und Serienfertigung. Dieses neue System, das seinen Höhepunkt im 20. Jahrhundert erreichte, setzte sich in mehreren Etappen durch. Dabei existierte extrem Modernes in unmittelbarer Nachbarschaft mit anderem, das zwar vielen als archaisch galt, aber womöglich nur eine Alternative und ein Indiz dafür bot, welche verschiedenen Wege das neue ökonomische und soziale System einschlug. Im Zentrum stand die Organisation der Arbeit, die alle vorangehenden industriellen Errungenschaften systematisierte. Sie ist nichts anderes als eine kohärente und rasante Vorwärtsbewegung aller Produktionsmittel. Beim Einsatz der Maschinen, Rohstoffe und Lohnarbeiter sprengte sie alle bekannten Schemata der ersten Industrialisierungsphase. Kennzeichnend für sie ist die große Masse. Riesige Flächen: zig Hektar große Fabrikhallen, mitunter in einem Stück. Hunderte von Kilometern Bergwerksstollen und Eisenbahnlinien. Riesige Mengen: Millionen von Kapital, Arbeitsstunden, Gütertonnen. Und außerdem unzählige Menschen, Tausende von Lohnarbeitern, die man einstellen, bezahlen, anleiten und beschäftigen mußte.

Um dieses neue Ganze in Bewegung setzen, um es zur Schaffung von

Arbeit und Reichtum bringen zu können, mußte es organisiert werden. Das große Novum ist, daß die bloße Kombination von Unternehmern und Handwerkern nicht mehr ausreichte. Übrigens zu ihrem großen Bedauern, vergleichen sie sich doch beständig mit der kleinsten gesellschaftlichen Einheit, der Familie, samt ihren Blutsbanden und ihren seit langem quasi automatischen Zwangsbindungen. So mußten die Unternehmer ihre Herrschaft nach und nach delegieren und die Gesellen ihr Know-how mit anderen teilen. Sie mußten Neuankömmlinge in den Werkstätten dulden: zuerst die Werkmeister, dann die Ingenieure, große und kleine Chefs. In der Fabrik schlichen sich Hierarchien ein, die immer differenzierter wurden, so daß Unternehmer und Arbeiter sich mit der Zeit ihrer herausragenden Funktion für den Arbeitsprozeß beraubt sahen. Für die Neuankömmlinge mußten betriebliche Arbeitsplätze geschaffen, Machtbefugnisse und Kenntnisse neu verteilt, Ausbildungsstätten erdacht und Entlohnungsformen gefunden werden. Die rapide, voraneilende, sich in wenigen Jahrzehnten diversifizierende Technik, zumal die Ausbreitung der großen Maschinerie, zwang die Fabriken, sich neu zu organisieren.

Der Status der Ingenieure zwischen Militär und Bürokratie

Die ersten Ingenieure, die ein hohes wissenschaftlich-technisches Bildungsniveau mitbrachten, waren höhere Beamte in der staatlichen Verwaltung und gehörten fast immer der Armee als Offiziere an. Die Bezeichnung Ingenieur verweist ursprünglich also nicht auf ein Diplom, sondern auf einen bestimmten Rang in der Staatsverwaltung, der mehrere Stufen vom Unter-Ingenieur bis zum General-Ingenieur umfaßte. Ihre Arbeit bestand darin, zu organisieren und zu überwachen; sie führten Tätigkeiten aus, die für das reibungslose Funktionieren der technischen Abteilungen des Staatsapparates, auch für die Wahrnehmung seiner strategischen und militärischen Aufgaben, unverzichtbar waren. Das Ingenieurkorps des Heeres war zum Beispiel zuständig sowohl für schwere und leichte Waffen als auch für den Kasernen- und Befestigungsbau, für das Transportwesen, für die Instandhaltung von Straßen und Brücken und für das Fernmeldewesen.

In Frankreich wurde die berühmte École Polytechnique zwar noch von der Revolution ins Leben gerufen (1794), aber schon bald danach, 1804, sorgte Napoleon für ihre Militarisierung und unterstellte sie dem Kriegsministerium. Ihr angegliedert wurden frühere Ausbildungsstätten: die École des Ponts et Chaussées, die als *corps* seit 1720 bestand, ebenso wie die École d'Artillerie (1720) und die École des Mines (1783), die später einem anderen, nämlich dem Ministerium für Handel und Industrie zugeordnet wurden. Die École des Ponts et Chaussées war natürlich für den Straßen- und Kanalbau und später, seit den 30er Jahren des Jahrhunderts, für die Eisenbahnen wichtig und zuständig, die in allererster Linie dazu dienen sollten, im – außen- oder innenpolitischen – Konfliktfall Soldaten zu befördern. Auch die Eingliederung der École des Mines zeigte, wie sehr der Staat die Gewinnung und Verwendung seiner Bodenschätze (Kohle, Eisenerz und Edelmetalle) kontrollierte. Das gleiche galt für die Schiffbau-, Fernmelde- und später für die Elektroingenieure. Die Offiziere erhielten ihre Ausbildung an den Écoles d'Artillerie et du Génie.

Der Ingenieur im Staatsdienst hatte die von Privatunternehmen in Reaktion auf öffentliche Aufträge eingereichten Projekte zu prüfen und zu genehmigen. Er überwachte die Bauarbeiten sowie in der Folge die Instandhaltung und die Reparaturen. Im Beamtenapparat hatte er eine zentrale Stellung inne, und niemand kam um ihn herum. Diese Ingenieure waren eines jener Rädchen, die zur Stärkung des Staatsapparates beitrugen. Durch den Besuch der staatlichen Ingenieurschulen und ihre soziale Herkunft garantierten sie natürlich auch den allgegenwärtigen Zugriff der herrschenden Eliten auf die öffentlichen Dienste.

Auch außerhalb Frankreichs war der – militärische oder zivile – Staatsingenieur verbreitet. In Belgien bewahrte das System die Spuren der napoleonischen Zeit: Die beamteten Bergbau- sowie Straßen- und Brükkenbauingenieure rekrutierten sich aus den Absolventen der École des Mines in Lüttich und der École du Génie Civil in Gent. Spanien folgte gleichfalls dem französischen Vorbild, das die Curricula und sogar die Texte der Lehrbücher an den Ingenieurschulen prägte. In den Namen der Ausbildungsstätten fehlte freilich der Brückenbau, denn die staatliche Hochschule führte nur den Straßenbau im Titel: zuerst, 1802, als Wegebau, dann, 1834, als Chausseebau. Auch Deutschland kannte die Trennung zwischen Ingenieuren im Staatsdienst und in der Privatwirtschaft. Die aus dem 18. Jahrhundert stammenden preußischen Fachschulen lehnten sich an das französische Modell der *grandes écoles* an; bald schon, mit dem Beginn der Industrialisierung, bildeten sie auch Ingenieure aus, die in die

Privatwirtschaft gingen wollten. Im Gegensatz zu den *grandes écoles* aber bemühten sie sich nach kurzer Zeit um akademische Gleichstellung mit den Universitäten. Die technischen Hochschulen erhielten im Jahr 1899 das Promotionsrecht. Auch in Deutschland bezeichnet der Begriff Ingenieur lange Zeit nur den Ingenieur im Staatsdienst, der über Spezialkenntnisse auf dem Gebiet der öffentlichen Bauarbeiten und des Maschinenbaus verfügte. Diese ersten Ingenieure erhielten übrigens denselben Status wie andere höhere, nämlich Justiz- und Verwaltungsbeamte, insbesondere was die Einstellung und die Beförderungskriterien betraf.

Das 19. Jahrhundert war über lange Strecken das Jahrhundert des ehrenvollen Staatsdienstes, die Glanzzeit des höheren Beamtentums. Vor der großen Wachstumsphase, die durch die Entstehung der neuen, für die zweite Industrialisierung charakteristischen Branchen begleitet war, gaben nur wenige dieser Ingenieure und Armeeangehörigen ihre Stellung auf, um sich der Privatwirtschaft und den von ihr angebotenen Verdienstchancen zuzuwenden.

Der nichtbeamtete Ingenieur und das Privatunternehmen

Das Berufsbild des »zivilen« Ingenieurs entstand im Gegensatz zu den Armee-Ingenieuren und Offizieren. Der »Zivilingenieur« stammte aus England, also – was nicht weiter verwunderlich ist – aus dem Land, in dem die Industrialisierung am frühesten eingesetzt hat. Schon 1771 entstand die erste Association of Civil Engineers, die 1818 zu neuem Leben erweckt und dann durch zwei weitere große Verbände – Maschinenbau, 1847, und Elektrotechnik, 1871 – ergänzt wurde. Neben der Information über technische Neuerungen und der Pflege von Geselligkeit bemühten sich diese Vereine um die Erarbeitung – und eigentlich um die Schaffung – technischer Normen für die Ingenieurarbeit, die sich in Fortschritten der Ausbildung und Forschung ebenso niederschlugen wie in Sicherheitsstandards, zumal der Elektrotechnik, und in der Effizienz der Massenproduktion. 1918 wurde schließlich die britische Gesellschaft für Ingenieursnormen ins Leben gerufen. Auch in Deutschland kam es frühzeitig zur Entstehung von Berufsverbänden, unter anderem 1856 zur Gründung des Vereins Deutscher Ingenieure, der die Bezeichnung Ingenieur gegen die des »höheren Technikers« durchsetzen half. Er orientierte sich an denselben Zielen wie der britische Verband: Information und Ausbildung der technisch wie semantisch neuen Berufsgruppe. Auch in Frankreich geriet das Monopol der Staatsingenieure unter Beschuß; Konkurrenten waren junge Absolventen der École Centrale des Arts et Manufactures, die sich in der Société des Ingénieurs Civils de France, SICF, zusammenschlossen: auch hier wurde also das »Zivile« im Gegensatz zu der Armee definiert. Die Verbindungen zwischen ihnen knüpfte die SICF sowohl mit Hilfe einer Zeitschrift als auch durch Anzeigen und den Zusammenhalt ihrer Mitglieder. Im Jahr 1882 kamen auf 3500 berufstätige Absolventen der École Centrale 1500 Verbandsmitglieder. Unterstützt wurde diese Ausdehnung vom Wirtschaftswachstum, das zwischen 1905 und 1914 um 10 Prozent in der chemischen Industrie, um 14 Prozent in der Elektro- und um 28 Prozent in der Automobilindustrie betrug.

Neben den beamteten Ingenieur trat also der Ingenieur, der für die Industrieproduktion zuständig war. Französische Enzyklopädien des 19. Jahrhunderts unterschieden vier Typen: Maschinenbauer, Wasserkundler, Optikfachmann und Pharmazeut. Aber erst in den 30er Jahren des 20. Jahrhunderts wurde der Staatsingenieur, der Bürokrat, vollends in den Hintergund gedrängt. Die fortan hofierte Nummer eins wurde der privatwirtschaftlich tätige Ingenieur: Er wirkte als treibende Kraft des Fortschritts, er veränderte die Werkstoffe mit Hilfe mechanischer, chemischer oder elektrotechnischer Verfahren und besorgte die Qualitätskontrolle.

Nicht zuletzt unter diesen Bedingungen erkannten die hochdiplomierten Ingenieure, daß Innovation auch – und zumal – auf der Seite der Privatindustrie stattfand. So schlossen sich die Absolventen der École Polytechnique der allgemeinen Bewegung an und gaben zunehmend ihre Beamtenposten auf: Um die Jahrhundertwende kehrten 30 Prozent von ihnen den Würden des Staatsdienstes den Rücken und entschieden sich für die in der Industrie mögliche Kreativität. Im Jahr 1920 arbeiteten dort 50 Prozent der ehemaligen *polytechniciens*, das heißt 3600 Absolventen, mithin deutlich mehr als die 1700, die um 1910 dort beschäftigt waren. Unter ihnen finden sich berühmte Namen und Unternehmer wie etwa Louis Loucheur, Ernest Mercier oder André Citroën. Zu den bekanntesten gehört vermutlich André Citroën (1878–1935). Lange Zeit hielt man das Diplom der École Polytechnique für eine hinreichende Erklärung seines weiteren Lebens, aber das war ein Irrtum. Entscheidend war vielmehr, genau wie bei seinen Kollegen, das soziale Umfeld des künftigen

Automobilbauers: Zwar stammte er, wie Louis Renault, nicht aus einer Industriellen-, sondern aus einer Kaufmannsfamilie, doch sein Vater machte als Diamantenhändler schon ganz besondere Geschäfte und stand in enger Verbindung mit den Geschäftsbanken des 19. Jahrhunderts, nicht anders als sein älterer Bruder, sein Schwiegervater und die meisten seiner Partner. Zwar war er ein bedeutender Ingenieur; doch zugleich gehörte er mehreren mächtigen Kreisen, mehreren gesellschaftlichen Netzwerken an. Bevor er zum Großunternehmer wurde, verdiente er sich seine ersten Sporen in der Produktion von Lokomotivteilen (1902–1905), dann in der Fertigung von Stahlgetrieben und schließlich bei dem vor dem Krieg berühmten Automobilhersteller Mors, der bereits mehr als 1000 Arbeiter beschäftigte. Erst danach, im Ersten Weltkrieg, konzentrierte sich André Citroën auf die Massenproduktion von Granaten. Zur Seite standen ihm dabei andere Absolventen der École Polytechnique, mit denen er während der Schulzeit befreundet war, unter ihnen Louis Loucheur.

Das 19. Jahrhundert brachte also die Rundumerneuerung einer Profession, sowohl nach der beruflich-fachlichen als auch nach der Seite des professionellen und sozialen Status derer, die ihr angehörten. Aus den neuen Bedürfnissen der in vollem Wachstum befindlichen Industrie entstand eine gesteigerte Nachfrage nach Ingenieuren, die sich zunehmend spezialisierten und ihre Ausbildung an Fachschulen oder Universitäten erhielten. Gleichzeitig gewann die industrielle Laufbahn an Attraktivität.

Ingenieur und »Menschenführung«

Nicht nur in Technik und Verwaltung, sondern auch als Chef sollte sich der Ingenieur bewähren. In Vorlesungen und Büchern wimmelte es von Äußerungen zum Thema »Die soziale Rolle des Ingenieurs«. Tatsächlich waren allerdings die Beziehungen im Großunternehmen sehr viel komplizierter als in der kleinen Fabrik. Ursprünglich gab es nur eine verschwindende Zahl von Leuten, die zwischen Unternehmer und Arbeiter standen. Seit den 80er Jahren des 19. Jahrhunderts nahm im Großunternehmen die Zahl der Zwischenpositionen zu, und mit der allmählichen Einführung der wissenschaftlichen Arbeitsorganisation, die jedem einzelnen seinen Platz zuwies, wurde die Rolle dieser Vermittler immer entscheidender und immer mehr zur Norm.

In den 80er Jahren sprach Frédéric Le Play in *Les ouvriers européens*

(1879) diese Entwicklung an und behauptete, der englische Kapitalismus führe zu sozialen Konflikten, weil er das Gesetz von Angebot und Nachfrage allzu strikt anwende. Er plädierte daher für eine »Patronage«-Politik, für einen Unternehmer, der im Umgang mit den Arbeitern gut daran täte, sich an die Pflichten des adeligen Grundherrn zu erinnern. Ihm zufolge war der Unternehmer, der *patron*, verantwortlich für das leibliche und seelische Wohl seiner Arbeiter, diese Aufgabe könne er aber an seine Ingenieure delegieren.

Auch Emile Cheysson, der an der Pariser École Centrale des Arts et Manufactures lehrte, plädierte Ende des 19. Jahrhunderts für den Unternehmer mit sozialen Pflichten (»Le patron: son rôle économique et social«, 1906 in *La Revue de Sociologie*) sowie für die soziale Rolle des Ingenieurs (»Le rôle social de l'ingénieur«, 1897 in *La Réforme sociale*). Die Betonung lag bei ihm nunmehr auf den moralischen Qualitäten, allen voran auf der Gerechtigkeit gegenüber den Untergebenen und auf dem Wohlwollen gegenüber den Mitarbeitern. Die Beispiele, die er zitierte, entstammten dem Militär oder genauer der Marine, denn sie war ein weitaus gefährlicherer Dienst und zudem eine Lieblingsmetapher der Ingenieurromane: Unternehmer und Ingenieur seien verantwortlich für ein Schiff, sie steuerten und befehligten es wie der Seeoffizier.

Militärmetaphern benutzte auch der berühmte Ingenieur Henri Fayol, dessen Werke immer wieder aufgelegt wurden und noch in den heutigen Fachschulen gelesen werden, besonders sein Buch *Administration industrielle et générale*. Nach seiner Meinung waren die Funktionen des Chefs und des Ingenieurs miteinander verquickt, weil beide mit der Einsicht in die sozialen Belange und mit der hierarchischen Organisation als dem Grundprinzip der Rationalisierung zu tun hätten. Körperkraft, Intelligenz, Allgemeinbildung, moralische Qualitäten (Wagemut, Energie, Verantwortungsbewußtsein etc.) waren ihm zufolge nur das Pendant der sogenannten administrativen Fähigkeiten, also zu »Befehlenkönnen und Menschenführung« – Formulierungen, wie sie Marschall Lyautey später in *Le rôle social de l'officier* (1935), seinem Buch über den Offizier, benutzte.

Ausbildung

Wie die Ingenieure als hochqualifizierte Techniker auszubilden seien, war in Europa von Land zu Land verschieden. Großbritannien gab seit eh und je der Universität den Vorzug. Selbst in Oxford und Cambridge wurden schon 1796 Vorlesungen über die Grundlagen der Ingenieurwissenschaft und die allgemeine Maschinenlehre angeboten. In Glasgow wurde 1840 ein entsprechender Lehrstuhl eingerichtet. Der große Aufschwung fand allerdings in den 80er Jahren statt, als die Universitäten der Industriestädte Manchester, Liverpool, Bristol und Birmingham durch die naturwissenschaftlich-technischen Ausbildungsgänge an Bedeutung gewannen und sogar eigene Diplome verliehen. In Belgien erhielten »Industrie«-Ingenieure ihre Ausbildung zunächst in den Écoles des Arts et Manufactures; später übernahmen auch die zwei großen Universitäten, Leuven und Brüssel, sowie die École Polytechnique der Brüsseler Université Libre, wo seit 1873 Diplome für Hoch- und Tiefbau, Bergbau, technische Mechanik, Hüttenkunde und Chemie vergeben wurden, die Ausbildung von Ingenieuren.

In Frankreich wurde 1829 die École Centrale des Arts et Manufactures gegründet. Man reagierte damit auf den gesellschaftlichen und technischen Bedarf an bestimmten Fertigkeiten und Kenntnissen. Die neuen Industrien benötigten Chemiker, Maschinenbauer, Leute mit Kompetenzen in angewandten Wissenschaften, und die École Centrale bildete sie aus, indem sie ihnen sowohl abstraktes als auch industriebezogenes Wissen vermittelte. Im Jahr 1857 wurde sie zu einer staatlichen Institution und wie alle technisch und nicht nur klassisch-humanistisch orientierten Schulen dem Ministerium für Handel und Industrie unterstellt. Ihre Absolventen hatten Physik gelernt, und deshalb begriffen sie Elektrolyse, elektromotorische Kräfte, Metallverarbeitung sowie Transport- oder Fernmeldewesen. Auf diese ausdrücklich auf die Bedürfnisse der Industrie zugeschnittene Schule schickten die Unternehmer ihre Söhne, wenn sie nicht selbst dort Schüler waren. Ausgebildet wurden dort Männer wie Armand Peugeot, René Panhard und Emile Levassor, die Schlumbergers und Dollfus oder auch André Michelin. Gleichzeitig entstanden Spezialschulen in Paris, so zum Beispiel die École de Physique et de Chimie (1883) oder die École Supérieure d'Electricité (1893), und neue Fakultäten zumal in der Provinz. Alles in allem bildeten sie am Vorabend des Ersten Weltkrieges pro Jahr etwa 200 Ingenieure aus.

Im Zuge des rasanten industriellen Wachstums hatte das 19. Jahrhundert immer mehr Institutionen für die Basisausbildung geschaffen und gleichzeitig dafür gesorgt, daß ein nach Schuljahren und Unterrichtsstoff bemessener Studiengang mit der Verleihung eines Titels abgeschlossen wurde. In Deutschland entstanden mit der rapiden Industrialisierung der zweiten Jahrhunderthälfte die von der staatlichen Zentralmacht unabhängigen technischen Hochschulen.

Aber es gab auch Einrichtungen auf mittlerem Niveau. Derselbe Napoleon, der die École Polytechnique militarisiert hatte, schuf Ausbildungsstätten für gewöhnliche Techniker, nämlich die Écoles Nationales d'Arts et Métiers (ENAM). Diese Gewerbeschulen waren das Gegenstück zur deutschen technischen Mittelschule, die als Bildungseinrichtung zwischen der höheren Ingenieurschule und der Berufsschule beziehungsweise Meisterschule stand. Die Écoles d'Arts et Métiers sollten eigentlich nur Facharbeiter und Werkmeister ausbilden. Aber sie wurden zum Herzstück der industriellen Entwicklung. Aus ihnen ging so mancher Werks- oder gar Fabrikleiter, so mancher Neuerer hervor. Verteilt waren sie über ganz Frankreich: Sie entstanden in Châlons-sur-Marne (1808), Angers (1811), Aix-en-Provence (1843), Lille (1900), Cluny (1891) und schließlich auch in Paris (1912). Das Unterrichtsniveau war niedriger als in den von den Kindern der Elite besuchten Schulen: Das Abitur, *baccalauréat*, wurde nicht vorausgesetzt, vielmehr nahm die praktische Ausbildung im Betrieb die Hälfte des Stundenplans ein. Nachdem im Jahr 1907 das Aufnahmealter auf 16 Jahre angehoben und der Lehrplan (zumal durch Hinzufügung zweier zusätzlicher Fächer: analytische Geometrie und Gewerbehygiene) verändert wurde, erhielten die ENAM die Erlaubnis, Ingenieurdiplome zu vergeben. Daraufhin strichen sie das Wort »Arbeiter« aus ihrem Werbeprospekt. Im Jahr 1920 bildeten sie ein Viertel aller französischen Ingenieure aus, von denen manche noch in einer der Spezialschulen, wie etwa der École Supérieure d'Électricité, weitergelernt hatten.

Ausbildungsgänge und Reproduktion der Eliten

Die Ausbildungsgänge der Ingenieure erzählen also etwas über das allmähliche, in Schüben und je nach Standort anders verlaufene Vordringen der Moderne. Die schon Ende des 19. Jahrhunderts sich durchsetzende

Industriegesellschaft verdankte ihre Ursprünge und ihre Mythen einer durchschlagenden Idee – der Vorstellung von der Meritokratie im Gegensatz zur Aristokratie –, dem Ja zur Begabung gegenüber dem Privileg der Geburt. Aber obwohl die Ansicht vorherrschte, Geburt und Vermögen allein reichten zur Übernahme von Verantwortung nicht mehr aus, konnte doch beides nach wie vor dazu beitragen. Unübersehbar war die Reproduktion der Eliten, und in allen Ländern waren die höheren Ingenieurschulen nur ausnahmsweise ein Sprungbrett für gesellschaftliche Gruppen, die über keinerlei ökonomische oder politische Macht verfügten.

Der verführerische Gedanke, der Begabung den Weg frei zu machen, kann nicht darüber hinwegtäuschen, daß sich in den sozialen Strukturen überhaupt nichts bewegte. Während im 19. Jahrhundert in ganz Europa kaum 5 Prozent eines Jahrgangs Zugang zum höheren Bildungswesen hatten, absolvierten 84 Prozent der zwischen 1854 und 1913 geborenen französischen Unternehmer ein Hochschulstudium. Der Anteil der *polytechniciens* und *centraliens* unter diesen Unternehmern betrug sogar 65 Prozent, fast zwei Drittel kamen also aus der einen oder der anderen dieser beiden Schulen! Die ersteren, also die Diplominhaber mit dem höchsten Sozialprestige in Frankreich, lernten übrigens schwerpunktmäßig Mathematik und Naturwissenschaften. Bei naturwissenschaftlichen Theoremen – zumal der Geometrie, die sich vor allem auf die formale Logik konzentrierte – und bei Nomenklaturen, also Lernprozessen fernab aller Deduktion, kam es ausschließlich auf Auswendiglernen an. Ob jemand zum Unternehmer taugte, konnte man allenfalls in der ganz traditionellen Ausbildung feststellen, in dem aus der Zeit vor der industriellen Revolution stammenden Literatur- und Lateinstudium. Diese »humanistische Bildung« galt in Frankreich als einziges Mittel, um Persönlichkeit, Charakter, das, was einen Chef ausmacht, und Einsicht in das Räderwerk der Gesellschaft heranzubilden.

Die Erben jener Industriellenfamilien, die sich durch mehrere Generationen halten konnten, bestätigten nur die Regel, daß man ein guter Schüler sein mußte. Der Fortbestand der großen Dynastien über drei Generationen hinweg wurde nämlich nicht zuletzt dadurch gesichert, daß man die neuen Wissenschaften mit Verstand einsetzte und sich der jeweils modernsten Branche – Bankengeschäft, chemische Produkte, Elektrotechnik, Automobilbau oder Luftfahrt – zuwandte. Von diesem Interesse zeugen die industriellen Innovationen ebenso wie das hohe

Niveau der Wissenschaftstradition: So gesehen, waren die Curies nur eine Variante der Dollfus. Allenthalben wurde auf solide Bildung gesetzt, und sämtliche fünf Söhne von Nicolas Schlumberger, um nur ein Beispiel zu nennen, waren Schüler der École Centrale. Auch die Mütter spielten ihre Rolle und wirkten als Pädagoginnen, selbst wenn Suzanne de Dietrich als erste französische Ingenieurin noch eine Ausnahme blieb. Allein aus dieser Kontinuität war zu erklären, warum man sich, wenigstens in Frankreich, über die fehlende »Ingenieur«-Schulzeit mancher der bekanntesten Industriellen so auslassen konnte, als wäre diese famose Ausbildung zum Ingenieur unverzichtbar für den Erfolg. Am häufigsten aufs Korn genommen wurden Marius Berliet, Louis Renault oder Auguste und Louis Lumière.

Zu beobachten sind lediglich ein paar branchenbedingte Abweichungen – zumal in technologisch fortgeschrittenen Industriezweigen wie der Elektroindustrie. Hier mußten die Unternehmer seit Bestehen der Branche ihre Söhne auf Ingenieurschulen schicken: Im Jahr 1911 waren 74 Prozent von ihnen Ingenieure. Dieser Anteil blieb das ganze Jahrhundert hindurch praktisch unangetastet und war besonders aussagekräftig, weil in diesem Sektor die Zahl der Nicht-Diplomierten gegen Null tendierte. In den meisten europäischen Ländern etablierte sich die Elektroindustrie bekanntlich mit Hilfe des Staates, der sowohl Kunde als auch Lieferant war, was den an der École Polytechnique ausgebildeten Ingenieuren eine zunehmend wichtige Rolle verschaffte (1911 machten sie 35 Prozent der Führungskräfte aus). Doch die nichtstaatlichen Ingenieure standen ihnen wenig nach, ihr Anteil betrug 27 Prozent. Beim Blick auf die Basisausbildung der Manager – jener abhängig beschäftigten Unternehmer, die in der Regel keine »Erben« mehr waren – entdeckte man natürlich, daß für sie akademische Abschlüsse eine wichtigere Voraussetzung bildeten als Reichtum. Zwischen 1880 und 1920 hatten in Deutschland 52 Prozent der angestellten Unternehmer ein Hochschulstudium, manche ein Jurastudium, absolviert, und 31 Prozent der Mitglieder der Unternehmensleitung waren Ingenieure.

Soziale Mobilität gab es vor allem dank der mittleren Ausbildungsinstitute: der Écoles d'Arts et Métiers in Frankreich oder der technischen Mittelschulen in Deutschland. Ihre Absolventen hatten tagtäglich das Sagen in der Produktion, in der Fertigung kleiner wie großer Betriebe. Die meisten stiegen schließlich zum Abteilungsleiter, zum Chef der Fertigungseinheit auf, ohne daß man genau weiß, wie viele es waren.

Profession

Es braucht kaum betont zu werden, daß die Ausbreitung des Großunternehmens die Machtposition der Ingenieure gestärkt und zu einer größeren Anzahl von Abteilungen geführt hat, für die jeweils ein Abteilungsleiter zuständig war. Auch ist bekannt, daß die Anonymisierung des Kapitals die Zahl der großen Unternehmer im traditionellen Sinn immer stärker schrumpfen ließ und daß an ihre Stelle die Manager traten. Vom vorhandenen Wissen und der Arbeit in der Fabrik her gesehen, wurde die Demarkationslinie nunmehr sowohl durch die Verfügung über das Kapital, seine Übernahme via Erbschaft, als auch durch den Posten in der Fabrik festgelegt. Die Abgrenzung zwischen Unternehmern und Direktoren konnte, was Berufslaufbahn und Kenntnisse, Arbeit und Fähigkeiten anging, nur noch mit Mühe aufrechterhalten werden. Zu den heutigen Problemen beim Studium des Ingenieurberufs gehört die Tatsache, daß es schwerfällt, den genauen Aufgabenbereich abzustecken, und zwar einfach deshalb, weil die Ausbildungsgänge und vor allem die Laufbahnen als Unternehmenseigner oder -leiter (sei es im staatlichen, sei es im privaten Sektor) nur unzureichend untersucht sind. Zu wenig bekannt ist, was die Fabrikproduktion für jene vielen einzelnen, die sich schlicht »Ingenieur« nannten und auf verschiedenen Stufen der Hierarchie, in verschiedenen Lebensstadien und verschiedenen Phasen der Industrialisierung ganz unterschiedliche Aufgaben erfüllten, alles bedeuten konnte. Im Laufe des 19. Jahrhunderts nahm nämlich der Einfluß des Ingenieurs in Branchen wie Metallverarbeitung, Maschinenbau, Chemie, Gas- und Elektroindustrie, Bauwesen und Eisenbahn zu; im Bergbau sowie in der Eisen- und Stahlindustrie blieb er gleich, während er im Agrarbereich und in der Textilindustrie abnahm, und diese Verhältnisse spiegelten exakt die Rangordnung der entsprechenden Industriezweige wider.

Der Eisenbahningenieur

Den Prototyp des Ingenieurs, dessen Aufgaben zwischen dem Staatsdienst und der Privatindustrie angesiedelt waren, liefert der Eisenbahningenieur. In seine Tätigkeit gingen bereits bekannte Fachgebiete aus dem Verkehrswesen ein: etwa Erdarbeiten oder Brückenbau. Andere mußten erst geschaffen werden, zum Beispiel der Bau jener ausgeklügelten Kunstwerke, welche die Tunnel darstellen, oder die Viadukte, über die Riesenmassen mit hoher Geschwindigkeit fahren konnten. Die Lokomotiven waren anfangs nur eine neue Spielart der Dampfmaschine und fielen damit in den Kompetenzbereich des Bergbauingenieurs. Die Gleisstrekken gehörten ins Ressort des Straßen- und Brückenbaus. Aber beim Eisenbahnwesen ging es auch um bestimmte Werkstoffe (erst Eisen, dann Stahl), genauso wie um neue Teile wie Schienen, Schwellen, Heizkessel und Lokomotiven, und vor allem um Sicherheit – der Reisenden nicht minder als der Waren –, die durch den Einsatz der Elektrizität für Datenübertragung und Kontrollinstrumente, Ampeln, Schranken, Weichen … erheblich verbessert werden konnte. Dieses neue Verkehrsmittel, das die meisten Industriezweige, vom öffentlichen Bauwesen über Holzindustrie und Bürokratie bis zur Eisen- und Stahlindustrie, für sich mobilisierte, erforderte auch Know-how – und schuf zugleich neues.

Bau, Betrieb und Instandhaltung der Verkehrsnetze wurden Ingenieuren übertragen, die im übrigen alle nur möglichen Ausbildungsgrade und Erfahrungsniveaus mitbrachten und für den Staat ebenso arbeiteten wie für die Privatwirtschaft. Die ersten Fortschritte in den Sicherheitsstandards waren technische Erfindungen zu Ladeprofil und Gleisabstand, denn beide waren knapp kalkuliert, und das führte zum Entgleisen von Zügen. Für die Brücken mußte man wegen der Brandgefahr auf Holz verzichten. Die Erdarbeiten wurden persönlich von Ingenieuren angeleitet, die die lokalen Unternehmer und Arbeiter an Ort und Stelle ausbildeten. War die Trasse fertig, mußten Schienen verlegt und dabei im Richtungsstreit der Schulen Entscheidungen getroffen werden: zwischen Kopf- oder Breitfußschienen, die man umdrehen konnte, wenn sie abgenutzt waren, und der Verlegung und Demontage von zig Kilometern Eisenbahnstrecke. Entscheidende Bedeutung gewann ferner die Widerstandsfähigkeit des Materials, und so wählte man neue Stahlsorten, wobei die Verträge mit den Lieferanten selbstverständlich vom Ingenieur überwacht wurden. Die Bergbauingenieure wiederum bestimmten die Wahl der Brennstoffe, weil die Franzosen – anders als die Engländer, die reichlich Bodenschätze besaßen – nur allzu gern Jagd auf jede verbrauchte Kalorie machten.

In Frankreich wurde die erste Eisenbahnlinie zwischen Rhône und Loire von Bergbauingenieuren eröffnet, die in diesem Industriebecken bereits zahlreiche Innovationen in Gang gesetzt hatten. Den ersten Konzessionsantrag stellte Louis-Antoine Beaunier, Absolvent der École Polytechnique, Bergbauingenieur und Begründer der École des Mines in Saint-Étienne (1816), unterstützt von einer Grube (Compagnie des Mines de Fer de Saint-Étienne) und einem Hüttenwerk (Fonderies et Forges de la Loire). Die Brüder Seguin, Lokomotivbauer und Absolventen der École Centrale, leiteten in Paris ein Konstruktions- und Entwicklungsbüro, das Studien zur Durchführbarkeit der Trassierung, zum voraussichtlichen Ertrag der Eisenbahnlinie, zum geschätzten Verkehrsvolumen sowie zu den Betriebskosten anfertigte.

Das Modell stammte aus Großbritannien und wurde auf Frankreich, Deutschland und Italien übertragen. Man besuchte eine der Ingenieurschulen, unternahm aber auch Studienreisen. Das galt etwa für die Italiener – zumal die besonders dynamischen Piemonteser, die an der École Polytechnique in Paris oder Brüssel studieren. Sie reisten ins Ausland, um sich dort anzuschauen, was sie interessierte: Eisenbahnbaustellen, Fabriken, in denen das rollende Material gebaut und repariert wurde, Bahnhöfe sowie die Büros, die für den eigentlichen Betrieb der Streckennetze zuständig waren. 1867 wurde am Polytecnico in Mailand erstmals ein besonderes Curriculum zum Eisenbahnwesen geschaffen: 10 Prozent der Absolventen beider Schulen gingen zur – privaten oder staatlichen – Eisenbahn, das entspricht 1000 Personen im ersten Jahrzehnt unseres Jahrhunderts. In Frankreich waren in den 1850er Jahren 22 Prozent der *centraliens* und der Absolventen der Écoles d'Arts et Métiers in den diversen Abteilungen des Eisenbahnwesens beschäftigt. Die Generaldirektion übertrug man diesen Ingenieuren allerdings nicht. Dafür nahm man staatliche Straßen- und Brückenbauingenieure, die durch Beurlaubungen zwischen der Verwaltung und den privaten Eisenbahngesellschaften hin und her pendelten. Nur eine einzige Gesellschaft, nämlich in Nordfrankreich, gab der praktischen Erfahrung den Vorzug vor dem Diplom; geleitet wurde sie von den Brüdern Pereire, zwei notorischen Anhängern von Saint-Simon.

In der Welt der Eisenbahnen gab es ausgeprägte Hierarchien, die vom Entwicklungsstand der Verkehrsnetze diktiert wurden. Alle europäischen Gesellschaften wiesen die gleichen großen Abteilungen auf: Gleisbau, maschinentechnischer Dienst und zentrale Verwaltung. Anfangs, als es noch um den Streckenbau und die Errichtung der nationalen Netze ging, die je nach Land entweder öffentlich, halböffentlich oder privat konzessioniert waren, hatten die Gleisbauingenieure das Sagen. Im letzten Drittel des 19. Jahrhunderts gewann die Betriebsabteilung, die für

Maschinentechnik und Verkehr zuständig war, erheblich an Umfang und gelangte nach und nach an die Spitze der Hierarchie. Bei der Eisenbahn übrigens lernte man erstmals die funktionelle Kompetenzaufteilung, den Umgang mit den Fließdiagrammen, zu dem man sowohl durch die komplizierteren technischen Verfahren als auch durch die Zahl der Arbeiter und vor allem ihre geographische Streuung genötigt wurde.

Der Stahlbaron

Im Laufe des 19. Jahrhunderts weitete sich die Funktion des Ingenieurs immer mehr aus. Im Lothringen der Stahlbarone zum Beispiel gab es 1860 einen einzigen nichtstaatlichen Ingenieur. 1856 gründete er ein Hüttenwerk, die *Hauts Fourneaux et Forges de Frouard*. Einige Jahrzehnte später, als die Eisen- und Stahlindustrie sich vom Großgrundbesitz trennte, als an die Stelle des Kleinunternehmens mit weniger als hundert Beschäftigten das Großunternehmen mit mehreren tausend Arbeitern getreten war, als Fachkompetenz und Diplom der Rekrutierung der Unternehmereliten neue Wege wiesen, nahm die Zahl der Ingenieure zu. Xavier Rogé (1835–1906), Absolvent der École d'Arts et Métiers in Châlons, sanierte das Hüttenwerk in Pont-à-Mousson, indem er das Fertigungsspektrum verkleinerte und das Unternehmen auf die Herstellung von Wasser- und Gasrohren spezialisierte. Er sorgte für einen gleichgesinnten Nachfolger, nämlich Camille Cavallier (1854–1926), der von derselben Schule kam und seine ganze Karriere in dem Unternehmen machte. Sein Sohn Charles Cavallier wurde Schüler der École Polytechnique, und seine Tochter heiratete Marcel Paul, ebenfalls ein *polytechnicien*. Auch die Erben waren also auf das Diplom angewiesen; ausgewählt wurden sie nach Maßgabe eines Könnens, das die Kompetenzen und damit die Legitimität der Erbfolge gegenüber den abhängig beschäftigten Ingenieuren stärkte. Zwei der drei Söhne von Henri de Wendel waren als nichtbeamtete Bergbauingenieure tätig, und ihr Cousin Charles verbrachte fünf Jahre bei Carnegie in Pittsburgh. Diese Reise sollte der Berufsbildung ebenso dienen wie dem Spracherwerb.

Unter den Unternehmern gab es zwar viele Absolventen der École Centrale, aber seltsamerweise kaum Juristen und Kaufleute. Anders als es die Legende behauptet, waren die »Kanonenverkäufer« also keine Räuber, die anderen die Technik wegnahmen, keine skrupellosen Kapitalisten, die die armen Erfinder und Ingenieure ausplünderten: Wer von der Bildfläche verschwand, waren vielmehr alle Traditionalisten, die sich weigerten, die neuen, aber kostspieligen und schwer beherrschbaren Technologien – die Dampfmaschine ebenso wie Puddelverfahren, Walzwerk oder Thomasstahl – zu übernehmen.

Gleichzeitig hatten, ebenfalls in Lothringen, die an der École Polytechnique ausgebildeten staatlichen Bergbauingenieure ständigen Kontakt mit den Unternehmern der Hüttenindustrie, weil sie nicht nur eine Schlüsselrolle bei der Erteilung von Bergbaukonzessionen spielten, sondern auch über die Vergabe der Erzvorkommen entschieden, die Auseinandersetzungen zwischen den Unternehmen schlichteten und an der technischen Überwachung der Verkehrsmittel (zumal der Eisenbahnen als Großkunden der Eisen- und Stahlindustrie) mitwirkten, kurz: weil sie sich in den administrativen Vorgängen, in der Verwaltungspraxis bestens auskannten. Daher die Versuche, sich die Bergbauingenieure gewogen zu machen, und zwar auf zweierlei Weise: Große Familien wie die Familie de Wendel nahmen sie als Schwiegersöhne; große Aktiengesellschaften stellten sie als Direktoren ein.

Auf der Unternehmerseite finden sich auch zahlreiche Ingenieure, die in kleinen und mittleren Betrieben arbeiteten, obgleich das Ausbildungsniveau dort im Durchschnitt niedriger war als in den großen Firmen. In den 1920er Jahren verfügten in Frankreich lediglich 11,5 Prozent der Leiter von mittleren Unternehmen über eine Hochschulbildung, und bei den Kleinunternehmen waren es gar nur 4 Prozent. Die Hochschulbildung bestand zu 80 Prozent im Ingenieurstudium. Doch hinter dieser Abstufung verbargen sich noch weitere. Erstens gab es regionale Unterschiede: 27,7 Prozent der Diplominhaber stammten aus dem Pariser Raum, gerade mal 3,6 aus dem Westen des Landes. Zweitens gab es Differenzen zwischen den Unternehmensformen: 43,8 Prozent der Diplominhaber waren in den Zweigbetrieben großer Firmengruppen, 13,5 in selbständigen Firmen tätig. Und schließlich lassen sich, genau wie im Fall der großen Elektroindustrieunternehmen zu Beginn des Jahrhunderts, Abweichungen in einzelnen Branchen feststellen: Bei kurzlebigen Konsumgütern hatten lediglich 7,5 Prozent der Unternehmer ein Diplom, während es bei Artikeln für den Haushaltsbedarf 22,3 Prozent waren.

Der Ingenieur in der Metall- und Maschinenbauindustrie

Für den Ingenieur gab es viele verschiedene Berufsfelder. Da war einerseits die Produktion, die immer erwähnt wurde, weil sie Symbolwert hatte: Sie stand für die Herrschaft über die Materie, für die gebändigte Natur. Aber gleichzeitig eröffneten sich andere Wege, so etwa die kaufmännische Abteilung und die Verwaltung, die parallel zur Produktion entstanden. Die dortigen Stellen waren begehrter als die Arbeit als Techniker. Sie boten mehr Sauberkeit, weniger Einengung sowie einfachere und abwechslungsreichere Kontakte zu anderen Menschen. Hier fand eine Ausweitung des Kompetenzbereichs statt; allerdings mußten die Ingenieure nun mit anderen Diplomierten, nämlich mit den Absolventen der Handelsschulen, zurechtkommen.

Ein anschauliches Beispiel dafür, wie sehr die Geschichte der Produktion und die der Verwaltung miteinander verquickt sind, liefert der französische Ingenieur Ernest Mattern. Geboren 1882 in Montbéliard, arbeitete er zunächst als Facharbeiter in einer Metallbranche, und zwar im Konstruktionsbüro der Firma Turgan et Foy im Pariser Vorort Levallois. Danach wechselte er als technischer Zeichner zu einem anderen Hersteller: Charron, Girardot et Voigt. Dort begegnete er Louis Delage, der ebenfalls an einer École d'Arts et Métiers gelernt hatte. Delage, mittlerweile zum Leiter des Konstruktions- und Entwicklungsbüros bei Peugeot aufgestiegen, brachte ihn dort unter. Mattern verdiente sich seine ersten Sporen als Werkmeister und Werksleiter, übte sich im Aufgabensplitting, machte die Anfänge der Automatisierung mit, hielt eisern an Leistungskontrollen fest und lernte, wie man die Mitarbeiter anleitete. Sein Weg ist typisch für alle, die aus diesen Schulen kamen: Denn trotz ihres Ingenieurdiploms lernten die Absolventen der Écoles d'Arts et Métiers häufig von der Pike auf als Facharbeiter und Werkmeister. Ernest Mattern machte rasch Karriere: In den Jahren 1911 und 1912 arbeitete er, 30jährig, als Fertigungsleiter und stellvertretender Direktor bei Peugeot-Lille und in den folgenden zwei Jahren als Direktor in Audincourt. Am Vorabend des Krieges äußerte er volle Befriedigung über seine Arbeit, die Fabrik funktioniere mit der Präzision einer Uhr. Im Ersten Weltkrieg organisierte er unter anderem die Massenproduktion von Granaten. Als Direktor der Automobiles et Cycles Peugeot legte er sich im Oktober 1922 mit Robert Peugeot an, weil er nach dem Vorbild von Ford für das »Einheitsmodell« beim Auto plädierte. Er verließ Montbéliard und ging nach Paris zu Citroën, wo er fünf Jahre blieb. Als stellvertretender Fertigungsleiter wurde er mit der Planung einer Fahrradfabrik (also einer traditionellen Peugeot-Produktion) betraut, die aber nie real gebaut wurde. Danach studierte er die Produktionsbereiche, die die meisten Mängel aufwiesen: Fertigung der Montageschrauben, Schmiedewerkstätten, Stahlteile. Ein Jahr nach seiner Ankunft, 1923, war er Mitglied des Vorstandes, der während einer USA-Reise von André Citroën das Unternehmen leitete.

Profession und Titelschutz

Die Verleihung des Ingenieurtitels war also lange Zeit ein Monopol des Staates, der den Rahmen für Rekrutierung, Ausbildung und Aufgabenzuteilung absteckte. Die Vorstellung, als Staatsingenieur auch anderswo zu arbeiten, sich für ein höheres Gehalt zu verkaufen, war – wenigstens in Frankreich mit der Wendung *pantouflage dans le privé*, die auf alle zielte, die es sich in der Privatwirtschaft gemütlich machten – stark negativ konnotiert. Semantisch ging es hier höchst befremdlich, ja paradox zu: Als wäre ausgerechnet die Privatindustrie der Ort, an dem man getrost bei seinen häuslichen Gewohnheiten bleiben könnte, und nicht etwa die Welt der Konkurrenz und Erfindungsgabe ...

Mit zunehmender Industrialisierung nahm jedoch die Zahl der Ausbildungsinstitute zu, und mit der Professionalisierung der Gesellschaft wuchs das soziale Ansehen der Diplominhaber. Beide Entwicklungen fanden in der Zeit zwischen den Weltkriegen statt. Die englischen Ingenieure erhielten ab 1930 endgültig den staatlich geschützten Titel *Chartered Engineer*, der sowohl einen Studienabschluß als auch praktische Erfahrung in der Industrie voraussetzte. In Spanien wurde 1933 das Titelproblem gesetzlich geregelt, und das Recht der Verleihung von Titeln, in denen das Wort *Ingenieur* vorkam, blieb dem Nationalen Bildungsrat, das heißt dem Staat, vorbehalten.

In Frankreich war die Entwicklung erst mit dem Schutz des Titels im Jahr 1934 beendet, also mehr als ein Jahrhundert, nachdem die Gründung der École Centrale des Arts et Manufactures dem Titelmonopol der Ingenieure im Staatsdienst ein Ende setzte. Von nun an war der Beruf weit genug entwickelt, um selber Normen hervorzubringen. Der »eigentliche«, ernstzunehmende Ingenieur war demnach derjenige, der ein Diplom erworben hatte: entweder an einer öffentlichen, vom Staat anerkannten oder an einer privaten, von einem Ad-hoc-Ausschuß anerkannten Schule. Die übrigen, der Autodidakt und der Selfmademan, mußten eine Prüfung an einer öffentlichen Spezialeinrichtung, dem Conservatoire National des Arts et Métiers, ablegen. In Belgien wurde 1933 der Titel des *Ingénieur Technicien* geschaffen und von einem Ausschuß überwacht, der auch einige Autodidakten zuließ. In Deutschland entstand zusätzlich die Unterscheidung zwischen dem »diplomierten« und dem »graduierten« Ingenieur. Bezeichnungen wie Wirtschaftsführer, Wirtschaftsingenieur und Organisator wurden geschaffen. Einerseits also setzte die Berufsgruppe mit Hilfe von Zugangssperren einen selbständigen Arbeitsstatus durch, sobald sie sich durch die wachsende Zahl der Industriegewerbe bedroht fühlte; andererseits bestand sie, mit Blick auf ihre Herkunft aus der Industrie, auf einem eigenen sozialen Profil und versuchte, sich gegen die übrigen Mittelschichten abzugrenzen. Das Wort »Ingenieur« bezeichnete fortan sowohl einen Titel als auch einen Beruf und eine Stellung in der sozialen Hierarchie.

Unübersehbar sind die zeitlichen Übereinstimmungen zwischen den Ländern Europas, gleichgültig ob es um die Entwicklung der Ausbildung, die Entstehung des privatwirtschaftlich tätigen Ingenieurs oder den schließlich erkämpften Titelschutz geht. Der letztere mag ein anschauliches Beispiel für die Krise der 30er Jahre liefern. Doch gemessen an der Entwicklungsgeschichte der Industrialisierung blieb diese ein Epiphänomen, und man muß sich wohl eher um eine längerfristige soziale Erklärung bemühen, die herausarbeitet, wie gleichartig der Wandel in den verschiedenen Gesellschaften vonstatten ging. Mit seinen Massengräbern, technischen Erfindungen und Wiederaufbauleistungen hat nicht zuletzt der Erste Weltkrieg unzweifelhaft zur Verständigung dieser im je eigenen Horizont befangenen »Ingenieure« beigetragen, die im Grunde doch alle vorrangig damit zu tun hatten, das reibungslose Funktionieren einer Gesellschaft zu sichern, in der Massenproduktion und -konsumtion herrschten. Allesamt sind sie letzten Endes involviert in den Prozeß der Umverteilung alter – und der Schaffung neuer – Aufgaben und wurden schließlich eng an die Unternehmerfunktionen gebunden. In der modernen, aus der Fabrik entstandenen Hierarchie hatten sie teil an Macht und Wissen.

Kapitel 4

Der Arzt

Olivier Faure

Am Vorabend des ersten Weltkriegs war der Arzt nicht nur Symbol gelungener Professionalisierung und Repräsentant der im Aufstieg begriffenen neuen sozialen Mittelschichten. Er war auch eine Gestalt mit einem besonderen Nimbus, nicht nur aufgrund der bedeutenden Stellung, die er im sozialen und politischen Leben einnahm, sondern auch durch den Status des Sozialexperten oder Demiurgen, der ihm von einer Gesellschaft zugesprochen wurde, die eben die Ängste des *Fin de siècle* durchlebte. Louis Pasteur und Robert Koch sind zwei herausragende Vertreter ihres Berufsstandes zu dieser Zeit.

Sich die Rolle des Ärztes im ausgehenden 19. Jahrhundert zu vergegenwärtigen muß jedoch nicht zwangsläufig darauf hinauslaufen, einmal mehr die herkömmlichen Bilder zu wiederholen. Der nicht zu leugnende Erfolg des Arztes war keineswegs zwangsläufig. Die Erweiterung des Wissensstandes zog nicht notwendig eine gesteigerte Leistungsfähigkeit nach sich, noch führte sie immer zu Wohlstand und einem beneidenswerten Sozialstatus. Im Gegenteil, man könnte beinahe behaupten, daß der Erfolg des Arztes aus einer Phase tiefgreifender Schwierigkeiten in der Mitte des Jahrhunderts hervorging und auf gezielten Strategien beruhte, die die Ärzte entwickelten, um diese Schwierigkeiten zu überwinden.

In den 1850er Jahren befanden sich die medizinischen Berufe der alten europäischen Länder und der jungen Vereinigten Staaten in der Krise, und sie durchlebten diese Krise in aller Offenheit. Das erste Übel, an dem die Ärzte litten, beruhte auf der wachsenden Disparität zwischen ihrer stark zunehmenden Zahl und dem nur schwachen Anwachsen der Klientel, die finanziell in der Lage gewesen wäre, ihnen einen ausreichenden Lebensunterhalt zu sichern. In Ländern mit einer ausgeprägten gesetzlichen Normierung wie Deutschland und Frankreich waren die Gesetze von 1803 (Frankreich) und von 1825 (Preußen), die zwei ihrem Rang nach abgestufte Kategorien praktizierender Ärzte – *docteurs* und *officiers de santé* in Frankreich, gelehrte akademische Ärzte und Wundärzte in Preußen – einführten, Ausgangspunkt für eine starke Zunahme von Ärzten der zweiten Kategorie, die von Medizinal-Kommissionen (*jurys médicaux* in Frankreich) zugelassen oder in medizinisch-chirurgischen Lehranstalten (Preußen) ausgebildet wurden. In Großbritannien trugen die Existenz eigenständiger und konkurrierender Professionen sowie das vermehrte Überwechseln von Apothekern zur praktischen Medizin zur Vermehrung der Zahl praktischer Ärzte bei. Das erklärt, warum das Land im internationalen Vergleich die größte Zahl an Ärzten pro Einwohner hatte (zehn pro 10000 Einwohner gegenüber fünf in Frankreich und drei in Preußen). In den Vereinigten Staaten, wo die ohnehin nur rudimentären Medizinalgesetze in den 1830er Jahren aufgehoben wurden, erklärt sich die außerordentliche Zunahme von Zulassungen zweifellos aus der Existenz privater Schulen, die wirtschaftliche Interessen verfolgten. Die steigende Zahl der Ärzte hatte ihre Ursache jedoch nicht allein in einer günstigen Gesetzeslage oder im Willen der Regierungen, im Interesse der Bevölkerung eine bessere medizinische Versorgung zu gewährleisten, sondern kündete darüber hinaus auch vom zunehmenden Interesse immer größerer Kreise am Beruf des Arztes und zweifellos auch von einem wachsenden Markt. Allerdings war die Begeisterung für medizinische Berufe nicht ungebremst. Studium und Ausbildung waren überall gebührenpflichtig und verursachten erhebliche Kosten. In England wurden 500 Pfund Gebühren fällig, wollte man die verbreitetste Qualifikation (*surgeon-apothecary*) erwerben, in Frankreich 1000 Francs, um *docteur* zu werden, und 250 Francs, um den Grad eines *officier de santé* zu erwerben – und das zu einer Zeit, als ein ungelernter Arbeiter kaum mehr als 300 Francs im Jahr verdiente. Auch die Studenten zählten nach Hunderten und nicht nach Tausenden (1850 waren es 400 Promotionen jährlich in ganz Frankreich), und die Zahl der Mediziner überschritt selbst in den am besten versorgten Ländern, Frankreich und England, nicht die 20000. Dennoch reichten diese Zahlen, so bescheiden sie waren, um die praktischen Ärzte in dem Maße in Bedrängnis zu bringen, in dem das breite Angebot an ärztlicher Versorgung die Zahlungskraft der Patienten überstieg, gab es doch lange Zeit keine Kostenübernahme durch Krankenkassen.

Die Schwierigkeiten in den Städten und auf dem Land waren jedoch sehr unterschiedlich. Soweit wir wissen, stammten die Ärzte größtenteils aus der städtischen Mittelschicht, aus Handel, Industrie und öffentlicher Beamtenschaft, mit einer starken Tendenz zur Selbstrekrutierung und einer sehr schwachen Repräsentation der untersten Schichten. Häufiger städtischer denn ländlicher Herkunft, mieden die Ärzte das Land um so mehr, als sie dort keine der erhofften günstigen Bedingungen vorfanden. Zahlungskräftige Patienten waren rar, lebten weit verstreut und konnten nur nach langen und ermüdenden Ritten besucht werden. In Landstrichen, wo das Geld überhaupt knapp war, war die Bezahlung in Naturalien nach der Ernte oder durch Pauschalzahlungen am Jahresende noch ebenso üblich wie regelrechtes Verhandeln und Feilschen zwischen Patienten und Ärzten. Ärzte, die in ihrem Heimatdorf praktizierten, hatten es zweifellos leichter, mit diesen Praktiken zurecht zu kommen. Die jungen und mittellosen ambulanten Ärzte taten sich dagegen deutlich schwerer, da sie sich mit einer Welt konfrontiert sahen, deren Sprache, Glaubensformen und Sitten ihnen fremd waren, und in der man oft ihrem Konkurrenten den Vorzug gab: dem Heilkundigen oder Quacksalber. Aber selbst die zweitrangigen Volksärzte und Heiler vernachlässigten das Land, für das sie doch in erster Linie rekrutiert worden waren. In Schlesien waren von 140 Wundärzten nur 46 in Dörfern ansässig und 49 in Orten mit weniger als 4 000 Einwohnern. Einige Jahre später gab es in der Kölner Region fünfmal so viele Ärzte wie im Regierungsbezirk Gumbinnen in Ostpreußen. In Frankreich bewegten sich die Unterschiede zwischen den abgeschiedenen ländlichen Regionen und großen Städten in der gleichen Größenordnung. In den Städten waren die Schwierigkeiten zwar nicht geringer, doch waren sie hier im wesentlichen dem Konkurrenzkampf zuzuschreiben, den sich die zu zahlreichen Ärzte untereinander um die zahlungskräftige Klientel lieferten. Wenn diese Konkurrenz auch einerseits die wissenschaftliche und therapeutische Findigkeit anregte, so führte sie andererseits zu zweifelhaften kommerziellen Strategien. So bestand das Bündnis von Arzt und Apotheker darin, durch kostengünstige Konsultationen Patienten anzuziehen und ihnen teure Arzneien zu verschreiben, die der Apotheker herstellte, um seinen Gewinn mit dem Arzt zu teilen. Schamloses Werben mit wundersamen Heilungen unheilbarer Gebrechen und Geschlechtskrankheiten war ebenfalls ein Symptom der Malaise, die von der die Häufung der Ärzte in den Stadtzentren hervorgerufen wurde.

Auch wenn es aufgrund der begrenzten Zahl der Privatarchive schwierig ist, Kenntnisse über die Realeinkommen der Ärzte zu erlangen, verbieten es die Schätzungen dennoch, von einer allgemeinen und bitteren Not zu sprechen. Die untere Grenze der ärztlichen Einkünfte lag bei jährlich 300 Pfund bzw. 1000 Francs, was in etwa dem Einkommensniveau der niederen Staatsbeamten (Postbeamte, Volksschullehrer) entsprach. Die Mehrzahl der Ärzte verdiente 700 Pfund bzw. 4000–5000 Francs, und eine Minderheit, die über einen guten städtischen Patientenstamm verfügte, konnte 1000 Pfund bzw. 7000 Francs erreichen – einige Ausnahmefälle nicht einbezogen, die diese Zahlen bei weitem übertrafen. Die von den Betroffenen so heftig beklagte Krise der Medizin resultierte offensichtlich weit mehr aus der Diskrepanz zwischen Hoffnung und Realität als aus tatsächlichen materiellen Mißständen.

Den Ärzten gelang es selten aufgrund von erfolgreichen Behandlungen, die Anerkennung ihrer Patienten zu gewinnen. Selbst in Frankreich, wo die von ganz Europa bewunderte klinische Medizin vorherrschte, war der Arzt in der Praxis ziemlich machtlos. Obwohl sie während der Studienzeit Krankenhaussäle durchwanderten, mit den Patienten in Kontakt kamen und das Wissen erwarben, die Krankheiten zu benennen, führte das nicht zwangsläufig dazu, diese auch behandeln oder gar heilen zu können. Ganz im Gegenteil, eine statistikbegeisterte, auf Beobachtung fußende Medizin bewies rasch, daß das gebräuchliche Arzneibuch eher schädlich als heilbringend war. Alle großen französischen Kliniker prangerten auf ihre Weise die Nutzlosigkeit und die Gefahren der Therapeutik an. Die Rückbesinnung auf die abwartende Heilmethode und die heilsamen Kräften der *natura medicatrix*, inspiriert vom Neohippokratismus des ausgehenden 18. Jahrhunderts, zeigte sich nirgends deutlicher als in der Chirurgie, wo die Ärzte selbst einmütig verkündeten, daß jedes Vermeiden einer Operation einen Sieg bedeute.

Mehr aber noch als durch die Ärzte geriet die Therapeutik durch die Krankheiten selbst in Verruf – namentlich durch die Cholera. Diese neue, aus Indien eingeschleppte Krankheit, die Europa seit 1831 heimsuchte, erwies sich resistent gegen alle Heilmethoden, die man zu ihrer Bekämpfung anwandte, so daß das Bild des wohltätigen Arztes selbst in Zweifel gezogen wurde. In der angespannten Situation der ersten Jahre der Julimonarchie wurden französische Ärzte zuweilen beschuldigt, Komplizen der Obrigkeit zu sein, und von manchen gar verdächtigt, gegen die rebellischen städtischen Unterschichten die übelsten Absichten zu hegen.

Diese extremen Umstände hatten zur Folge, daß es dem Arzt selbst dann kaum gelang, Vertrauen zu gewinnen, wenn er, wie etwa bei der Pockenbekämpfung, über durchaus wirkungsvolle Behandlungsmethoden verfügte. Die Impfung, die keineswegs immer erfolgreich war, mußte häufig von den Behörden erzwungen und unter Mißachtung elterlicher Vorbehalte von auswärtigen Ärzten durchgeführt werden; sie entwickelte sich zusehends zu einer Machtprobe zwischen Ärzten, die sich für »aufgeklärt« hielten, und der von ihnen als »fortschrittsfeindlich« abqualifizierten einfachen Bevölkerung.

Anders, aber nicht notwendigerweise einfacher oder befriedigender, gestaltete sich die Beziehung der Ärzte zur wohlhabenden Klientel. Zahlreiche Autoren haben einfache, bescheidene Ärzte beschrieben, die von wohlhabenden Familien in regelrechte Patronagebeziehungen genötigt wurden, in denen die reichen Familien sowohl ihre soziale Macht als auch ihre wissenschaftlichen Kenntnisse ausspielten, die in der Tat mühelos mit denen der Ärzte konkurrieren konnten. Blieben solche Beziehungen auch zweifellos auf einige große Familien beschränkt, so sahen sich die Ärzte in der kleinbürgerlichen Bevölkerung, die den größten Teil ihrer Klientel stellte, damit konfrontiert, daß diese die Konkurrenz unter den Ärzten auszunutzen suchte, um ihre, von ärztlicher Seite oftmals beklagten, medikamentösen Launen durchzusetzen.

In diesem Zusammenhang stellte sich den Ärzten auch das Problem illegaler Konkurrenz, die für uns allerdings nur in dem Maße sichtbar wird, wie sich die Ärzte gegen sie zur Wehr setzten, denn sie blüht weitgehend im Verborgenen. Unbestreitbar ist, daß um die Mitte des Jahrhunderts Ärzte, die in Schwierigkeiten geraten waren, sich gegenüber jenen, die ihnen einen Teil ihrer Patienten streitig machten, zunehmend intolerant zeigten. Gleichwohl steht die Zunahme der Laienheiler außer Zweifel.

In den Vereinigten Staaten etwa zogen die *sectarians* an Zahl beinahe mit den Anhängern der europäischen Schulmedizin gleich. Auch in Deutschland läßt sich das Erscheinen medizinischer Sekten beobachten, zaghaft erst in den 1830er Jahren, viel stärker dann in den zwei darauffolgenden Jahrzehnten. Wie in den Vereinigten Staaten und Großbritannien stützte sich die Bewegung auf Vereine, die gleichermaßen Medizinern wie Nichtmedizinern offenstanden und nicht zuletzt der Geselligkeit dienten. In Regionen, in denen sie weit verbreitet waren wie etwa in Sachsen und Württemberg – vor allem in evangelischen Kreisen, wo die Idee der Verantwortlichkeit vorherrschte und die Säkularisation des Verhaltens voranschritt –, erschienen die Vereine der Kneipp-Anhänger und der von Priessnitz-Adepten, die Hahnemann- und Naturheilkunde-Schüler den Medizinern als bedrohliche Herausforderung. Letztlich blieben allein die französischen Ärzte von diesen organisierten Bewegungen, die sowohl die Methoden der Schulmedizin als auch die Rolle des Arztes selbst anfochten, verschont. Die Homöopathen stellten zwar auch dort eine derartige Außenseitergruppe dar, doch bestand diese – aktiv, aber wenig zahlreich – fast ausschließlich aus Doktoren der Medizin. Ungeachtet aller Angriffe, derer sie sich zu erwehren hatten, und der Ächtung, die sie von seiten ihrer Kollegen erfuhren, handelte es sich bei ihnen doch überwiegend um Ärzte, die sich kaum sorgen mußten, daß sie die Gesundheitsfürsorge anderen zu überlassen hätten.

Die Sekten, die die Mißerfolge der Schulmedizin ausnützten, von demokratischen Gefühlen profitierten, ja, die Einheit und Stellung der ärztlichen Welt bedrohten, waren nicht die einzigen neuen Konkurrenten des traditionellen Arztes. In England ging die Konkurrenz auch von den Drogisten und Chemikern aus. Im Zuge des Überwechselns der Apotheker zur Medizin und Wundbehandlung bemächtigten sich die Chemiker und Drogisten des Handels mit Arzneimitteln. Aufgrund des leichten Zugangs erlebten beide Berufe einen derartigen Aufschwung, daß ihre Mitglieder sich, um ihr Auskommen zu finden, bald gezwungen sahen, ihre Aktivitäten auf andere Bereiche auszudehnen. Zum einen wandten sie sich dem Kolonialwarenhandel zu, zum anderen der Medizin. Obwohl er offiziell seit 1803 streng reglementiert war, erlebte der Berufsstand der Apotheker in Frankreich einen beachtlichen Zuwachs, was zur Folge hatte, daß seine Vertreter Schwierigkeiten begegneten, die jenen der englischen Drogisten ähnelten. Auf beiden Seiten des Ärmelkanals wurde die Situation noch weiter erschwert durch die Existenz geheimer Heilmittel oder *patent medicines*, die von mehr oder weniger ehrenwerten und kompetenten »Industriellen« hergestellt und an den unterschiedlichsten Orten vertrieben wurden. Die Reaktion der Apotheker bestand darin, sich an diesem Markt zu beteiligen, indem sie die Arzneien außerhalb ärztlicher Verschreibung verabreichten. Apotheker und Drogisten waren folglich weit davon entfernt, Helfer der Ärzte zu sein; sie waren vielmehr Konkurrenten, die in eine der Domänen des Arztes einbrachen: sein alleiniges Recht zur Verschreibung von Arzneimitteln.

Schließlich bleibt noch die kaum greifbare Konkurrenz der Heilkundigen, Quacksalber, Kurpfuscher, Hebammen und Wohltäter aller Art. Nichts deutet darauf hin, daß diese Konkurrenz im Niedergang begriffen gewesen wäre – ganz im Gegenteil. Die oftmals von den Ärzten selbst verfaßte medizinische Populärliteratur erlebte eine Hochkonjunktur, was zu einer weiteren Entfaltung der Selbstmedikation führte und zugleich die Position und den Einfluß traditioneller Gesundheitsberater (Wohltätigkeitsvereine, Pfarrer etc.) stärkte. Noch spektakulärer vergrößerte sich in Frankreich die Zahl der Ordensfrauen, die sich den Problemen ihres Jahrhunderts zuwandten und die Aufgaben der Lehrerin, Sozialarbeiterin und Krankenschwester ausfüllten. Im Zweiten Kaiserreich überzogen, gleich einem dichtmaschigen Netz, Tausende von Ordensgemeinschaften mit mehr als 100 000 Mitgliedern das Land. In all dem zeigt sich ein Paradox: eine wachsende Nachfrage nach Pflege, Behandlung und Heilung auf der einen und die unübersehbaren Probleme einer in sich gespaltenen, zuweilen mit Geringschätzung behandelten Ärzteschaft auf der anderen Seite.

Die Lebens- und Arbeitsbedingungen der Ärzte waren fraglos schon zu dieser Zeit sehr unterschiedlich. Jenseits der Statusunterschiede und der klaren Gegensätze von Land- und Stadtärzten, von Anfängern und Erfahrenen, zeichneten sich in dem Maße noch weitere Differenzierungen ab, wie sich der Wettbewerb verstärkte. In Frankreich, wo die klinische Medizin triumphierte, war das Krankenhaus als Ausbildungsstation unentbehrlich. Das Krankenhausnetz konnte indessen, so bedeutend es auch sein mochte, nicht die Ausbildung aller künftigen Ärzte gewährleisten, so daß dies einer Minderheit vorbehalten blieb, die nach dem Prinzip des Leistungswettbewerbs rekrutiert wurde. Hierbei wurde eine Elite fortgeschrittener Studenten ausgewählt, die zunächst als Externe, dann als Interne dank einer mehrjährigen Ausbildung in den Krankensälen als einzige Zugang zu praxisnahem klinischem Wissen erhielten. Sie waren anschließend am besten gewappnet, um die Aufnahmeprüfung als Arzt oder Chirurg in einem Hospital mit Erfolg zu absolvieren. Obwohl befristet, wenn auch von einiger Dauer, verschafften diese knapp besoldeten Vollzeitstellen ihren Inhabern die nötige Erfahrung und das Prestige, das unabdingbar war, um anschließend, wenn sie sich den Ruf eines erfolgreichen Arztes erworben hatten, ihre private Praxis – mit einer eigenen Klientel – zu eröffnen. Diese Ärzte ließen sich in den feineren Vierteln nieder und zogen betuchte Patienten an. Seit etwa 1850 hinterließen einige von ihnen ihren Erben Vermögenswerte, die diese an die Spitze der Gesellschaft brachten. Überdies hatten sie in einem Land, das nur drei medizinische Fakultäten zählte (Paris, Montpellier und Straßburg), maßgeblichen Einfluß auf die Lehranstalten, die häufig in Gebäuden der Ortskrankenhäuser untergebracht waren. Ganz selbstverständlich bauten sie ihre Vorrangstellung aus, indem sie lokale Gesellschaften und Fachzeitschriften, die sich in diesem Zeitraum vervielfachten, ins Leben riefen. Sofern sie zusätzlich zu ihren beruflichen Aktivitäten politisches Engagement zeigten und über ein gewisses Charisma verfügten, konnten sie am Ort regelrechte »Feudalherren« oder Oberhaupt einer wissenschaftlichen Schule werden. In den anderen Länder, in denen Krankenhäuser weniger verbreitet waren, war meist Spezialisierung die kommerzielle Antwort auf die herrschende Konkurrenz; ein Versuch, sich auf einem übersättigten Markt besser zu plazieren. Am offensichtlichsten war dies der Fall in den Vereinigten Staaten, wo seit den 1840er Jahren eine Gesellschaft von Dentalchirurgen (in Baltimore), eine Gesellschaft von Spezialisten für Geisteskrankheiten und eine weitere auftrat, die besondere Kompetenzen bei der Behandlung von Augen- und Ohrenkrankheiten geltend machte. Informelle Spezialisierungen kamen auch bei den französischen Stadtärzten auf, aber erst das Gesetz von 1838 über die Heilanstalten für Geisteskranke ließ ein erstes anerkanntes Spezialgebiet entstehen, das von behördlich bestallten Medizinalbeamten vertreten wurde. Gleichwohl war diese Spezialisierung eher aufgezwungen als begehrt, und der »Facharzt« genoß weniger Ansehen als der Allgemeinmediziner.

Der Eintritt in den Staatsdienst war gleichzeitig eine Antwort auf die Krise und ein Faktor der Diversifizierung. In den deutschen und italienischen Ländern, wo eine lange Tradition der Staatsintervention bestand, zogen die Posten der *medici di condotta*, der Stadtphysiker oder Kreisärzte, die den jeweiligen Amtsinhabern nicht unerhebliche zusätzliche Einkommen boten, eine beachtliche Zahl von Bewerbern an (um 1850 in Preußen durchschnittlich zehn für einen Posten als Physikus). In Frankreich und England waren die öffentlichen Ämter dagegen weiter unterteilt und weniger einträglich, standen aber einer größeren Zahl von praktischen Ärzten offen. So vermehrten sich die Teilzeitstellungen: Seuchen- und Impfärzte in Frankreich; Armenärzte, *officers of health* und noch vielfältige andere *medical appointments* in England (bis zu 40 Posten in Städten mittlerer Größe); Gefängnisärzte in beiden Ländern. Mit ihren mehr oder minder lukrativen Vergütungen ließen sie einen bedrängten Berufsstand ein wenig zu Atem kommen. Im Zuge des weiteren Ausbaus dieser Funktionen fand in Regierungskreisen die Idee immer mehr Anhänger, die Gesundheitsfürsorge wie das Unterrichtswesen als öffentlichen Dienst zu organisieren. In der Endphase der Julimonarchie schlug selbst das sehr liberal gesinnte Kabinett Guizot vor, für Regionen mit Ärztemangel Kantonalärzte einzusetzen, die zumindest zum Teil aus öffentlichen Kassen finanziert werden sollten. Der Grundgedanke wurde von einigen Ärzten wie beispielsweise Rudolf Virchow weiterentwickelt, der sich dafür aussprach, das Medizinalwesen – ganz in der kameralistischen Tradition – in eine staatliche Institution zu verwandeln und als Zweig einer Wissenschaft des öffentlichen Wohls zu verstehen. Auch in Frankreich fühlten sich einige Ärzte durch den Sozialismus von 1848 angezogen, doch handelte es sich bei ihnen nur um eine verschwindend kleine Minderheit.

Vielleicht noch mehr als die Krisenstimmung trug diese Perspektive einer dem Staat untergeordneten Medizin zwischen 1845 und 1854 entscheidend zur Entstehung ärztlicher Berufsorganisationen auf nationaler Ebene bei. Mehr als nur Zusammenschlüsse zur Verteidigung berufsständischer Interessen, boten diese Organisationen den Rahmen für die Ausbildung einer homogenen Berufsgruppe, die ihren Mitgliedern eine Identifikationsmöglichkeit schuf und mit der diese auch von der übrigen Bevölkerung identifiziert wurden. Die Person bzw. Gestalt des »Arztes« hatte ihren Ursprung in dieser voluntaristischen Konstruktion.

Die medizinischen Gesellschaften, die ab Mitte des 17. Jahrhunderts eine wahre Blüte erlebten, waren noch bis 1840 lokal begrenzt und wissenschaftlich ausgerichtet. Von diesem Zeitpunkt an aber beschäftigten sie sich mehr und mehr mit berufsbezogenen Fragen. Ohne sich abgestimmt zu haben, prangerten die schottischen, preußischen und französischen Gesellschaften, die die Elite der Ärzteschaft vereinten, zur gleichen Zeit »l'encombrement« – die »Überfüllung« – ihrer als »overcrowded« und »overstocked« beurteilten Berufsgruppe an. Um diesem Übel zu begegnen, plädierten sie für eine Reduktion des medizinischen Personals, vor allem der niederen Grade, und sprachen sich für ein härteres Vorgehen gegen Laienheiler und Außenseiter des medizinischen Gewerbes aus. Diese Übereinstimmung der grundsätzlichen Forderungen erleichterte die Gründung nationaler Verbände.

Wenn Frankreich auch das letzte Land war, dem dies 1858 mit der Errichtung der *Association générale des médecins de France* (AGMF) gelang, so erlebte es doch die spektakulärsten Initiativen. Unter einem politischen Regime, das dem Recht auf Vereinigung äußerst mißtrauisch gegenüberstand, gelang es einem jungen Medizinjournalisten, Amédée Latour, 1845 in Paris einen medizinischen Kongreß einzuberufen, der 900 Angehörige der Heilberufe versammelte, gewählt von einem Drittel der französischen Ärzteschaft. Der Kongreß erhielt sogar Besuch vom Erziehungsminister des Kabinetts Guizot, Salvandy. Außer Maßnahmen gegen Quacksalber und Kurpfuscher forderte der Kongreß die Abschaffung des *officiat de santé*, das für die Überfüllung verantwortlich gemacht wurde, verwahrte sich entschieden gegen die Einführung möglicher Medizinalbeamter und appellierte für die Rückkehr zu einer Form des Korporativismus mit Ständekammern und einer Selbstregulierung des Berufsstandes. Der Kongreß war jedoch weniger wegen seiner Forderungen bedeutsam, als wegen seines Geschicks, die Konflikte unter seinen Teilnehmern zu verschleiern und das Bild eines Berufsstandes zu vermitteln, der scheinbar alle internen Spaltungen überwunden und zu völliger Einheit gefunden hatte. Nach und nach setzte sich dieses Bild der Einheit, das auch die vom erwähnten Amédée Latour geleitete Zeitung *L'Union médicale* verbreitete, bei den Ärzten durch, bestimmte ihre Verhaltensweisen und prägte mehr und mehr auch die öffentliche Meinung.

In Großbritannien und den Vereinigten Staaten gingen die Widerstände nicht von der Zentralregierung, sondern im Gegenteil von den starken Traditionen regionaler und kommunaler Selbstverwaltung aus. Gleichwohl wurde, auch wenn sie bis zum Bürgerkrieg schwach blieb, schon 1847 die *American medical association* gegründet. Ihr englisches Äquivalent, die *British medical association*, geht zurück auf das Jahr 1853; sie löste die *Provincial medical and surgical association* ab, die bereits seit 1832 bestand. In Deutschland waren die zahlreichen medizinischen Gesellschaften und Vereine vergleichsweise unabhängig, doch beteiligten sie sich alle an der Medizinalreformbewegung der 1840er Jahre. Die Folgen ließen nicht lange auf sich warten, wenngleich sie auch sehr unterschiedlich waren. Von 1849–1852 an erwirkten die preußischen Ärzte die Schließung der Lehranstalten für Chirurgen und die Umwandlung der zweitklassigen Wundärzte in sehr umfassend kontrollierte Heildiener. In Frankreich war der Erfolg nicht so offensichtlich, doch wurde auch hier durch das Dekret von 1854 das Ende dieser so häufig geschmähten Gruppe eingeläutet. In England verlangsamte der *medical act* von 1858 das weitere Anwachsen des medizinischen Personals, indem er die ärztliche Berufsausübung auf jene beschränkte, die ein Diplom oder eine Lizenz von wenigstens zwei offiziellen Institutionen erworben hatten (sei es universitären oder berufsständischen), die ihrerseits beim *General medical council* zugelassen sein mußten. Dieser mehrheitlich aus den alten Berufsständen rekrutierte Rat blieb bei seinen Zulassungen jedoch auch in der Folge sehr großzügig, und das Gesetz bestrafte nur das widerrechtliche Führen geschützter Titel, nicht aber die Berufsausübung ohne Approbation.

Die Einrichtung und Bestätigung einer ärztlichen Körperschaft resultierte vor allem aus einer Krise, die von einer bewußten Minderheit des Berufsstandes genutzt wurde. Nachdem der Berufsverband der Mediziner einmal konstituiert war, bot er den Ärzten die Möglichkeit, bestens von den wissenschaftlichen und politischen Neuerungen zu profitieren, die die berufliche Praxis wie den sozialen Status der Ärzte tiefgreifend veränderten.

Einschneidender als die wissenschaftlichen Revolutionen des ausgehenden Jahrhunderts veränderten die politischen und sozialen Reformen die Lage und die gesellschaftliche Position des Arztes. Zwischen 1850 und 1914 wuchs die ärztliche Klientel erheblich an und entsprechend auch die Verdienstmöglichkeiten der Ärzte. Unter dem Einfluß des steigenden Lebensstandards, der wachsenden Sorge um die Gesundheit und des Reizes neuer Techniken und Moden zogen wohlhabende und mittlere Gesellschaftsschichten immer häufiger einen Arzt zu Rate. In diesem Zusammenhang bietet die Konjunktur der Thermalkuren (außer in England, wo sich Kurorte wie Spa, die im 18. Jahrhundert sehr in Mode waren, bereits im Niedergang befanden) ein hervorragendes Indiz für einen wachsenden Gesundheitsmarkt, von dem im Haupt- oder Nebenerwerb zahlreiche Kurärzte profitierten. Die Hygiene-Diät-Kur (Luft-, Ruhe- und Ernährungskur), die zuerst in Deutschland in Luxussanatorien angeboten wurde, erwies sich für einen Teil der Ärzteschaft ebenfalls als eine einträgliche Marktlücke. In den letzten Jahren des Jahrhunderts zeugte auch der Aufschwung der Privatkliniken, die die jeweils modernsten Heilmethoden mit luxuriöser Unterbringung verbanden, von der zunehmenden Bereitschaft der wohlhabenden Schichten, Behandlungs- und Pflegekosten aufzubringen. Natürlich vergrößerten sie damit auch den Wohlstand derer, die sie behandelten.

Auffälliger aber war noch, daß auch weite Teile der unteren Bevölkerungsschichten zunehmend Arztbesuche machten. Die beiden großen Systeme der Sozialfürsorge und der Solidarversicherung erlaubten es künftig jedem, der finanziell nicht dazu in der Lage war, die ärztliche Behandlung zu bezahlen. Der Grundgedanke der gegenseitigen Hilfe, dessen Wurzeln im Zunftwesen des Ancien régime lagen, hatte die Revolution unbeschadet überstanden. Mit dem Beginn des 19. Jahrhunderts wurde die Krankheit für die französischen *sociétés de secours mutuels*, die englischen *friendly societies* und die deutschen Knappschaften zum zentralen Risiko, gegen das sie ihre Mitglieder zu schützen suchten. Denn in dem Maße, in dem sich der Einsatz von Maschinen ausbreitete und die städtischen Lebensbedingungen sich verschlechterten, wurden Krankheiten und Unfälle immer häufiger zu einer der Hauptursachen von Deklassierung und Elend. Entsprechend verursachte das Krankengeld, das teilweise den Lohnausfall kompensierte, diesen Gesellschaften und Vereinen die größten Kosten. Um die Jahrhundertmitte – manchmal auch früher – zeigten sich Obrigkeit und Arbeitgeber ernsthaft um die Gesundheit der Arbeiter besorgt, die für das reibungslose Funktionieren der Bergwerks-, Verhüttungs- und metallverarbeitenden Betriebe unverzichtbar war. Abgesehen von solchen Produktivitätserwägungen und dem Vertrauen, das die Eliten in die Effizienz der Medizin setzten, erschien ein Arzt, der bei den Armen präsent war, auch als probates Mittel, um den sozialen Frieden wiederherzustellen und das Volk zu »zivilisieren«. Auch die preußische Gewerbeordnung von 1845 regte – ganz entsprechend dem französischen Dekret über die *sociétés de secours mutuels* vom März 1852 – die Einrichtung von Hilfskassen sowie kommunalen oder berufsständischen Versicherungsvereinen an, die Arbeiter und Unternehmer, Arme und Notable oder Amtspersonen vereinten und die in erster Linie die medizinische Versorgung sicherten. Parallel dazu riefen einige Industriebetriebe auch eigene Hilfskassen ins Leben, zunächst gezwungenermaßen, wie die französischen Bergbaugesellschaften infolge der Gesetze und Dekrete von 1810 und 1813, dann freiwillig, wie einige englische Unternehmen mit der Einrichtung von *shop clubs*, einer Art Unfall- und Krankheitsfonds. Nach und nach interessierten sich diese verschiedenen Betriebskassen, die sich zunächst allein auf Arbeitsunfälle konzentrierten, auch für die Krankheiten der Arbeiter, dann für die ihrer Familie, und sei es nur, um auf eine unstete Arbeiterschaft einzuwirken und sie beständiger und abhängiger zu machen. Ob diese Kassen und

Gesellschaften nun allein von den Mitgliedern finanziert oder ob sie teilweise von Arbeitgebern und Notablen subventioniert wurden, ihr Erfolg war unbestreitbar. In Preußen zählten sie 1860 mehr als 300 000 Mitglieder, im Jahr 1870 bereits 715 000. Fünf Jahre später vereinten sie 35 Prozent aller Arbeiter, die in Unternehmen mit mehr als fünf Angestellten arbeiteten. Allerdings muß auch erwähnt werden, daß die Provinzregierungen ab 1854 per Gesetz ermächtigt waren, die Gemeinden zur Einrichtung von Zwangskassen zu verpflichten. Nicht weniger beeindruckend war die Entwicklung in Frankreich, wo die Mitgliederzahlen von 250 000 im Jahr 1850 auf fast eine Million im Jahr 1870 stiegen. Die angebotenen Garantieleistungen waren allerdings bescheidener und variierten stärker als in Deutschland. Darüber hinaus betrafen die Versicherungsleistungen in allen Fällen nur die obere Schicht der Arbeiterschaft, die in relativ gesicherten Verhältnissen lebte und regelmäßig Beiträge in eine Kasse oder an einen Solidarversicherungsverein zahlen konnte. Aus ärztlicher Sicht brachten diese verschiedenen Kassensysteme zwischen 1850 und 1870 in jedem der großen europäischen Länder eine Million neue Patienten.

Nach 1871 verfolgte Deutschland den preußischen Weg weiter, der 1854 mit dem Gesetz über die Zwangskassen eingeschlagen worden war. 1883 waren davon all jene betroffen, deren jährliches Einkommen unter 2 000 Mark lag, das heißt nahezu vier Millionen Menschen. Diese Verfügung, die schrittweise auf Angestellte und andere Berufsklassen ausgeweitet wurde, erlaubte es den verschiedenen Kassen, bis zum Vorabend des Ersten Weltkriegs fast die Hälfte der Bevölkerung abzusichern. Außer dem Krankengeld mußten die Kassen ab 1892 obligatorisch Leistungen in Naturalien erbringen und insbesondere die ärztliche Behandlung gewährleisten. Diese Leistungen, die vom Versicherten zumeist in Form jährlicher Pauschalzahlungen abgegolten wurden, ließen erhebliche Summen in die Kassen der Ärzte fließen. Setzt man die ärztlichen Einkünfte mit zwei Mark je Versichertem und Jahr an, so beliefen sie sich 1890 auf 17 Millionen Mark, 1900 auf 35 Millionen und auf 71 Millionen im Jahr 1909. Die Summen, die der Arzt je Visite oder Konsultation erhielt, waren freilich oft niedrig und ungleich verteilt: In Schlesien etwa waren, so schätzt man, für einen ärztlichen Hausbesuch 50 Pfennig zu bezahlen, in Berlin dagegen sackte der Preis einer Konsultation in der ärztlichen Praxis auf 17 Pfennig ab und die Pauschalgebühr pro Kopf auf weniger als 80 Pfennig im Jahr. Ungeachtet dieser Zahlen, die sehr oft von den Standesvertretungen der Ärzte zitiert wurden, trugen die Sozialversicherungen einen nicht unwesentlichen Teil zum Anstieg der ärztlichen Einkommen während dieser Periode bei.

Kurz vor dem Krieg führte England ein ähnliches System ein. Bis dahin war die ärztliche Versorgung der Ärmsten nur sehr unvollständig gesichert gewesen. Sie war zunächst von privater Initiative abhängig, die von speziellen Wohltätigkeitsgesellschaften (*medical charities*), von Einrichtungen zur ambulanten Versorgung der Kranken und von medizinischen Gesellschaften ausging, die zwar nur die nötigsten, aber dafür preiswerte Behandlungen für Personen anboten, die einen bescheidenen Beitrag zahlten (*sick clubs*). Daneben gab es natürlich noch die *friendly societies*, die in medizinischer Hinsicht jedoch nicht die Bedeutung hatten wie in Frankreich. Der Veränderungswille und die Tatkraft privater Institutionen konnten staatliche Initiativen jedoch nicht ersetzen. So beschränkte sich das berühmte Armengesetz (*poor law*) von 1834 auch nicht darauf, die düsteren Arbeitshäuser zu organisieren und das Prinzip der »less eligibility«, einen Wahlzensus, zu proklamieren. Es organisierte auch einen medizinischen Dienst für Arme mit häuslicher Pflege. Dieser wurde den *medical officers of the poor law* anvertraut, die in Wirklichkeit freiberuflich tätige Ärzte auf der Suche nach einem Zusatzverdienst waren. Dazu unterhielten die Behörden zur Überwachung des Armengesetzes auch Krankenabteilungen, die sich aufgrund der mangelhaften Ausstattung der britischen Krankenhäuser genötigt sahen, auch anderen als den eigentlichen Nutznießern des Gesetzes offenzustehen. Trotz dieser Ausnahme blieb die öffentliche Gesundheitsfürsorge auf die Ärmsten beschränkt, die sich obendrein einer strengen Kontrolle ihrer Moral zu unterwerfen hatten. Diesem System, das bis 1929 Bestand hatte, fügten die äußerst liberalen Reformregierungen der Jahre 1906 bis 1914 ein Sozialversicherungssystem hinzu, das 1911 verabschiedet wurde (*National health insurance act*). Wie in Deutschland verpflichtete es die Arbeiter, die weniger als 160 Pfund im Jahr verdienten, sich für den Krankheitsfall zu versichern. Die Betroffenen zahlten die Hälfte des Beitrags, die andere Hälfte teilten Arbeitgeber (3/5) und Staat (2/5) untereinander auf. Als Gegenleistung erhielten die Versicherten im Krankheitsfall Tagegeld und eine ärztliche Grundversorgung. Dieses, von »anerkannten Gesellschaften« (*friendly societies* oder Versicherungsgesellschaften) organisierte System – die auch noch zusätzliche Leistungen anbieten konnten –, hatte indes vor 1914 kaum Einfluß auf Status und Einkommen der Ärzte.

Das republikanische Frankreich entschied sich für ein anderes Modell. Die Wunschvorstellungen der Republikaner zielten wie die ihrer Vorgänger auf die Entwicklung einer freiwilligen Versicherung in Form von Gesellschaften zur gegenseitigen Hilfe. Diese Versicherung auf freiwilliger Basis erlebte, insbesondere durch ihre gesetzliche Verankerung in der *Charte de la mutualité* (1898), eine bemerkenswerte Verbreitung. Am Ende des Jahrhunderts vereinte sie zwei Millionen Beitragszahler, 1902 drei Millionen und beinahe fünf Millionen (einschließlich der Anspruchsberechtigten) am Vorabend des Ersten Weltkriegs.

Wie groß ihr Erfolg auch immer sein mochte, die freiwillige, allein auf der Beitragszahlung ihrer Mitglieder beruhende Versicherung blieb all jenen verschlossen, die, ob aus strukturellen Gründen oder bloß vorübergehend, nicht über ein festes und ausreichend großes Einkommen verfügten, um jeden Monat die verlangte Beitragszahlung abzuzweigen. Für diese Zielgruppe kamen die republikanischen Regierungen auf die Projekte medizinischer Fürsorge zurück, die in der Zeit der Revolution skizziert, unter der Julimonarchie und der zweiten Republik diskutiert, und in unverbindlicher Form unter dem Zweiten Kaiserreich erprobt worden waren: Hierbei wurde für die bedürftige Landbevölkerung in etwa der Hälfte der Departements ein System unentgeltlicher medizinischer Versorgung eingerichtet. Nach einer 20 Jahre währenden Diskussion, die nur von politischen Krisen unterbrochen wurde, regelte das Gesetz vom 15. Juli 1883 – nachdem auch die Organisation des staatlichen Schulsystems *(l'école laïque)* zum Abschluß gekommen war – schließlich die kostenlose Krankenfürsorge. Zweifellos konnte nur die Angst vor einer Dezimierung der Bevölkerung, die in Frankreich angesichts des als schier übermächtig empfundenen Feindes Deutschland virulent war, die Koalition aus liberaler Gegnerschaft und ärztlichem Widerstand, die sich gegen jeden auch noch so phantastisch anmutenden Plan einer Verbeamtung der Medizin zur Wehr setzte, überwinden. Wenn das Gesetz in seinem ersten Artikel auch proklamierte, daß »jeder mittellose Franzose unentgeltlich zu Hause oder im Krankenhaus behandelt wird«, so hütete es sich doch davor, näher zu definieren, wer denn als »mittellos« zu gelten habe. In der Anwendung des Gesetzes rückte man schnell von dem formulierten großzügigen Prinzip ab. Tatsächlich überstieg die Zahl der Mitglieder vor 1914 nie die Zwei-Millionen-Grenze, was knapp fünf Prozent der Bevölkerung entsprach. Dennoch brachte diese Einrichtung, aus ärztlicher Sicht gesehen, jährlich eine zusätzliche

Million zahlender Patienten, die den Ärzten zwischen fünf und sechs Millionen Francs eintrugen. Trotz anderslautender Klagen profitierten die Ärzte ganz offensichtlich von dieser Kostenübernahme. Die Möglichkeit der freien Berufsausübung wurde durch sie, außer vielleicht in Deutschland, mitnichten in Frage gestellt, sondern im Gegenteil sogar noch gestärkt. Des weiteren scheint der Brückenschlag zu einer ärmeren Klientel die Macht des Arztes über die Kranken und sein Prestige in der Gesellschaft vermehrt zu haben.

Hatte in früheren Zeiten der wohlhabende Kranke befohlen und der Arzt gehorcht, so machte jetzt der Arzt die Vorschriften, und der Kranke mußte sie befolgen. In Deutschland und England, wo die Kranken nur eine begrenzte oder gar keine freie Arztwahl hatten, befanden sie sich in einem extremen Abhängigkeitsverhältnis. Sie waren auf den Arzt angewiesen, um krank geschrieben zu werden, Kranken- oder Verletztengeld zu erhalten, ins Krankenhaus eingewiesen zu werden oder die notwendigen Arzneien zu bekommen. Es fehlte im übrigen nicht an medizinischen Handbüchern wie dem von Jacob Wolff, die sich militärischer Termini bedienten, um das Verhältnis zwischen einem Arzt, der gleich einem Offizier Befehle erteilte, und einem Kranken, der gleich dem legendären preußischen Soldaten blind gehorchte, zu beschreiben. Zudem begleitete der Arzt immer häufiger das Sterben der Menschen. Dagegen ereignete sich die Geburt noch überwiegend zu Hause, unter der Mithilfe einer Hebamme oder eines Geburtshelfers. Tatsächlich überschritt der Anteil der von einem Arzt entbundenen Frauen selbst in Berlin, das in dieser Hinsicht einen Spitzenplatz in Europa einnahm, 1901 noch keine 13 Prozent. Dagegen war in der gleichen Stadt der Tod ohne Arzt eine Seltenheit geworden, und im ganzen Land stieg der Anteil der von einem Arzt begleiteten Verstorbenen von 50 auf 65 oder 75 Prozent. Aber auch über diese Gelegenheiten hinaus war der Arzt im alltäglichen Leben der kleinen Leute zunehmend präsent, wovon auch die spürbar wachsende Neigung, sich krank zu melden und Hilfe bei einem Arzt zu suchen, zeugt. Unter den französischen Minenarbeitern der Region Saint-Étienne stieg der Prozentsatz derer, die sich wenigstens einmal jährlich krank meldeten, zwischen 1894 und 1914 von rund der Hälfte auf 80 Prozent der Berechtigten. Wie das System der Kostenübernahme im konkreten Fall auch immer aussehen mochte, zu dieser Zeit gingen zwischen 30 und 50 Prozent der ärmsten Franzosen wenigstens einmal im Jahr zum Arzt, wahrscheinlich sogar häufiger.

Diese zweifellos vorhandene, obgleich unterschiedlich verteilte Zunahme der Arztbesuche (die Landbewohner wandten sich seltener an einen Arzt als die Stadtbewohner; die Handwerker und kleinen Händler seltener als die Arbeiter) bedeutete jedoch nicht, daß den ärztlichen Geboten unbedingt Folge geleistet wurde und der Kranke, mochte er sozial wie kulturell auch einen sehr niedrigen Status haben, ganz auf seine Autonomie verzichten wollte. Neigten die Ärzte einerseits auch dazu, ihre Rolle in überschwenglichen Selbstaussagen zu glorifizieren – die freilich eher ihr Wunschdenken als die Realität widerspiegelten –, so beklagten sie sich andererseits über die Erpressungsversuche als herrisch empfundener Kranker, die die armen Ärzte zu simplen »Rezeptschreibern« degradierten. Vor allem wenn er beruflich noch am Anfang stand und in der Stadt praktizierte, wo die Konkurrenz groß war, war der Arzt quasi gezwungen, seine Klientel zu vergrößern – und sei es auch auf die Gefahr hin, all ihren »wunderlichen Einfällen« nachzugeben, nur um sie anzuziehen. In der Regel erhofften sich die Kranken einen ungehinderten Zugang zu Arzneien, auf die sie geradezu versessen waren. Tatsächlich hatten die Arzneimittel, die seit langem in Reklamen gerühmt, vom Nimbus wunderbarer Zauberkräfte umgeben und zuweilen auch von angenehmem Geschmack waren (Pastillen, medizinische Weine), beinahe alles, um zu gefallen, vor allem im Vergleich zu lästigen hygienischen Maßnahmen. Doch selbst wenn der Arzt den sichersten Zugang zur Arznei bot, war er bei weitem nicht der einzige. In diesen Zeiten des Liberalismus und der Industrialisierung tolerierten alle Länder den Verkauf von Arzneien ohne Rezept, ja in den angelsächsischen Ländern war er sogar außerhalb der Apotheken erlaubt. Infolgedessen ermunterte der Arztbesuch, der gleichzeitig die Einnahme und die Wirksamkeit der Arznei lehrte, mehr die Selbstmedikation, als sie zu bremsen. Wie viele offiziell verordnete Arzneien wurden wohl von den Kranken ihren Nachbarn, Freunden und Verwandten empfohlen, die anschließend nichts eiligeres zu tun hatten, als sie ebenfalls vom Apotheker zu verlangen? Nicht zuletzt trug auch die zunehmende Verbreitung medizinischer Grundkenntnisse – so gering und unvollständig sie auch sein mochten – zur Autonomie des Kranken bei.

Die medizinische Ausbildung wandelte sich nur zögerlich; und diesen Wandel spürten auch erst jene Ärzte, die zu Beginn des 20. Jahrhunderts ihre Tätigkeit aufnahmen. Dies gilt namentlich für Frankreich. In Deutschland, wo die klinische Medizin nie eine absolute Vorherrschaft erringen konnte, war der Wandel der Medizin von einer Kunst zu einer Wissenschaft leichter als anderswo. Die Universitätsreformen des frühen 19. Jahrhunderts hatten ein für Neuerungen günstiges Umfeld geschaffen, um so mehr, als die Rivalität zwischen den zahlreichen konkurrierenden Universitäten auch den Erfindungsreichtum vermehrte. Staaten wie Preußen, die sich als Erben des »aufgeklärten Absolutismus« begriffen, sahen in der Förderung der Wissenschaft ein Mittel, ihr Prestige innerhalb wie außerhalb Deutschlands zu vergrößern.

In Frankreich waren die Verhältnisse für die exakten Wissenschaften noch sehr viel ungünstiger. Die ungeteilte Herrschaft der klinischen Medizin, die von der medizinischen Schule von Paris auf die Spitze getrieben wurde, fand ihren Ausdruck in der Ablehnung aller sogenannter Hilfswissenschaften (Chemie, Botanik, Physik) und im Desinteresse gegenüber der Therapeutik. In der Praxis waren die Unterschiede allerdings keineswegs so ausgeprägt, wie die Gesamtumstände glauben lassen. In beiden Ländern wurde seit der Mitte des Jahrhunderts die Frage nach der von Ärzten zu absolvierenden, wissenschaftlichen Ausbildung gestellt; beantwortet wurde sie jedoch erst 50 Jahre später. Bis 1893 waren die Medizinstudenten in Frankreich zunächst Absolventen der Geisteswissenschaften, denen man später ein erleichtertes naturwissenschaftliches Bakkalaureat zur Pflicht machte. Anfangs erwarben sie dieses Bakkalaureat nach der ersten Einschreibung, später dann wurde es bereits vor ihr verlangt. Nach 1893 mußten sie ein erstes Studienjahr in den naturwissenschaftlichen Fakultäten absolvieren und dort ein Zeugnis über physikalische, chemische und biologische Studien erwerben, das für die Einschreibung in Medizin erforderlich war.

In Deutschland blieb das humanistische Gymnasium bis 1901 einziger Zugang zum Medizinstudium. Dann stand es auch Schülern offen, die aus Realgymnasien kamen, aber diese blieben vor 1914 in der Minderheit (21% der Studenten 1911–1912). Waren sie einmal eingeschrieben, mußten sich die preußischen Studenten ab 1861 einem *tentamen physikum* (Anatomie, Chemie, Physik, Physiologie, Biologie) unterziehen, das das *tentamen philosophicum* (Logik, Psychologie, Physik, Chemie) ersetzte, bei dem die Prüfung von Professoren der philosophischen Fakultät bewertet wurde. Einige Jahre später verlangte man von den Studenten zwei Semester praktische Erfahrung in einem Krankenhaus, ein Praktikum in einer Impfbehörde und den Besuch von Mikroskopier- und Sezierkursen. Wegen ihrer schlechten Organisation – es fehlte an den nötigen Mitteln und geeigneten Lehrern – wurden diese Kurse jedoch 1883 bzw. 1901 durch zweisemestrige Übungen in Anatomie, Chemie und Mikroskopieren ersetzt.

Mit einigem zeitlichen Abstand schien Frankreich den gleichen Weg zu gehen. Ab 1885 waren die beiden ersten Studienjahre größtenteils der Physik, der Histologie und der Chemie gewidmet. Zehn Jahre später vervollständigten Parasitologie und Mikrobiologie das wissenschaftliche Programm. Gleichwohl relativierten zwei Elemente diese offensichtliche Bekehrung zu den grundlegend gewordenen Wissenschaften. Die internen und externen Leistungswettbewerbe und Auswahlverfahren, die den Königsweg der großen Karrieren eröffneten, waren Wettbewerbe der Kliniker. Als großer Arzt galt in Frankreich noch immer derjenige, der über die umfassendste klinische Erfahrung verfügte. Der wissenschaftliche Unterricht für Medizinstudenten, der auf dem Papier beeindrucken mochte, war oft nur formaler Natur. Während dieser wissenschaftliche Unterricht in den drei vor 1870 existierenden Fakultäten (Paris, Montpellier, Straßburg; nach der Annexion Elsaß-Lothringens durch das Deutsche Reich auch Nancy) gut organisiert war, ebenso wie in den drei weiteren Fakultäten, die im Jahrzehnt nach der Niederlage von Sedan zusätzlich eingerichtet wurden (Lyon, Lille, Bordeaux), begann der Unterricht in den medizinischen Vorbereitungsschulen, die die Gemeinden nahezu allein finanzierten, deutlich stockender. 1883 verfügte die Vorbereitungsschule von Rennes weder über ein physiologisches noch ein histologisches oder mikroskopisches Laboratorium. Die besser ausgestattete Vorbereitungsschule von Nantes richtete 1892 ein bakteriologisches Labor ein und drei Jahre später einen Lehrstuhl der gleichen Disziplin.

Trotz der offensichtlichen Vertiefung ihrer wissenschaftlichen Ausbildung blieben die Ärzte vor allem Schöngeister und Humanisten, die sich auch ganz selbstverständlich als Vertreter des Bildungsbürgertums definierten, nicht als Wissenschaftler und Spezialisten. Außerdem gingen die Ärzte auch aufgrund ihrer Vorlieben und Lebensweisen ganz im Bildungsbürgertum auf. In Frankreich traten sie gerne den vielfältigen literarischen, wissenschaftlichen und künstlerischen Gesellschaften bei, die das Land überzogen. Sie trafen dort auf zahlreiche Grundeigentümer und Rentiers, mit denen sie die Vorliebe für das Landleben und den Ackerbau teilten, wie auch die Neigung zu mündelsicheren Geldanlagen in Staatspapieren und Obligationen. Wie diese hatten sie ihren Wohnsitz in den noblen innerstädtischen Vierteln. In England waren sie besonders aktiv in den *medical charities* und anderen *voluntary societies*, die dem Liberalismus nahestanden. Die Berufsverbände schließlich verhielten sich gegenüber der verstärkt wissenschaftlichen Orientierung sehr zurückhaltend und tolerierten sie auch nur in dem Maße, in dem sie in ihr ein Mittel sahen, den Zugang zum Berufsstand zu beschränken und damit die Position von Ärzten zu schützen, die über eine eher literarische Ausbildung verfügten und bereits in Amt und Würden standen.

Diese nicht zu leugnenden, wenn auch späten und unvollständigen Neuerungen der wissenschaftlichen Ausbildung veränderten die tägliche Praxis allerdings nur in sehr begrenztem Maße; gleichwohl müssen die verschiedenen ärztlichen Tätigkeitsfelder unterschieden werden. Dort, wo Krankenhäuser schon zahlreich waren wie in Frankreich, verbesserten die Anstalten der großen Städte ihren medizinischen Standard. Auf Initiative der Stationsleiter wurden keimfreie Operationssäle eingerichtet. Ausgehend von den Klinikdiensten folgten zunehmend auch andere Einrichtungen dem Konzept, im Interesse einer verbesserten ärztlichen Ausbildung die Kranken gemäß ihrem Krankheitsbild auszusuchen. Auch wenn die Zahl der Operationen stark anstieg – dank der Anästhesie (1846) und der zusätzlichen Erfolgsaussichten, die die Methoden Pasteurs boten – sank die Krankenhausmortalität relativ gesehen nicht wesentlich. Die Angst vor dem Krankenhaus war vielleicht sogar um so größer, je mehr Operationen und Autopsien es vornahm; größer jedenfalls, als wenn es die Armen und Mittellosen beherbergte. Die meisten der kleinen Anstalten erfüllten weiterhin vielfältige Funktionen und standen wenigstens bis 1914 auch den nicht Kranken offen. Dort wurden kranke Menschen auch noch nicht auf »interessante Fälle« reduziert.

Wo die Krankenhäuser dünn gesät waren, wie in Deutschland und vor allem in den Vereinigten Staaten, nahm ihre Anzahl und Aufnahmekapazität in der zweiten Hälfte des Jahrhunderts sprunghaft zu. Diese Neugründungen machten sich von Anfang an die Anforderungen der neuen Medizin zu eigen. Im Verhältnis war die Zahl der Ärzte dort größer als in den französischen Einrichtungen. In Deutschland stellten die Krankenhausärzte 1909 zehn Prozent des Berufspersonals, wobei es eigentlich keine Ärzte gab, die ausschließlich und auf Dauer im Krankenhaus tätig waren. Die Mehrzahl derer, die dort praktizierten, waren entweder Ärzte in der Ausbildung (die französischen Internen) oder Assistenzärzte (in Deutschland), die nur ein Krankenhauspraktikum machten, bevor sie ihre Berufspraxis als Freiberufliche begannen. Jene, die einen Universitäts-Krankenhauskurs durchführten, unterhielten auch weiterhin private Arztpraxen und widmeten den Krankenhauspatienten nur einen geringen Teil ihrer Zeit. Die tägliche Pflege und Behandlung war demnach im wesentlichen zwischen den Assistenten, den Krankenschwestern oder Ordensschwestern (Diakonissinen bei den Protestanten) aufgeteilt. Selbst in den Krankensälen waren die Ärzte keineswegs die einzige Autorität.

Ebenso verhielt es sich mit der Krankenhausverwaltung. Sicherlich setzten die Ärzte die Anschaffung neuen Materials durch (Sterilisationskästen und -apparate), ordneten neue Einrichtungen an (Isolationssäle) und hatten immer mehr Gewicht bei der Entscheidung über die Aufnahme eines Kranken. Gleichwohl lag die Entscheidungsgewalt stets bei den kooptierten Verwaltern und den *trustees* der *voluntary hospitals*, selbst wenn es beratende medizinische Komitees gab wie in den großen französischen Krankenhäusern. Dort trugen die Behörden – auf dem Umwege der Inspektion und mit dem Druckmittel der Subventionen –, vielleicht mehr noch als die Ärzte, zu den (medizinischen) Mißständen in den Krankenhäusern bei. In den kleineren Einrichtungen begnügten sich die ortsansässigen Ärzte damit, den Dienst unter sich aufzuteilen, häufig viel mehr darauf bedacht, ihr eigenes Prestige zu steigern, als die Kranken wirksam zu behandeln. Sie tolerierten außerdem Verhältnisse, die kaum vereinbar waren mit den pasteurschen Vorstellungen von Hygiene.

Gerade in den Krankenhäusern verwandelte sich das Einzelgespräch zwischen einem Arzt und »seinem« Kranken zunehmend in eine Betreuung durch eine wechselnde und hierarchisierte Mannschaft. Die berühmte Generalvisite, bei der der Stationsleiter in Begleitung einer Horde von Assistenten, ohne innezuhalten, durch die Krankensäle eilt, ist das beste Sinnbild dieser so verrufenen anonymen und unpersönlichen Medizin. Derartige Verhältnisse waren jedoch nur in öffentlichen Krankenhäusern anzutreffen. Die Privatkliniken, die sich gegen Ende des Jahrhunderts entwickelten, um auf die Nachfrage der wohlhabenden Schichten zu reagieren, die von den neuen Möglichkeiten und Sicherheiten der post-pasteurschen Medizin angelockt wurden, vereinten technische Leistungsfähigkeit und den Respekt vor der Person – zumindest vor jener, die imstande war, zu zahlen. Gleichwohl war diese bisweilen angeprangerte medizinische Diktatur selbst in den öffentlichen Krankenhäusern nicht die Regel. Die Stationsleiter beklagten sich, daß sie in ihren

Sälen Personen betreuen mußten, die mehr unter Not und Elend als unter einer Krankheit litten, und daß sie sich überdies mit den Kranken über ihre Behandlungen einigen mußten. Im ganzen ließ die Fortentwicklung der medizinischen Funktionen des Krankenhauses seine sozialen Aufgaben nicht verschwinden, was die Machtmittel der Ärzte sehr relativierte, gleichermaßen im Hinblick auf die Einrichtung wie auch im Hinblick auf jene, die dort untergebracht waren.

Außerhalb des Krankenhauses veränderten sich die Bedingungen der Berufsausübung weniger. Zwar vervielfältigten sich trotz finanzieller Schwierigkeiten und »moralischer« Zurückhaltung (hinsichtlich des Rektalthermometers zum Beispiel) die neuen Diagnoseinstrumente, aber es ist recht schwierig, Tempo, Umfang und Unterschiede in ihrer Verbreitung präzise zu messen. Allmählich hatte der Arzt auch neue, ohne Zweifel wirkungsvolle Medikamente zur Verfügung, ob es sich um das berühmte Aspirin handelte, um Morphiumderivate, Salvarsan gegen Geschlechtskrankheiten oder Seren gegen die Diphtherie. Außer in den beiden letzten Fällen brachten die Medikamente Erleichterung, heilten aber nicht. Die Unheilbarkeit mancher Krankheiten bzw. die Wirkungslosigkeit der verfügbaren Arzneien bildeten ohne Zweifel eines der Haupthindernisse für die Begründung einer absoluten Macht des Arztes über seinen Patienten. Zugleich liegt darin wohl auch eine der Ursachen für eine verstärkte Orientierung hin zur Hygiene und zur Prävention. Was den Kranken angeht, so verstärkte der gegen Ende des Jahrhunderts einsetzende Hygienefeldzug auf den ersten Blick die Macht des Arztes über seinen Patienten und darüber hinaus auch über dessen Familie und Angehörige. Im Umgang mit der sozialen Krankheit *par excellence*, der Tuberkulose, war die ärztliche Tätigkeit weit mehr sozialer und moralischer denn medizinischer Natur. Die Kranken und ihre Umgebung mußten von der Notwendigkeit überzeugt werden, gewisse Hygiene- und Verhaltensregeln einzuhalten. Die antituberkulösen Gesundheitsdienste, die zuerst in England, dann in Deutschland und schließlich in Frankreich (ab 1900) eröffnet wurden, hatten die Aufgabe, die bereits Erkrankten oder Tuberkuloseverdächtigen aufzuspüren und ganze Stadtviertel über hygienische Fragen aufzuklären. Desgleichen hatte das Volkssanatorium die Aufgabe, die heilbaren Kranken einer strengen Hygiene-Diät-Kur (Luft, Ruhe, Überernährung) zu unterziehen. Auf dem Papier boten diese Einrichtungen und der gesamte Kampf gegen die Tuberkulose das Bild einer von Ärzten geleiteten totalitären Unternehmung. Die Realität sah anders aus: Aus Rücksichtnahme auf das Recht der freien Berufsausübung traf der Kampf gegen die Krankheit vornehmlich die Armen, die man wohl überzeugen, nicht aber dazu zwingen konnte, sich behandeln zu lassen. Ähnlich verhielt es sich mit den Ärzten, die man ebensowenig zwingen konnte, sich in den Dienst der Sache zu stellen. Der Kampf gegen die Tuberkulose, der ein Eindringen in die Intimsphäre erforderte, nahm häufig einen denunziatorischen Charakter an, zeigte sich andererseits aber taub gegenüber den Ursachen der Krankheit, insbesondere den Arbeitsbedingungen der Menschen. So verwundert nicht, daß er oftmals auf starken Widerstand stieß. Die Vorreiter des Kampfes gegen die Tuberkulose waren sich der Gefahr sehr wohl bewußt, die dem Erfolg ihrer Unternehmung drohte, sollte diese den Eindruck eines Angriffs des Bürgertums gegen das Proletariat hervorrufen; sie zogen es deshalb vor, die Aufgaben der Gesundheitserziehung und der Früherkennung an einen weiblichen Mitarbeiterstab einfacherer Herkunft zu delegieren. Diese Mitarbeiter waren offiziell zwar dem Arzt unterstellt, doch anzunehmen ist, daß sie bald eine gewisse Selbständigkeit erreichten. Wie dem auch sei, der Hygieniker befand sich nicht in permanentem Kontakt mit der Bevölkerung, die er zu beeinflussen suchte, aber er entzog dem Arzt des Viertels einen Teil seiner Vorrechte.

Gleichzeitig wurde der einfache Arzt eines wachsenden Teils seiner praktischen Aufgaben beraubt. Bis in die Mitte des Jahrhunderts gleichzeitig Arzt, Wundarzt, Ratgeber und Geburtshelfer, gab er einen Teil dieser Aufgaben an seine Krankenhauskollegen und an immer zahlreichere Berufsgenossen ab, die sich als Spezialisten bezeichneten. Die Spezialisierung, die noch lange nicht offiziell anerkannt oder geregelt war, bestand darin, vorrangig Erkrankungen bestimmter Organe (Hals-Nase-Ohren) zu behandeln, gewisse Krankheiten zu kurieren (Geschlechtskrankheiten), sich mit speziellen Bevölkerungsgruppen zu beschäftigen (Kinder, Frauen), bestimmte Techniken zu benutzen (Elektrotherapie), oder die Verwendung einer Technik und die Behandlung bestimmter Organe zu kombinieren (Kinesiotherapie). Obwohl die Spezialisierung im allgemeinen keine Anerkennung durch Diplome erfuhr und von der Mehrheit des Berufsstandes, die am Berufsbild des Generalisten festhielt, mit Argwohn betrachtet wurde, verbreitete sie sich stark: 17 Prozent aller Ärzte in Deutschland im Jahre 1904 und sogar knapp 40 Prozent in deutschen Großstädten mit mehr als 100000 Einwohnern im Jahre 1909 waren Spezialisten.

Als Nutznießer des Patientenzuwachses nahmen die Ärzte, die nunmehr über ausgeklügeltere Diagnoseinstrumente und wirksamere Arzneien verfügten, überall an Zahl zu, steigerten ihren Verdienst, erwarben sich ein höheres Sozialprestige und gewannen mehr Macht. Doch ihre merklich verbesserte Lage, verglichen mit einem halben Jahrhundert zuvor, ließ die therapeutischen Fehlschläge, die Vorbehalte der Kranken und den Widerstand der Illegalen und Konkurrenten nur um so unerträglicher erscheinen. Zudem führte der technische Fortschritt der Medizin, so bruchstückhaft er auch war, zum Wiederaufleben organisierten Protests. Antiimpfvereinigungen und Antivivisektionsbewegungen gesellten sich zu den »Ketzereien« der vorangehenden Generation, die etwa in Deutschland beachtlichen Erfolg verbuchten oder auch wiederbelebt wurden, wie beispielsweise die Glaubensheilung (*faith healing*) in den Vereinigten Staaten, die von der *Christian science* und dem *Emmanuel movement* propagiert wurde. Diese Bewegungen sind jedoch weniger ein Indiz für eine Abkehr von der modernen Welt; sie zeigen vielmehr, in welchem Maße sich die Sorge um Gesundheit und Körperpflege in der Bevölkerung verbreitet hatte: in solchem Maße nämlich, daß die Autorität des Arztes und der Wissenschaft in Zweifel gezogen wurde. Das war der ungewollte Preis für den Erfolg der medizinischen Aufklärungskampagnen zum Thema der Volksgesundheit.

Nach 1850 – und vor allem nach 1880 – wuchsen die Ambitionen der Ärzte, sowohl im Hinblick auf materiellen Wohlstand als auch auf gesellschaftliche Anerkennung, erheblich. Seit dem Ende des 17. Jahrhunderts forderte der Arzt nicht nur das Monopol für die Behandlung des kranken Körpers, sondern bemühte sich auch um die Linderung sozialer Übel. Bestärkt durch die Ideale der Aufklärung, gefördert von den bitteren Enttäuschungen der Therapeutik, vorangetrieben vom Wunsch nach sozialem Aufstieg und von der Schwere der sozialen Probleme (Pauperismus und soziale Frage), hatte die Sozialhygiene bereits früh eine enge Verbindung zwischen Medizin und Politik geknüpft. Die Entdeckung der Infektionsherde und der Durchbruch der neuen medizinischen Wissenschaft gestalteten diese Beziehung noch enger und vergrößerten die ärztlichen Ambitionen. Als sie sich mit Infektionskeimen konfrontiert sahen, die sie wohl aufspüren, nicht aber vernichten konnten, beanspruchten die Ärzte mehr Macht auf den Menschen – und dehnten damit gleichzeitig ihren Einfluß schrittweise auf alle Gesellschaftsbereiche aus. Sie nahmen Einfluß auf jeden einzelnen Menschen, auf die Erziehung der

Kinder, auf die Ernährung und die Sexualpraktiken; sie nahmen Einfluß auf lokale Behörden und forderten sie auf zur Reinigung der Straßen, zum Bau von Abwasserkanälen und Wasserleitungen; sie nahmen Einfluß auf die nationalen Regierungen und Parlamente, von denen sie Zwangsmaßnahmen zur Durchführung von Impfungen und eine Meldepflicht für ansteckende Krankheiten verlangten, vor allem aber ein energischeres Vorgehen gegen die Machenschaften von Quacksalbern und »Scharlatanen« forderten; sie nahmen Einfluß auf die Industriellen, die sie gerne überzeugt hätten, in ihren Werkstätten Maßnahmen zu ergreifen, die der Gesundheit der Arbeiter dienlich waren. Dennoch blieben die Ärzte Liberale und solidarisierten sich mit den Notabeln, denen sie sich, sofern sie nicht selbst zu ihnen zählten, doch immerhin anzugleichen suchten. Entsprechend neigten sie auch viel eher dazu, die Unreinlichkeit und den Leichtsinn der Arbeiter anzuprangern als die Arbeitsbedingungen, die diesen von den Arbeitgebern zugemutet wurden. Von der Unreinlichkeit zur Unsittlichkeit war es dann nur ein kleiner Schritt, den sie auch ohne Zögern taten, zumal wenn sie den Alkoholismus als Wurzel aller sozialen und körperlichen Übel (und namentlich der Tuberkulose) geißelten. Sie gingen sogar noch weiter und gaben dem Dekadenzdenken und der Revolutionsangst, die zu Ausgang des Jahrhunderts an den Eliten zehrte, einen wissenschaftlichen Anstrich. Vor allem in Frankreich, wo der Schock der Niederlage von Sedan, die schmerzhafte Erinnerung an die Pariser Kommune und die Furcht vor der vermeintlichen *dépopulation* – dem Bevölkerungsrückgang – in den Köpfen saßen, hoffte man auf die Ärzte. Sie sollten die auf dem Lande lastenden Bedrohungen abwenden, indem sie die sozialen Übel (Alkoholismus, Tuberkulose, Geschlechtskrankheiten) bekämpften; sie sollten die Mortalität verringern und wieder gute Sitten einführen. Auch in England grassierte zur Zeit des Burenkrieges die Angst vor dem Gesellschaftsverfall, und bei den deutschen Eliten, die der Erfolg der Sozialdemokratie umtrieb, bürgerte sich ohne Mühe der Begriff der »sozialen Krankheit« ein. In diesem Kontext waren die Ärzte versucht, für irrationale Ängste rationale Erklärungen zu liefern. Bénédicte Morels Theorie der *dégénérescence*, der Degeneration oder »Entartung«, die behauptete, daß jede Bevölkerung geschwächt würde, wenn ihre schwächsten Glieder Kinder zeugten, die ihrerseits dann selbst wieder zu Trägern dieser Schwächen würden, wirkte auf zahlreiche Ärzte verführerisch. So lancierte Alfred Fournier in Frankreich die Theorie der angeborenen Syphilis, nach der eine von

Syphilis befallene Person die Krankheit auf ihre Nachkommen übertrage, und dies gleich über mehrere Generationen. Andere Ärzte wie der Italiener Lombroso oder der Franzose Lacassagne sahen im Verbrechen zumindest teilweise ein Resultat physischer Besonderheiten. Derartige, größtenteils wahnhafte Theorien führten einige Ärzte zu einer offen eingestandenen und die meisten zu einer diffusen Erbgesundheitslehre. Die Idee, daß gewisse Personen – in sozialer Hinsicht – »wertlos« seien, fand unter diesen Umständen ebenso Verbreitung wie Überlegungen zur qualitativen Verbesserung der Bevölkerung, die durch eine gezielte Förderung von Eheschließungen zwischen gesunden Individuen erreicht werden sollte. Dabei wurden auch Sterilisationen in Betracht gezogen, die Nichtbehandlung und sogar die Eliminierung von Personen, die als Träger besonders gravierender erblicher Mängel galten. Bei den überzeugtesten Vertretern der Eugenik handelte es sich keineswegs um Außenseiter, unter ihnen fanden sich auch zwei spätere französische Nobelpreisträger für Medizin, Alexis Carrel (1912) und Charles Richet (1913). Diese – wahnhaften – Ambitionen, das Leben einzelner Menschen und der Gesellschaft insgesamt zu lenken, stießen freilich an ihre Grenzen. Viele Ärzte, mochten sie auch in Gedanken mit eugenischen Theorien spielen, blieben in der Praxis doch Verfechter liberaler Grundsätze, weshalb sie sich auch nicht auf die praktische Umsetzung dieser Gedankenspiele verpflichten ließen. Schließlich fanden die militanten Eugeniker und Hygieniker, die in ihrem Berufsstand isoliert waren, in der Bevölkerung und bei den Staatsorganen auch nicht die Unterstützung, die sie sich erhofften.

Nur in Frankreich, wo die Politik während des ganzen Jahrhunderts eine zentrale Rolle spielte und die sozialen Spannungen äußerst heftig waren, verband sich der republikanische Kampf für die Emanzipation des Volkes mit den ärztlichen Bemühungen um die Verbesserung der Volksgesundheit und die Reform der sozialen Verhältnisse im gemeinsamen Kampf gegen überkommene Vorurteile und Gewohnheiten. Schließlich konnte auch die Auseinandersetzung zwischen den Traditionalisten und den Anhängern des »Fortschritts« die Ärzte, die sich mehrheitlich aktiv auf seiten der gemäßigten Republikaner oder Radikalen engagierten, nicht unbeteiligt lassen. Im Gegensatz dazu boten das in den anderen Ländern weit gemäßigtere politische Leben, die Kontinuität der alten Eliten und der bescheidenere Status der Ärzte (wie im Fall Englands) genügend Erklärungen für die untergeordnete Rolle der Ärzte in der Politik. Auch für Frankreich sollten aber die Bedeutung und die Kohärenz des politischen Engagements der Ärzte nicht überschätzt werden. Trotz zweier, der Ärzteschaft angehöriger Ratspräsidenten (Combes und Clémenceau), trotz zahlreicher Minister und einer Vielzahl von Parlamentariern (durchschnittlich 10 Prozent der französischen Abgeordneten zwischen 1880 und 1900 waren Ärzte), waren die Vertreter der Heilkunst weniger zahlreich vertreten als Advokaten und Juristen. Im übrigen weist nichts darauf hin, daß die Ärzte eine einheitliche politische Kraft bildeten. Einig zwar in der Verteidigung berufsständischer Interessen, waren sie in der Frage der Hygienegesetze gespalten und entwickelten auf diesem Gebiet auch kaum politische Initiativen, wofür auch die gesundheitspolitische Zurückhaltung der Dritten Republik als Beleg gelten mag. Kurz, sie waren im Parlament weit mehr Beauftragte ihrer Wähler denn Repräsentanten ihres Berufsstandes. Ihre Bedeutung im politischen Leben gründete sich vorrangig auf ihr Prestige und ihr soziales Gewicht, weniger jedoch auf ihren Willen, tatsächlich ein »Regime der Hygieniker« zu errichten.

Dieser Erfolg in der Politik zeugt von ihrem Willen zu sozialem Aufstieg, der gleichzeitig befriedigt und behindert wurde. Er schien befriedigt, wenn man die wenigen verfügbaren statistischen Daten betrachtet. Für Frankreich, wo es keine Einkommensteuer gab, ergeben die ungefähren Schätzungen etwa eine Verdreifachung der ärztlichen Einkünfte zwischen den 1840er Jahren und 1914. Der Wert der vererbten Vermögen entwickelte sich etwa in der gleichen Größenordnung. Das deutsche Datenmaterial, das dank der frühen Einführung der Einkommensteuer (je nach Staat zwischen 1852 und 1892) zuverlässiger ist, erlaubt es, die Entwicklungen genauer zu quantifizieren. In der preußischen Provinz Berlin-Brandenburg stieg der Anteil der wohlhabendsten Ärzte (mit einem jährlichen Einkommen über 5000 Mark) zwischen 1900 und 1906 von 40 auf 53 Prozent der Ärzteschaft, während der Anteil der ärmsten Ärzte (Einkommen unter 3000 Mark) von 30 auf 24 Prozent zurückging. Sieht man von Einzelfällen ab (einige französische Ärzte verdienten mehr als 100000 Francs im Jahr und vererbten mehr als zwei Millionen Francs), so bewegten sich die Einkommen der Ärzte – abhängig von Alter, Ort der Niederlassung und beruflichem Erfolg – ungefähr zwischen drei- und fünftausend Mark. Was die ärztlichen Vermögen angeht, so war die Spanne noch größer. Hinsichtlich ihrer Einkünfte wie ihres Vermögens bildeten die Ärzte deshalb keine homogene Gruppe.

Ihre Einkommen sicherten den meisten Ärzten, selbst wenn es Ausnahmen gab, einen Platz in der oberen Mittelschicht. In Hamburg etwa überschritten 80 Prozent der Ärzte ein Einkommensniveau, das überhaupt nur zehn Prozent der Bevölkerung erreichten. Im Kreis der oberen Mittelschicht können sie aufgrund dieses Ergebnisses auf dem Niveau der akademischen Beamten angesiedelt werden; sie reichten jedoch nicht an die Juristen, die Geschäftsleute und die Mehrzahl der Rentiers heran. Daß ihnen gegen Ende des Jahrhunderts der soziale Aufstieg weitgehend versperrt war, darauf deuten ihre soziale Herkunft und das Schicksal ihrer Nachkommen hin. Die Rekrutierung aus den eigenen Reihen ging zurück, selbst wenn sie noch bedeutend und dank ganzer Dynastien von Medizinern, die die exponiertesten Positionen besetzt hielten, auch offensichtlich war; die Ärzte waren allerdings, statistisch gesehen, in immer weniger Fällen Arztsöhne, und auch ihre Söhne oder Schwiegersöhne folgten ihnen immer seltener in eine ärztliche Karriere. Die Öffnung des Berufsstandes geschah überwiegend zugunsten sozialer Gruppen mit gleichem Status. Die Mitglieder des Großbürgertums lehnten den Eintritt ihrer Sprößlinge in die medizinische Karriere nicht systematisch ab, doch befanden sie sich in der Ärzteschaft sehr in der Minderheit. Da die Zahl der Ärzte aus dem einfachen Volk klein war und auch noch in dem Maße zurückging, wie die Studien selektiver und kostenintensiver wurden, entwickelten sich die medizinischen Berufe immer mehr zu einer Domäne der oberen Mittelschichten: Handel, Kleinindustrie, andere liberale Berufe, Beamte und Lehrkräfte. Kurz, die Rekrutierung des Arztberufs war ein treffliches Spiegelbild einer Gesellschaft, in der es zwar soziale Mobilität gab, in der diese Mobilität jedoch häufiger horizontaler als vertikaler Natur war. Hinzu kam, daß die aus den Mittelschichten stammenden Ärzte einen Großteil der Verhaltensweisen eben dieser Mittelschicht teilten.

Das Gefühl der Deklassierung, das die Mittelschichten nährten, verstärkte sich unter den Ärzten noch in dem Maße, wie ihre soziale Situation nicht jener – illusionären – Selbsteinschätzung entsprach, die sich unter den Ärzten aufgrund ihrer gesellschaftlichen Aufgabe herausbildete, wie sich die Hoffnungen, die die Menschen in sie setzten, nicht erfüllten, und wie sie den Anforderungen, die sich ihnen stellten, nicht gerecht wurden. Das Ressentiment zwischen den Ärzten und der Gesellschaft, das nicht zuletzt in der Krise wurzelte, die die Ärzteschaft in der Jahrhundertmitte getroffen hatte, wurde durch ihre berufsständischen Organisationen, die den Staat seit langem als ihren Hauptgegner ansahen, noch zusätzlich angeheizt. So prägte das Gefühl der Zurücksetzung für lange Zeit die Beziehungen zwischen Ärzteschaft und Gesellschaft und bestimmte auch das Selbstbild, die Berufsauffassung des Arztes.

Das Auftreten neuer berufsständischer Organisationsformen ist ein Indiz für die wachsende Verärgerung und Verbitterung der medizinischen Welt. In Deutschland waren die staatliche Einigung und die Annahme der Gewerbeordnung wichtige Voraussetzungen für die Konstituierung des *Ärztevereinsbundes* 1873. In Frankreich führten die liberalisierte Gesetzgebung auf dem Gebiet der Berufsverbände und die geplanten Sozialgesetze ab 1881 zur Schaffung von Ärztesyndikaten, die die alte *Association générale des médecins de France* (AGMF) durch eine zweite Organisationsstruktur ergänzten. Bis 1892 bloß toleriert, wurden sie, gestützt auf Artikel 13 des neuen Gesetzes über die Ausübung der Medizin, offiziell anerkannt. Im darauffolgenden Jahr bildeten sie einen nationalen Verband. Auf beiden Seiten des Rheins waren den Ärzteverbänden ein schneller und durchschlagender Erfolg beschieden: Ab 1900 vereinte die *Union des syndicats médicaux de France* 20 Prozent der Ärzte des Landes; zehn Jahre später war bereits mehr als die Hälfte von ihnen gewerkschaftlich organisiert. Der deutsche Verband, in seiner Namensgebung vorsichtiger, war noch mächtiger, vereinte er doch schon 1881 die Mehrheit, schließlich fast den gesamten Berufsstand der Ärzte (80 Prozent im Jahre 1910). Die Unterschiede im Auftreten waren deutlich spürbar. Aus ihrer Minderheitsposition stürzten sich die französischen Gewerkschaften in einen ebenso übertriebenen wie verworrenen Diskurs, in dem sich Anschuldigungen gegen den Staat, Klagen über die Misere der Ärzte und revolutionär-syndikalistische Proklamationen vermischten, die nur schlecht einen übersteigerten Liberalismus kaschierten. Mit seinem jährlich einberufenen Ärztetag war der deutsche Verband im Vergleich dazu nicht nur sehr viel kultivierter, sondern auch demokratischer und gemäßigter.

Abgesehen davon waren die Forderungen und Bestrebungen in beiden Ländern nahezu gleich. Das Ziel bestand darin, bei allen unter das Sozialgesetz fallenden medizinischen Leistungen die beiden Prinzipien der freien Arztwahl für den Kranken und der Vergütung je Behandlung durchzusetzen. In Frankreich beunruhigte der Aufstieg der *sociétés de secours mutuels* die Vertreter der Ärzteschaft, die dadurch die Freiheit ihrer Berufsausübung und die Einheit des Berufsstandes bedroht sahen. Sie fürchteten auch, ein Teil ihrer wohlhabenden Klientel würde in die *sociétés mutuelles* abwandern, um auf diese Weise ihre Behandlung zu einem niedrigeren Preis in Anspruch zu nehmen. In der Anfangszeit verhandelte in der Tat jede *société de secours mutuels* mit einem oder zwei Ärzten, die das Behandlungsmonopol für alle Mitglieder der jeweiligen *société* erhielten; als Gegenleistung für die medizinische Versorgung entrichteten die Mitglieder einen Jahresbeitrag oder erwarben ein Abonnement für eine bestimmte Anzahl von ärztlichen Behandlungen. Nach zahlreichen Konflikten und Verhandlungen erwirkten die Ärzte vor Ende des Jahrhunderts eine für sie im großen und ganzen befriedigende Lösung. In den meisten Fällen wurde die medizinische Behandlung durch alle ansässigen Ärzte sichergestellt, die die Tarife der *sociétés mutuelles* akzeptiert hatten, und bezahlt wurden die ärztlichen Leistungen pro Hausbesuch oder Konsultation. Um einen zu großen Zustrom zu den Sprechstunden zu vermeiden, führten einige Organisationen auf ärztlichen Rat hin das System des *ticket modérateur*, der Versicherungskarte mit Selbstbeteiligung, ein. Das Versicherungsmitglied erhielt bei diesem System jedes Jahr ein Scheckheft, von dem es bei jedem Arztbesuch einen Schein abriß und dem Arzt aushändigte. Jeden Monat, jedes Trimester oder jedes Jahr – je nach Fall unterschiedlich – gab der Arzt die erhaltenen Scheine an die Versicherungsgesellschaft weiter, die ihm daraufhin einen der Zahl der Behandlungen entsprechenden Geldbetrag auszahlte. War das Scheckheft bis dahin kostenlos, wurde es nun kostenpflichtig, wobei die vom Versicherten beizusteuernde Summe 10 oder 20 Prozent der Behandlungskosten ausmachte. Nach diesen ersten Erfolgen richteten sich die ärztlichen Forderungen ganz auf den pro Konsultation zu entrichtenden Betrag. Die Beiträge, die zunächst beinahe ebenso niedrig waren wie die der Sozialfürsorge (1,50 Francs), stiegen zwischen 1900 und 1914 rasch an, ohne jedoch die Tarife der Privatpatienten (vier bis sechs Francs) zu erreichen. Überdies gelang es den französischen Ärzten beinahe überall, den Departements, die diese Krankenfürsorge verwalteten, Systeme der freien Arztwahl aufzuzwingen, die es den Mittellosen erlaubten, ihren Arzt unter all denen zu wählen, die das Reglement und die Tarife der Fürsorge akzeptiert hatten. Wie in Deutschland waren diese niedrig, doch hatten sie für die Ärzte den Vorteil, je Leistung veranschlagt zu werden (je Hausbesuch oder Konsultation) und nicht im Abonnement je Versichertem oder gegen Pauschalpreise, wie dies im Deutschen Reich am häufigsten der Fall war. Außerdem verbreitete sich allgemein für die ländlichen Gebiete die Reisekostenvergütung, die bis dahin Gegenstand erbitterter Auseinandersetzungen war. Das französische System der medizinischen Fürsorge war für die Ärzte günstig, da alle Zugang dazu hatten und unter Bedingungen praktizieren konnten, die einer freien Berufsausübung sehr nahe kamen.

Im weiteren Sinne ging es darum, die Konzeption einer Medizin zu verteidigen, die zugleich liberal und geschützt sein sollte. Der erste Aspekt fand seinen Ausdruck in der Emanzipation vom Staat. Ein solcher Kampf ereignete sich tatsächlich in Deutschland, wo das preußische Strafgesetzbuch den Ärzten eine Behandlungspflicht auferlegte, wo Gebührenordnungen zur Bemessung der Honorare, der Zwang zur Berichterstattung und die eidliche Verpflichtung zum Gehorsam nicht selten waren. In Frankreich, wo es nichts dergleichen gab, richtete sich das Augenmerk auf die Sozialgesetze, die die Ärzte als bedrohlich für ihre Freiheit ansahen – fürchteten sie doch, von ihnen in halbe Beamte verwandelt zu werden. Diese liberalen Themen bestanden gleichzeitig neben Bestrebungen, die darauf abzielten, das medizinische Monopol auszubauen und folglich verstärkte staatliche Intervention bedeuteten. Unter dem Vorwand, einen Rückfall in die Zeiten einer »Überbesetzung« des Gesundheitswesens verhindern zu wollen, forderten die französischen Berufsverbände eine Ausweitung der Studienzeit sowie den Ausschluß ausländischer Ärzte und setzten schließlich die Abschaffung des *officiat de santé* durch (1892; Gesetz über die Ausübung der Medizin).

Diese malthusianische Atmosphäre war wenig günstig für die ersten Frauen, die um Aufnahme in den Kreis der Ärzteschaft nachsuchten. Zuerst in amerikanischen Dissidentenschulen in die medizinische Kunst eingeweiht, konnten sie ihre Ausbildung in »offiziellen« Universitäten in der Schweiz vervollständigen, die sich als erste (ab 1864) der weiblichen Studentenschaft öffneten und vor Beginn des 20. Jahrhunderts mehr weibliche Ärzte ausbildeten als die ganze übrige Welt. Die zurückhaltendere Pariser Fakultät nahm 1868 ihre erste Studentin auf, die Provinzuniversitäten folgten nur zögerlich (erste Doktorate in Montpellier und in Bordeaux 1884 bzw. 1888). Andernorts begann diese Entwicklung noch später (J. Hopkins University 1893, Schweden und Österreich am Ende des Jahrhunderts; Preußen 1906). Überall wurde der Eintritt von Frauen in die medizinischen Berufe begrenzt und behindert durch die offiziellen, jedoch eher malthusianisch denn frauenfeindlich eingestellten Berufsvertreter. Der schon klassische Kampf der Ärzteschaft gegen Konkurrenten und Außenseiter sollte sich am Ende des Jahrhunderts noch verschärfen. Immer heftiger wurde er in Deutschland, wo Anhänger und Vertreter der unterschiedlichsten Methoden ungestört behandeln durften – unter der Bedingung, daß sie sich bei den Behörden ordnungsgemäß anmeldeten (1902) und nicht widerrechtlich den geschützten Titel eines Arztes führten.

Sollte unter diesen Bedingungen der Erfolg ärztlicher Forderungen gesichert werden, stellte sich das Problem einer ärztlichen Standesvertretung gegenüber dem Staat. In Frankreich war die Zahl der Ärzte im Parlament ausreichend, um die Projekte eines »Ärztestandes« zurückzuweisen, von dem schon einige Praktiker träumten. In England und in den Vereinigten Staaten war der Glaube an den Liberalismus so stark, daß sich die Frage noch nicht einmal stellte. In Deutschland setzten sich dagegen zwischen 1864 und 1887 die gewählten Ärztekammern als Gesprächspartner von Staat und Behörden durch, sowohl in berufsständischen Fragen, als auch in solchen, die die öffentliche Gesundheit berührten. Einige Jahre später (zwischen 1884 und 1910) traten zu diesen Kammern Ehrengerichte hinzu, deren Mitglieder zur Hälfte ernannt, zur Hälfte durch Wahl bestimmt wurden. Ihnen fiel die Aufgabe zu, über pflichtvergessene Ärzte bzw. über jene, die die beruflichen Statuten verletzt hatten, zu Gericht zu sitzen. Trotz ihrer besser strukturierteren Organisation waren die deutschen Ärzte in ihren Forderungen jedoch weniger erfolgreich als ihre französischen Berufskollegen. Gegenüber den mächtigen Sozialversicherungskassen, die ihrerseits ein Bündnis eingingen, gelang es ihnen nur im Ausnahmefall – nämlich am Ende des vom Hartmannbund angeführten Streiks – den kollektiven Zugang zu Kassenleistungen durchzusetzen. Ihre Versuche, die Abschaffung der Behandlungsfreiheit zu erwirken, hatten letztlich keinen Erfolg, doch erreichten sie eine Verlängerung der Studien (1901). Noch weniger Macht hatte die *British medical association*, die die Einrichtung der staatlichen Gesundheitsfürsorge (*National health insurance act* von 1911) nicht verhindern konnte, auch wenn diese ihre Leistungen auf eine von ausgewählten Allgemeinmedizinern übernommene ärztliche Grundversorgung begrenzte, die allerdings sogenannte Spezialbehandlungen (Zahn- und Augenbehandlungen, Krankenhausaufenthalte etc.) wie auch kostspielige Medikamente ausschloß. Der spezifische Charakter dieses Systems resultierte weitgehend aus den Gegensätzen innerhalb der britischen Ärzteschaft. Während die Ärzte, die die Grundversorgung leisteten, dem System eher mit Zustimmung begegneten, fürchtete die Elite, die den

Weg der Spezialisierung eingeschlagen hatte und in der *British medical association* gut vertreten war, daß sich ein Teil ihrer Klientel den freien Honoraren entziehen würde und somit die Versicherung die Unabhängigkeit der Ärzte bedrohte. In ihrer Gegnerschaft trafen sie sich mit den *voluntary hospitals* – aus privaten Spenden finanzierte Krankenhäuser – und ihren Ärzten, die sich gleichfalls ganz der Wohltätigkeit verschrieben hatten, die ihnen ihre Freiheit garantierte. In den Vereinigten Staaten ließ die *American medical association* ähnliche Projekte ablehnen. Dagegen baute die französische Ärzteschaft ihre Erfolge gegenüber der Sozialversicherung und der Sozialfürsorge weiter aus, indem sie 1909 die Verlängerung der Studienzeit durchsetzte, um die vermeintliche Überbesetzung der medizinischen Berufe zu verhindern und die in Amt und Würden befindlichen Ärzte abzusichern.

Trotz dieser ungleichen, aber durchaus realen Erfolge auf materiellem, professionellem wie symbolischem Gebiet teilte der Arzt am Vorabend des Ersten Weltkrieges nicht die Ansicht der Öffentlichkeit und der Schriftsteller, daß er eine mächtige, allseits respektierte und um Rat ersuchte Gestalt sei. Er wähnte sich im Gegenteil ewig verkannt, war überzeugt, er werde von den sozialen Einrichtungen ausgebeutet, vom Staat tyrannisiert, vom Bürgertum verachtet, von der öffentlichen Meinung verspottet und von seinen Kranken getäuscht. Dieser Zwiespalt zwischen der Realität und dem Bewußtsein der Betroffenen verstärkte dauerhaft die Frustrationen, unter denen die Ärzteschaft litt, und erklärt nicht zuletzt auch die verkrampfte Haltung, die die Ärzteschaft im darauffolgenden Jahrhundert an den Tag legte.

Der Arzt war gewiß ein Vertreter jener oberen Mittelschichten, die in Europa wie jenseits des Atlantiks in der zweiten Hälfte des Jahrhunderts in Erscheinung traten, Seite an Seite mit höheren Beamten, Ingenieuren und den ersten Führungszirkeln der Industrie und des Handels. Wie sie leitete der Arzt seinen Status und seine Position aus seinem Wissen ab und aus der Macht, die dieses ihm verlieh.

Mehr als andere Vertreter seiner sozialen Schicht aber stand er, da sich sein Beruf früher herausgebildet hatte, den Notabeln nahe, die ihren Status sowohl auf ihr Erbe, das Alter ihres Standes und die Tradition korporativer Solidarität als auch auf die Kontinuität familiärer und freundschaftlicher Beziehungen, auf Landbesitz und die Vertrautheit mit einem bestimmten Lebensstil gründeten. Es ist durchaus eine Besonderheit der Ärzte, daß sie mit einem Fuß noch in der feudalen Welt standen, die sich ihrem Ende zuneigte, mit dem anderen aber schon in der modernen Welt, die gerade ihren Anfang nahm.

Der Beruf des Arztes im 19. Jahrhundert läßt sich aber zugleich als erste Ausprägung einer *profession* im angelsächsischen Wortsinne deuten, erlaubte er es doch, dank seiner vielfältigen Ausprägungen, seiner verschiedenen Metiers, jedem, der das nötige Geschick und die richtige Strategie besaß, Vermögen, Prestige, Macht und einen hohen sozialen Status zu erringen. Doch war der Beruf des Arztes, im Unterschied zu anderen, nicht allein auf Gewinn ausgerichtet; vielmehr erhoben seine Vertreter auch den Anspruch auf eine herausgehobene Stellung und Funktion in der Gesellschaft.

Eine weitere Eigentümlichkeit des Arztes bestand auch darin, daß sich der gewöhnliche Arzt mit dem Bild identifizierte, das die offiziellen Vertreter des Berufsstandes von ihm, mit Blick auf die übrige Gesellschaft, entwarfen. Dieses Bild, das in seiner Tendenz zur Schwarzmalerei, in seiner Hervorhebung allein der dunklen, der beschwerlichen Seiten des ärztlichen Daseins von den tatsächlichen Lebensverhältnissen der meisten Ärzte denkbar weit entfernt war, behauptete sich gleichwohl gegenüber der wissenschaftlichen und materiellen Realität. Es prägte das Selbstverständnis der Ärzte, ihre Denkweisen und ihr Handeln.

Kapitel 5

Die Gläubige

Michela De Giorgio

Am 25. November 1799 läuteten in Brienne, im französischen Departement Aube, wiederholt die Glocken. Der Sekretär der Provinzverwaltung und sein Assistent schritten daraufhin mit ihren blau-weiß-roten Dienstschärpen zur republikanischen Gegenoffensive und ließen die Tür zum Glockenturm verschließen. Dreimal wurde die Tür von einer Gruppe unerschrockener junger Frauen wieder aufgebrochen, die Glokken läuteten erneut. Das Glockenläuten war ein unverzichtbares Tonikum für den weiblichen Glauben an die heilige Katharina von Alexandria, wundertätige Stifterin guter Ehen.

Im späten 18. und im 19. Jahrhundert treten uns gläubige Frauen nicht nur wie hier in Alain Corbins *Sprache der Glocken* als widerspenstige Wahrerinnen religiöser Zeremonietraditionen entgegen. Weibliche Frömmigkeit und Kirchentreue hatten vielerlei Gestalt und rückten im von der Französischen Revolution beschleunigten Prozeß männlicher Entchristianisierung und Entkirchlichung ins Zentrum des religiösen Lebens Frankreichs, aber auch Italiens und anderer europäischer Länder mit vornehmlich katholischer Bevölkerung. So geriet die von Zeitgenossen vielgerühmte spirituelle und moralische Überlegenheit weiblicher Angehöriger der Königshäuser in ihrer Dialektik von Stärke und Schwäche zum Idealbild katholischer Weiblichkeit. »Wundertätige« fromme Frauen aus dem Volke erregten wachsende Aufmerksamkeit, klösterlichen und weltlichen Nonnen wurde zunehmende Anerkennung gezollt und eine Reihe charismatischer Frauen als Heilige verehrt. »Die Gläubige« wurde zur Repräsentantin des Ideals Alfonso de' Liguoris, der in seinen 1760 erschienenen Schriften eine Pietät favorisierte, die »mehr in den Gefühlen des Herzens als in den Einsichten des Verstandes besteht«.

Mit der zunehmenden Bedeutung der frommen Frauen festigten und verbreiteten sich auch »empfindsame« Glaubenspraktiken. Diese »Feminisierung« wurde in den weichen und weiblich-aufopfernden Zügen spürbar, von denen die Wiederbelebung der Frömmigkeit im 19. Jahrhundert geprägt war. Die häufige Kommunion, die Eucharistiefeier alle zwei Tage, eine leidenschaftliche Heiligen- und Schutzengelverehrung, vielfältige Formen des Marienkultes, eine besonders inbrünstige Verehrung der Leidensgeschichte – all diese Phänomene waren Ausdruck einer Frömmigkeit, die weit von den Intentionen der »geregelten Frömmigkeit« entfernt war, wie sie die aufgeklärte religiöse Kultur des 18. Jahrhunderts empfohlen hatte.

Im folgenden geht es darum, den zu Beginn des 19. Jahrhunderts offenkundigen »Geschlechtsdimorphismus«, also die quantitative und qualitative Abweichung zwischen der Religiosität von Männern und Frauen, vor allem mit Blick auf Frankreich und Italien, nachzuzeichnen. Dabei wird sowohl die Feminisierung der Gemeinde der Gläubigen und des Klerus als auch die Feminisierung der Glaubenspraktiken, -riten und -erfahrungen Berücksichtigung finden.

Katholizismus in der Weiblichkeitsform

Zu den vielen Belegen weiblicher Kirchentreue, die sich im späten 18. und im 19. Jahrhundert finden lassen, gehörte die unterschiedliche Reaktion von Männern und Frauen auf das Dekret der Pariser Nationalversammlung vom 13. Februar 1790, das die Ordensleute von den feierlichen ewigen Gelübden entband. Während die große Mehrheit der französischen Mönche den Abschied vom Klosterleben vorzog, machten nur etwa 1000 der rund 55000 Nonnen von der republikanischen Freiheit Gebrauch. Im Archiv des Kardinals Caprara, Gesandter der Papstes, stammten von ungefähr 6000 Petitionen nur 356 von Frauen. Diese benannten in ihren Selbstdarstellungen die Revolution als traumatischen Grund für das Verlassen des Klosters und sahen einen Ausweg einzig in der Schließung einer »Revolutionsehe«, zumeist mit einem ehemaligen Priester. Dennoch verteidigten sie in ihren Schreiben ihren neuen Stand, den sie mit Dispens des Papstes zu heiligen gedachten, und versicherten, dem Glauben immer zutiefst verbunden zu bleiben und ihre Kinder nach den Lehren der Kirche erziehen zu wollen. Für sie war die katholische Familie zu einem schützenderen Hafen als das Kloster geworden: ein Schrein guter Gefühle, der Hingabe, des Zusammenhalts, in dem die spirituelle Überlegenheit der Frauen zur Geltung kommen konnte.

Augenscheinlich gibt es eine enge, vielleicht unbewußte Beziehung zwischen diesen Schilderungen des Ehelebens und dem Kanon exemplarischer Darstellungen der katholischen Ehefrau und Mutter, die in der religiösen Ratgeberliteratur der Restaurationszeit ihren Niederschlag und weite Verbreitung fanden. »Im Guten wie im Schlechten ist der Einfluß Ihres Geschlechts gewaltig«, schrieb Joseph de Maistre. Diesen enormen Einfluß zu betonen bedeutete indessen nicht, den Frauen einen positiven moralischen Status zuzuschreiben. Das gesamte 19. Jahrhundert behielt den Geschmack an der Verbindung weiblicher Tugenden und Laster, selbst dann, wenn es die Frauen als erhabene Vorhut der moralischen Gegenoffensive lobte. Es scheint, als hätte man das Nebeneinander des »guten und schlechten Einflusses der Frauen in der Gesellschaft« – so der Titel eines berühmten französischen Handbuchs für Prediger –, vom höchsten Rang spiritueller Überlegenheit bis zur gefährlichsten Verderbtheit, tatsächlich in der Besonderheit jedes einzelnen Falles, in den vielfältigen Lebensgeschichten selbst gesucht.

Begründen läßt sich dieses Oszillieren zwischen gegensätzlichen Zuschreibungen mit den Problemen des Klerus und des katholischen Laienstandes, neuen und divergierenden weiblichen Erfahrungen Raum zu geben. Im Verlauf des 19. Jahrhunderts war die Kirche gezwungen, ihren theologischen Diskurs und ihre pastorale Praxis an die bislang ungekannte Offenheit der gesellschaftlichen Ordnung anzupassen. Der soziale Humus des *Ancien régime*, selbstverständlicher und fragloser Nährboden des moralischen Lebens, war verlorengegangen. Der Klerus war nicht mehr Teil einer geschlossenen Gesellschaft, in der die Regeln der klerikalen Gemeinschaftlichkeit vor der säkularisierten Welt schützten. Diese Spannung zwischen inneren Anforderungen und äußeren Notwendigkeiten des pastoralen Amtes, wie sie für die Mission des Priesters im 19. Jahrhundert charakteristisch war, zeigte sich beständig in den Gemeinden. Sie blieben zwar das Herz des wirtschaftlichen, sozialen, politischen, kulturellen und geistlichen Lebens, bildeten aber nicht länger einen geschützten Bezirk für die Herde der Gläubigen, deren einziger geistlicher Hirte der Pfarrer war.

In ihrem Kampf um die geistliche Führung des mehrheitlich weiblichen Christenvolks mußte die Kirche neue, mit Blick auf die verschiedenen Erfahrungen der weiblichen Gläubigen einheitsstiftende Normen und eine neue Sprache schaffen, die auf weibliche Besonderheiten Rücksicht nahmen. Es handelte sich dabei um eine große Akkulturationsleistung des Klerus, der von nun an den konstitutiven Attributen des weiblichen Glaubens huldigte: der religiösen Sentimentalität, der Frömmigkeit als Rhythmisierung des alltäglichen Lebens, der inneren Erfahrung als Quelle der Würde. Die ethische Kraft des Glaubens als Ursprung des Eigenwerts stellte das Fundament des moralischen Paktes zwischen der Kirche und dem Heer gläubiger Frauen dar.

Es war ein mächtiges Bündnis, dem es dennoch nicht gelang, die Fermente der Modernität zu neutralisieren und den Übergriff neuer weiblicher Modelle abzuwehren, unabhängig davon, ob es sich nun um reale oder imaginäre Wandlungen handelte. Das Jahrhundert offerierte seine emanzipatorischen Möglichkeiten allen Frauen, auch den Gläubigen, bot Fortschritte hinsichtlich der Alphabetisierung und Akkulturation, der außerhäuslichen Arbeit und der Emanzipation. Die unerhörte Normalität der verheirateten Exnonnen war nur eine der vielen Aktualisierungen des Weiblichen, denen die geistliche Organisation der Kirche begegnen mußte. Dem schrittweisen kulturellen Umschwung, der dem Wandel der sozialen Identifikationsspektren von Frauen entsprach, war auch die katholische Kultur ausgesetzt. Die ideologischen und sozialen Grenzen des Weiblichen weiteten sich, umfaßten bald Heilige, Nonnen, Wohltäterinnen, Ehefrauen, Ledige, Mütter, jungfräuliche Mädchen, studierende Frauen und Arbeiterinnen. Auch die Kirche mußte sich den Klassifikationen der weltlichen Sozialwissenschaft anpassen und die undifferenzierte weibliche Kosmogonie nach genauesten Typologien definieren: nach Schicht, Familienstand, Altersgruppe und Beruf. So entstand ein wandelbares Bild von der privaten und öffentlichen Existenz der Frauen, das, von Widersprüchen und Brüchen durchzogen, nicht durch ein einziges Glaubensverständnis und eine einzige Glaubenspraxis zusammengehalten werden konnte.

Um die Mitte des 19. Jahrhunderts waren Argumentationen, die in einer explizit geschlechtsbezogenen Gewichtung die moralische Überlegenheit der Frauen feststellten, bereits sehr verbreitet. Eine breite publizistische Strömung, in der sich weltlicher Feminismus mit katholischem Denken verquickte, nahm die Botschaft der moralischen Überlegenheit der Frauen auf und unterzog unter diesem Vorzeichen die weibliche Ahnengalerie einer Neubewertung. Als der von Pius IX. nach Frankreich verbannte Theatinerpater Giacchino Ventura bekräftigte, daß nur die Frau am Ende des 19. Jahrhunderts den Katholizismus in Europa bewahren könne, so wie sie ihn in Frankreich am Ende des 18. Jahrhunderts bewahrt habe, stimmte er in einen zeitgenössischen Chor ein. Etwa zur selben Zeit – wir schreiben das Jahr 1852 – bescheinigte die jesuitische Zeitschrift *Civiltà Cattolica*, die nicht nur unter italienischen Katholiken einen wichtigen Leserkreis erreichte, daß es heute in der Kirche Gottes unzweifelhaft und allenthalben zugestanden sei, daß das weibliche Geschlecht weit ergebener in Frömmigkeit und Hingabe sei als das männliche. Die Zeitschrift lieferte eine Art Ortskunde der Glaubenspraxis des 19. Jahrhunderts unter gänzlich weiblichen Vorzeichen:

»Trittst du in die Kirche ein, erblickst du ohne Fehl unter den bittenden Anbetern in größerer Zahl Frauen, entweder im Gebet versunken, oder das Gewissen mit dem Sakrament der Buße reinigend, oder sich vom Brot der Engel in der Eucharistie nährend. Siehst du eine feierliche Prozession durch die Straßen ziehen, erblickst du unfehlbar ein großes Gefolge von Frauen jeden Alters und Standes, die reuig und andächtig in Antlitz, Haltung und Gebaren mit ihren silberhell erklingenden Melodien die Umgegend vom Lobe Gottes widerhallen lassen. Dringst du in die Häuser, ist es immer die Frau, die dort den beharrlichen Brauch der Gebete zu den gesetzten Stunden aufrechterhält und die heiligen Bilder mit Blumen, Altarkerzen und jeder Art von Schmuck ehrt. Lauschst du den Gesprächen, so wirst du häufig hören, wie die Frau in edler Weise gottesfürchtige Reden einflicht und sich bemüht, in den Gemütern der Umstehenden Frömmigkeit zu wecken.«

Dies war ein reiches Repertoire der Frömmigkeit, das Frauen als charakteristischer Wert zugeschrieben wurde: regelmäßiges Beten in traditioneller oder neuartiger Weise (reglose Sammlung, erratisches Beten); ausgeschmückte Szenarien (Gesänge, Bilder, Kerzen); die durch Glaube und Gefühle entsprechend der Frömmigkeitstheologie geformten Physiognomien (»die inbrünstigsten und reichlichsten Tränen quellen aus den Augen der Frau hervor«), aber vor allem die positive Verknüpfung von Privatem und Öffentlichem, der die zivilisierende Kraft des weiblichen Glaubens entsprang.

Die Feminisierung des Katholizismus läßt sich auch statistisch nachweisen. In den Listen der Nichteinhaltung religiöser Verpflichtungen, die viele französische Pfarrer nach der Revolution führten und auf denen Sonntagsarbeit, Fernbleiben von der Messe, Nichtbefolgung der österlichen Kommunion verzeichnet waren, fielen die Sünden der Frauen gegenüber denen der Männer geringfügig aus. In allen französischen Diözesen gingen Frauen im 19. Jahrhundert ausnahmslos regelmäßiger zur Messe und empfingen häufiger die Osterkommunion. In den acht Stadtrandgemeinden in Paris etwa, deren Daten verfügbar sind, empfingen 1864 lediglich 25 Männer aus einer Bevölkerung von 13 000 Einwohnern die österliche Kommunion. Im selben Jahr notierte der Pfarrer von Bobigny, gewöhnt, nur an Frauen und Kinder die Kommunion auszuteilen, seine Hoffnung, eine »männliche Seele« zu gewinnen. Unter der Schar der Gläubigen – zirka 60 000 bis 80 000 im Jahr –, die zwischen 1853 und 1859 aus ganz Frankreich nach Ars pilgerten, damals der meistbesuchte Wallfahrtsort, überwogen klar die Frauen. Auch Rom, in den Augen europäischer Beobachter der zweiten Hälfte des 19. Jahrhunderts eines der letzten Bollwerke gegen den Fortschritt, erlebte Veränderungen, die in den Gemeinden deutlich verzeichnet wurden. Um 1870, zur Zeit des Untergangs des Kirchenstaates, registrierte man einen Anstieg der Zahl »nicht Kommunionsfähiger«. Der jährliche Bericht über das soziale und religiöse Verhalten der Bewohner, das *Liber Monitionum*, offenbarte eine bedeutsame, wenn auch nicht drastische Verminderung bei der Einhaltung der Vorschrift der Osterkommunion, was mit Exkommunizierung geahndet wurde. Bezogen auf Salzburg mit seinem ländlichen Umfeld, wo der katholische Reformeifer Josephs II. extreme politische Umwälzungen verhindert hatte, stellte Pfarrer Aegidius Jais, bekannter Autor von Predigthandbüchern zu Beginn des 19. Jahrhunderts, fest, daß er in seiner Jahrzehnte währenden pastoralen Tätigkeit nur ein einziges Dorf gefunden habe, in dem der Zustrom zur Beichte nicht überwiegend weiblich gewesen wäre.

»Dieu change de sexe« – diese Diagnose Jules Michelets findet hier Bestätigung. Im 19. Jahrhundert war die Entfernung von der Kirche, der militante oder passive Antiklerikalismus, ausschließlich ein männliches Phänomen. Der Glaube der Männer war nicht erloschen, aber er veränderte sein Wesen. Er nahm die fließenderen und relativeren Umrisse einer ›religiösen Idee‹ an; er war nicht länger eine allumfassende, absolute Mentalität. Der männliche Glaube wechselte sein Aktionsfeld: Interessen, Leidenschaften und Hingabe konzentrierten sich nun auf politische Fragen.

Aber auch an der weiblichen Frömmigkeit und Mentalität gingen die Erschütterungen der politischen und kulturellen Revolutionen nicht spurlos vorbei. In Frankreich weckten die 1848 aufkeimenden Ideen das politische Bewußtsein einiger Frauen, die mit der Kraft einer neuen Sprache die Begegnung von traditionellem religiösen Glauben und »religiöser Meinung« bezeugten. Die Formeln und der Kanon des katholischen Glaubensbekenntnisses richteten sich auf neue Gegenstände, neue Glaubensinhalte, die das weibliche Gebet erneuerten.

Das Phänomen, das Claude Langlois so treffend als »Katholizismus in der Weiblichkeitsform« bezeichnete, manifestierte sich im Verlauf des 19. Jahrhunderts nicht nur in der Feminisierung der Frömmigkeit als religiöser Praxis, sondern auch in der Feminisierung der kirchlichen Führungsschicht. In Frankreich traten im 19. Jahrhundert etwa 200 000 Frauen in alte oder neu gegründete katholische Ordensgemeinschaften ein. Auch dieses außergewöhnliche Aufblühen religiöser Kongregationen war mit der traumatischen Erfahrung der Revolution verbunden. Konfrontiert mit der Vision einer Gesellschaft, die – wie die Revolution gezeigt hatte – so leicht zu säkularisieren schien, bot die Kirche Frauen, die neue Kongregationen gründen wollten, ausgedehnte Handlungsmöglichkeiten. »Ein Drang, der hunderttausend Frauen aus der Welt hinaustreibt und sie auf die Genüsse der Jugend und die Freuden der Familie inmitten einer skeptischen und materialistischen Gesellschaft verzichten läßt, stellt ein Phänomen dar, das ernste Beachtung verdient«, schrieb am Ende des Zweiten Kaiserreichs ein antiklerikaler Schriftsteller.

Die Furcht vor einer »Kongregationisteninvasion« war nicht unbegründet. Von 1800 bis 1880 wuchsen die klösterlichen Frauenorden in Frankreich von 13 000 auf mehr als 100 000 Mitglieder an. Im Verlauf von 80 Jahren wurden die alten religiösen Gemeinschaften der Klöster und Abteien, die 1800 die Masse des weiblichen Klerus aufnahmen, von den stark zunehmenden Kongregationen überholt, die vom Bischof oder vom Gründer abhingen, vor allem aber von ihren Gründerinnen und Oberinnen. 1830 betrug das Verhältnis von Frauen und Männern im gesamten französischen Klerus zwei zu drei. 1878 kehrte es sich um. Zwei Drittel der Gründerinnen der neuen Kongregationen kamen aus höheren Schichten. Vor der Revolution waren 29 Prozent adliger und 33 Prozent bürgerlicher Herkunft gewesen. Im 19. Jahrhundert wurde die Vorherrschaft des Bürgertums absolut: Es stellte 46 Prozent gegenüber 19 Prozent Aristokratinnen. Der Rest dieses mächtigen Heeres stammte aus Familien von Kleinbauern, Handwerkern und Lohnempfängern.

Über die quantitativen Gesichtspunkte hinaus zeichneten sich die Kongregationen durch qualitativ neuartige Aspekte aus. Bei ihnen handelte es sich um Solidaritätsbündnisse. Kraft des »Kongregationsvertrags« mußte die Bewerberin die von der Kongregation auferlegten Regeln respektieren und erhielt im Tausch spirituelle und auch materielle Vorteile: ein anständiges Leben und Auskommen, Schutz bei Krankheit und im Alter. Aber vor allem boten die Kongregationen eine Vielzahl von Aufgaben an, darunter auch »professionelle« Tätigkeiten wie die der Lehrerin oder Krankenschwester. Für die tatkräftigsten Schwestern bestand die Möglichkeit, ihr eigenes religiöses »Unternehmen« zu gründen oder Karriere in einer der multinationalen Kongregationen zu machen, die über Europa und außerhalb Europas verteilt waren. Es lassen sich viele Beispiele dafür finden, wie frei und einflußreich neue religiöse Gründungen in der Gesellschaft agierten. »Ohne Anstrengung kommt man nie zu irgend etwas. Was machen die *businessmen* nicht alles in der Welt der Geschäfte? Und warum tun nicht wenigstens wir es ihnen für unseren geliebten Herrn Jesus gleich?« So lautete das Motto von Mutter Francesca Cabrini, die aus dem Nichts eine Kongregation »erfand«. Letztere zählte beim Tod der Gründerin 1917 1 500 Schwestern, die in acht Ländern in Europa und Nord- und Südamerika auf 67 Institute zur Pflege von Kranken und zur Erziehung von Waisen verteilt waren.

Die beeindruckende Feminisierung des französischen Klerus war zunächst ein nationales Phänomen, das die anderen katholischen Länder erst später und mit anderer Intensität erreichte. In Frankreich begünstigten mehr noch als die Jahre der Restauration jene der Julimonarchie das Wachstum und die Konsolidierung der Kongregationsbewegung. 1850 war die Situation mit 66 000 Nonnen und Kongregationistinnen gefestigter als am Vorabend der Revolution. In Italien verzögerte sich das Wachstum der weiblichen religiösen Stiftungen um ein Jahrzehnt. Neue Formen des geheiligten Lebens – zuerst die religiöse Kongregation, dann säkulare Einrichtungen, die »neuen Gemeinschaften«, und schließlich die Nonnen und Eremitinnen – ließen die alten Modelle in eine Krise geraten. Zwischen 1800 und 1860 wurden 127 Stiftungen gegründet, vor allem in Mittel- und Norditalien. 1861 ergab die erste Zählung im Königreich Italien – die allerdings nicht zwischen Nonnen und Schwestern, zwischen Klausurklöstern, Mädchenpensionaten, Oblatenhäusern oder neuen zentralisierten Institutionen unterschied – 42664 Ordensfrauen, denen nur 30632 Ordensmänner gegenüberstanden. Die übergroße Mehrheit der Ordensfrauen kam aus dem Süden, aus den Provinzen Neapel und Sizilien – Indiz für die Notwendigkeit einer Nord-Süd-Differenzierung auch in der Religionsgeschichte.

Schließlich: Auch der Himmel der Heiligen wurde weiblicher. Vor dem 19. Jahrhundert war die Frauenfeindlichkeit der Kirche in dieser Hinsicht unbestreitbar: Nur 14 von insgesamt 125 Heiligsprechungen betrafen Frauen. Zwischen 1851 und 1950 erhöhte sich der Anteil der Frauen erheblich. Viele der kanonisierten Heiligen waren Gründerinnen neuer religiöser Kongregationen, die sich nach deren Tod energisch für die Heiligsprechung einsetzten.

Das Gebet

Das Gebet, jene »Bewegung des Herzens, die es zu Gott trägt und mit ihm vereint«, die erste Pflicht des Christen, ist eine Erfahrung, die sich nicht mitteilen läßt und Historikern somit nicht zugänglich ist. Diese zentrale Erfahrung christlichen Glaubens gehört zu dem, was im Alltäglichen am wenigsten sichtbar ist. Aber die tiefe innere Sammlung ohne jedes Handeln und Reden, für das die Häresie des Quietismus das Gebet in Anspruch nahm, lehnte die katholische Kirche ab, die statt dessen verkündete, das Gebet müsse artikuliert werden.

»Gesprochene Gebete«, die darstellbarer sind als die unerreichbar entrückten »geistigen Gebete« (Henri Brémond), rhythmisierten den weiblichen Tagesablauf. Eine frühe Beziehung zum Gebet war nicht nur fester Bestandteil der Hagiographien des 19. Jahrhunderts; auch viele Autobiographien von Frauen, die von ihren Müttern zum Beten angeleitet wurden, sprechen davon. George Sand konnte kaum sprechen, als sie schon mit lauter Stimme ohne Stottern Gebete aufsagte. »Lieber Gott, ich schenke Dir mein Herz« – dieser letzte Satz war der einzige, dessen Sinn sie, den Kopf schon auf dem Kissen, verstand. »Ich weiß nicht, warum ich ihn mehr als den Rest verstand, denn es liegt viel Metaphysik in diesen wenigen Worten, aber nun, ich verstand ihn, und es war die einzige Stelle in meinem Gebet, wo ich eine Idee von Gott und von mir selbst hatte«, schrieb die Schriftstellerin in ihrer *Histoire de ma vie*. Ihre Mutter, eine

»Frau aus dem Volk«, besaß einen unerschütterlichen Glauben, der auf »religiösen Ideen beruhte, die nie von einem Hauch des Zweifels berührt wurden, da sie sie nie geprüft hatte«. Durch die mütterlichen Erzählungen in die Religion eingeführt, eröffnete sich Sand eine unerschöpfliche Quelle von Bildern, die erst später durch den Voltaireschen Sarkasmus der Großmutter väterlicherseits getrübt wurde. So lernte Aurore Dupin alias George Sand, von 1818 bis 1820 Zögling des Konvents der Dames Augustines Anglaises, das Originellste und Anmutigste der katholischen Allegorik kennen: die Engel und die Jungfrau Maria zusammen mit Märchenfeen und Putten, die Kardinaltugenden Glaube, Hoffnung und Barmherzigkeit, die heiligen Jungfrauen. Kein einziges bedrohliches Bild verdunkelte die Erzählungen, die sie zu dem Schluß kommen ließen, der Glaube sei wie die Liebe, »wenn man ihn sucht, findet man ihn nicht; man findet ihn in dem Moment, wo man es am wenigsten erwartet«. Das war ein im Hegelschen Verständnis »romantischer« Standpunkt, der seine einzige Grundlage – der Liebe wie des Glaubens – in der subjektiven Besonderheit, in der willkürlichen Zufälligkeit des Willens fand.

Es war die Erzählung einer augustinischen Bekehrung: Da war ein Gemälde im Konvent mit dem Titel »Nimm und lies«, das Aurore zur Nachahmung anregte; da war das Thema der Christusgestalt, aber auch die Szenerie der Kirche in Chiaroscuro, chromatischer Spiegel der Qualen der Seele *in tenebris*. Die Erzählung schloß mit dem Bild des vom Glauben eroberten Herzens und dem Verklingen der Stimme der Vernunft: »Von jenem Tag an hörte aller Kampf auf, meine Frömmigkeit nahm ganz den Charakter einer Leidenschaft an. Sobald das Herz ergriffen war, setzte ich die Vernunft entschlossen vor die Tür, mit einer Art fanatischer Lust.« Das Übermaß an Glauben und Leidenschaft bei George Sand entsprach der Gefühlslage vieler heranwachsender Frauen im 19. Jahrhundert, die mit ihr die Symptome dieser Seligkeit teilten: »Ich schlief nicht mehr, ich aß nicht mehr, ich ging, ohne die Bewegung meines Körpers wahrzunehmen.«

Auch aufgrund fehlender nationaler Gebetbücher konnte sich in Frankreich in den Jahren der Restauration die Vereinheitlichung der liturgischen Riten gegen eine individualisierte Gebetspraxis nur langsam durchsetzen. Die Gebetsinhalte und -rituale unterschieden sich von Gemeinde zu Gemeinde. Die religiösen Ratgeber veränderten sich spürbar um die 1840er Jahre, als die religiöse Empfindsamkeit endgültig die untergründige und verbreitete Tradition des Jansenismus verdrängt zu haben schien. In der ersten Jahrhunderthälfte orientierte sich der von den jungen Pfarrern der Restauration gehegte Traum, das Gemeindeleben wieder mit einem einheitlichen und glühenden Christentum zu erfüllen, an Jean-Marie-Baptiste Vianney. Der »heilige Pfarrer« von Ars, damals als Beichtvater, Missionar und Wunderheiler in dieser kleinen Gemeinde tätig und später zum Schutzpatron aller Pfarrer ernannt, begab sich in der Regel um vier Uhr morgens in die Kirche und verweilte dort betend und ohne Stütze kniend vor dem Tabernakel bis zur Sieben-Uhr-Messe. Es war die Sichtbarkeit eines derart glühenden Glaubens, die die Gläubigen dazu brachte, mit der rigoristischen jansenistischen Tradition zu brechen und die Praxis einer »steifen und trockenen« Religion aufzugeben, um gewissermaßen neu bekehrt und dem Beispiel des heiligen Pfarrers folgend die häufige Kommunion zu praktizieren.

Der Ort, an dem das Gebet die neue Legitimität weiblicher Existenz begründete, war der weltliche Bereich häuslicher Disziplin. Giulia Manzoni Beccarias Wiederbekehrung zum katholischen Glauben etwa war durchzogen von der Schwierigkeit, das rechte Verhältnis zwischen alltäglichem Leben und Gebet zu finden. In dem Fragenkatalog über die »rechte Art, den Tag zu verbringen«, den sie ihrem jansenistischen Pater Tosi schickte, legte sie über ihre Verfehlungen bei der Einhaltung des Gebets Rechenschaft ab. Der Katalog war aber zugleich auch ein Weg, die Milderung der Gebetspflicht zu erreichen: »Euer hochwürdigste Gnaden haben mir als christliche Bußpraxis anempfohlen, des Nachts aufzustehen, um wenigstens für einige Momente zu beten; ich hatte jedoch bis auf einige Male nie den Mut dazu.« Entgegenkommend senkte Pater Tosi die Dosierung. Das nächtliche Gebet, »wenn es auch nicht unabdingbar ist«, sei zumindest »höchst angebracht«, eine Übung, deren Maß man selbst bestimmen müsse: »Beginnen Sie damit, ein oder zwei Nächte in der Woche zu beten, ohne in der kalten Jahreszeit das Bett zu verlassen; setzten Sie sich nur gut zugedeckt auf, oder betten Sie sich zumindest so, daß Sie Ihr Kreuz in Händen halten können.«

Die neue Doktrin und Rhetorik des empfindsamen Gebets bestand auf der Notwendigkeit großer Vertraulichkeit mit Gott, schlug Gebete im Gesprächston vor, ein Hin und Her von Zuhören und Reden, »mehr mit dem Herzen als mit dem Mund«, wie im *Manuel de pitié* von 1844 zu lesen war. Die für die Frömmigkeit des 19. Jahrhunderts charakteristischen Bittgebete, die Schutz und Wohlwollen Gottes im Hinblick auf Bekehrungen, Gesundheit, gedeihliche Geschäfte, Prüfungen, Reisen,

Kriege usw. erflehten, waren sowohl vom siegreichen Individualismus der Zeit als auch von dem theologischen Willen geprägt, mystische Exzesse zu verhindern. Das Gebet sei ein ruhiges Gespräch mit Gott, kein mechanischer Redeschwall, betonte der furchtgebietende Monsignore Dufêtres, Bischof von Nevers in der ersten Hälfte des Jahrhunderts. Er stand nicht allein mit seiner Abqualifizierung der gewohnheitsmäßigen Wiederholung hausfraulicher Stoßgebete und plädierte statt dessen für eine spirituelle Qualität des Gebets. Seine Ermahnungen zum Maßhalten galten sowohl denen, die aus der »Pflicht ihres Standes« beteten, als auch den Laien. Den jungen Frauen riet er, »die Gebete und die Andacht nicht zu übertreiben«.

Das Gebet als »Standespflicht« des Klerus – spirituelle und körperliche Bewegung zugleich, die auch einen zeitlichen Rhythmus darstellte – prägte noch weit über das 19. Jahrhundert hinaus Körper und Seele nicht nur der Geistlichen, sondern auch einer riesigen Zahl von Zöglingen in den Schulen und Internaten, die den Klöstern angeschlossen waren. Die Dauer dieses genauen Vorschriften und Regeln folgenden Systems der Erziehung variierte: In einigen Fällen konnte der Internatsaufenthalt von der Kindheit bis zur Jugend reichen, vom fünften oder sechsten Lebensjahr bis zum 17. oder 18. 1876 besuchten 80 Prozent der 500 000 französischen Kinder Kindergärten, die Frauenkongregationen angeschlossen waren. In Italien nach der nationalen Einigung war das Monopol der Orden und Klöster bei der Mädchenerziehung praktisch unangefochten. Ende des 19. Jahrhunderts gab es hier nur 86 öffentliche Bildungseinrichtungen gegenüber 1 429 von Ordensleuten geführten Pensionaten und Internaten. Deutlich zeigte sich dieses Übergewicht nicht zuletzt in Rom, Hauptstadt eines laizistischen und liberalen Staates. Hier unterstand nach übereinstimmendem Urteil selbst laizistisch eingestellter, auch linker, vielleicht sogar freimaurerischer Väter die Erziehung der Töchter den religiösen Institutionen: Die Stadt hatte nie, weder im 19. noch im 20. Jahrhundert, ein staatliches Mädcheninternat. Die Töchter der Aristokratie, der grundherrschaftlichen und politischen Honoratioren konnten unter zwei religiösen Institutionen wählen, den Schwestern von Mariä Himmelfahrt und dem Institut der Dames du Sacre Cœur in Trinità dei Monti. Die *dames* des Ordens, den Sophie Barat gegründet hatte, waren jung und gebildet, häufig von Adel wie ihre Zöglinge und zeigten eine moralische Haltung, die gleichsam von einem »starken stählernen Band« durchzogen war. In ihrer Erziehung huldigten sie dem spirituellen Modell und den Verhaltensmaßregeln von Ignatius von Loyola, ganz entgegen dem Stereotyp übertriebener und manierierter Weiblichkeit: keine Tränen, wenig Gefühle, Selbstbeherrschung und Strenge.

Die in einem minuziösen Tagesablauf geregelten Frömmigkeitsübungen in den Mädcheninternaten förderten auch die Wertschätzung weltlicher Disziplin, die allen Pensionaten im 19. Jahrhundert gemein war. Das goldene Zeitalter der Industrie fiel bezeichnenderweise mit einer ausgedehnten Literatur über die Nutzung des Tages zusammen. In Frankreich wie in Italien priesen katholische Autorinnen die Wunder der Disziplin, die im Studium und bei den häuslichen Tätigkeiten spirituellen Eifer und freudige Regsamkeit vereine. Mit ihren jeweils für Arbeit und Gebet fixierten Zeiten sollten die Tage im Zeichen einer heiligen und höchsten Bestimmung stehen. Der Ehrenplatz gebührte dem Glauben, aber der Wille und die Selbstkontrolle waren die äußeren Erkennungszeichen einer vollkommenen Ordnung des Tages. »Diese Gleichförmigkeit, um nicht zu sagen *Monotonie* der Tage und Wochen ist ein Korrektiv des hitzigen und eigenwilligen Geistes der Jugend«, schrieb Nathalie de Lajolais, eine als fortschrittlich angesehene Erzieherin.

Das erklärte Ziel, Seele und Körper durch eine geregelte zeitliche Ordnung zu kontrollieren, ließ jedoch offenkundig viel Raum für Gefühle des Überdrusses, der Traurigkeit, der Einsamkeit und Sehnsucht, gegen die das Gebet als wenig wirksame Medizin erschien. »Mutter, wenn ich nicht für die Ferien zurückkommen kann, fühle ich, daß ich sterben werde«, schrieb die 15jährige Adèle Motte-Bredart in den 1840er Jahren in einem Brief nach Hause, nachdem sie 18 Monate im Kloster der Dames Bernardines d'Esquermes eingesperrt war, ohne ihre in Lille wohnende Familie sehen zu können. Die ironisch-erbarmungslose Antwort erfolgte prompt und in einem furchteinflößenden Ton: »Meine liebe Tochter, wenn es Gott gefällt, Dich zu sich zu rufen, kannst du Dich nicht besser dafür vorbereiten, als bei diesen vortrefflichen Nonnen zu bleiben, denen wir die Sorge um Deine Erziehung anvertraut haben.«

Die Lehranstalt der Heiligsten Jungfrau Maria in Florenz, 1823 vom toskanischen Großherzog Ferdinand III. gegründet und im ganzen 19. bis weit ins 20. Jahrhundert obligatorische Anlaufstelle der Töchter des Hochadels und bedeutender Grundbesitzer, spielte überdies eine Vorreiterrolle bei der Vermittlung neuer häuslicher Werte, wie sie von Madame Campan in ihrem 1824 erschienenen und kurz darauf auch auf deutsch und italienisch erwerbbaren Buch *De l'éducation, suivi de conseils aux jeunes filles* programmatisch formuliert worden waren. 1859 beispielsweise legte der Stundenplan des Pensionats die Tätigkeiten des Tages für die Internen vom Wecken um 6.30 Uhr bis 21 Uhr abends minuziös fest: Siebeneinhalb Stunden waren für »Unterricht, Studium und Handarbeiten« vorgesehen, eineinviertel Stunden für das Gebet (Messe und Morgengebet, nachmittäglicher Rosenkranz, Abendgebet).

Auch die römischen »Tugendpensionate« für Mädchen kannten keine Freizeit. Sie waren Teil des »Wohlfahrtssystems« des Kirchenstaates, in dem die Person des »Papst-Königs« dank seiner Doppelfunktion zwischen der Wohltätigkeit christlicher *pietas* und den Fürsorgeleistungen eines staatlichen Organs vermittelte. In diesen Institutionen ging es im 18. und 19. Jahrhundert nicht mehr nur um die Disziplinierung von »Jungfern«. Schon seit dem 16. Jahrhundert in Italien weit verbreitet, kümmerten sich diese Tugendpensionate um das Seelenheil der Internen. Sie wollten ihre Zöglinge nicht mehr nur isolieren und unterdrücken, sondern bessern und erziehen, um sie entweder auf die Ehe oder, in zweiter Linie, auf das Klosterleben vorzubereiten. Im 19. Jahrhundert war ihre Produktivität und Unabhängigkeit allerdings begrenzt: Die dazugehörenden Manufakturen waren kaum noch in Betrieb, und die Berichte der Ordensvorsteher erinnerten sehnsuchtsvoll an die rege Ordenstätigkeit im 17. Jahrhundert, als die Schutzbefohlenen Seide sponnen und Brüsseler Spitzen klöppelten. In jedem Fall jedoch blieb der Wechsel von Glaubenspraktiken und Arbeit die einzige organisatorische Leitlinie der Tugendpensionate. Nicht selten wurde das Zeitreglement allerdings umgangen: Mit unerschöpflichem Erfindungsreichtum untergruben die Internen die Vorschriften. Bei der Wahl zwischen Andacht und Arbeit siegte regelmäßig die Andacht – Beleg für die Unmöglichkeit, Arbeitszeit und Devotion wertgleich nebeneinanderzustellen.

Der Körper der Gläubigen

Es waren jene Momente des Tages, an denen sich der Körper der Internen der Herrschaft der reglementierten Zeit entzog, denen die klösterlichen Vorschriften die sorgenvollste Aufmerksamkeit widmeten: die dunklen Zeiten zwischen Schlaf und Wachen, die Nacht, wenn das moralische Bewußtsein die Kontrolle zu verlieren drohte, das Aufwachen, wenn es noch zu benommen war, um die Verlockungen der Sinne zurückzuweisen. Die Sinne galten als offene Türen der Versuchung, der Sünde, des Dämonischen. Der heilige Franz von Sales empfahl den Ordensfrauen verständnisvoll Strategien, die Versuchung durch Bewegung zu bekämpfen: den Ort und die Position wechseln, singen, die geistlichen Übungen ändern. Um die Mitte des 19. Jahrhunderts wurden die Vorschriften unverkennbar härter. Um die nächtlichen Phantasmen auf Distanz zu halten, riet man zu Gebeten und heiligen Gedanken, schreckte mit Hölle und Tod. Im Bett waren starre Positionen keuscher Unbeweglichkeit einzunehmen und die Hände um Rosenkranz oder Kreuz zu falten. Derart minuziöse Vorschriften über die Gesten der Selbstbeherrschung prägten den körperlichen Ausdruck der Glaubenspraxis. In den Gesichtern der frömmsten ihrer Gefährtinnen im Kloster der Dames Augustines vermochte George Sand denn auch kein Zeichen von Glück und der verschönernden Macht des Glaubens zu entdecken: »Ihre Frömmigkeit war düster, wie eine Krankheit.«

Zur gleichen Zeit definierte die protestantische Theologie das Syndrom eines krankhaft skrupulösen Gewissens, das von der Angst vor der Sünde besessen war, als »religiöse Melancholie«. Der Ausdruck tauchte in der katholischen Theologie nicht auf, doch auch sie befaßte sich mit dem »gepeinigten Gewissen«. Aber sollte der Glaube nicht auch eine luminöse Kraft besitzen und den betenden jungen Frauen Farbe geben? Im Kloster der Dames Augustines geschah ein solches Wunder: Die innere Intensität fand körperlichen Ausdruck. Elisa, die schönste der Internen, war auch die kraftvollste, frömmste und freudig entschlossenste Seele im Kloster. »Sie hatte ein griechisches Profil mit einer erlesenen Reinheit der Linien, ohne Übertreibung eine lilien- und rosenfarbene Haut, herrliches dunkelblondes Haar, blaue Augen von einer verblüffenden Lieblichkeit und Durchdringlichkeit, eine Art liebkosenden Stolz in ihrer Physiognomie; der Blick und das Lächeln kündigten von der Zartheit eines Engels.«

Nicht zufällig trug die perfekte Schönheit die Farben der Rose und der Lilie. Aus Rosen und Lilien bestanden auch die Blumenarabesken, von denen traditionell die Schilderungen des Paradieses gerahmt waren. Seit der höfischen Dichtung evozierte die Rose weibliche Schönheit. Auch die Dornen gehörten wesentlich zur Wirkung des Symbols: Sie waren der Schutz, den die Mädchen einzusetzen lernen mußten, um ihre Jungfräulichkeit bis zur Ehe zu verteidigen. Im 19. Jahrhundert war die symbolische Verwendung von Rosen und Lilien auch das Ergebnis einer »Demokratisierung« der »Sprache der Blumen« (Jack Goody). Letztere stellte einen Wissensbereich und eine Kommunikationsform dar, in der sich Symbole laizistischen und katholischen Ursprungs in kaum zu unterscheidender Weise mischten. Das spirituelle Vokabular von Thérèse de Lisieux reflektierte noch die Verführungskraft der taubenetzten Lilien- und Rosengirlanden der Heiligenbilder aus den »strahlenden Jahren« der Kindheit: Da war die gebrochene Lilie, die in frommen Kinderbüchern Symbol für die Unschuld und Zerbrechlichkeit der Reinheit war. Im Empfindsamkeitscode des 19. Jahrhunderts repräsentierte sie auch das in der Jugend so verbreitete Gefühl der Verletzlichkeit des Lebens, der resignierten Gewißheit eines vorzeitigen Todes: »Lange Zeit dachte ich, die kleine Blume würde im Frühling gepflückt«, schrieb Thérèse in ihrer *Histoire d'une âme*.

Die Verbindung von Glaube und Schönheit war in der Literatur des 19. Jahrhunderts nicht selten. Aber diese Quellen, so reichhaltig sie auch sind, erlauben nicht, ein einheitliches und einhelliges Idealbild der Physiognomie der Gläubigen des 19. Jahrhunderts zu zeichnen. Es war ein Jahrhundert weiblicher Tugendhagiographien, das sich in Darstellungen des Weiblichen als reiner Spiritualität erging und die wenigen Spalte verschloß, durch die der Körper sichtbar werden könnte. Die religiösen Ratgeber dominierte in Frankreich wie in Italien in den ersten Jahrzehnten des Jahrhunderts der Einfluß der »philanthropischen Physiognomie« Johann Kaspar Lavaters, die von Religiosität, Erlösungssehnsucht und dem Glauben gekennzeichnet war, eine perfekte Harmonie von Seelen und Gesichtern schaffen zu können. »Die verständigen Gewohnheiten, die erbaulichen Gedanken, die wohlwollenden Gefühle der Seele üben solchermaßen eine formende Kraft auf den menschlichen Körper aus, die ihn bildet, korrigiert und ihn in einem Glorienschein erstrahlen läßt«, schrieb Giulia Molino Colombini, die einflußreichste Vertreterin weiblicher Spiritualität im Italien des Risorgimento. Körperliche Schönheit wurde systematisch entwertet und häufiger noch dämonisiert. Die Leitfäden zur moralischen Erziehung – katholische ebenso wie laizistische – predigten, daß »Schönheit und Torheit oft zusammengehen«.

In einem normativen Diskurs, der die Sichtbarkeit des Körpers verschleierte und seine Darstellung nur als Nachahmung und Entsprechung geheiligter Körperlichkeit zuließ, waren die einzig würdigen Tugenden jene des inneren Gerichts. Trotz der Dominanz spiritueller Werte konnte sich der Körper hier jedoch auch zeigen: als verschleierte Erscheinung, die dennoch Symptom der fortschreitenden Identifizierung des Individuums mit seinem Körper war. Es gibt Zeugnisse dafür, wie konfliktreich die weibliche Anpassung an die Normen dieser »Anthropologie der Engel« war. Aber es ist schwer zu sagen, ob etwa Maria Konstantinowa Baschkirzew, die 14jährige russische Adelige und Verfasserin des zur Jahrhundertwende vielleicht berühmtesten Tagebuchs, ein Beispiel besonderer Ehrfurcht vor den Normen der Tugendhaftigkeit und Selbstheiligung war, die zur Nachahmung einer Körperlichkeit ohne Körper anspornten. Sie beschrieb, wie sie in der Kirche San Pietro in Nizza in der vorgeschriebenen engelhaften Bethaltung kniete, und ergänzte ihr idealisiertes Selbstbild um eine Variante der Selbstdemütigung: »Ich betete schön, kniete mich hin und stützte mein Kinn auf meine sehr weiße und zarte Hand; aber als ich mich daran erinnerte, wo ich war, versteckte ich meine Hände, um mich selbst häßlich zu machen, wie eine Büßerin.« Der weißgekleidete Körper in aufstrebender Haltung, der nach oben gerichtete Blick, der glühende Hingabe signalisierte, die niedergeschlagenen Augen, die Demut anzeigten: hier sind sie wieder, die »Zeichen der Weiblichkeit« *par excellence* im 19. Jahrhundert, die ganz offensichtlich als taktische Maske vorgeführt wurden. Die katholischen Leitfäden komprimierten und definierten diese Haltung in jener Zerstückelungstechnik, die zusammen mit der rhetorischen Übertreibung eine der beiden kanonisch festgelegten Arten zur Beschreibung von Schönheit war.

Der Körper der Gläubigen kann überdies Wirkungen hervorbringen, die sich als heilige Vereinigung mit dem Göttlichen verbuchen lassen. Lange wurde die materielle Kraft der Tränen als unmittelbarster Inbegriff der »Teilhabe des körperlichen Organismus« am »spirituellen Gefühl der im Gebet versunkenen Seele« interpretiert. Von der zweiten Hälfte des 19. Jahrhunderts an modifizierte die Kirche im Kontext der herrschenden Feminisierung der Glaubenspraktiken den Wert der »Gabe der Tränen«. Es ist nicht ausgeschlossen, daß die ersten wissenschaftlichen Untersuchungen weiblicher Adoleszenz dazu beitrugen, das wachsende Mißtrauen gegenüber einem Verhalten zu nähren, das nicht als Zeichen von Natürlichkeit, sondern als willentliche Emphase und Wohlgefallen an sich selbst identifiziert wurde. »Die Mädchen lieben die Träne derart, daß ich welche sah, die vor einem Spiegel weinten, um sich doppelt an diesem Zustande zu weiden«, kritisierte Monsignore Dupanloup. Solche belehrende Pädagogik wandte sich vor allem an die Mädchen von Stand. Die

Kongregation Sacré Cœur achtete darauf, daß Mitschwestern und Interne kluge Wächterinnen ihres Körpers waren: Sie verbot zu häufiges und zügelloses Weinen als ein allzu »natürliches« Gefühlssymptom für das Idealbild eines weichen, schamhaften, empfindsamen, mit einem Wort »weiblichen« Glaubens. Nicht zufällig wurde diese strenge Tränenkontrolle im Zeichen von Selbstbeherrschung und Mäßigung zuerst in den Elitekongregationen eingeführt. Ob sie zurückgehalten wurden oder in Strömen flossen: Tränen waren eines der vielen Zeichen, die einen Gegensatz zwischen »bürgerlichem« und »gemeinem« Körper schufen. Mit ihrer Hilfe suchte die Gesellschaft des 19. Jahrhunderts klassenspezifische moralische Charaktermerkmale zu erkennen. Aber es war eine defensive Unterscheidung, die auf die beginnende Demokratisierung der Erscheinung reagierte.

Bernadette Soubirous dagegen weinte viel und »heimlich«. Es waren spontane, nicht affektierte Tränen, gleichsam impliziter Protest der volkstümlichen Religiosität, deren Vitalität sich in den Tränen eines armen, kranken, ungebildeten Mädchens aus einer marginalisierten Familie manifestierte, des typischen Adressaten der Marienerscheinungen des 19. Jahrhunderts. Als die Erscheinung von Lourdes bereits anerkannt war, erwiderte Bernadette einer Nonne, die ihr vorwarf, sich nicht an der Förderung der Verehrung zu beteiligen, ihre Aufgabe sei es, krank und untätig zu sein. Entrücktheit und Passivität als Abwesenheit tätiger Mithilfe wurden hiermit zur Metapher für das Wesen der bedeutendsten religiösen Erscheinungen des Jahrhunderts. Dieses Ruhen des Körpers in der Untätigkeit schloß heftigste Schmerzen nicht aus.

Maria de Moerl und Domenica Lazzari, die beiden »Stigmatisierten von Tirol« im 19. Jahrhundert, trugen die Last ihrer mystischen Erfahrung als ständige körperliche Leiden, ohne diesen in irgendeiner Form Ausdruck zu verleihen. Ihr Schweigen trug dazu bei, das Interesse der positiven Wissenschaft an den physischen Phänomenen der Ekstase zu wecken. So untersuchte der französische Neurologe Jean Martin Charcot die Porträts der Mystikerinnen des 17. Jahrhunderts, um in ihren halboffenen Mündern und zurückgeworfenen Köpfen die genealogischen Symptome der Hysterie aufzuspüren.

Frommer Realismus

Der sentimentale Materialismus, der die Verehrung des Herzens Jesu kennzeichnete, schien in offenkundigem Widerspruch zur Körperkultur des 19. Jahrhunderts zu stehen. Es war eine Kultur der Selbstkontrolle und der Verdrängung, die vorschrieb, daß die Beziehung zum Körper von tausend Pflichten der Scham geleitet werde, und die den geheimen Umgang mit dem Körper mit einer Vielzahl sprachlicher Tabus umgab. »Das Herz, das edelste Organ, hatte den Vorteil, viele zweideutige, aber schickliche Ausdrücke zu liefern, eine ganze Sprache doppelsinniger Zärtlichkeiten, die keinerlei Erröten hervorriefen und die fromme Galanterie erleichterten«, schrieb Jules Michelet 1845 in *Le prêtre, la femme et la famille*. Seiner Meinung nach waren Frauen für die Herz-Jesu-Verehrung am empfänglichsten. Die soziale Verwurzelung der Herz-Jesu-Verehrung war weniger mit der romantischen Kultur der Restaurationszeit verbunden, die der Darstellung des Herzens als organischem Sitz der Gefühle wenig Raum gab, als vielmehr mit jener langen und sentimentalen »zweiten Romantik«, deren auslaufende Welle noch bis zum Jahrhundertende reichte. Verbunden mit der Geschichte der katholisch-monarchistischen Partei, erlebte die Herz-Jesu-Verehrung in Frankreich ihren Höhepunkt in den 1850er Jahren. In Italien dagegen, wo sie mit dem Schicksal der katholischen Partei verknüpft war, besaß sie eine große Gefolgschaft in den Jahren der härtesten Gegnerschaft von Kirche und Staat und in dem Jahrzehnt nach der Einnahme Roms (1870).

Für Michelet war die jesuitische Herz-Jesu-Verehrung eine strategische Antwort auf die moderne Säkularisierung. Einige Jahrzehnte zuvor hatten die italienischen Jesuiten mit der »Erfindung« des Herzens Jesu – »ein fühlbares Objekt, das einnehmendste von allen, an dem sich eine Glut entzünden kann, die nicht zerstört, sondern entflammt« – den homöopathischen Gedanken, Gleiches durch Gleiches zu heilen, als wirkungsvolles Gegenstück zu der in den modernen Zeiten so dominanten sinnlichen Liebe entdeckt. Die psychologischen und symbolischen Möglichkeiten der Herz-Jesu-Verehrung überstiegen den Bereich der Volksreligiosität: Die unterschiedlichen Interpretationen des Kults mehrten sich dank der vielfältigen Besetzbarkeit und metaphorischen Geschmeidigkeit des Symbols, das auch in den »gesitteten« städtischen Schichten Fuß fassen konnte.

Während des 19. Jahrhunderts läßt sich eine zunehmende Reinigung der Herz-Jesu-Bilder von anatomischen Elementen beobachten. Darstellungen wie die beiden verbundenen Herzen, die Charles Natoire 1743 entwarf – geschwollen und prall, oben die sauber durchtrennte obere Hohlvene und Herzpulsader, ein Gewebe aus hyperrealistisch dargestellten Blutgefäßen, alles von Flammen, Strahlen und Engelsköpfen umgeben –, machten diskreteren Illustrationen Platz. Um den übertriebenen Realismus der Herz-Jesu-Bilder zu zügeln, erließ das Heilige Offizium am 26. August 1891 ein Dekret, das Darstellungen des Herzens ohne den Körper Jesu ausschließlich für die private Anbetung autorisierte, während Bilder für die öffentliche Verehrung nur die »gesamte göttliche Gestalt« Jesu abbilden durften.

Die Verbreitung der Herz-Jesu-Skapuliere, der Bilder des Herzens auf Papier, das man an die Innenseite der Kleidung in Höhe des eigenen Herzens heftete, der herzförmigen Votivbilder, die nicht das Organ des gesunden Körpers, sondern das brennende Herz des Gläubigen repräsentierten, bis hin zum Ewigen Licht in Herzform belegt, wie sehr noch die religiöse Welt des späten 19. Jahrhunderts von einer vermittelten Sinnlichkeit durchdrungen war, einem glühenden mystischen Austausch. Nicht zufällig waren es Frauen, die sich am eifrigsten an der Proliferation beteiligten, auf dem Land ebenso wie in den städtischen Mittelschichten. Nach dem Ersten Weltkrieg nahm die weibliche Verehrung des Herzens Jesu weniger individuelle Züge an. Der katholische Mädchenbund Italiens, 1918 gegründet, verschrieb sich dem Ziel, das »soziale Reich des Herzens Jesu« entschlossen zu erweitern und es mit nationalistischen Zügen zu verbrämen.

In der zweiten Hälfte des 19. Jahrhunderts setzte sich mit dem Aufblühen des Marienkults auch in der Kunst das Bild der Madonna als Idealisierung weiblicher Schönheit und Inkarnation der Reinheit durch. Vor allem die deutsche Künstlergruppe der Nazarener adaptierte für ihre Mariendarstellungen einen Großteil der romantischen Symbolik. Die Blumensymbolik, die die Nazarener und die englische Künstlergruppe der Präraffaeliten übernahmen, erschien als Emblem der Reinheit, Keuschheit und Zartheit auch auf den religiösen Bildern, die nicht länger mehrheitlich christozentrisch waren, wie noch in der ersten Jahrhunderthälfte. Das Wunder der Erscheinung des Medaillons in Paris 1830 in der Rue du Bac, das Dogma der Unbefleckten Empfängnis von 1854 und das Bild der heiligen Jungfrau von Lourdes gewöhnten die Sammler von Devotionsbildern an eine gleichgewichtige Aufteilung: Im Paradies des bedruckten Papiers wurden Maria mit Christus und Maria allein mit nahezu paritätischen Prozentanteilen dargestellt.

Die Identifikation der Frauen mit der Gestalt Marias bot Anlaß für viele anregende Interpretationen. Die Kraft Marias, Jungfrau und Mutter Gottes, galt als Paradebeispiel der Vermittlung zwischen Gott und der Menschheit. Das ganze 19. Jahrhundert war von theologischen und exegetischen Disputen durchwebt, die nicht nur den Stellenwert festzulegen suchten, der Maria im Erlösungsgeschehen zukommen sollte, sondern auch die Nähe sterblicher Frauen zu Maria bestimmen wollten. Nicht zufällig gab es in den mariologischen Texten des 19. Jahrhunderts nur wenige explizite Verweise auf die Verbindung von Marienverehrung und dem konkreten Verhalten von Frauen. Die Spärlichkeit theologischer und literarischer Stellungnahmen kontrastierte auffällig zu den machtvollen, von der Marienverehrung inspirierten missionarischen und karitativen Aktivitäten. Nicht weniger blaß blieb während des gesamten 19. Jahrhunderts die theologische Behandlung des Marienkults selbst, den die Kirche als »eine Art Instinkt, ein Herzensbedürfnis« in offenem Gegensatz zur »rein geistigen, vernünftigen« Religion der Protestanten interpretierte. In großem Einklang mit der Kultur der Romantik betonte der Marienkult neben dem heilspendenden Aspekt die beschützende, mütterliche Seite Marias und nahm in die Verehrung die idealisierten und vergeistigten Züge des romantischen Frauenbildes auf. Ungenau und vage sind dagegen die Hinweise in den offiziellen Texten der Mariologie des 19. Jahrhunderts über die Funktion Marias als weibliches Verhaltensmodell. Es dauerte bis zum Ende des Jahrhunderts, bevor der erste Mariologie-Kongreß in Livorno 1895 die Gestalt Marias als Ideal der Erlösung und Leitbild für die »Befreiung der Frau vom Egoismus, vom Luxus, von der Wollust, dem Müßiggang und der Nichtigkeit« vorschlug.

An dieser Stelle muß noch einmal betont werden, daß das Verhältnis zwischen Frauen und Kirche im 19. Jahrhundert durchaus wechselseitig war. Einerseits räumte der Katholizismus der Frau durch die Ehe eine hohe moralische Stellung ein, indem er sie zur Gefährtin des Mannes erhob und nicht zu seiner Magd erniedrigte. Auf diese Privilegierung wurde vor allem im Vergleich zu anderen Religionen verwiesen. Die historische Rekonstruktion vom Heidentum über den Islam bis zum Protestantismus geriet dabei zu einer Kette männlicher Willkür mit den Schrecken von Verstoßung und Scheidung. Andererseits machte sich das Podest, auf das die katholische Kirche Frauen stellte, in vielfältiger und komplexer Weise bezahlt. Vor allem sicherte die weibliche Anhänglichkeit an den katholischen Glauben die Macht der Kirche über die moralische Kontrolle und Erziehung der Jugend. Die Unschuld, die die Gesellschaft des 19. Jahrhunderts Frauen einhellig abverlangte, fand in Doktrin und Lehramt der Kirche eine Garantie, der selbst die antiklerikalsten Familienväter vertrauten.

»Heilige Ignoranz« und »liebliche Barmherzigkeit« – damit war das Modell jungfräulicher Perfektion benannt. Diese idealen Züge gewannen durch Ahnungslosigkeit in weltlichen Dingen noch an Wert. Seit der zweiten Jahrhunderthälfte mußten sich Wert und moralische Pflicht der Reinheit an gefährlichen Orten und bei gefürchteten Gelegenheiten beweisen. Die Verstädterung und der massive Eintritt von Frauen in den industriellen und tertiären Arbeitsmarkt vervielfältigten die Versuchungen. Die ehernen Kontrollmechanismen, die die Begegnung der Geschlechter regelten, und die strenge Geschlechtertrennung begannen mit der Anerkennung von Reinheit als individueller Tugend aufzuweichen. Letztere galt als innengeleitet und an jenen Prinzipien moralischer Autonomie orientiert, die durch die zunehmende Bedeutung des Bekenntnisses noch verstärkt wurden.

Die enorme Vermehrung der moralischen Ratgeber über Reinheit ist nicht zu übersehen; schwieriger ist es, ihre Auswirkungen auf die tatsächliche Lebensführung der Frauen abzuschätzen. Margherita Pelaja erkennt im päpstlichen Rom um die Mitte des 19. Jahrhunderts Anzeichen dafür, daß Frauen körperliche Beziehungen bereitwilliger akzeptierten und das Risiko von Schwangerschaften eingingen, womöglich um den künftigen Ehemann an sich zu binden. Die Würdenträger und Institutionen, an die sich die jungen Römerinnen wandten, um Zeit, Bedingungen und Vollzugsmodi der »erlösenden« Hochzeit auszuhandeln, waren Pfarrer, päpstliche Funktionäre und in letzter Instanz das Tribunal des Kardinals Vicario. In den Zeugnissen der »Verführten« vor den päpstlichen Autoritäten erschienen die am tiefsten eingeprägten kirchlichen Stereotype über die Natur der Frau: schwache Wesen, die jeder Art von Versuchung ausgesetzt und sich der eigenen Entscheidungen nie ganz sicher seien. In den Protokollen dieser Verhandlungen läßt sich leicht die »tugendfördernde« Rückkopplung zwischen Norm und Verhalten erkennen. Es ist ein Spiel der Verweise: Die Norm der Reinheit war offensichtlich nicht internalisiert, und dennoch verlor sie nicht ihre soziale Wirksamkeit, denn sie regelte zwar nicht das sexuelle Verhalten, bestimmte aber die Verhandlungen auf dem Heiratsmarkt.

Kaum zufällig widmete die Kirche den Monat Mai der Jungfrau Maria. Der Schutz der Madonna über die weibliche Unschuld sollte gerade in jener Jahreszeit seine Wirkung entfalten, in der die Versuchungen explodierten. Als religiöse Praxis, die den in ländlichen Gemeinden schwer zu kontrollierenden Frühlingsliebschaften Jugendlicher einen übernatürlichen Stellenwert beimaß, verbreitete sich der Marienkult im Monat Mai, den die italienischen Jesuiten zu Beginn des 18. Jahrhunderts eingeführt hatten, in der ersten Hälfte des folgenden Jahrhunderts im katholischen Europa. Indem sie die geschlechtsreifen Mädchen gruppenweise als »Töchter Marias« organisierte, suchte die Kirche die beginnende amouröse Empfänglichkeit der *jeunes filles en fleur* unter ihre Fittiche zu nehmen. Es scheint jedoch, daß das religiöse Ritual nicht die Macht hatte, der Verführung die Flügel zu stutzen. Wenn überhaupt, heizte sie sie sogar an, indem sie Gefühle und Empfindungen konzentrierte. Die italienische Schriftstellerin Neera, Mitte des 19. Jahrhunderts geboren, erinnerte sich an die »religiöse Sanftheit«, die von ihren beiden Tanten Besitz ergriff, während diese die Gaben an die Brust drückten, die sie für die Madonna vorbereitet hatten – »ein Altartüchlein oder eine Girlande aus himmelblauem und silbernem Brokat«. Mit der »Freude einfacher Seelen« feierten sie ihren Marienmonat.

Diese »Gaben an Maria« verstärkten den ausgesprochen großen Anklang, den der Marienkult unter Frauen fand. Sie konnten die Jungfrau sehen, ehren, berühren, kleiden. Maria zu kleiden war ein Vorrecht »guter Katholikinnen«, also der verdienstvollsten Frauen einer Gemeinde mit anerkanntem sozialen Status – Alte und Betagte, Mädchen im heiratsfähigen Alter und Witwen, oft schwarz gekleidet wie in Apulien, die durch Alter oder Stand vor Sexualität geschützt waren. In Elche in der Region von Valencia hatten die Frauen im 19. Jahrhundert die Ehre, die Wäsche der Jungfrau zu wechseln, und es waren die betagten Damen der lokalen Elite, die sie ankleiden durften: Während die »Zofen« mit der Einkleidung beschäftigt waren, mußten die Mädchen sich in eine Ecke des Zimmers zurückziehen. Es war die »papierne« Verehrung, die Kinder und erwachsene Frauen verband: Die »canivets«, äußerst feine Papierspitzen, zeigten das Jesuskind, die Madonna und den Schutzengel und waren eines der vielen Zeichen weiblicher Frömmigkeit im 19. Jahrhundert.

Die alte theologische Gestalt des Schutzengels, dessen Verehrung sich hauptsächlich im 16. und 17. Jahrhundert entwickelte, erfuhr im 19. Jahrhundert eine naive Wiederbelebung, begleitete und beseelte die Jugendzeit als Lebensphase voller Versuchungen und bot ein Moment der Individualisierung. Die Sentimentalisierung des Glaubens und die Bekräftigung des Individualismus gaben der Verehrung des Schutzengels im 19. Jahrhundert Auftrieb. Losgelöst von der Familie der beschützenden und kämpferischen Erzengel, zeigte der Schutzengel in der Ikonographie eine flüchtige und romantische Scheu, eine Leichtigkeit, die sich über seine fast unsichtbare, nie demonstrative Begleiterrolle erhob. Seit der Restauration vervielfältigten sich die spirituellen, literarischen und ikonographischen Zeugnisse, die von einer besonderen Beziehung zwischen Schutzengel und Frauen kündeten. Von jeder engelhaften Zwitterhaftigkeit befreit, galt der Beistand des Schutzengels in den Lithographien Achille Dévérias (1830) bereits ganz der jungen Frau. Er trug sogar weibliche Züge und Gewänder, um besser für die in Versuchung Geratenen eintreten zu können. In der umhüllenden Umarmung des Engels stellte Dévéria den offenen Tugendkampf zwischen weiblichen und männlichen Kräften dar: Dem Engel gegenüber, auf der Seite des jungen Mannes, kniete der Liebesgott als galanter Versucher.

In Italien, genauer in Neapel, scheint es im 19. Jahrhundert keinen offensichtlichen »Geschlechtsdimorphismus« der Verehrung gegeben zu haben, der sich in konkreten Kultobjekten wie Bildern und Kerzen manifestiert hätte. Die Testamente der neapolitanischen Oberschichten zeigen, daß die Vermächtnisse an Gemeinden und kirchliche Einrichtungen, die genaue posthume Gedenkriten vorschrieben, von Männern wie Frauen stammten. Alle Neapolitaner, von der alten Adelselite bis zu den kleinbürgerlichen Angestellten, finanzierten den Ritus der Totenandacht. Ohne Zweifel aber stützten die Testamente der Frauen die reichhaltigsten Frömmigkeitspraktiken und konzentrierten sich häufig auf die Marienverehrung. Die Baronin Guerrasio vermachte dem Kloster der Eremitinnen von Schwester Orsola eine ihrer Marienstatuen, die ständig von einer Öllampe und am »Tage der Qualen Mariä« von zwölf Wachskerzen zu je drei Unzen beleuchtet werden sollte. Frauen scheinen eher das dauerhafte Gedenken bevorzugt zu haben, durch langfristige Verfügungen, die beinahe den Charakter frommer Pfründen besaßen. Am Ende des Jahrhunderts waren solche »heiligen Bande« – als Folge der politischen Einigung Italiens und einer laizistischen Pädagogik – nahezu vollständig verschwunden; nur einige Geistliche und alte adlige Damen hielten sie noch am Leben.

Den Glauben lesen

Die religiöse Literatur schließlich ist ein wertvoller Spiegel der Veränderungen weiblichen Glaubens im 19. Jahrhundert. In Österreich zeichnete sich um 1800 eine Geschlechterzäsur ab: Das Gebetbuch wurde nicht länger für die ganze Familie verfaßt, sondern richtete sich speziell an die Frauen. Das beschwörende, poetische, mystische, repetitive Gebet machte einem wirkungsvollen neuen Gebet Platz, das auf Selbstbeobachtung und Selbstbewußtsein ausgerichtet war. Es war die Pastoraltheologie Alfonso de' Liguoris, die den Weg zu einer neuen Vertrautheit mit dem Heiligen bahnte und das Gebet der veränderten religiösen Sensibilität anpaßte. Als Gegengift gegen die »Versteinerung« des Herzens galten die täglichen Meditationsübungen der Gebetsordnung, aber auch die Gebete für die Messe, die sich am kirchlichen Kalender orientierten. Daneben gab es normative Gebete, die vor weltlichen Versuchungen wie Unbescheidenheit, Schamlosigkeit und Hochmut schützten.

Zwischen 1800 und 1840 veränderte sich das Muster der österreichischen Gebetbücher für Frauen kaum. Auch in Frankreich war die religiöse Buchproduktion wenig innovativ. Claude Savart hat festgestellt, daß Werke des 17. und 18. Jahrhunderts bis in die Jahre des Zweiten Kaiserreichs neu aufgelegt wurden. Augustin, Franz von Sales, Bossuet, Fénelon und Thomas a Kempis' noch wesentlich älteres Werk von der Nachfolge Christi blieben im 19. Jahrhundert die »Klassiker«. Erst zwischen 1875 und 1895 wurde eine große Zahl dieser »pastoralen Angsttheologie« nicht mehr aufgelegt. Mit ihr verschwand eine jahrhundertealte Ausprägung posttridentinischer Gläubigkeit. Mitte des Jahrhunderts fällte Monsignore Dupanloup sein lakonisch-resignatives Urteil über die religiöse Buchproduktion seiner Zeit: »mittelmäßig und mehr als mittelmäßig«. Das religiöse Buch, eklektisch und ohne Zeitbezug, schien keine machtvolle Offenbarung von Glaubenserfahrung mehr zu bieten. Zweifellos jedoch konnte es Bilder des Glaubens erzeugen und regulieren; da es von Sünden handelte, konnte es auch dazu beitragen, der Gläubigen das begrenzte Ausmaß ihrer Schuld zu Bewußtsein zu bringen; schließlich konnte es sie zum Ritual des Gebets oder zur Einkehr führen.

In Paris widmete sich Madame de Chateaubriand in ihrem Zimmer, das mit einer großen Voliere verbunden war, vielfältigen Lektüren. Romane, Bücher über Geschichte und Politik sowie Feuilletons gaben ihr täglich Nachricht vom Lauf der Welt. Aber die »einzigen Bücher, die sie aufrichtig respektiert«, waren religiöse Schriften, die ihren »kleinen Tagesanbruch«, die ersten Morgenstunden im Bett, begleiteten. Eine solch reichhaltige Lektüre, die von einem Genre zum anderen sprang, konnten nicht alle Gläubigen genießen – jedenfalls nicht ohne Reue. Die »lernbegierige Frau«, deren soziale Würde und Grenzen Monsignore Dupanloup Mitte des Jahrhunderts umriß, war in den 1830er Jahren in Frankreich ebenso wie in Italien eine Seltenheit. Die wenigen Frauen, die sich einer »hohen Kultur« rühmen konnten, wie die Turiner Baronin Olimpia Savia, erinnerten sich bewegt an die Verheimlichungsstrategien, die notwendig waren, um die ehernen Grenzen der Frömmigkeitsliteratur zu überschreiten.

Wie Edith Saurer untersucht hat, produzierte man in Österreich 1840 640 Theologiebücher gegenüber 511 Romanen. 1853 trug das religiöse Buch immer noch den Sieg über das weltliche davon, aber von den 976 veröffentlichten Theologiebüchern gehörten 586 zur erbaulichen religiösen Literatur. Allerdings vermelden solche Mengenverhältnisse noch nichts über die lange Dauer des Verbots und – später – die bewußte Kontrolle, die kirchliche Autoritäten über Bücher ausübten, die nicht der Messe oder Frömmigkeit gewidmet waren. Der Roman besaß nach dem geltenden kirchlichen Moralkodex eine ausgesprochen korrumpierende Kraft. In den ersten Fotografien, die Mädchen am Tage der Erstkommunion oder Frauen über den Betstuhl gebeugt zeigen, war gerade das Meßbüchlein in der Hand der Fokus, der den Übergang von der privaten Sphäre zu einer öffentlicheren Darstellung des Weiblichen vermittelte. Es dauerte lange, bis ein Roman in Frauenhänden sichtbar dargestellt und fotografiert werden durfte.

»Die Frauen beschäftigen sich genug mit Literatur, aber nicht genug mit guter Literatur«, schrieb 1866 Monsignore Dupanloup. Neben der Gefahr schlechter Romane beunruhigte den einflußreichen Bischof von Orléans die eitle und sündige Neugier, durch die selbst ein Buch wie *Das Leben Jesu* von Ernest Renan, »das nichts als Abscheu erregt«, in Frauenhände gelangte. Die Hagiographie neigte dazu, die Folgen der Romanlektüre »als ewigen Schatten« zu dramatisieren. So vermochte die Zeit die Schuld Sophie Barats nicht auszulöschen, die sich Ende des 18. Jahrhunderts auf dem Land in Burgund von dem Roman schlechthin, Samuel Richardsons *Clarissa*, verderben ließ. Die Reue begleitete sie ihr Leben lang. Mitte des 19. Jahrhunderts bekräftigten deutsche Pädagogen den Bannfluch gegen den französischen Roman. Nicht nur Elise von Hohenhausen rügte 1854 in ihrem moralischen Leitfaden für adlige Mädchen das Fehlen religiöser Gedanken in der Romanliteratur, die durchweg die fleischliche Liebe preise: Kein Zeitgenosse hielt der Zensur stand, nur *Die Prinzessin von Clèves* der Gräfin Lafayette (1678) durfte gelesen werden. Zur gleichen Zeit ließ ein Beichtvater im neapolitanischen Kloster San Gregorio Armeno einer »schön geformten und sittsamen« Novizin Denis Diderots Roman *Die Nonne* in die Hände gleiten und empfahl ihn als »höchst interessante Lektüre«, da er sich auf das Klosterleben beziehe. Solch »klösterliche Verkommenheit« in Verbindung mit »klerikalem Despotismus« bezeugte Elisabetta Caracciolo, die von ihrer Familie gezwungen wurde, den Schleier zu nehmen, seit 1841 13 Jahre lang in diesem Kloster eingeschlossen war und *Misteri del chiostro napolitano* schrieb, eine der äußerst seltenen Autobiographien, die von einer erzwungenen Einkleidung und den korrupten Beziehungen zwischen kirchlicher Hierarchie und Kloster sowie zwischen Schwestern und Novizinnen erzählt.

Die Nähe einer solchen literarischen Quelle zur Wirklichkeit zu postulieren ist ein riskantes Unterfangen. Die sozialen Diskurse, die in solche Texte eingeschrieben sind, bergen die Gefahr in sich, daß die Realität durch die widersprüchliche Wahrnehmung des Autors gesehen wird, der sich über die tatsächlichen Beziehungen von Herrschaft und Abhängigkeit täuschen kann. Veröffentlicht 1864 und damit drei Jahre nach der Verkündung der Einheit Italiens und sechs Jahre, bevor Rom Hauptstadt wurde und das Ende des Kirchenstaates besiegelt war, belegt die Autobiographie Caracciolos die Schwierigkeit, Literatur als historische Quelle zu benutzen. Das unleugbare soziale Engagement, das in diesem Zeugnis zu spüren ist, erschwert die Bewertung des historischen Gehalts. Andererseits ist der Rückgriff auf literarische Quellen unumgänglich, um in die Welt der Gläubigen im 19. Jahrhundert einzudringen und die Komplexität der Strategien zu erfassen, mit denen die Kirche Frauen die Rolle tragender Säulen des Glaubensgebäudes anvertraute.

Die ideologische Kraft der häuslichen Sphäre, die im 19. Jahrhundert unangefochten dominierte, reichte allein noch nicht aus, der Geschichte weiblicher Glaubenspraktiken eine solide Geschlossenheit zu verleihen. Jules Michelets Einfluß auf die Charakterisierung der Gläubigen des 19. Jahrhunderts war von langer Dauer. Die »Wesensverwandtschaft« zwischen Katholizismus und Weiblichkeit ist nur mit Mühe von seinen und Monsignore Dupanloups ideologischen und vielleicht weitgehend wirklichkeitsfremden Interpretationen zu befreien. Die Kirche kann, so Michelet, den Männern in ihrem Dienst eine unverhältnismäßige Größe verleihen: Erhabenes Licht und kraftvoller Schatten verwandeln den Priester in einen »Propheten«, in einen »Giganten der geistlichen Welt«. Innerhalb der häuslichen Wände sei die Wirkung meßbar. »Ihr Seelsorger verdreht ihr den Kopf«, befürchtet ein geduldiger Ehemann in Michelets *Le prêtre, la femme et la famille,* dessen Frau obskure Kapellen und Beichtstühle aufsucht. Es fällt nicht schwer, hier an andere Darstellungen der Beziehung zwischen der Gläubigen und dem Priester zu denken, leidenschaftliche Darstellungen ohne eine Spur von »Frömmigkeitseskapismus«. Erinnert sei an das Mädchen aus Trédarzex, Tochter eines Landadligen, die zu Beginn des 19. Jahrhunderts den Priester des Dorfes liebte, der auch ihr Beichtvater war. Ernest Renans autobiographische Erzählung, die Romanze einer katholischen Erziehung, ist auch die Beschreibung *einer* möglichen Beziehung zwischen Frauen und Glauben.

Es gibt einen vielleicht tragischen Widerspruch im beschwerlichen, letztlich erfolglosen Kampf, den die Kirche gegen die intimen Träumereien führte, die sie Romanen in Frauenhänden anlastete. Die geistliche Übung konnte und mußte von normativer Routine kontrolliert werden, von ihrer »Verbuchbarkeit«, von der »ordre du jour« des Gebets wie auch von der Ordnung des Kirchenjahrs. Aber diese ganze Wehrordnung gegen geistige oder fleischliche Widerstände blieb immer nur eine »Maschine«, die den Glauben (re)produzierte. Diese Maschine war nicht der Glaube selbst, die eingeflößte Fides, die Freude, die Leidenschaft, die allein Glorie und Gnade bedeuten können und nie nur der Anstrengung und dem tätigen Werk entspringen. Vielleicht begriff die Kirche intuitiv und vielleicht waren sich einige *connaisseurs* wie Monsignore Dupanloup sogar dessen bewußt, daß trotz der Möglichkeit, Frömmigkeit durch tägliche Betdisziplin, Normen, Bekenntnisse und Kontrolle zu produzieren und zu reproduzieren, die Glaubenserfahrung als Erlösung unaussprechlich bleibt. Die grundlegende Erfahrung der Bekehrung zur Liebe zu Gott ist nicht in Begriffen der Disziplin beschreibbar. Ihre Erzählung, selbst ein Liebesakt, folgt vielmehr dem Kodex des sentimentalen Romans. Die Kirche ordnet und koordiniert die Verhaltensregeln, aber der erfahrene Glaube benötigt eine andere Sprache: die Sprache der Liebe. Die »Gestalt« des Glaubens ist eine Romanfigur.

Kapitel 6

Das Dienstmädchen

Gunilla-Friederike Budde

»Miele war fünfzehn Jahre alt geworden. Sie war ein schlankes, aber etwas blasses und mickriges Ding. Doch ihr Vater, ein kinderreicher Kossät in der Nähe von Apolda, erklärte ihr eines Tages, daß sie von jetzt ab selber für ihren Lebensunterhalt sorgen müßte. Es dauerte auch nicht lange, so hatte er im Amtsblättchen eine Gelegenheit für sie gefunden. Da war eine verwitwete Frau Ökonomierat Behring in Weimar, Grundstedterstraße 26, die ein Mädchen zur Aufwartung suchte. Miele, die schweigsamer Natur war, sagte zu der Sache weiter nichts als ihr ›Ja-e‹ und zeigte weder Freude noch Betrübnis. Und am nächsten Morgen, nachdem ihr der Vater die Mitteilung gemacht hatte, legte sie in aller Frühe ihr Sonntagskleid an, setzte ihren Strohhut mit den Kornblumen auf, machte sich ein Bündelchen zurecht, sagte in ihrer einsilbigen Weise Eltern und Geschwistern Lebewohl und marschierte das Stündchen Weg von ihrem Heimatdorf nach Apolda, wo sie auf dem Bahnhof den nächsten Zug nach Weimar abwartete. Der Zug kam. Miele kletterte in ihre vierte Klasse hinein, und eine gute halbe Stunde darauf stolperte sie in Weimar mit ihrem Bündelchen aus dem Waggon heraus und machte sich auf die Suche nach der Grundstedterstraße und der Frau Ökonomierat Behring. Es dauerte nicht lange, so stand Miele vor einem eisernen Gitterstaket, das einen Blumengarten gegen die Straße abschloß. In dem Hintergrund des Gartens aber stand ein feines Haus aus gelben Backsteinen und Verzierungen um die Fenster herum ... Unter Herzklopfen tippte Miele auf ein weißes Porzellanknöpfchen, worauf sich sogleich ein helles Schrillen erhob ... Und nun öffnete sich die Tür, und eine kleine dicke Dame in einem schwarzen Kleid stand vor Miele ... ›Gu'n Tag!‹ stammelte Miele. Darauf erwiderte die Frau Ökonomierat zuerst ganz und gar nichts. Dann aber fragte sie plötzlich mit einer so mächtigen tiefen Baßstimme, daß Miele zusammenfuhr: ›Du kommst wohl wegen der Stelle?‹ ›Ja-e!‹ stotterte Miele leise. ›Hm!‹ brummte die Frau Ökonomierat, wieder erst nach einer Weile: ›Na, da komm mal rein!‹«

So und ähnlich, wie es der Dichter Johannes Schlaf in seinem *Charakterbild* in realistischer Manier beschrieb, begannen vor rund einhundert Jahren unzählige Dienstmädchengeschichten. Wohl kaum eine Personengruppe ist so eng mit dem 19. Jahrhundert verbunden wie die vielen Mädchen und Frauen, die sich eine Zeitlang in fremden Haushalten verdingten. Mit weißer Schürze und gestärktem Häubchen treten sie uns in zahlreichen zeitgenössischen Gemälden und Gesellschaftsromanen entgegen – offensichtlich als Thema von Malern und Dichtern des Naturalismus entdeckt und bis heute gleichsam als Inbegriff des historischen Gestern. Spricht man, wie es häufig geschieht, vom »bürgerlichen« 19. Jahrhundert und verweist damit auf die große kulturelle Prägekraft des Bürgertums, muß man im gleichen Atemzug vom »Jahrhundert des Dienstmädchens« reden. Beider Geschichten sind eng miteinander verwoben. Ärzte, Bankiers, Beamte, Pfarrer, Professoren, Unternehmer und Rechtsanwälte bedurften zumindest eines Dienstmädchens, um sich in die »Gesellschaft der Bürger« einreihen zu können, während Dienstmädchen auf der Suche nach Anstellung vor allem an bürgerlichen Haustüren klingelten. Nach seiner rechtlichen Lage, seinen Lebens- und Arbeitsbedingungen und seiner Stellung im Bürgerhaushalt verkörperte das Dienstmädchen Elemente einer gerade vom Bürgertum als überholt erklärten Welt, und damit auch die traditionsverhaftete, schwerfällige Seite der janusköpfigen bürgerlichen Gesellschaft, die entgegen ihrer eigenen, emphatisch beschworenen Utopie allgemeiner Rechts- und Chancengleichheit immer wieder eine verblüffende Bereitschaft bewies, vorbürgerliche Regelungen und Ungleichheiten langfristig zu akzeptieren. Dienstmädchen begleiteten, ja gewährleisteten den Aufstieg des europäischen Bürgertums und verschwanden ebenso lautlos, wie sie gekommen waren, als die Blütezeit des Bürgertums zu Ende ging.

Noch um 1800 zeigte sich das Gesinde als eine äußerst uneinheitliche, in sich vielfältig gestaffelte Berufsgruppe. Die Spannbreite reichte von den in Adelshäusern beschäftigten Hofmeistern und Gouvernanten bis zu den im landwirtschaftlichen Bereich tätigen Knechten und Mägden. Entsprechend spitz verlief die innerberufliche Hierarchiepyramide. So läßt sich unschwer vorstellen, daß der Butler in der goldbetreßten Livree sich Welten entfernt von dem Stallburschen dünkte, ebenso wie es die Hauslehrerin tunlichst vermied, mit dem Stubenmädchen ein Wort zu wechseln.

Einigend wirkte hier nur die gesonderte Rechtslage. Europaweit unterstanden Dienstboten Rechtsrelikten des Ancien régime noch zu einer Zeit, als Hauswirtschaft und Hausherrschaft weitgehend durch Marktwirtschaft und Lohnarbeit abgelöst und staatsbürgerliche Rechtsgleichheit und -freiheit zumindest für den männlichen Teil der Bevölkerung in Kraft gesetzt worden waren. Gemäß dem französischen *Code Napoléon*, dem englischen *Law of Master and Servant* oder auch den sechzig Varianten der deutschen Gesindeordnungen waren Dienstboten rechtlich gleichsam »mit Leib und Seele« eingebunden in den Haushalt ihrer Arbeitgeber. Deren »Anordnungen«, so eine gebräuchliche Formulierung, hatten sie »in stiller Unterwürfigkeit ... Folge zu leisten«, während die Dienstherrschaft verpflichtet war, »nach bester Einsicht, wie für das leibliche, so auch für das sittliche Wohl des ihr untergebenen Gesindes Sorge zu tragen«.

Als ungeschriebenes Gesetz galt, daß die Pflichten der Dienstboten weitaus strenger bewacht wurden als die der Dienstherrschaft. Während etwa »Vergehungen des Gesindes gegen die Herrschaft ... durch Gefängniß oder öffentliche Strafarbeit nach den Grundlagen des Kriminalrechts geahndet« werden sollten, durfte das Gesinde selbst für »Thätlichkeiten« seitens der Herrschaft »keine gerichtliche Genugthuung fordern«. Dieses Ungleichgewicht spiegelt die spannungsvolle Ambivalenz der Gesindeordnungen wider: Einerseits regelten sie das Verhältnis zwischen Dienstboten und Dienstherrschaften in Form eines in beiderseitigem Einverständnis eingeh- und kündbaren Arbeitsvertrages, andererseits lief das darin ebenfalls enthaltene patriarchalische Prinzip einer rechtlichen Normung zuwider, wonach dem Hausherrn der Part des fürsorglichen, Schutz bietenden und Gehorsam fordernden Hausvaters zustand, der Dienstboten wie unmündige Kinder behandeln sollte.

Wie brüchig dieser traditional begründete »Patriarchalismus« in Wirklichkeit war, bekamen Dienstmädchen vor allem dann schmerzlich zu spüren, wenn sie in Notlagen gerieten. Bei Krankheiten, die sie länger als vier Wochen ans Bett fesselten, erloschen nach Ablauf dieser Frist jegliche Schutzfunktionen der Herrschaften. Dem Dienstmädchen, das sich unter Aufbietung der letzten Kräfte vom Fieber geschüttelt zur Küche schleppte, konnte man daher nicht nur in den Phantasiewelten zeitgenössischer Romanciers begegnen. Dienstmädchen »in guter Hoffnung« wurden in der Regel sofort gekündigt und gerieten in eine schier hoffnungslose Situation. Ihre Überrepräsentanz unter den Prostituierten und Kindsmörderinnen, die ihnen europaweit den Ruf der Lasterhaftigkeit eintrug, war nicht nur Erguß von Moralistenphantasien, sondern auch Ergebnis dieser Schutzlosigkeit.

Diese schon von aufgeklärten Zeitgenossen als »Überbleibsel aus der juristischen Steinzeit« oder »Fortsetzung der aufgehobenen Leibeigenschaft« gescholtenen Verordnungen hielten sich erstaunlich lange. Erste Vorstöße zu einer Abänderung des Dienstverhältnisses in ein »modernes« Arbeitnehmerverhältnis kamen aus England. Seit der Mitte des 19. Jahrhunderts entspannen sich hier heftige, vor allem in renommierten Zeitschriften ausgetragene Debatten, ob eine feudalrechtlich geregelte Herrschaft-Dienstboten-Beziehung im Zeitalter der Industrialisierung überhaupt noch zeitgemäß sei. Als Konsequenz dieser Debatten wurden im Jahr 1875 letztlich die Sonderrechte aufgehoben und die Bestimmungen des *Employer and Workman Act* auch für Dienstboten gültig. Zögernd folgten auch in Frankreich Ende der 1860er Jahre erste reformerische Ansätze, während in Deutschland die Gesindeordnungen, wenn auch in leicht modifizierter Form, bis 1918 fortbestanden. Hier sucht man vergeblich nach vergleichbaren Diskussionen, in denen das dem patriarchalischen Prinzip innewohnende Ungleichgewicht in Frage gestellt wurde. Im Gegenteil: In der deutschen Gesetzgebung zeichneten sich eher Tendenzen ab, das hierarchische Gefälle zu verankern und den privatrechlichen Vertrag obrigkeitlichen Verhältnissen zu unterstellen.

Dafür ein Beispiel: Im Jahr 1846 wurden im gesamten Bereich der preußischen Monarchie »Gesinde-Dienstbücher« obligatorisch, eine Verordnung, die 1872 nach der Reichsgründung auf das gesamte Staatsgebiet übertragen wurde. Bei dem Dienstbuch handelte es sich um ein kleines Heft, das Namen, Heimatort, Alter und äußere Kennzeichen der Dienstmädchen ebenso enthielt wie Ort und Datum seiner Ausstellung, die von der örtlichen Polizeibehörde vorgenommen wurde. Es gab Auskunft über den Status der Dienstherrschaft, die Tätigkeitsfelder des Dienstboten, die Dauer des Dienstes bei einem Dienstherrn, nannte die Gründe der Beendigung des Dienstes und diente zur Aufbewahrung sämtlicher Zeugnisse. Vor Antritt einer neuen Stelle waren die Dienstmädchen verpflichtet, dieses Buch der örtlichen Polizeibehörde vorzulegen, es abzeichnen zu lassen und es dann der Herrschaft auf Verlangen zu präsentieren. Verzichtete diese darauf, weil sie ihrer eigenen Urteilskraft mehr traute als den vagen und willkürlichen Beurteilungen Fremder, galt dies als großer Vertrauensbeweis, den man nicht enttäuschen wollte. »Hier war ich ohne Zeugnis angenommen«, erinnerte sich das Lütjenburger Dienstmädchen Sophia Möller voller Stolz an eine Stelle, die sie nur schweren Herzens aufgrund einer Erkrankung wieder verließ.

Da häufig jedoch Herrschaften und Dienstmädchen sich nicht unbedingt einverständlich trennten, fielen auch die Zeugnisse entsprechend nachteilig aus. Proteste und Abänderungswünsche der Dienstmädchen verhallten meist ohne Erfolg. Daß viele von ihnen das Gesindedienstbuch nicht nur als disziplinierend, sondern auch als diskriminierend und bei der Stellensuche hinderlich betrachteten, macht die hohe Rate von »verlorenen« Büchern deutlich. Drakonische Maßnahmen, die bis zu »Gefängniss bei Wasser und Brot« reichen konnten, vermochten es offenbar nicht, diese hilflosen Versuche, einen vielleicht aus der Laune der Herrschaft heraus in das Buch gekommenen Schandfleck zu löschen, abzustellen.

Ein Grund dafür, daß sich diese (Un-)Rechtssysteme so lange halten konnten, lag nicht zuletzt in dem tiefgreifenden Wechsel in der sozialen Zusammensetzung des Gesindes, der mit Prozessen des Strukturwandels zusammenhing. Besaß noch bis in die ersten zwei Jahrzehnte des 19. Jahrhunderts hinein das landwirtschaftlich-gewerbliche Gesinde in allen europäischen Staaten die zahlenmäßige Übermacht, änderte sich dies im Laufe des 19. Jahrhunderts grundlegend aus vielerlei, zum Teil eng miteinander verwobenen Gründen. Zum einen führten Säkularierungs- und Mediatisierungsprozesse zur endgültigen Auflösung zahlreicher prunkvoller Klöster und regierender Höfe, die jeweils einen großen Gesindestab freisetzten. In den Gebieten Europas, in denen Industrialisierungsprozesse bereits im Gang waren oder langsam in Gang kamen, wie etwa in England, Deutschland und Frankreich, fand nun ein großer Teil des männlichen Gesindes Arbeit in den Fabriken und Betrieben. Seine Kolleginnen hingegen wechselten häufig vom ländlichen zum städtischen Gesinde, verdingten sich nicht mehr bei Großbauern und Gutsbesitzern, sondern zunehmend beim aufstrebenden, sich ausdehnenden und zu Wohlstand kommenden Bildungs- und Besitzbürgertum in den Städten. Begrenzte Räumlichkeiten und finanzielle Ressourcen erlaubten es diesen neuen Arbeitgebern in der Regel nicht, einen mehrköpfigen Gesindestab zu beherbergen und zu beschäftigen. Während es im Zuge allgemeiner Professionalisierungsprozesse im Laufe des 19. Jahrhunderts in anderen Berufsfeldern zu einer zunehmenden Parzellierung in Form von Spezialisierung kam, mündete der Gesindestatus von daher im Generalistinnen-Prototyp des »Mädchens für alles«. Langsam, aber unaufhaltsam gewann damit das in der Stadt tätige weibliche Gesinde das zahlenmäßige Übergewicht. In den 1880er Jahren arbeiteten europaweit zwischen 30 und 40 Prozent aller als erwerbstätig registrierten Frauen im Bereich »Persönliche Dienste«. Somit bildete nun der seit jeher schwächste Part innerhalb des Gesindes, von dem Widerstand gegen Rechts- und Arbeitsbedingungen kaum erwartet werden konnte, die Mehrheit innerhalb dieser Beschäftigungsgruppe.

Die Konsequenz, mit der diese »Feminisierung« und »Verstädterung« des Gesindes sich durchsetzten, hing einerseits entscheidend davon ab, inwieweit es alternative und attraktivere Beschäftigungsmöglichkeiten für Männer aus den ländlichen Unterschichten gab, und andererseits, inwieweit sich zumindest noch ansatzweise eine hierarchische Staffelung innerhalb des Gesindes halten konnte. Entsprechend verzögerter verlief dieser Prozeß dort, wo noch weit bis ins 19. Jahrhundert hinein agrarische Strukturen vorherrschten, was vor allem für den südlichen und östlichen Teil Europas zutraf. In Italien setzte sich eine Feminisierung der Dienstboten überdies im gesamteuropäischen Vergleich besonders langsam durch, da die städtischen Oberschichten hier, wenn es ihr Budget erlaubte, noch Ende des 19. Jahrhunderts häufig den teureren, dafür aber prestigeträchtigeren männlichen Diener vorzogen, dessen geheime Machtstellung wir nicht zuletzt aus den Komödien Carlo Goldonis kennen. In England hingegen geriet der Butler, der einem größeren Gesindestab vorstand, zu einem Standesausweis einer sehr kleinen Oberschicht. Die Mehrheit auch der englischen Bürgerhaushalte ließ ein Dienstmädchen die Tür öffnen.

Was lag hinter den jungen Mädchen, wenn sie mit 13, 14 Jahren den Zug Richtung Berlin, London, Kopenhagen, Paris, Mailand oder Petersburg bestiegen? Ländlich und ärmlich – so sah für die Mehrheit der Dienstmädchen ihre Kindheit aus. In der Regel arbeiteten ihre Eltern als kleine Handwerker, Tagelöhner und Landarbeiter. Von der eingangs vorgestellten Miele wissen wir, daß sie als Tochter eines Kleinbauern unter einer großen Zahl von Geschwistern aufwuchs. Viele ihrer Kolleginnen teilten diese Erfahrung. In diesen vielköpfigen Familien war das Essen knapp und wenig abwechslungsreich, alles spielte sich auf engem Raum ab, in dem sich sämtliche Lebensäußerungen und -erfahrungen ballten. Hier wurde gekocht, gegessen, geschlafen, gewaschen, gespielt, gezankt und geliebt, gefeiert und getrauert, gezeugt, geboren und gestorben. Für einen kindlichen Schonraum, in den düstere und schmerzliche Erlebnisse nicht vordringen durften, war da kein Platz. Geübt in Genügsamkeit, befähigt zur Anpassung und bereit zur Unterordnung, die es ihnen erlaubte, sich mit kleinen Fluchten zu bescheiden, eigene Wünsche hintanzustellen und Arbeit als Selbstverständlichkeit zu betrachten, hatten die Mädchen in ihrem familiären Binnenraum eine Fülle von Eigenschaften und Qualifikationen erworben, die im späteren Dienst gefragt waren.

Zu diesen gehörte nicht zuletzt die selbstlose Aufopferung für die Familie. Auch wenn es in der Regel die materiellen Umstände kaum erlaubten, eine geschlechtsspezifische Erziehung in ähnlicher Konsequenz wie in Bürgerfamilien durchzuhalten, bekamen auch die künftigen Dienstmädchen bereits in jungen Jahren Benachteiligungen zu spüren, weil sie »nur Mädchen« waren. Kaum selbst den Kinderschuhen entwachsen, übernahmen sie Pflichten und Verantwortung in der Familie, führten den Haushalt und sorgten für jüngere Geschwister. Anders als ihre Brüder konnten sie diesen Arbeiten jedoch nicht das befriedigende und den frühen Verlust der Kindheit aufwiegende Gefühl, zum Lebensunterhalt beizutragen, abgewinnen. Daß ihre Tätigkeiten in der Regel nicht mit Geld entlohnt wurden, gehörte zu den Erfahrungen dieser Mädchen, an denen sich auch während ihrer Dienstzeit nur wenig ändern sollte.

Da hauswirtschaftliche Tätigkeiten noch am ehesten dem auch von nicht-bürgerlichen Schichten weitgehend geteilten Ideal »Die Frau gehört in die Familie« entsprachen, galt es für viele Eltern als akzeptable Lösung, wenn ihre Tochter den Weg vom heimatlichen in den herrschaftlichen Haushalt ging. Überdies bewahrte es sie vor der Fabrikarbeit, deren Schreckbild als Hort der Unmoral und Sittenlosigkeit nicht nur durch die bürgerliche Presse geisterte. Für die Mädchen selbst verband sich mit dem Dienst nicht selten die Hoffnung, die Erfahrung von Armut und Enge durch die von Abenteuer und Freiheit vertauschen zu können. Solch hochfliegende Erwartungen an die Stadt wurden genährt von Schwestern, Kusinen und Freundinnen, die bei ihren Besuchen im heimatlichen Dorf, modisch gekleidet und »vornehm parlierend«, städtisches Flair zur Schau stellten.

Sie waren es häufig auch, die als Stellenvermittlerinnen fungierten, auf

Vakanzen im Umkreis ihrer eigenen Herrschaft aufmerksam machten und gegebenenfalls ein gutes Wort einlegten. Die Eltern der Mädchen vertrauten dagegen lieber auf die Autorität des Ortsgeistlichen, der aus christlichem, moralischem oder pädagogischem Antrieb seine durch Studium, Vikarszeit und regelmäßige Synoden gewonnenen und gepflegten Kontakte zu städtischen Amtsbrüdern nutzte, um die Töchter seines Sprengels, die von den Eltern in den Dienst geschickt wurden, in der gefahrenträchtigen Stadt »anständig« unterzubringen. »Es war der Tag der Konfirmation«, erinnerte sich ein in den siebziger Jahren des 19. Jahrhunderts aufgewachsener Pfarrerssohn an diese Gepflogenheit. »Die Kinder waren feierlich eingesegnet, und die Gemeinde glaubte wohl, der Gottesdienst sei zu Ende... Da trat der Pfarrer noch einmal vor den Altar, sagte zu der Gemeinde und besonders zu den in den Vorderreihen der Bänke sitzenden Eltern und Vormündern, sie möchten einmal ein Stück Papier und einen Bleistift herausnehmen, er werde ihnen jetzt eine Reihe von Berliner Adressen diktieren, bei denen junge Mädchen sicher Unterkunft fänden.«

Diese Art der Vermittlung deckte sich mit den Wünschen und Vorstellungen von Eltern und Herrschaften. Wähnten die einen dabei ihre Töchter in guten Händen, erhofften sich die anderen davon arbeitsame, willfährige und tugendhafte Dienstboten. Ebendieser Ruf ging den Mädchen vom Land voraus und hob sie damit in den Augen der Herrschaft wohltuend von den »arbeitsscheuen«, »unverschämten« und »schamlosen« städtischen Kolleginnen ab.

Als in jeder Hinsicht nur zweite Wahl nutzten Dienstmädchen und Herrschaften die im Laufe des 19. Jahrhunderts in den größeren Städten aufkommenden »Gesindevermittlungsbüros«. Vielen dieser vornehmlich von älteren Frauen geführten Etablissements haftete ein eher zweifelhafter Leumund an, nicht zuletzt deshalb, weil diese »Gesindemakler« offensichtlich nicht unerheblich zur hohen Fluktuationsrate beitrugen. »Gute und treue Dienerschaft muß man sich selbst erziehen, sie wächst nicht in den Vermittlungsbureaux heran«, lautete die herrschende Auffassung noch zu Beginn der 1880er Jahre, die nicht nur die Familienzeitschrift *Die Gartenlaube* verbreitete; auch ihr Petersburger Pendant *Nabljudatel* führte seiner Leserschaft immer wieder in den schwärzesten Farben die »kriminellen Machenschaften« der Vermittlungsstellen vor Augen.

Zu dem Zeitpunkt sah die Situation im hochkommerzialisierten England schon anders aus. Stießen hier bereits auf rechtlicher Ebene die im europäischen Vergleich frühesten Ansätze, das feudale Diener-Herr-Verhältnis durch eine moderne Arbeitnehmer-Arbeitergeber-Beziehung zu ersetzen, auf ein stärkeres Echo, zeichnete sich auch im Hinblick auf die Anstellungpraxis der Trend zur Ent-Personalisierung ab. Seit den 1860er Jahren bemühten sich Wohltätigkeitsorganisationen durch Neugründungen unter ihrer Ägide, den Vermittlungsbüros zu besserem Ansehen zu verhelfen. Offensichtlich hatten sie Erfolg: Als im Jahr 1875 die Londoner *Metropolitan Association for Befriending Young Servants* (M.A.B.Y.S.) ins Leben gerufen wurde, fiel damit gleichsam der Startschuß für Nachfolgegründungen kirchlicher, gewerkschaftlicher und privater Kreise. Ende des 19. Jahrhunderts überwogen dann in vielen englischen Städten professionell aufgezogene und renommierte *Registry Offices*, von denen einzelne sogar einige Berühmtheit erlangten. Nun konnte es sich als Prestigeindiz erweisen, in die Kartei einer seriösen *Servants Agency* aufgenommen zu werden – als Dienstmädchen wie auch als Dienstherrschaft. Umgekehrt schmückten die Institute ihre Eingangshallen mit den Namen illustrer Kundschaft und Dankschreiben von zufriedenen Klientinnen. Während auf der Suche nach neuen Dienstmädchen für die Viktorianer der Gang zum Vermittlungsbüro also zunehmend üblich wurde, zogen Dienstmädchen und Herrschaften etwa in Frankreich, Italien, Dänemark und Deutschland noch immer die Mund-zu-Mund-Propaganda innerhalb eines Netzwerkes von Verwandten und Bekannten vor.

Hatte ein Dienstmädchen die strenge Musterung durch die Hausherrin bestanden, begann bald, so läßt sich in den wenigen vorliegenden Lebenserinnerungen nachlesen, ein Prozeß der Desillusionierung. Diejenigen, die sich vom Umzug in die Stadt einen Gewinn an Freiheit und Selbständigkeit erhofft hatten, merkten bald, daß die Einbindung in den herrschaftlichen Haushalt und die Länge der Arbeitszeit nur wenig Spielraum für eigenständige Schritte ließen. Andere, vor allem die sehr jungen unter ihnen, die sich von der Herrschaftsfamilie emotionalen Ersatz für die so früh verlassene Herkunftsfamilie versprachen, bekamen bald die Grenzen familiärer Einbindung zu spüren. Weder das Gefühl der Freiheit noch das der Heimat stellte sich ein. Hinzu kam, daß sie zum einen in direkter und täglicher Konfrontation Lebensformen vor Augen hatten, mit denen verglichen ihre eigene Lage um so trüber erscheinen mußte. Zum anderen fehlte nun auch das oft kompensierend wirkende Gefühl, alle Anstrengungen zugunsten der eigenen Familie auf sich zu nehmen. Dennoch ertrugen die meisten Dienstmädchen ihre neuen

Lebensumstände mit stoischem Gleichmut. Hier bewährte sich offenbar die anerzogene Fähigkeit, sich mit kleinen Freuden zu bescheiden, Erwartungen zu drosseln und Enttäuschungen einzustecken. Immerhin konnte die nun ständige Nähe zu bürgerlichen Kreisen auch das Bewußtsein eines bemessenen sozialen Aufstiegs wecken und das Elend der wenig heilen Welt, aus der sie oft kamen, zunächst in weite Ferne rücken lassen.

Nur selten etwa liest man in den Erinnerungen von Dienstmädchen Klagen über ihre Unterbringung. Verständlich wären sie allemal gewesen. Bestenfalls besaßen sie ein meist unbeheizbares Mansardenzimmer unter dem Dach, *la chambre de bonne*, schlechtestenfalls verfügten sie nur über ein Bett, das abends in der Küche, einem Verschlag daneben, in Bad oder Flur aufgeschlagen wurde. In nahezu allen europäischen Großstädten auf dem Kontinent gab es überdies die berühmt-berüchtigte Einrichtung des Hängebodens bzw. des *Entresol*. Dabei handelte es sich um kleine Gelasse, die in den Wohnungen durch eingezogene Decken über der Speisekammer, über dem Bad oder über dem Flur entstanden. Schon unter Zeitgenossen des 19. Jahrhunderts waren die Meinungen über die Einrichtung sehr geteilt. 1862 wetterte die konservative *Preußische Kreuzzeitung* gegen diesen »menschenverachtenden Mißstand«, während es noch für einen Berliner Prokuristen bei der architektonischen Planung seiner neuen Wohnung außer Zweifel stand: »Auguste muß natürlich auf den Hängeboden.« In seinem Roman *Der Stechlin* bot Theodor Fontane eine plastisch-schaurige Beschreibung aus der Sicht eines Dienstmädchens: »Immer sind sie [die Hängeböden] in der Küche, mitunter dicht am Herd oder auch gerade gegenüber. Und nun steigt man auf eine Leiter, und wenn man müde is, kann man auch runterfallen. Aber meistens geht es. Und nun macht man die Tür auf und schiebt sich in das Loch hinein, ganz so wie in einem Backofen ... Am schlimmsten is es im Sommer. Draußen sind 30 Grad, und auf dem Herd war den ganzen Tag Feuer; da is es denn, als ob man auf den Rost gelegt würde.« Um die Jahrhundertwende vermutete Oscar Stillich, Nationalökonom an der Berliner Humboldt-Akademie, in seiner Studie *Die Lage der weiblichen Dienstboten in Berlin* zu Recht, daß diese noch immer so verbreitete Form der Unterbringung »eine Thatsache [sei], von der die Geschichtsschreibung der Zukunft vielleicht einmal mit Staunen Kenntnis nehmen wird«.

Wie es um die Unterbringung der Dienstmädchen bestellt war, hing entscheidend ab von der Lebenssituation der Herrschaftsfamilie. In England, wo sich bereits seit Mitte des 19. Jahrhunderts auch in den *middle classes* das Wohnen in eigenen, zumeist schmalen dreistöckigen Häusern in den Vororten durchgesetzt hatte, ließ sich der Wohnbereich nach Funktion, Alter, aber auch Klassenzugehörigkeit auffächern und voneinander absondern. Für die Dienstboten war entweder, wie in dem Bestseller *Upstairs-Downstairs* nachlesbar, das Basement vorgesehen oder die Räume unter dem Dach, so daß sowohl Herrschaften als auch Dienstmädchen von Zeit zu Zeit »für sich« sein konnten. Die vertikale Struktur dieser Wohnform wiederholte die hierarchische Struktur innerhalb der Bewohnerschaft und machte sie sichtbar. In deutschen Städten hingegen überwogen bis zur Jahrhundertwende auch im wohlhabenden Bürgertum die zwar großzügig bemessenen Etagenwohnungen, in denen eine solch strikte Trennung und dichte Abschottung der einzelnen Sphären ständig durchbrochen wurden. Geräusche, Gerüche und Gefühlsäußerungen ließen sich nur schwerlich voreinander verbergen. Singende Dienstmädchen und streitende Herrschaften wurden in dieser porösen Privatheit schnell zur Ruhe gezwungen.

Daß viele der Dienstmädchen trotz alledem in ihrer Unterbringung selten Grund zur Klage sahen, rührte daher, daß sie in ihrer Kindheit zum Teil weit beengter hausten und ein eigenes Bett bereits als Luxus empfanden. Anderes galt für die Kost. Wenn Dienstmädchen, sei es in Briefen an die Familie, in Klagen vor Gericht, in den Ende des 19. Jahrhunderts von Sozialreformern initiierten Umfragen oder in Dienstmädchenversammlungen überhaupt einmal ihrer Empörung Luft machten, ging es dabei sehr häufig um die miserable Verpflegung. Hier empfanden viele, die vom Lande kommend wenigstens keinen Hunger erleiden mußten, eine wirkliche Verschlechterung ihrer Lage. Von den Resten leben und häufig mit bereits verdorbenen Speisen vorliebnehmen zu müssen, während sie die gefüllten Speisekammern vor Augen hatten oder an reichgedeckten Tischen auftragen mußten, machte die soziale Ungleichheit gleichsam körperlich fühlbar und forderte Protest heraus. Schließlich gehörten die wenigen Minuten am Eßtisch zu den sporadischen Momenten der Ruhe und Entspannung. »Und wenn dann immer alles rein und an Ort und Stelle war, dann machte ich mir einen schönen Kaffee und ein herrliches Hamburger Butterbrot. Es war dann ein Genuß in der reinen Küche, sich ein bißchen zu erholen«, schilderte das Dienstmädchen Sophia Möller die kurzen Augenblicke kleinen Glücks.

Mit »Kost und Logis«, wie kärglich auch immer, war bereits ein Großteil des Dienstmädchenlohnes vergolten. In der Regel machte die Entlohnung in Bargeld nur rund ein Viertel bis ein Drittel des Gesamtlohnes eines Dienstmädchens aus. Die Höhe des Lohnes schwankte je nach Alter, der Position innerhalb des Dienstbotenstabes und der Berufserfahrung. Die oben erwähnte Sophia erhielt als 14jährige in ihrer ersten Stelle, bei der sie als »Stütze« angelernt wurde, rund 18 Mark. Als höchsten Lohn verdiente sie Anfang der siebziger Jahre, als sie »schon in allen Arbeiten bewandert war«, 60 Taler Kurant bzw. 180 Mark, womit sie im Rahmen der üblichen Lohnhöhe lag. In Berlin erhielt um 1900 über die Hälfte der Dienstmädchen weniger als 200 Mark jährlich, in London betrug der Jahreslohn 20 Pfund und in Petersburg das durchschnittliche Monatseinkommen drei bis sechs Rubel. Damit verfügten Dienstmädchen nur über ein Dreißigstel des Einkommens ihrer Arbeitgeber, jedoch auch nur über ein Drittel dessen, was ihre Geschlechtsgenossinnen, die in der Fabrik arbeiteten, mit nach Hause brachten. Eine Textilarbeiterin in deutschen Spinnereien konnte beispielsweise in den 90er Jahren um die 600 Mark verdienen, von denen dann jedoch auch ein Großteil für Essen und Wohnen veranschlagt werden mußte. Da Dienstmädchen hingegen neben Kost und Logis in der Regel noch mit gesonderten Zuwendungen zu speziellen Anlässen, wie Weihnachten, Geburtstagen und Dienstjubiläen, rechnen konnten, ab und an Trinkgelder für Botengänge einstrichen und auch abgelegte, aus der Mode gekommene Kleidungsstücke von der Herrschaft erbten, waren sie als Konsumentinnen zwar einerseits in ihrer Wahlfreiheit beschränkt, hatten andererseits aber keine wirtschaftlichen Flauten zu fürchten. Materiell betrachtet, fühlten sich die Dienstmädchen auch selten gegenüber ihren erwerbstätigen Zeitgenossinnen benachteiligt. Im Gegenteil. Mit Erstaunen liest man in Dienstmädchenmemoiren immer wieder von den nicht unerheblichen Ersparnissen für die Aussteuer – ein Grund, neben den hauswirtschaftlichen Fertigkeiten, daß sie auf dem Heiratsmarkt als »gute Partie« gehandelt wurden.

Ehe jedoch an einen eigenen Hausstand gedacht werden konnte, mußte das Dienstmädchen seine Arbeitskraft eine mehr oder minder lange Zeit fremden Haushalten zur Verfügung stellen. Angestellt als Mädchen für alles, *Maid-of-all-Work* oder *Bonne à tout faire*, was für die meisten in Deutschland und Frankreich und für immerhin über ein Drittel auch in England zutraf, fiel ihm das gesamte Spektrum aller für den reibungslosen Ablauf eines Haushalts notwendigen Arbeiten zu. Da der Siegeszug der Konsumgesellschaft über weite Teile des 19. Jahrhunderts, abgesehen wieder nur von England, noch nicht einmal seine Schatten vorauswarf, hieß das konkret, daß im Haushalt ein Großteil der Grundnahrungsmittel und Gebrauchsgüter selbst hergestellt werden mußte. Ratschläge fürs Buttern, Pökeln und Kerzenziehen, die die Haushaltsbücher noch lange nach der Jahrhundertmitte füllten, legen Zeugnis ab von der bunten Palette der Aufgaben, die nicht zuletzt den Dienstmädchen abverlangt wurden. Die »kleine Wäsche« wurde nebenbei »gemacht«, für die große waren spezielle Waschtage vorgesehen, die längere und größere Kraftanstrengung verlangten. Dienstleistungsbetriebe, die eine Auslagerung zumindest eines Teils dieser Verrichtungen erlaubten, setzten sich erst langsam durch. Auch auf chemische Reinigungsmittel zur aufwendigen Pflege der Messing-, Kupfer-, Zinn- und Silbergeschirre konnte man noch kaum zurückgreifen. Erschwerend wirkte beim Saubermachen und -halten das im Fin de siècle in Mode kommende Ambiente bürgerlicher Wohnstätten, die mit ihren mit Nippes und Fransen überladenen Räumen als Ausweis erreichten Wohlstands dienen sollten. Hier waren Erfindungsgeist und Erfahrungswerte gefragt. Auf seine ureigenen Mittel und Methoden im Kampf gegen Staub und Schmutz zu schwören bildete den Kern des Berufsstolzes eines Dienstmädchens.

Neben den hauswirtschaftlichen Tätigkeiten mußte es Gästen öffnen, unliebsame Besucher abwimmeln, Visitenkarten entgegennehmen, Einkäufe und Botengänge tätigen, Herrschaftskinder hüten und die oft äußerst aufwendig gestalteten Familienfeste und Abendgesellschaften vorbereiten und inszenieren helfen. Eintöniger, aber nicht unbedingt erfüllender gestalteten sich die Aufgaben, wenn sie auf mehrere Dienstboten verteilt wurden. Der dadurch häufig entstehende, durch den Druck ständiger Abrufbereitschaft jedoch niemals genau terminierte Leerlauf konnte selten wirklich als entlastend empfunden werden.

Alle Arbeiten mußten, wie es das gängige Bild der »dienstbaren Geister« plastisch zum Ausdruck brachte, in ihrem Ablauf möglichst unbemerkt vor sich gehen. Doch nicht nur von Geisterhand, sondern auch von Meisterhand sollte das Resultat sein. Spezialausbildungen für Dienstmädchen, die eine solche Anspruchshaltung rechtfertigten, gab es hingegen nirgendwo. Was die jungen Frauen an Kenntnissen, Fähigkeiten und Fertigkeiten mitbrachten, hatten sie im elterlichen Haushalt von der Mutter oder anderen weiblichen Verwandten abgeschaut, vieles lernten sie erst *on the job* von der Hausfrau oder erfahrenen Kolleginnen.

Bis zu 16 Stunden waren Dienstmädchen täglich auf den Beinen. Über

Arbeitsbeginn, Arbeitsende oder auch etwaige Unterbrechungen der Nachtruhe entschied allein die Willkür der Dienstherrschaft. Ruhige Minuten waren selten. »Aufbleiben mußte man im Sommer sehr oft, wenn die Herrschaften im Garten saßen bis spät in die Nacht«, erwiderte ein Dienstmädchen auf Oscar Stillichs Frage nach der Länge der Arbeitszeit. »Dann mußte man noch Gläser, Flaschen, Decken und sonst was in die Wohnung tragen. Auch bis Mitternacht hat man oft warten müssen, wenn die Herrschaften anderweitig eingeladen waren, da mußte man sehr aufpassen, wenn der Wagen hielt, damit die hohen Herrschaften nicht schließen oder klingeln mußten.« Eine Londoner Unternehmerstochter, die in den 1890er Jahren in einer siebenköpfigen Familie aufwuchs, wußte etwa über deren Dienstmädchen zu berichten: »Sie rannten den ganzen Tag. Wir hatten Klingeln in jedem Raum, und ein großes Klingelbrett im Keller zeigte an, aus welchem Raum das Läuten kam. Sobald es ertönte, hatten sie loszulaufen, und für gewöhnlich gab es immer irgendwen, der etwas von ihnen wollte.«

Zeit zum Atemschöpfen gab es da kaum. Der Freiraum, der Dienstmädchen zu ihrer persönlichen Verfügung zugestanden wurde, war mit Ausnahme des Kirchgangs gesetzlich nicht geregelt. Der Sonntagsausgang alle 14 Tage schien sich zwar allgemein als Gewohnheitsrecht durchgesetzt zu haben, ließ sich als solches aber nicht einklagen. Sobald es »besondere Umstände« in der Herrschaftsfamilie, sei es bedingt durch Festlichkeiten oder Krankheiten, erforderten, hatten Dienstmädchenbedürfnisse zurückzustehen. »Nun ist es aber, sobald jemand krank wird, in einem solchen Haus wie in einem Restaurant«, erklärte ein in den 1880er Jahren tätiges Berliner Dienstmädchen solche durchaus nicht seltenen Ausnahmesituationen, bei denen sie Opfer des bürgerlichen Familiensinns wurde. »Wer kommt, um sich nach dem Kranken zu erkundigen, hat nicht gefrühstückt und muß mit Essen und Trinken versehen werden. Das ist in den großen Häusern überall der Fall ... Da kommen die ganzen Verwandten und Bekannten und machen der betreffenden Familie ihre Aufwartung.« Gelegenheiten, bei Besuchen, auf dem Jahrmarkt, bei Spaziergängen oder auf dem Tanzboden Verwandte und Freunde zu treffen oder neue Bekanntschaften zu knüpfen, blieben äußerst beschränkt. Selbst in ihren freien Stunden häufig an den Arbeitsplatz gefesselt, klammerten sich viele Dienstmädchen – so verraten zumindest vorliegende Erinnerungen ausnahmslos – an die weitverbreiteten Kolportageromane. Hedwig Courths-Mahler, die in ihrer Jugend selbst eine Zeitlang in Stellung war und von daher wußte, für wen sie schrieb, war damit keineswegs allein. In allen Teilen Europas fand sich eine Reihe von schreibenden Kolleginnen, mit deren Hilfe Dienstmädchen sich in eine bessere Welt träumten, in der die Liebe alle sozialen Schranken sprengte.

Doch schon bald holte der Alltag sie wieder ein. Zumeist war es der ernüchternde Ruf der Hausfrau, der sie in die Wirklichkeit zurückbrachte. Wenn auch das männliche Familienoberhaupt rechtlich als offizieller Arbeitgeber fungierte, waren es am Arbeitsplatz primär die Bürgerfrauen, mit denen es die Dienstmädchen zu tun hatten. Eine Vielzahl von Faktoren legte den Rahmen fest, in dem sich diese prekäre Beziehung, in der es die Balance von Nähe und Distanz zu halten galt, abspielte. Wie erfolgreich dieser Drahtseilakt verlief, hing ab vom Alter der beiden Frauen, ihrer Persönlichkeit, ihrem Erfahrungshorinzont, der Größe des Haushalts und den materiellen Grundbedingungen.

In sehr wohlhabenden Familien, in denen die Dame des Hauses mit den häufig mehreren Dienstmädchen lediglich in Kontakt kam, um ihnen Anweisungen zu geben, und ansonsten, demonstrativ müßig, eher aus der Ferne Regie führte, zeigten sich am ehesten Ansätze eines modernen Arbeitsverhältnisses. Für die Mehrheit der europäischen Bürgerhaushalte, in denen Dienstmädchen Anstellung fanden, hieß es dagegen tagtäglich, die Kluft zwischen repräsentativer Außensicht und sparsamem Innenleben zu überbrücken. Eine Schlüsselrolle bei diesem Seiltanz übernahm das Dienstmädchen, dessen bloße Existenz schon den Bürgerstatus seiner Herrschaft dokumentierte. Es half nach außen den Schein aufrechterhalten, daß Mütter und Töchter ihre Finger lediglich zum Klavierspiel und zu kunstvollen Handarbeiten zu rühren genötigt seien. Doch die Multifunktionalität des Bürgerhaushaltes als erbaulicher Erholungsstätte, wohlgeordneten Erziehungsrahmens und repräsentativen Erfolgsschaustücks erforderte in der Regel ein handfestes Zupacken aller im Haushalt lebenden Frauen. Ungeachtet der engen Zusammenarbeit durfte dabei die Hierarchie zwischen Vorgesetzter und Untergebenen jedoch nicht ins Wanken geraten. Die Sorge um die Aufrechterhaltung hierarchischer Strukturen bewegte auch eine Vielzahl von Kochbüchern und Haushaltsratgebern, die im ausgehenden 19. Jahrhundert beharrlich die Notwendigkeit betonten, die »natürliche« Distanz zwischen Hausherrin und Dienstmädchen aufrechtzuerhalten.

Daß diese im täglichen Miteinander von Frau zu Frau in eine weibliche

Solidarität umschlug, läßt sich leicht vorstellen. Handelte es sich um ein erfahrenes Dienstmädchen und eine junge Bürgerfrau, die frisch verheiratet zum ersten Mal einem Haushalt allein vorstand, konnte das Dienstmädchen von seinem Vorwissen und Erfahrungsschatz profitieren und sich eine geachtete Stellung erringen. Dienstmädchen, die in ihren Briefen nach Hause stolz berichteten, wie sie der dankbaren »Gnädigen« Küchenkniffe verraten hatten, künden von solchen Konstellationen. Wenn die Hausfrau dieses Expertentum ihrer Untergebenen anerkannte, entstand im Idealfall eine gute Basis, auf der beide in Zukunft miteinander umgingen und wirtschafteten. Das in der Regel beiderseitige Interesse am reibungslosen Funktionieren des Bürgerhaushaltes mochte ebenso verbindend wirken wie die Zufriedenheit über das Gelingen dieser Anstrengung. Der gemeinsame Alltag konnte zeitweilig die Hierarchie außer Kraft setzen, wenn nicht gar umkehren. Der Marktbesuch, den die Reederstochter Charlotte Berend-Corinth in ihren Memoiren schildert, bietet ein Beispiel für ein so geartetes Verhältnis: »Mutti trug die Markttasche, Marie den großen Henkelkorb ... Mama mit marmor-ernstem Gesicht, ganz erfüllt von der Pflicht der Situation, schob sich zum Fleischer durch ... Bei ihm angelangt, wartete sie bescheiden. Marie stand hinter ihr ... Keineswegs nahm Mama den Sonntagsbraten einfach so hin. Sie packte aus, drehte hin und her mit ernstem Angesicht, nickte, zeigte es Marie, diese nickte, der Handel war perfekt.«

Selbst wenn in Einzelfällen, wie manchmal auch in bürgerlichen Autobiographien berichtet, das Dienstmädchen aus dieser Autoritätsstellung im wahrsten Sinne Kapital schlug und ihre Herrschaft übervorteilte, blieb dies in der Regel in einem Bereich, der als Gewohnheitsrecht toleriert wurde. Dies galt etwa für das sogenannte »Körbelgeld«, auch »Marktgroschen« genannt. Die Vorstellung, die ein zeitgenössischer Journalist seinen Lesern davon vermittelte, auf welche Weise dieses Extra zum Dienstmädchenlohn sich ansammelte, dürfte der Realität sehr nahe kommen: »›Nun Jungfer‹, hört man auf den Märkten unserer Großstädte die feisten Hökerweiber den körbeschleppenden Dienstmädchen zurufen, ›wollen Sie nichts bei mir einkaufen? Hier die Hähnchen lasse ich Ihnen für zwei Mark fünfzig Pfennig, Sie können Ihrer Herrschaft drei Mark berechnen!‹«

Je vertrauter indessen der Umgang von Dienstmädchen und Herrschaft sich gestaltete, desto geringer war wohl der Reiz solcher Prellerei. Daß sie so gang und gäbe war, hing damit zusammen, daß in dieser weiblichen Beziehungsgeschichte häufig sehr junge Dienstmädchen einer respektgebietenden, reservierten Hausfrau gegenüberstanden. Zu groß war die Kluft, zu viele Spannungen durchzogen den alltäglichen Umgang, als daß sich Treue und Vertrauen uneingeschränkt entwickeln konnten. Auch Zeitgenossen wußten um diese Problematik. Sie wurden nicht müde, den Dienstmädchen in Anbetracht ihrer Chance, am »bürgerlichen Leben« teilzunehmen, Gehorsamkeit und Dankbarkeit zu predigen; den bürgerlichen Hausfrauen empfahlen sie, sich als Erzieherinnen ihrer Dienstboten zu verstehen.

Offensichtlich zeigten sich viele geneigt, das prekäre Verhältnis als ein pädagogisches zu stilisieren. Schließlich, so wurde immer wieder betont, konnten die Bürgerfrauen hierbei in einer von Klassengegensätzen gespaltenen Zeit beispielhaft wirken und die Chance ergreifen, bürgerliche Werte in untere Schichten und namentlich an zukünftige Mütter von Arbeiter- und Handwerkerfamilien zu übermitteln. »Der Dienst ist deren Bildungsweg«, lauteten emphatische Beteuerungen. Wir wissen wenig darüber, wie dieser »Matriarchalismus« bei den Dienstmädchen selber ankam. Sicherlich trug er ambivalente Züge. Einerseits konnten sie, gerade wenn sie bereits als Kind der eigenen Familie den Rücken kehren mußten, der mütterlichen Fürsorge mit dankbarer Anhänglichkeit begegnen. Mütterliche Verantwortungsbereitschaft widersprach, so konnten sie hoffen, herrschaftlichem Ausbeutungsstreben. Doch andererseits erwies sich die Grenze zwischen Güte und Gängelei oft als hauchdünn. Mißverständnisse waren vorprogrammiert, Machtmißbräuche blieben kaum aus. So läßt sich etwa im nachhinein schwer feststellen, ob die bürgerlichen Herrschaften aus Sorge um das Wohl des Dienstmädchens seinen seltenen Ausgang auf 22 Uhr beschränkten, oder ob sie vielmehr die optimale Ausschöpfung seiner Arbeitskraft dabei im Auge hatten – oder auch beides. Auf Dauer mußten Dienstmädchen die oft kleinlichen Gebote und Verbote, zu denen neben der Limitierung der Ausgangszeiten Anweisungen für die Anrede und Wortwahl, die Frisur, die Kleidung, den Konsum und die Gestaltung der spärlichen Freizeit zählten, als gravierende Einschränkungen ihrer persönlichen Freiheit erfahren. Hinzu kam, daß die sorgende »Mütterlichkeit« der Hausherrin oft in unnahbare Obrigkeit umschlug, wenn beide außerhalb der familiären vier Wände agierten.

Spätestens aber in der direkten Gegenüberstellung mit den Herrschaftskindern spürten die Dienstmädchen die Grenzen der Mütterlichkeit. Besonders beim Vergleich mit den gleichaltrigen Töchtern des Hauses trat dieser Unterschied deutlich zutage. Doris Viersbeck, die um 1900 in Hamburg »in fester Stellung« war, schildert in ihren gleichnamigen Erinnerungen eine solche immer wiederkehrende Situation. Von Zeit zu Zeit beauftragt, die Herrschaftstochter von Gesellschaften und Bällen abzuholen, war sie auf diesen nächtlichen Gängen und beim Warten vor der Tür des Gastgeberhauses ständig männlichen Belästigungen ausgesetzt. »Was mir da alles passieren konnte, danach wurde nicht gefragt, wenn ich das Fräulein nur unversehrt ins Haus brachte. Eine wahre Höllenangst habe ich das erstemal ausgestanden«, lautete ihre Beschwerde über die Ungleichbehandlung gegenüber der nur wenig jüngeren Geschlechtsgenossin.

Verständnis fand sie hier, und dies schien keine Seltenheit, am ehesten bei der Tochter des Hauses selbst. Das Bewußtsein latenter gemeinsamer Interessen ebnete Bürgertöchtern und Dienstmädchen nicht selten den Weg zu einer klassenübergreifenden Frauensolidarität. Es schuf Loyalitäten, die zu gemeinsamen Aktionen führen konnten. Man beichtete sich Geheimnisse, spielte für die andere den *Postillon d'amour* und erschlich sich Freiräume gegenüber den Eltern und Herrschaften.

Auch den unterschiedlichen sozialen Hintergrund und die damit verbundene Erfahrungsdivergenz wußten beide zu gegenseitigem Austausch zu nutzen. So profitierten Dienstmädchen etwa von dem Bildungsvorsprung ihrer bürgerlichen Altersgenossen und frischten mit deren Hilfe ihre häufig nur rudimentären Lese- und Schreibkenntnisse auf. Oft versuchten sie sich auch in einer stückweisen Imitation von Bürgerstandards, indem sie nicht nur ihre meist bescheidene Garderobe mit abgelegten Kleidern der Bürgertöchter aufbesserten, sondern auch deren häufig bewunderten Umgangston und -stil adaptierten.

Dagegen wurde der Einfluß, den die Dienstmädchen auf die Bürgertöchter ausübten, fast durchweg als negativ kritisiert. Der Berliner Wissenschaftler Oscar Stillich, der sich beherzt und vielfach angefeindet zum Anwalt der Dienstmädchen machte, stand mit seiner Meinung ziemlich allein, als er die »Summe von Lebenserfahrung und von Kenntnissen« der Dienstmädchen hervorhob und daraus die logische, zeitgenössisch jedoch unorthodoxe Folgerung zog: »Die Töchter der besitzenden Classen werden noch zu einer Zeit sorglich im Elternhause von jeder Erkenntnis und jedem scharfen Luftzug der Außenwelt gehütet, wenn bereits das Proletariermädchen im Kampf um die Existenz steht. Und doch soll die erstere die Erzieherin der letzteren sein. Das Umgekehrte würde vielfach verständlicher erscheinen.« Gerade diese Lebenserfahrung wurde in die Waagschale geworfen, um den schädlichen Einfluß der Mädchen aus den unteren Schichten zu unterstreichen. Zeitgenössische Anstandsbücher, Haushaltsratgeber und Zeitschriftenartikel warnten unisono vor einer zu großen Vertraulichkeit gerade zwischen den heranwachsenden Töchtern und den Dienstmädchen. Ihre soziale Herkunft, so mutmaßte man, prädestinierte die Dienstmädchen für einen unerwünscht unverhohlenen Umgang mit Themen, die das Bürgertum gar nicht oder nur mit spitzen Fingern zu berühren wagte. Das galt besonders für die sexuelle »Aufklärung« der Töchter. Die Bürgertöchter, so stellten auf der anderen Seite die Dienstmädchen mit Befriedigung fest, wußten ihren Informations- und Erfahrungsvorsprung sehr wohl zu schätzen. Überhaupt fielen eine Reihe von gesellschaftlichen Sanktionen im gemeinsamen Umgang fort, wie ein englisches »Mädchen für alles« feststellte: »Sie [die Töchter des Hauses] zogen es vor, mit mir ihren Tee zu trinken, da sie dabei mehr so sein konnten, wie sie wollten.«

Mit Dienstmädchen und Bürgertochter kamen häufig zwei junge Frauen zusammen, die einerseits durch Alter und Geschlecht eine Reihe analoger Erfahrungen und Erwartungen mitbrachten, austauschten und ergänzten, andererseits diese Erfahrungen und Erwartungen wegen ihrer unterschiedlichen Klassenzugehörigkeit grundsätzlich anders verarbeiteten und beurteilten. Gerade die strikte Trennung zwischen den Geschlechtern, die die Dienstmädchen am Beispiel des Hausherrn und der Hausherrin sowie in der unterschiedlichen Erziehung der Bürgerkinder täglich vor Augen hatten, mußte ihnen im Unterschied zu ihrer eigenen Sozialisation als der Inbegriff des Bürgerlichen erscheinen. Auch wenn in ihrem Herkunftsmilieu eine geschlechtsspezifische Aufgabenteilung angestrebt und partiell durchgesetzt wurde, geschah dies kaum in vergleichbarer Konsequenz wie im Bürgertum. Je mehr ein Dienstmädchen zur grundsätzlichen Identifikation mit dem bürgerlichen Milieu und zur selektiven Aufnahme seiner Werte bereit war, desto weniger eiferte es dem Modell der »Töchter aus gutem Hause« nach, die in ihren Tagebüchern häufig Chancengleichheit einklagten. Bürgertöchterlichem Aufbegehren gegen die eingeschränkte weibliche Zukunftsperspektive begegneten daher viele Dienstmädchen mit Unverständnis. In ihrer Sichtweise rührte eine Benachteiligung vor allem aus ihrer Klassenzugehörigkeit, weniger aus ihrer Geschlechtszugehörigkeit her. Doch im Miteinander mit den Töchtern des Hauses vermittelte sich ihnen nicht selten die Ahnung, daß Unfreiheit nicht »Dienstmädchenschicksal«, sondern »Frauenlos« sei. Am Beispiel ihrer Heldin Elisabeth Wilson beschreibt Margaret Forster einen solchen Erkenntnisprozeß: »Als sie die Herrin für den seltenen Anlaß, nach dem Essen noch Besucher zu empfangen, ankleidete, empfand Wilson einen leisen Groll, als ihr bewußt wurde, daß sie um zehn nicht ausgehen konnte. Sie war alles andere als ein freier Mensch, das war das Ärgerliche. Ihr ganzes Leben war, wie Timothy ihr zu erklären nie müde wurde, eingeengt von den Regeln, die für Dienstboten galten. Was sie sich wünschte, war so einfach und unschuldig; sie wollte nur ihren Schatz treffen und seine Gesellschaft genießen – aber sie hatte nicht das Recht, das zu fordern.« Doch noch während sie mit ihrem Dienstmädchendasein haderte, erinnerte sie sich einer Episode, bei der sie Zeugin wurde, als eine Tochter des Hauses Stubenarrest bekam, weil sie »ohne Begleitung« eine Freundin besucht hatte. »Eine Dame, folgerte Wilson, hatte es nicht viel besser als eine Dienerin.«

Konnten diese gemeinsamen Ungleichheitserfahrungen zwischen Dienstmädchen und Herrschaftstochter bis in die Jugendzeit hinein eine gewisse Vertrautheit retten, endete die »Fraternisierungsphase« zwischen Söhnen und Dienstmädchen weitaus eher. Bereits früh fühlten sich Bürgersöhne bemüßigt, gegenüber dem Dienstmädchen den »kleinen Herrn« herauszukehren, galt doch gemäß dem herrschenden Männlichkeitsideal eine zu große Nähe zu allen weiblichen Mitgliedern des Haushaltes als verpönt. Inwieweit die pubertierenden Bürgersöhne dann wieder die Nähe des Dienstmädchens suchten, gehört in das Reich der Spekulation. Die Annahme, daß es ein sogar von Bürgereltern geförderter Usus war oder als notwendiges Übel hingenommen wurde, daß die jungen Bürger ihre ersten sexuellen Erfahrungen mit Dienstmädchen machten, erklärt sich mit der bürgerlichen Doppelmoral, nach der Bürgerfrauen unberührt in die Ehe zu gehen hatten, von Bürgermännern voreheliche Kontakte »zum Abstoßen der Hörner« dagegen sogar erwartet wurden. Es ist unschwer vorstellbar, daß sich ein junges Dienstmädchen durchaus geschmeichelt fühlen konnte, wenn es den wohlgefälligen Blicken der Herrschaftssöhne begegnete. Vielleicht schien dann auch kurz ein Hoffnungsschimmer auf, daß die Märchen der Kolportageromane Wirklichkeit werden könnten. Doch je erfahrener ein Dienstmädchen war, desto geringer war die Gefahr, dieser Illusion zu erliegen. Die meisten wußten um ihre bei solchen Liebeleien unterlegene Position und fühlten sich eher belästigt als begünstigt.

Dies galt besonders dann, wenn die Annäherung von seiten des Hausherrn drohte. Obwohl aufgrund der weit auseinanderliegenden Tätigkeitsfelder die Kontaktmöglichkeiten zwischen Dienstmädchen und Hausherrn selten waren, hatten sie sich wie alle Haushaltsmitglieder seiner absoluten Autorität unterzuordnen. Seine Gebote waren Gesetz, Verstößen dagegen folgten in der Regel Sanktionen bis zur Entlassung. Daß diese Gebote auch körperliche Fügsamkeit einschließen konnten, bekam eine Reihe von Dienstmädchen hautnah zu spüren. Bezeichnenderweise suchte eine Londoner Kaufmannsgattin Ende des 19. Jahrhunderts in ihren Inseraten nach Dienstmädchen mit »leichten Schönheitsfehlern« und begründete dies gegenüber ihrer Schwiegertochter damit, daß sie mit »hübschen Dienstmädchen« im Haus um die Moral ihres Mannes fürchten müßte. Da der euphemistisch als Seitensprung bezeichnete Ehebruch der Bürgermänner gemeinhin als Kavaliersdelikt galt, dürfte die Dunkelziffer der Dienstmädchen, die deren Opfer wurden, sehr hoch liegen.

Die einzigen Familienmitglieder, zu denen die Dienstmädchen in der Regel ein entspanntes, ja freundschaftliches Verhältnis pflegen konnten, waren die Kinder der Familie. Dies wissen wir vor allem aus bürgerlichen Kindheitserinnerungen, die bei der Schilderung des Dienstmädchens häufig in einen versonnen-schwärmerischen Ton verfielen. Häufig waren das Gesicht, die Stimme, der Körper und der Geruch des Dienstmädchens den Kindern vertrauter als die der Eltern. Dienstmädchen, die aufgrund ihrer Sozialisation körperliche Nähe zu Eltern und Geschwistern gewohnt waren, genossen ihrerseits die vermißten Liebkosungen, die sie von seiten der Hausfrau gar nicht und von seiten des Hausherrn als bedrohlich erfuhren.

In vielem ähnelte sich die Lage von Kindern und Dienstmädchen: Oft waren sie altersmäßig nicht weit auseinander, auf alle Fälle unterstanden sie der Befehlsgewalt der Bürgereltern und teilten den Ausschluß aus ihrer Welt und das daran geknüpfte Unverständnis ihrer Werte und Vorstellungen. Dienstmädchen und Herrschaftskinder, die gemeinsam mit großen Augen durch die Lücken des Treppengeländers das gesellschaftliche Treiben der Eltern und ihrer Freunde beobachteten, gehörten zu den häufig gezeichneten Bildern dieser Solidargemeinschaft zwischen Küche und Kinderstube. Geteilte Freude bedeutete auch geteilte Geheimnisse und geteiltes Leid. Vielfach fanden sich Dienstmädchen und Bürgerkinder als Verbündete zusammen, um Verstöße gegen elterliche Regeln zu kaschieren, um Strafen zu entgehen und Verboten auszuweichen. In der Regel waren es die Dienstmädchen, die kleine Sünder mit dem vorenthaltenen Pudding versorgten oder für sie bei den Eltern um Gnade baten. In den Kindern der Herrschaft fanden sie liebevolle Tröster und interessierte Zuhörer, wenn sie Heimweh und das Bedürfnis überfielen, von ihrer eigenen Familie zu erzählen. Gefühlvoll sang man mollgestimmte Küchenlieder, die bürgerliche Tabubereiche wie Verführung, Untreue, Kindsmord und Tod berührten, und ängstigte sich bei dramatischen Sagen und Gruselgeschichten.

Die Kinderwelt und die noch wenig entzauberte Welt, aus der Dienstmädchen kamen, fanden sich hier harmonisch zusammen. Das Gefühl der Fremdheit, das sich für Dienstmädchen in Bürgerfamilien selten verlor, war im Kontakt mit den Kindern am wenigsten ausgeprägt. Deren Empfänglichkeit für das Geheimnisvolle und Unerklärliche versetzte die Dienstmädchen häufig zurück in die eigene Welt mit Werten und Vorstellungen, deren Auflösung das Bürgertum sich als Verdienst anrechnete. Ebendiese holte es sich aber in der Person des Dienstmädchen wieder ins Haus. Wollte man den bürgerlichen Wertehimmel nicht verdüstern, galt es, den als unheilvoll betrachteten Einfluß des Dienstmädchens gerade auf die Kinder unter strenger Kontrolle zu halten. Diesen Windmühlenkampf zumindest beschwor die Flut pädagogischer Ratgeber, die im Laufe des 19. Jahrhunderts den Buchmarkt überschwemmte.

Einzig in Situationen, in denen die aufgeklärte Bürgerwelt ins Wanken geriet, schlug die Stunde des Dienstmädchens. Dies galt in der Regel immer dann, wenn die Natur ihr Recht forderte, namentlich bei Geburten, Krankheiten und Tod. In dem Maße, in dem das Bürgertum all diese mit Körperlichkeit verbundenen Lebensäußerungen aus seinem Sprechen und Sehen verbannt hatte, geriet es in die Abhängigkeit von Experten. Neben den professionellen Spezialisten zählten dann auch wieder die traditionellen. So wünschte sich die Hausherrin im Kindbett nicht zufällig häufig das Dienstmädchen zum Beistand. Waren die Mediziner mit ihrem Latein am Ende, kamen die Heilkräuter und Geheimrezepturen der Dienstmädchen wieder zu Ehren. Sophia Möller etwa berichtet in ihren Lebenserinnerungen davon, daß sie den Säugling ihrer Herrschaft mit einer Prise Salep, einer zu Pulver gestoßenen Orchideenart, kuriert habe. Von solchen Fällen, in denen die ärztliche Kunst versagte und bewährte Hausmittel die Oberhand gewannen, wissen Bürger wie Dienstmädchen in ihren Erinnerungen zu berichten. Angesichts des Todes konnten häufig alle Distanzen überwunden werden. Hier trat die nach außen hin sorgsam verhütete Vertrautheit zutage. So erfuhr es auch Miele. Während vorher die Kommunikation zwischen der Frau Ökonomierat und ihr auf ein Minimum beschränkt blieb, durfte Miele am Krankenbett ihrer Herrschaft stundenlang erzählen, und am Ende kroch sie zu der Sterbenden ins Bett.

Nicht nur in solchen Situationen wurde Dienstmädchen bewußt, daß die Welt der Herrschaft nicht unbedingt der ihren überlegen war. Schließlich wurden sie tagtäglich Zeuginnen des Kampfes um den schönen Schein gegenüber dem bürgerlichen Sein, wodurch sie mehr sahen und hörten, als es dem Bürgertum lieb sein konnte. »Wir alle, ob wir unsere Dienstboten gut oder schlecht behandeln, sind in ihren Händen und ihrer Klatsch- und Verleumdungssucht preisgegeben«, hieß es um 1900 in einer der vielen empörten Erwiderungen auf die von Oscar Stillich durchgeführte Enquete, der sich die Herrschaften weitgehend durch Boykott entzogen hatten: »Dienstboten sehen und hören Alles, mißverstehen das Meiste und legen es auf ihre Weise zu unseren Ungusten aus. Wir stehen den ganzen Tag unter ihrer Aufsicht. Nichts bleibt ihnen verborgen, und mit der größten Schnelligkeit wird aus der Mücke ein Elefant. Wie häufig schwirren Gerüchte durch die Luft, der gute Name einer Frau ist plötzlich vernichtet, der Kredit eines Mannes untergraben, die Schulden oder Liebschaften eines jungen Mannes werden bekannt.« Auch die gesamteuropäisch hörbaren Warnungen »nicht vor den Dienstboten«, *pas devant les domestiques* und *not in front of the servants* spiegelten die Ängste des Bürgertums wider, daß Familienintima durch das Dienstmädchen an die Öffentlichkeit dringen könnten. Ein durchs Schlüsselloch äugendes oder an der Tür lauschendes Dienstmädchen gehörte auch zu den beliebten Motiven zeitgenössischer Karikaturisten. Der Begriff »Gerüchteküche« mag aus diesem Klischee erwachsen sein. Je enger das Zusammenleben sich gestaltete, desto eher und tiefergehend schauten die Dienstmädchen hinter die Kulissen. Eine potentielle Indiskretion, die das Private öffentlich machte, lüftete den mühsam gewobenen Schleier einer respektablen Bürgerexistenz gegenüber einem ungebetenen Publikum, das sich nicht nur auf die Dienstmädchen selbst beschränkte, sondern mit ihrer Hilfe über Milchmänner, Markthändler und Kolleginnen in befreundete und verfeindete Häuser drang. Aus vertrauten Mitwisserinnen konnten allzu schnell – so die vielfach vernehmbare Furcht – wißbegierige Verräterinnen werden. Aus der anfänglichen Bewunderung, die das junge Dienstmädchen vom Lande dem distinguierten Lebensstil seiner bürgerlichen Herrschaft entgegengebracht haben wird, konnte bald Verwunderung und aus respektvoller Achtung spöttische Verachtung werden. Das Dienstmädchen kannte nicht nur den mehr oder weniger frugalen bürgerlichen Speiseplan, sondern auch die übrigen Anstrengungen des dem Gebot des Sparens unterstellten Bürgerhaushaltes. Sorgsam gehütete Familiengeheimnisse, -fehden und -fehltritte konnten ihm nicht verborgen bleiben und statteten es mit einem Trumpf aus, den auszuspielen jedoch den Verlust der Stelle nach sich gezogen hätte.

Um diesem Risiko zu entgehen, übernahmen die Dienstmädchen in dieser Inszenierung bürgerlicher Privatheit einen Part, der die Achtung vor der Herrschaft einmal mehr auf eine Zerreißprobe stellte. »Unsere heutigen Umgangsformen sind ein dichtverschlungenes Gewebe von sehr viel Lüge und sehr wenig Aufrichtigkeit«, konzedierte 1881 die Familienzeitschrift *Daheim* und spielte dabei vor allem auf das gängige »Sich-Verleugnen-Lassen« durch das Dienstmädchen an. »Einem unverdorbenen und ungeschulten Dienstmädchen kann man anfangs die Verwunderung über solches Gebaren an den Augen ablesen«, warnte eine Koryphäe in Sachen Benimm. Dienstmädchenerinnerungen gaben ihr recht. Kopfschüttelnd berichtete etwa Alice Jaggard ihren Eltern von dieser eingebürgerten Gepflogenheit, und ihre deutsche Kollegin Marie Sans Gène schloß scharfsinnig: »Der gute Ton besteht doch hauptsächlich darin, daß man vieles verschweigt, was man denkt, und vieles sagt, was man nicht denkt.«

Eine solche von Mißtrauen und Unverständnis gefärbte Atmosphäre scheint im Laufe des 19. Jahrhunderts immer mehr um sich gegriffen zu haben. Als das auflagenstarke Familienblatt *Die Gartenlaube* am 1. Januar 1853 zum ersten Mal in die bürgerlichen Wohnstuben flatterte, zierte die Titelvignette noch eine Biedermeierfamilie, die unter einer Laube um einen runden Tisch sitzt. Auf der rechten Bildseite trägt das Dienstmädchen mit freundlichem Blick auf die Herrschaftsfamilie das Kaffeegeschirr vorbei. Bereits zu Beginn der 1860er Jahre hatte sich ein wesentliches Detail verändert: Das Dienstmädchen fehlte. Diese Verbannung war symptomatisch für einen allgemeinen Trend zunehmender Distanz und anschwellender Disharmonien.

Dabei waren Klagen über Dienstmädchen so alt wie der Beruf selbst. Gleichsam jede neue Generation trauerte der »guten, alten Zeit« treuer und fleißiger Dienstboten nach. Doch je weiter das Jahrhundert voranschritt, desto größer wurde die Einigkeit der Herrschaften: Niemals zuvor seien Dienstmädchen »unverschämter«, »fordernder«, »unzuverlässiger«, »eigensinniger« und »klatschsüchtiger« gewesen. Konservative Publizisten wie Wilhelm Heinrich Riehl, Frédéric Le Play oder Georgina Hill beschworen um die Jahrhundertmitte in ihren vielgelesenen Büchern eine goldene Vergangenheit, in der ein Dienstbote noch als Familienmitglied zählte, gleichsam wie die Kinder in die Familie eingebunden war, mit am Eßtisch saß und Freuden und Nöte der Familie in unverbrüchlicher Loyalität über viele Jahre teilte.

Selbst wenn dieses Ideal auch zu Jahrhundertanfang wohl nur sehr selten der Realität entsprochen hatte, deutete vieles in der Tat darauf hin, daß die Spannungen wuchsen. Die Pflicht der Dienstmädchen, Uniform zu tragen, bei gleichzeitigem Klagen über die dienstmädliche Putzsucht, deutete auf die Angst vor verschwimmenden Grenzen. »Ein Wettstreit in Kleidung und Haartracht mit der Herrin oder der Tochter des Hauses wird niemals geduldet. Ebenso muß das den Kindern und Töchtern des Hauses zur Begleitung beigegebene Hausmädchen sich in seinem Äußeren durchaus als Dienerin kennzeichnen«, hieß es in einem »Wegweiser des feinen Taktes« kurz nach der Jahrhundertwende. Zu den Distanzierungsbemühungen gehörten auch die immer üblicher werdenden Dienstbotenaufgänge, -mahlzeiten und die vom familiären Geschehen möglichst weit abgelegenen Unterbringungen – eine Neuheit, die sogar in den Puppenhäusern des ausgehenden 19. Jahrhunderts ihren Niederschlag fand.

Zwei Gründe leisteten dieser räumlichen und emotionalen Distanzierung Vorschub. Zum einen ist die große und größer werdende Fluktuation der Dienstmädchen zu nennen, deren Mehrheit sich im 19. Jahrhundert als hochmobile Gruppe erwies. Hoffnung auf Verbesserung begründete diesen ausgeprägten Hang zur Veränderung. Die Herrschaften wurden die dienstbaren Geister, die sie riefen, häufig eher wieder los, als ihnen recht sein konnte. Glaubt man zwei Umfragen und statistischen Auswertungen, die im Jahr 1899 in London und Berlin durchgeführt wurden, verspürten drei Viertel der Londoner Dienstmädchen spätestens nach drei Jahren den Wunsch, »to have a change«, während es in der deutschen Metropole sogar über 90 Prozent waren, die sich bereits nach einem Jahr »verändern« wollten. Wenn auch in allen europäischen Großstädten die Mobilitätsrate generell höher lag als in den kleinen und mittleren Städten, ändert das wenig an der allgemeinen Tendenz. Gefördert wurde diese Wanderlust der Dienstmädchen noch durch verheißungsvolle Angebote, mit denen sich das Bürgertum gegenseitig die Dienstmädchen abwarb.

Diese wenig feine Methode nahm in dem Maße zu, in dem sich – und hier ist der zweite Grund zu suchen – Angebot und Nachfrage auf dem Dienstbotenmarkt nicht mehr die Waage hielten. Die sogenannte Dienstbotenfrage wurde zum zentralen Thema, um das die Gespräche der bürgerlicher Kaffeekränzchen kreisten, bei denen die Frau Doktor und die Frau Kommerzienrat regelmäßig das Klagelied über »das Personal« anstimmten. Die Verknappung auf dem Dienstbotenmarkt schien, will man diesen Damen und anderen zeitgenössischen Berichten Glauben schenken, ein selbstbewußteres Auftreten bei den Dienstmädchen bewirkt zu haben. In der *Augsburger Allgemeinen Zeitung* beispielsweise war 1865 von 40000 Berliner weiblichen Dienstboten zu lesen, »innerhalb deren die Concurrenz so gering ist, daß sie im Stande sind, den Hausfrauen Gesetze vorzuschreiben«.

Tatsächlich erlaubte es die Situation am Ende des 19. Jahrhunderts den Dienstmädchen, anspruchsvoller aufzutreten. Alternativen zum Dienst taten sich auf. Abgeschreckt von Ruf und Realität der Unfreiheit, die dem Dienstmädchendasein anhafteten, gingen immer mehr ihrer Zeit- und Klassengenossinnen Ende des 19. Jahrhunderts nicht auf die Suche nach anderen Herrschaften, sondern nach anderen Erwerbsmöglichkeiten. Besonders Töchter städtischer Arbeiter zogen es vor, dem Beispiel ihrer Väter zu folgen und Arbeit in den Fabriken anzunehmen. Dort entwickelte sich ein großer alternativer Arbeitsmarkt. Im Vergleich zum häuslichen Dienst erwies sich die Fabrikarbeit als inhaltlich und zeitlich geregelter und finanziell deutlich attraktiver. Diese jungen Fabrikarbeiterinnen trafen Dienstmädchen dann beim Tanzen und anderen Vergnügungen, bewunderten und beneideten ihren Schick und ihre Selbstsicherheit und lernten eine auch für sie mögliche Option kennen, mit der im Hinterkopf sie an den herrschaftlichen Herd zurückkehrten. Im Fall von Konflikten mit der Herrschaft, so das Fazit dieser Erfahrung, waren sie damit nicht mehr auf ein einigermaßen vorzeigbares Zeugnis angewiesen, um Chancen bei der nächsten Stellung zu haben, sondern konnten einen ganz anderen Weg wählen.

Daß dieser Weg letztlich in der Ehe münden sollte, galt für die meisten Dienstmädchen als Selbstverständlichkeit. Ihre zeitweilige Tätigkeit in fremden Haushalten diente lediglich als Überbrückungsphase bis zur Gründung des eigenen Hausstandes. An wessen Seite dies geschehen sollte, gehörte zu den Kernfragen, um die sich die Gedanken und Träume der Dienstmädchen in ihrer spärlichen Freizeit drehten. Nicht zuletzt das Wissen oder zumindest die Hoffnung, mit einer absehbaren Heirat die ungeliebte Tätigkeit aufgeben zu können, machte diese oft überhaupt erst erträglich.

Doch Traumprinzen waren auch in Dienstmädchenkreisen rar. Die seltenen Gelegenheiten des Zusammentreffens erlaubten es Dienstmädchen und ihren Zukünftigen nicht, sich lange zu prüfen, ehe sie sich ewig banden. Häufig waren es die ersten Tanzpartner, Verwandte von Freundinnen oder beim täglichen Einkauf gemachte Bekanntschaften, denen Dienstmädchen die Hand fürs Leben reichten. Besonders unter Handwerkern und Kleinhändlern galten Dienstmädchen als »gute Partie«, brachten sie doch neben einer ersparten Aussteuer, weitreichenden hauswirtschaftlichen Kenntnissen und Fertigkeiten auch häufig im Dienst mehr oder minder bewußt angenommene bürgerliche Verhaltensmuster und Wertvorstellungen mit. Ungeachtet dessen gaben, verfolgt man die Statistiken, die meisten entweder einem Fabrikarbeiter das Jawort oder fanden ihren Zukünftigen in ihrem Heimatdorf, womit sie sich ihrem Herkunftsmilieu nicht nur räumlich, sondern auch sozial wieder annäherten. Garantien, mit der Wahl des Dienstmädchenberufs gleichzeitig Heiratschancen zu bekommen, die einen sozialen Aufstieg versprachen, entstammten offensichtlich vor allem den Phantasien bürgerlicher Statistiker. So versuchte im Jahr 1889 der Berliner Freiherr von Fircks, das gesunkene Prestige des häuslichen Dienstes aufzuwerten, indem er Dienstmädchen als beliebte Heiratskandidatinnen gleich nach den bürgerlichen Haustöchtern rangieren ließ.

Inwieweit Dienstmädchen in ihren eigenen Familien dann bürgerliche Werte umsetzten, ihren Haushalt nach Vorbild der Herrschaftsfamilien zu führen versuchten und ihre Kinder entsprechend erzogen, läßt sich kaum feststellen. Daß der Dienst spurlos an ihnen vorüberging, ist eher unwahrscheinlich. Immerhin verbrachten sie gerade jene Jahre in bürgerlichen Haushalten, die gemeinhin als prägend gelten. Je positiver ihre Bilanz im Rückblick ausfiel, desto mehr werden die in ihren Stellungen gesammelten Erfahrungen ihr zukünftiges Leben bestimmt haben.

Eben diese Nähe zum Bürgertum, ob nur räumlich oder auch mental, wurde von seiten der europäischen Arbeiterbewegungen als eine Ursache ins Feld geführt, um die fehlende Solidarität und Politisierbarkeit von Dienstmädchen zu erklären. Ihre merkwürdige Zwitterstellung zwischen den Klassen machte sie zu unzuverlässigen Sorgenkindern der Sozialdemokraten. Obwohl es Ende des Jahrhunderts in nahezu allen europäischen Großstädten zu Versuchen kam, Dienstmädchen zu mobilisieren und zu organisieren, scheiterten diese letztlich auch an der hohen Fluktuationrate und der weitgehenden Vereinzelung am Arbeitsplatz. Die Ausnahme Kopenhagens, wo die Dienstmädchenbewegung dank einer charismatischen Führerin zeitweilig auf ein größeres Echo stieß, bestätigte lediglich die Regel, daß Dienstmädchen europaweit auf Druck und Konflikte am Arbeitsplatz mit Stellenwechsel oder Heirat reagierten, nicht aber mit kollektiven Anstrengungen zur Beeinflussung ihrer Berufssituation.

In Anbetracht der Eigenarten des Dienstmädchendaseins fällt es schwer, diese Lebens- und Arbeitsform mit anderen Prozessen im 19. Jahrhundert in Einklang zu bringen. Nach Funktion, Recht, Entlohnung und Arbeitsplatzbeziehungen verlief sie quer zu nahezu allen Entwicklungen einer sich modernisierenden Gesellschaft. Nicht zuletzt das Bild einer sich für Familie und Haushalt aufopfernden Frau, deren »Arbeit aus Liebe« einer materiellen Entlohnung widersprach, half die Legionen von Dienstmädchen länger aufrechtzuerhalten, als es gegenläufige Prozesse zumindest am Jahrhundertende hätten erwarten lassen. Gleichsam wie ein Faden aus alter Zeit durchwirkten Dienstmädchen die in vielen Bereichen moderne Gesellschaft des 19. Jahrhunderts und trugen mit ihrer Existenz entscheidend zu ihrem zwischen neu und alt schillernden Design bei. Mit Beginn des Ersten Weltkrieges, der das Ende des »langen« 19. Jahrhunderts markierte, ging auch das Jahrhundert des Dienstmädchens zur Neige.

Kapitel 7

Die Lehrerin

Claudia Huerkamp

Lehrerin – ein Bildungsberuf für Bürgertöchter

»Hübsch seid ihr nicht, Geld habt ihr nicht, also von Heiraten ist keine Rede.« Diese ernsten Aussichten führte ein relativ gutverdienender höherer Beamter, der aber, da er kein Vermögen hatte und überdies Vater von fünf Kindern war, trotzdem sparsam wirtschaften mußte, seinen beiden Töchtern in den 1880er Jahren beständig vor Augen und ermunterte sie, gleich den drei Söhnen, die alle studierten, einen Beruf zu erlernen. Das klingt hier so, als habe er seinen Töchtern nahegelegt, aus einer ganzen Palette möglicher Berufe sich einen ihnen genehmen herauszusuchen; dieser Eindruck trifft aber mitnichten die damalige Realität. Nimmt man diese genauer unter die Lupe, reduziert sich die Vielzahl möglicher Berufe im Grunde auf einen einzigen, der, wenn man nicht strikt am Ideal der bürgerlichen Frau als »Gattin, Mutter und Hausfrau« festhielt und aus diesem Grunde jede berufliche Betätigung eines bürgerlichen jungen Mädchens ablehnte, als der einzige halbwegs »standesgemäße« für die »höhere Tochter« gelten konnte: der Lehrerinnenberuf.

Diese Berufswahl nahm im gesamten 19. Jahrhundert an Umfang zu, je mehr Volksschulen sowie private und öffentliche höhere Mädchenschulen gegründet wurden. Dabei machte sich schon früh eine auch soziale Differenzierung zwischen den Aspirantinnen auf eine Volksschullehrerinnenstelle und denen, die einen Posten an einer privaten oder öffentlichen höheren Mädchenschule anstrebten, bemerkbar. Nachdem Preußen 1837 eine Lehrerinnenprüfung eingeführt hatte, setzte eine Gründungswelle von Lehrerinnenseminaren ein, die für die Prüfung als Volksschullehrerin einen zweijährigen Kurs, für die Prüfung als Lehrerin an einer höheren Mädchenschule einen dreijährigen Kurs anboten. Schnell wurde deutlich, daß sich die Kandidatinnen für die letztere Prüfung überwiegend aus dem gehobenen Bildungsbürgertum rekrutierten, während die Kandidatinnen für die Volksschullehrerinnenprüfung in größerem Ausmaß aus dem Kleinbürgertum stammten, aus Familien von Volksschullehrern etwa, von Beamten ohne akademische Bildung oder von kleinen Gewerbetreibenden und Handwerkern.

Keineswegs alle Mädchen, die eine Lehrerinnenausbildung absolvierten, taten dies, weil sie darauf angewiesen waren, sich ihren Lebensunterhalt selbst zu verdienen. Viele besuchten ein Seminar auch, um die Zeit nach dem Schulabschluß und dem sich in vielen Fällen anschließenden Pensionatsjahr – bis zur eventuell angestrebten Heirat waren es da ohnehin noch fast zehn Jahre, denn im 19. Jahrhundert traten Bürgertöchter im Durchschnitt erst mit über 25 Jahren vor den Traualtar – sinnvoll auszufüllen. Daß längst nicht alle das Erlernte in einen Beruf zum Geldverdienen ummünzten, zeigen die Zahlen, die das Katharinenstift in Stuttgart 1899 in einem Festbericht über die Feier des 25jährigen Bestehens 1898 veröffentlichte: Von den 432 Absolventinnen hatten nur knapp die Hälfte eine Stelle als Lehrerin in einer Familie, an einer Volksschule oder an einer höheren Mädchenschule inne. 118 hatten geheiratet, und 82 waren ledig, ohne berufstätig zu sein.

Einer zeitgenössischen Schätzung aus dem Jahre 1899 zufolge unterrichteten von sämtlichen Lehrerinnen in Deutschland 47 Prozent an Volksschulen, 8 Prozent an öffentlichen und 19 Prozent an privaten höheren Mädchenschulen; 26 Prozent waren als Hauslehrerin in einer Familie tätig. Viele Frauen nahmen bevorzugt Stellungen bei Familien im Ausland an, etwa in Frankreich oder in England. Das bot ihnen die Möglichkeit, ihre Sprachkenntnisse zu vervollkommnen, was ihnen bei späteren Bewerbungen an einer höheren Mädchenschule in Deutschland von Nutzen sein konnte. Franziska Tiburtius etwa, später eine der ersten – noch in der Schweiz ausgebildeten – deutschen Ärztinnen, fand ihre erste Stelle bei einem pommerschen Landadligen mit vielen Kindern und wechselte von da nach England, wo sie die beiden Töchter des Reverend Roupell unterrichtete.

Die relativ geschützte und geborgene Stellung als Hauslehrerin zog besonders Frauen jüngeren Alters an. Die meisten Lehrerinnen waren bei Ablegung des Lehrerinnenexamens noch sehr jung. Sie hatten bis zum

Alter von ca. 15 Jahren die höhere Mädchenschule besucht, dann eventuell ein Jahr in einem Mädchenpensionat angeschlossen und kamen mit 16 oder 17 Jahren in ein Lehrerinnenseminar. Im Alter von 19 oder 20 Jahren konnten sie fertig ausgebildete, geprüfte und mit einem Zertifikat versehene Lehrerinnen sein.

Das jugendliche Alter der Lehramtsanwärterinnen war ein gesamteuropäisches Phänomen. Gesamteuropäisch war auch die Neigung vieler Gemeinden, bevorzugt Frauen einzustellen. Im Gegensatz zur männlichen Lehrerschaft, die meist wesentlich älter war und aufgrund ihres Alters und Familienstandes höhere Gehaltsforderungen stellte, waren Lehrerinnen nicht nur jung, sondern in der Regel auch ledig. Gingen sie eine Ehe ein, quittierten sie den Schuldienst. Dies wiederum erleichterte es den Kommunen, Frauen schlechter zu bezahlen als Männer. Mit dem Argument, sie müßten ja keine Familie ernähren und sollten deshalb keine hohen Ansprüche stellen, begründeten die meisten Gemeinden vor dem Ersten Weltkrieg, daß die an Lehrerinnen gezahlten Gehälter im Durchschnitt um ein Viertel bis ein Drittel niedriger lagen als die ihrer männlichen Kollegen.

Daß sich im Verlauf des 19. Jahrhunderts immer mehr junge Mädchen aus bürgerlichen Familien dazu entschlossen, ein Lehrerinnenseminar zu besuchen, ging nicht zuletzt auf Veränderungen des bürgerlichen Haushalts zurück, der sich von einer Produktions- *und* Konsumgemeinschaft mehr und mehr zur reinen Konsumgemeinschaft wandelte. Viele Produkte, die früher in arbeitsaufwendigen Verfahren im eigenen Haushalt hergestellt wurden, wie Kerzen, Seife, Weißzeug, konnten nunmehr direkt in den Geschäften erworben werden, weshalb unverheiratete weibliche Verwandte immer seltener einen legitimen Platz etwa im Haushalt eines verheirateten Bruders beanspruchen konnten. Gleichzeitig wurde es immer schwieriger, heranwachsenden Bürgertöchtern eine sinnvolle Aufgabe innerhalb der in ihren Funktionen schrumpfenden bürgerlichen Haushalte zu geben. So klagte etwa Adelheid Mommsen über die Zeit nach ihrer Schulentlassung in den späten 1880er Jahren: »In dem Haushalt, in dem ich mich nun beschäftigen sollte, waren außer der noch rüstigen, immer fleißigen Mutter zwei ältere Schwestern und drei Hausmädchen tätig. Die winzigen Pflichten, die mir oblagen, trugen keine Verantwortung in sich, also keine Freude am Gelingen. Die eigentliche Arbeit machten andere, ein Sich-Mühen, ein Ringen mit Schwierigkeiten war nicht damit verbunden. So fehlte jede Befriedigung; man war sich und anderen zur Last. Was sollte ich da? Was sollte überhaupt aus mir werden?« Diese Frage hatte die junge Frau bald für sich entschieden: Sie wollte in ein Lehrerinnenseminar gehen und Lehrerin werden. Zu ihrer Überraschung stimmte ihr Vater, der Althistoriker Theodor Mommsen, sofort zu, »ja, er begrüßte meinen Entschluß als eine Erleichterung seiner wirtschaftlichen Lage, denn er sei nicht imstande, seine fünf unversorgten Töchter sicher zu stellen«.

Wenn schon ein angesehener, gutverdienender Hochschullehrer wie Theodor Mommsen (der allerdings 13 Kinder hatte) sich so äußerte, wie stark mußte dann erst ein einfacher Oberlehrer die wirtschaftlichen Zwänge empfinden, sobald er für die Ausbildung mehrerer Söhne aufzukommen hatte und außerdem mehrere Töchter zu versorgen waren, denen er unmöglich allen eine standesgemäße Mitgift zukommen lassen konnte. Daß sich die Möglichkeiten, im Falle der Nichtheirat bei einem Verwandten unterzukommen, wegen der geschilderten Strukturveränderungen in bürgerlichen Haushalten immer mehr verschlechterten, erschwerte die Situation. Hinzu trat, daß viele junge Frauen mit Blick auf ihre Brüder, die eine Berufsausbildung absolvierten und ihre Lebensplanung in die eigene Hand nahmen, eine solche traditionelle Lösung ihrer Probleme immer weniger anstrebten. Die aktiveren, geistig regsameren waren weder mit dem müßigen Leben einer »höheren Tochter«, die nach der Schulentlassung ihre Zeit mit Handarbeiten und dem Warten auf den passenden Ehemann verbrachte, einverstanden noch mit der Existenz einer geduldeten, unverheirateten Verwandten. Das hatte sich wahrscheinlich am meisten geändert: die Bereitschaft vieler bürgerlicher Mädchen, sich damit abzufinden, daß über ihr individuelles Schicksal andere entschieden.

Lehrerinnen als Vorkämpferinnen für Frauenrechte

Unter den Frauen, die sich für eine Erweiterung der Berufsmöglichkeiten bürgerlicher Frauen einsetzten, standen Lehrerinnen an vorderster Front. Es waren Frauen, die sich in einer merkwürdig ambivalenten Situation befanden: Einerseits hatten sie sich aus der häuslichen Sphäre ein Stück weit in die Öffentlichkeit vorgewagt, hatten eine gewisse Unabhängigkeit errungen und häufig ausgedehnte Reisen unternommen, um verschiedenen Stellenangeboten zu folgen. Die 1831 geborene Thekla Trinks beispielsweise hatten ihre wechselnden Stellungen als Hauslehrerin oder als Vorsteherin eines Mädchenpensionats von Irland über Frankreich und verschiedene deutsche Städte bis nach Bukarest in Rumänien geführt. Andererseits aber hatten gerade Frauen wie Thekla Trinks unter den Beschränkungen des Lehrerinnendaseins und insbesondere der Gouvernantentätigkeit zu leiden und drängten ebendeshalb darauf, Frauen weitere Bildungs- und Berufsmöglichkeiten zu öffnen.

Welche Beschränkungen gab es? Sie lagen in der Struktur des Mädchenschulwesens. Anders als die höheren Knabenschulen vermittelten höhere Mädchenschulen keine »Berechtigungen«, keine berufsorientierten Bildungspatente. Deshalb besaßen sie auch keine verbindlichen Curricula. Gelehrt wurden verschiedenste Fächer, wobei weibliche Handarbeiten, Literatur, Ästhetik, Musik, französische Konversation im Vordergrund standen, Naturwissenschaften, Mathematik und Sport, wenn sie überhaupt auf der Stundentafel auftauchten, ganz kleingeschrieben wurden. Wir besitzen viele Zeugnisse aus Erinnerungen und Autobiographien ehemaliger Schülerinnen, die ihre Schulzeit als »uninteressant« und »langweilig«, das in ihr erworbene Wissen als »unzusammenhängend« und »oberflächlich« kennzeichnen.

Hinzu kam, daß die Mehrzahl der Mädchenschulen in privater Trägerschaft betrieben wurde, was eine effektive Schulaufsicht nahezu unmöglich machte. Die meistens nach der Zahl der Schülerinnen sowie der Lehrerinnen und Lehrer sehr kleinen Privatschulen übertrafen zahlenmäßig die städtischen und staatlichen Schulen um ein Vielfaches: So hatten in Berlin um 1870 die beiden städtischen und die zwei königlichen höheren Mädchenschulen zusammen knapp zweieinhalbtausend Schülerinnen, während gleichzeitig die 57 Privatschulen von 13 070 Mädchen besucht wurden. In ganz Deutschland gab es 1872 immerhin mindestens 165 städtische oder staatliche höhere Mädchenschulen; damit war Deutschland seinen Nachbarn voraus, denn in Frankreich oder England existierten zu dieser Zeit überhaupt noch keine Mädchenschulen in kommunaler Trägerschaft. Auch hierzulande waren jedoch die kleinen und kleinsten Privatschulen, die schon wegen mangelnder Größe nicht in sämtliche Schulstufen differenzieren konnten, sondern jeweils mehrere Jahrgänge gemeinsam unterrichten mußten, nicht in der Lage, ein ausgefeiltes Curriculum anzubieten.

Ganz anders organisiert und aufgebaut als beispielsweise der universitäre Unterricht war auch der Seminarunterricht der angehenden Lehrerinnen. Ihm ging es nicht um die Vermittlung wissenschaftlich abgesicherten Wissens, geschweige um die Fähigkeit, mit wissenschaftlichen Methoden, Arbeitsweisen und Ergebnissen selbständig umzugehen. Sein Ziel war vielmehr die religiös ausgerichtete Internatserziehung, verbunden mit einer überaus strengen moralischen Beaufsichtigung der einzelnen Seminaristin.

Die Erfahrung solcher strukturellen Mängel und Unzulänglichkeiten, verbunden mit der Gewöhnung an öffentliches Auftreten (und sei es auch nur die Öffentlichkeit einer Mädchenschulklasse), prädestinierte gerade Lehrerinnen dazu, Anwältinnen besserer Mädchenschulen und erweiterter Berufsmöglichkeiten für bürgerliche Frauen zu werden. Es überrascht daher nicht, daß sich unter den Aktivistinnen der Frauenbewegung im Kaiserreich, die sich für diese Ziele stark machten, überaus viele Lehrerinnen befanden. Nicht nur die Führerinnen der Frauenbewegung wie Helene Lange, Gertrud Bäumer, Vorsitzende des Bundes deutscher Frauenvereine (BDF) von 1910 bis 1919, und Agnes v. Zahn-Harnack, die letzte Vorsitzende des Bundes vor 1933, waren ausgebildete Lehrerinnen für höhere Mädchenschulen. Auch viele Frauen aus der zweiten Reihe der Bewegung waren von Berufs wegen Lehrerinnen: Auguste Schmidt, die 1865 zusammen mit Luise Otto-Peters in Leipzig den Allgemeinen deutschen Frauenverein gründete und gleichzeitig als Schulvorsteherin das Steybersche Institut, eine höhere Töchterschule mit angeschlossenem Lehrerinnenseminar, in Leipzig leitete; oder Hedwig Dohm, Minna Cauer, Elisabeth Gnauck-Kühne und Gertrud Baer. Außerdem war die Betätigung vieler Lehrerinnen innerhalb der Frauenbewegung bereits durch ihr Engagement in der professionellen Berufsorganisation, dem »Allgemeinen Deutschen Lehrerinnenverein« (ADLV), gegeben, der lange Zeit der größte Einzelverein im BDF war.

Die Forderungen der organisierten und in der Frauenbewegung engagierten Lehrerinnen gingen in drei Richtungen: Zunächst verlangte man, ähnlich den männlichen Mädchenschullehrern, eine Aufwertung der höheren Mädchenschule. Es sollte ein verbindliches Curriculum erstellt, die Mädchenschulen an das allgemeine Berechtigungswesen angebunden, der wissenschaftliche Unterricht in der Mittel- und Oberstufe ausgebaut werden. Im Lehrplan sollten Mathematik und Naturwissenschaften fest verankert und so die Annäherung an die höheren Jungenschulen vorangetrieben werden. Sodann forderten die Lehrerinnen stärkeren Einfluß auf die Erziehung und Unterrichtung der heranwachsenden jungen Mädchen, dies in klarem Gegensatz zu den männlichen Mädchenschulpädagogen. Um diesen Einfluß in der Oberstufe der Mädchenschulen aber überhaupt ausüben zu können, mußten Lehrerinnen die Fähigkeit erlangen, wissenschaftlichen Unterricht zu erteilen, was, drittens, Forderungen in bezug auf die eigene Weiterqualifikation implizierte.

Mit diesen Forderungen wandten sich Lehrerinnen, unterstützt von der aus England stammenden Kronprinzessin Viktoria, 1887 an das preußische Abgeordnetenhaus. Eine Begleitbroschüre, verfaßt von Helene Lange, begründete und untermauerte die Forderungen der Petentinnen nach größerer Beteiligung von Frauen am wissenschaftlichen Unterricht der öffentlichen höheren Mädchenschulen und nach Errichtung spezieller Frauenakademien für die Aus- und Fortbildung der Lehrerinnen nach englischem Vorbild.

Direkt bewirkte die Petition überhaupt nichts, indirekt allerdings eine ganze Menge. So ist es auf sie zurückzuführen, daß Kaiserin Viktoria während ihrer 99-Tage-Herrschaft 1888 zusätzlich zu den schon seit Januar 1869 im Viktoria-Lyzeum stattfindenden öffentlichen Vorlesungen für Frauen, die von herausragenden Professoren der Berliner Universität gehalten wurden, spezielle Weiterbildungskurse für Lehrerinnen initiierte. Eine zweite indirekte Folge der Petition war die Schaffung sogenannter Realkurse durch Helene Lange ein Jahr später. Diese sollten der Vorbereitung für die Ablegung des schweizerischen Maturitätsexamens dienen, der Voraussetzung, um an einer schweizerischen Universität studieren zu können. Weil dafür keine Kenntnis des Griechischen erforderlich war, konnten die »Realkurse« sich auf ein Zwei-Jahres-Programm in Mathematik, Naturwissenschaften, Ökonomie, Geschichte, modernen Sprachen und Latein beschränken.

Diese Kurse unterschieden sich von denen des Viktoria-Lyzeums dadurch, daß sie mehr darauf zielten, die Fähigkeiten der Schülerinnen zu selbständigem Lernen zu entwickeln, anstatt lediglich ihr Wissen durch öffentliche Vorlesungen zu erweitern, sowie durch einen anderen Adressatenkreis. Die Kurse des Viktoria-Lyzeums wandten sich an sämtliche an Fortbildung interessierte Frauen, während die Langeschen Realkurse vor allem Frauen im Auge hatten, die die schweizerische Maturitätsprüfung ablegen und danach in der Schweiz studieren wollten. Dazu gehörten auch junge Lehrerinnen, die, weil ihnen die akademischen Berufe in Deutschland verschlossen waren, erst einmal den Beruf der Lehrerin ergriffen hatten, damit aber nicht zufrieden waren. So waren die ersten fünf deutschen Ärztinnen – Emilie Lehmus, Franziska Tiburtius, Anna Kuhnow, Elisabeth Winterhalter und Agnes Bluhm – ausnahmslos zuerst Lehrerinnen geworden, bevor sie sich den zu ihrer Zeit noch ungewöhnlichen Weg über das schweizerische Maturitätsexamen und ein anschließendes Medizinstudium in Zürich einzuschlagen trauten.

Die Realkurse wurden gleich im ersten Jahr von 214 Schülerinnen besucht, eine außergewöhnliche Erfolgsbilanz. Aber schon vier Jahre später, 1893, wandelte Helene Lange in der Erwartung, daß die Zulassung von Frauen an deutschen Universitäten unmittelbar bevorstehe, die Realkurse in Gymnasialkurse um, die 1900, nach der Gleichstellung von Gymnasium, Realgymnasium und Oberrealschule im Hinblick auf die Hochschulzugangsberechtigung, in Realgymnasialkurse umgeformt wurden. Nach dem Besuch dieser vierjährigen Kurse legten bis 1905, ein Jahr vor ihrer Auflösung, als die Stadt Berlin einen eigenen Abiturkurs für Mädchen einrichtete, immerhin 111 Mädchen als Externe an bestehenden Jungengymnasien ihr Abitur ab. Das Beispiel machte schnell Schule: 1895 wurde in Leipzig ein Gymnasialkurs nach Berliner Vorbild eingerichtet, und schon 1893 hatte in Karlsruhe das erste deutsche Mädchengymnasium, auch dies eine private Initiative der Frauenbewegung, seine Pforten geöffnet. Weitere Städte folgten, und bis Ostern 1905 hatten 214 Frauen die Abiturprüfung an einem Gymnasium oder einem Realgymnasium bestanden.

Unter diesen Frauen befand sich eine ganze Reihe ausgebildeter Lehrerinnen. Ihnen bahnte das Abitur den Weg zur Universität und zu einem akademischen Beruf. Die hohe Präsenz ehemaliger Lehrerinnen unter den ersten Studentinnengenerationen an deutschen Universitäten belegt ein Sample von 55 Frauen, die vor 1945 studiert hatten; davon waren 14 ausgebildete und geprüfte Lehrerinnen. 13 hatten das Abitur und die allgemeine Hochschulreife nachgeholt; lediglich eine, Emmy Beckmann, wurde – ohne Abitur – erst Oberschullehrerin, dann Studienrätin und schließlich Schulrätin. Unter den Lehrerinnen des Samples, die nachträglich die allgemeine Hochschulreife erwarben, befanden sich die Erlanger Zoologin Rhoda Erdmann und die Göttinger Mathematikerin Emmy Noether, die spätere Dozentin für Literaturwissenschaft an der Universität Jena und SPD-Reichstagsabgeordnete Anna Siemsen sowie die in der Frauenbewegung der 1920er Jahre aktive sächsische Verwaltungsbeamtin Else Ulich. Selbst die bekannte Wissenschaftlerin Lise Meitner, die jahrelang gemeinsam mit dem Physiker Otto Hahn am Kaiser-Wilhelm-Institut in Berlin forschte, mußte auf Wunsch ihres Vaters erst das Lehrerinnenexamen ablegen, bevor sie Abitur machen und an der Wiener Universität Physik studieren durfte.

Die – meist private – Vorbereitung auf das Abitur finanzierten die Lehrerinnen entweder aufgrund eigener zurückgelegter Ersparnisse, oder sie hatten vermögende Eltern, die ihnen sowohl das Abitur als auch das nachfolgende Studium bezahlen konnten. Das war allerdings nicht immer unproblematisch, besonders wenn die Lehrerinnen nach ihrem Examen schon einige Jahre ein, wenn auch keineswegs üppiges, Gehalt bezogen und finanziell auf eigenen Füßen gestanden hatten. Viele zogen es deshalb vor, den Studienwunsch mittels Nachhilfestunden zu finanzieren, anstatt sich in eine erneute Abhängigkeit vom Elternhaus zu begeben. Groß war unter diesen Umständen auch die Anzahl derer, die auf die Erlangung der allgemeinen Hochschulreife verzichteten – insofern ist das Sample mit 13 von 14 Lehrerinnen, die das Abitur nachholten, keineswegs repräsentativ – und statt dessen die ministeriellen Angebote einer Weiterqualifikation annahmen. Das war vor allem die »Oberlehrerinnenprüfung« für seminaristisch vorgebildete Lehrerinnen, die auf männlicher Seite keine Entsprechung hatte. In Preußen 1894 eingeführt, erlaubte sie Lehrerinnen mit mehrjähriger Unterrichtspraxis, ein einem zwei- bis dreijährigen Universitätsstudium adäquates Studium in speziellen Kursen zu absolvieren. Solche Kurse wurden in Breslau, Königsberg, Bonn und Münster eingerichtet, in Berlin wurden sie vom Viktoria-Lyzeum angeboten.

Indes wurde der Wunsch, auch an regulären Kursen und Seminaren an der Universität teilzunehmen, gerade unter den Besucherinnen der Oberlehrerinnenkurse immer stärker, da für sie der tägliche Umgang mit Universitätsprofessoren, die die Kurse leiteten, selbstverständlich geworden war. Das Kultusministerium gab diesem Wunsch bald nach: Seit 1895 durften alle sich auf die Oberlehrerinnenprüfung vorbereitenden Lehrerinnen sich als Gasthörerinnen an jeder preußischen Universität einschreiben, Vorlesungen hören und Seminare besuchen, sofern das den jeweiligen Dozenten recht war. Im Wintersemester 1896/97 studierten an preußischen Universitäten bereits 223 Frauen im Status einer Gasthörerin, darunter 132 Deutsche, von denen sich 40 auf die Oberlehrerinnenprüfung vorbereiteten. Bis Ende 1906 hatten insgesamt 408 Frauen die Oberlehrerinnenprüfung abgelegt. Da die meisten von ihnen in den Schuldienst zurückkehrten, waren sie praktisch die ersten akademisch gebildeten Frauen, die eine Vorbildfunktion für die nachwachsende Generation junger Mädchen ausüben konnten. Denn akademische Vorbilder gab es um die Jahrhundertwende noch so gut wie gar nicht: Die Ärztin, der zweite akademische Frauenberuf par excellence, existierte damals lediglich als im Ausland studierte und approbierte Ausnahme. Auch nachdem der Bundesrat 1899 Frauen die Ablegung des deutschen medizinischen Staatsexamens gestattet hatte, wuchs die Zahl approbierter Ärztinnen in den ersten zwei Jahrzehnten des 20. Jahrhunderts zunächst nur schleppend.

Studentinnen vor dem Ersten Weltkrieg

Daß mit den Oberlehrerinnen erstmals Vorbilder akademischer Berufstätigkeit für junge Mädchen zur Verfügung standen, war gewiß eine der Ursachen dafür, daß sich die philosophische Fakultät sich bei den Studentinnen der ersten Generationen so herausragender Beliebtheit erfreute. Die Zahlen sprechen eine deutliche Sprache: So waren im Wintersemester 1911/12 von 2727 überhaupt in Deutschland studierenden Frauen 2130, genau 78,1 Prozent, an der philosophischen Fakultät eingeschrieben. Letztere war damals zwar noch eine heterogene Sammelfakultät, bildete jedoch schon zum größten Teil Lehrer aus und zählte mithin die sogenannten Schulwissenschaften zu ihren wichtigsten Fächern. Demgegenüber studierten von knapp 53000 männlichen Studenten nur ca. 50 Prozent an dieser Fakultät, obwohl zu diesem Zeitpunkt, verglichen mit der Lage in den 1880er und 1890er Jahren, die Situation auf dem Lehrerarbeitsmarkt, die das Studierverhalten der (männlichen) Studenten maßgeblich bestimmte, sehr günstig war.

An den preußischen Universitäten waren sogar über 80 Prozent der studierenden Frauen an den philosophischen Fakultäten zu finden (1591 von 1896). Von diesen 1591 Studentinnen entfiel der Löwenanteil, zwei Drittel, auf alte und neue Philologien und Geschichte, während gut ein Fünftel Mathematik, Naturwissenschaften oder Chemie studierte. Der Rest verteilte sich auf die sonstigen Studienfächer der philosophischen Fakultät sowie auf Kameralistik, Pharmazie und Zahnheilkunde, Fächer, die vor dem Ersten Weltkrieg noch an dieser Fakultät beheimatet waren.

Doch nicht nur im Hinblick auf die Studienfachwahl unterschied sich die Gruppe der weiblichen Studierenden von der der männlichen. Erhebliche Unterschiede werden auch im Alter, in der sozialen Herkunft und der Konfessionszugehörigkeit sowie in der Art der Vorbildung deutlich. Teilweise sind diese Unterschiede auf die Präsenz ausgebildeter Lehrerinnen unter den Studentinnen zurückzuführen, so etwa das höhere Durchschnittsalter der weiblichen gegenüber den männlichen Studierenden. Die Tatsache, daß von den weiblichen Studierenden 62 Prozent über 24 Jahre und 21 Prozent sogar über 30 Jahre alt waren, während erst 2,6 Prozent der männlichen Kommilitonen ihren 30. Geburtstag gefeiert hatten, ist ein deutlicher Hinweis darauf, daß viele Frauen schon eine Berufsausbildung und – häufig jahrelange – Berufserfahrung hinter sich hatten. In dieselbe Richtung weisen die Zahlen über die Vorbildung der Studentinnen: Im Wintersemester 1911/12 befanden sich unter insgesamt 1686 (reichsangehörigen) Studentinnen an preußischen Universitäten 759 ohne Reifezeugnis, mithin 45 Prozent, während es bei den männlichen Studenten nur knapp 8 Prozent waren.

Die ohne Abitur studierenden Frauen dürften im wesentlichen Studentinnen des »vierten Wegs« gewesen sein: Am 3. April 1909 hatte das preußische Kultusministerium, sozusagen als vorgezogenen Ersatz für die 1913 auslaufende Oberlehrerinnenprüfung, einen Erlaß herausgebracht, der Frauen nach erfolgreicher Absolvierung der drei auf der abgeschlossenen höheren Mädchenschule aufbauenden Klassen des Oberlyzeums, einer Art Lehrerinnenseminar, plus daran anschließender Seminarklasse plus mindestens zweijähriger Unterrichtspraxis an einer höheren Mädchenschule gestattete, sich an einer Universität zu immatrikulieren, allerdings nur an der philosophischen Fakultät, und dort nach sechssemestrigem Studium das Examen *pro facultate docendi* abzulegen. Von der bürgerlichen Frauenbewegung und den Studentinnenvereinen sogleich heftig kritisiert, weil sie fürchteten, die berechtigten Forderungen der Frauen nach Gleichstellung mit den Männern an den Universitäten könnten desavouiert werden, wenn studierwillige Frauen ohne adäquate Vorbildung, sprich: ohne die allgemeine Hochschulreife, zur Universität zugelassen würden, erfreute sich die neue Einrichtung doch großer Beliebtheit bei den betroffenen Lehrerinnen: Die 759 Studentinnen ohne Abitur an preußischen Universitäten im Wintersemester 1911/12, die mit Ausnahme einer Medizinerin sämtlich an den philosophischen Fakultäten studierten – ihnen standen lediglich 702 Studentinnen mit Abitur an den philosophischen Fakultäten gegenüber –, waren mit Sicherheit zum großen Teil Studentinnen des »vierten Wegs«, denn die Fächer Landwirtschaft, Pharmazie und Zahnheilkunde, die man damals ebenfalls ohne Abitur studieren konnte, wurden nur je von einer Handvoll weiblicher Studierender belegt.

Schon im Dezember 1905 hatte das preußische Kultusministerium, wiederum dem Druck von Petentinnen nachgebend, das Examen *pro facultate docendi*, die klassische Voraussetzung für den Beruf des akademisch gebildeten Lehrers, denjenigen Frauen geöffnet, die die dafür nötige Vorbildung in Gestalt einer der drei möglichen Abiturvarianten – am Gymnasium, Realgymnasium oder an der Oberrealschule – vorweisen konnten. Da zu diesem Zeitpunkt Frauen als ordentliche Studierende in Preußen noch gar nicht zugelassen waren, mußte man den Abiturientinnen erlauben, die zum Examen nötigen Veranstaltungen im Gasthörerstatus zu absolvieren. Diese scheibchenweisen Zugeständnisse an die Frauen: ihre generelle Zulassung als Gasthörerinnen im Mai 1895 sowie ihre Zulassung zur medizinischen Approbation durch den Bundesrat 1899 und zum Examen *pro facultate docendi* durch das preußische Kultusministerium 1905, waren unumkehrbare Schritte in Richtung auf die endgültige Zulassung von Frauen zum Hochschulstudium, die dann 1908 für die preußischen Universitäten erfolgte.

Schon einige Jahre vor diesem offiziellen Datum aber konnten Frauen sich mit derselben Selbstverständlichkeit an den preußischen Universitäten bewegen wie nach 1908 auch, sieht man einmal von den Umständlichkeiten ab, die mit dem Status einer Gasthörerin verbunden waren. Dafür liefert die Biographie der 1882 in einem westfälischen Dorf geborenen Anna Siemsen einen anschaulichen Beleg. 1900 oder 1901 legte Anna Siemsen das Lehrerinnenexamen ab, 1905 dann das Abitur an einem Gymnasium in Hameln. Im Sommersemester 1905 nahm sie gemeinsam mit dem Bruder August ein Philologiestudium in München auf – die bayrischen Universitäten standen Frauen seit 1903 offen. Nach zwei Semestern in München wechselte sie zum Sommersemester 1906 nach Münster und anschließend nach Bonn, wo sie das Wintersemester 1908/09 mit dem Staatsexamen abschloß. Kein Wort findet sich in ihrer Biographie über ein eventuelles Zögern vor dem Wechsel von Bayern nach Preußen, wo Frauen zu diesem frühen Zeitpunkt als ordentliche Studierende noch gar nicht zugelassen waren. Aber Anna Siemsen besaß das Abitur, und sie wußte, daß sie unter dieser Voraussetzung auch das Staatsexamen in ihren Fächern – Deutsch, Philosophie, Latein – ablegen konnte. Sie wußte ferner, daß sie überall an der philosophischen Fakultät Vorlesungen hören, Seminare und Übungen besuchen konnte, sofern die jeweiligen Dozenten nichts dagegen hatten. Diese Einschränkung, daß ein Professor Frauen aus seinen Veranstaltungen ausschließen konnte, bestand im übrigen auch nach der offiziellen Zulassung der Frauen 1908 fort. Der Unterschied lag lediglich darin, daß vor 1908 die Frauen ihre Zulassung zu einzelnen Vorlesungen und Seminaren beantragen mußten, während nach 1908 der einzelne Professor, der partout nicht vor einem Publikum, in dem auch Frauen saßen, lesen wollte, einen Antrag auf Ausschluß von Frauen beim Ministerium stellen mußte.

Daß die offizielle Zulassung von Frauen an preußischen Universitäten 1908 längst nicht die Bedeutung hatte, die ihr allgemein zugeschrieben wird, beweist auch die Statistik: Hatten im Wintersemester 1896/97 223 Frauen preußische Universitäten besucht, davon 95 in Berlin, waren es 1902 bereits rund 1000 weibliche Hörer, im Wintersemester 1904/05 allein 650 in Berlin. Dies war, verglichen mit 254 regulären Studentinnen an acht außerpreußischen Universitäten, an denen das Frauenstudium bereits offiziell gestattet war, eine recht ansehnliche Zahl. Einschränkend muß allerdings erwähnt werden, daß vor 1908 die Frage, ob Frauen zugelassen werden sollten, weitgehend ins Belieben des einzelnen Universitätsrektors gestellt war – so hatten zwei Universitäten, nämlich Münster und Königsberg, 1896/97 überhaupt noch keine weiblichen Studierenden zugelassen –, daß mithin der Willkür Tür und Tor geöffnet war. Ferner setzte das beeindruckende quantitative Wachstum der Studentinnenzahlen an den deutschen Universitäten erst *nach* ihrer allgemeinen Zulassung ein: 1908/09 schrieben sich 1132 Studentinnen ein, 1911/12 waren es bereits 2727 und im letzten Friedenssemester, dem Sommersemester 1914, 4053, das entsprach 6,7 Prozent sämtlicher Studierender.

Feminisierung oder Maskulinisierung?

Es bleibt die Tatsache, daß von der Verbesserung des höheren Mädchenschulwesens ein erheblicher Druck auf die Universitäten ausging, sich studierwilligen Frauen zu öffnen. Diese Dynamik, die entscheidend von der bürgerlichen Frauenbewegung und den in ihr organisierten Lehrerinnen angetrieben wurde, berührte auch das Verhältnis von Frauen und Männern im höheren Mädchenschulwesen.

»Es gilt, dem Weibe eine der Geistesbildung des Mannes ebenbürtige Bildung zu ermöglichen, damit der deutsche Mann nicht durch die geistige Kurzsichtigkeit und Engherzigkeit seiner Frau an dem häuslichen Herde gelangweilt und in seiner Hingabe an höhere Interessen gelähmt werde, daß ihm vielmehr das Weib mit Verständnis dieser Interessen und der Wärme des Gefühls für dieselben zur Seite stehe.« Dieser bemerkenswerte Satz ist nicht etwa dem Debattenbeitrag eines besonders verbohrten Mädchenschullehrers entnommen, nein, er stammt aus einer offiziellen Denkschrift an die deutschen Staatsregierungen, die der »Verein von Dirigenten und Lehrenden der höheren Mädchenschulen«, später umbenannt in »Verein für das höhere Mädchenschulwesen«, auf seiner Hauptversammlung in Weimar 1872 beschlossen hatte. Diese Aussage strafte die in Zusammenhang damit erhobenen Forderungen, die höhere Mädchenschule habe eine »harmonische Ausbildung« von Intellektualität, Gemüt und Willen anzustreben sowie die Frau zu einer »edlen Persönlichkeit« heranzubilden, Lügen, denn, so merkte Helene Lange 1887 an: »Wie kann man von einer harmonischen Ausbildung sprechen, wenn man derselben einen so einseitigen Zweck zuweist, wenn man die Persönlichkeit nicht um ihrer selbst willen ausbildet!«

Es war derselbe Verein, der 1888 folgende These zum Beschluß erhob: »Die erziehliche Aufgabe der Schule ist in der Weise am besten zu lösen, daß auf der Unterstufe vorwiegend Lehrerinnen unterrichten, auf der Mittelstufe Lehrer und Lehrerinnen sich in den Einfluß teilen, auf der oberen Stufe aber der männliche Einfluß überwiege.« Diese Aussage erteilte den jahrzehntelangen Bemühungen der Lehrerinnen, auf die Erziehung von Mädchen in allen Schulstufen bestimmenden Einfluß zu nehmen, eine klare Absage. Sie war der Tropfen, der das Faß zum Überlaufen brachte und die Lehrerinnen endgültig zur Gründung einer eigenen Berufsorganisation, des Allgemeinen Deutschen Lehrerinnenvereins, bewog.

Die These des Vereins entsprach der Realität öffentlicher Mädchenschulen: Tatsächlich konzentrierte sich der Unterricht der Lehrerinnen auf die Unterstufe, also auf Schülerinnen im Alter von sechs bis zehn Jahren, während an der Oberstufe fast ausschließlich Männer unterrichteten. Von den 794 wissenschaftlichen Stunden, die 1887 in den Oberklassen der (sieben) öffentlichen höheren Mädchenschulen Berlins gehalten wurden, wurden nur 41 von Frauen erteilt, nämlich 30 Fremdsprachen-, fünf Geschichts-, vier Religions- und zwei Deutschstunden. Hinzu kam, daß die Funktion des Klassenleiters, das Ordinariat, in den Oberklassen der öffentlichen Mädchenschulen fast immer in männlicher Hand lag, ebenso die Leitung der Schulen: Mehr als 90 Prozent der Leiter öffentlicher höherer Mädchenschulen waren Männer, meistens Theologen oder Philologen mit abgeschlossenem Hochschulstudium. In den Provinzschulen erteilten Lehrerinnen zwar im allgemeinen ein paar Oberstufenstunden mehr, aber fast nur in den modernen Fremdsprachen; am Gesamteindruck eines massiven männlichen Übergewichts in der Oberstufe der öffentlichen höheren Mädchenschulen vermochte das kaum etwas zu ändern.

Anders sah es in den privaten höheren Mädchenschulen aus, die zu Anfang der 1870er Jahre nicht nur zahlenmäßig dominierten, sondern auch von viel mehr Mädchen besucht wurden. Hier hatten meist Frauen die Schulleitung inne und stellten die Mehrheit des Kollegiums. Aber schon Anfang der 1890er Jahre besuchten mehr Mädchen öffentliche höhere Mädchenschulen als private, wenn auch letztere mit 647 Schulen in Preußen 1891 immer noch mehr als das Doppelte der öffentlichen 298 ausmachten. Weil die privaten Schulen fast durchweg wesentlich kleiner waren als die öffentlichen, fiel es ihnen schwerer, die Auflagen zu erfüllen, die die preußische Regierung in den Bestimmungen über das höhere Mädchenschulwesen vom 31. Mai 1894 veröffentlicht hatte und die einen ersten Versuch zur Regelung des Mädchenschulwesens in Preußen überhaupt darstellten. Sie legten als Norm für die höhere Mädchenschule neun aufsteigende Klassen fest, als Minimum forderten sie sieben aufsteigende Klassen, dazu Unterricht in zwei Fremdsprachen. Manche der 647 privaten Mädchenschulen des Jahres 1891 konnten diese Anforderungen nicht erfüllen und sanken in die Gruppe der Mädchen-Mittelschulen ab. 1907 gab es in Preußen 248 voll ausgebaute private höhere Mädchenschulen mit neun oder sogar zehn aufsteigenden Klassen gegenüber 201 voll ausgebauten öffentlichen höheren Schulen.

Schon daraus geht hervor, daß anstelle der von den Lehrerinnen immer wieder geforderten Feminisierung des Unterrichts an höheren Mädchenschulen bis zur Jahrhundertwende eine massive *Maskulinisierung* stattfand: Je mehr nämlich die Privatschulen, in denen meistens Frauen das Sagen hatten, an Boden verloren, desto stärker rückten die öffentlichen, in denen Männer eine dominierende Rolle spielten, in den Vordergrund. Mit der von Lehrerinnen und Lehrern gleichermaßen geforderten Aufwertung der höheren Mädchenschule war eben in erster Linie die Akademisierung des »wissenschaftlichen« Unterrichts in den Oberklassen verbunden, der künftig vorzugsweise von akademisch gebildetem Lehrpersonal erteilt werden sollte: eine Qualifikation, die Frauen vor 1896/97 gar nicht und bis zum Ersten Weltkrieg nur in seltenen Ausnahmefällen besaßen. Da nutzte es wenig, daß die Bestimmungen von 1894 dem männlichen Direktor öffentlicher Schulen eine weibliche »Gehülfin« zur Seite stellten, die ihn bei der Lösung der erziehlichen Aufgabe der Schule unterstützen sollte, und daß gleichzeitig festgelegt wurde, daß das Ordinariat, also die Klassenleitung, mindestens einer der drei Oberklassen in die Hand einer Lehrerin zu legen sei. Es war zunächst erst einmal notwendig, Lehrerinnen in der erforderlichen Zahl so weit zu qualifizieren, daß sie die neuen Funktionen auch wahrnehmen konnten.

Dem sollte die bereits erwähnte Oberlehrerinnenprüfung dienen. Bis Ende 1906 bestanden 408 Lehrerinnen diese Prüfung, jährlich also etwa 40. Gemessen an den jährlich über 1000 Lehramtsprüfungen *pro facultate docendi*, mit denen männliche Lehramtskandidaten ihr Studium vor dem Ersten Weltkrieg in Preußen abschlossen, nimmt sich die Zahl zwar lächerlich gering aus. Bedenkt man aber die Schwierigkeiten, die viele Lehrerinnen mit der vorgesetzten Dienstbehörde wegen des erforderlichen (unbezahlten) Urlaubs hatten, bedenkt man ferner die Schwierigkeiten, diesen Urlaub zu finanzieren, bedenkt man schließlich, daß die Lehrerinnen, die sich allen Widrigkeiten zum Trotz der Oberlehrerinnenprüfung unterzogen hatten, bei ihrer Rückkehr in die Schule keineswegs auf Planstellen rechnen konnten, die in Kompetenzen und Gehalt mit ihren gestiegenen Erwartungen harmonierten, daß im Gegenteil Oberlehrer an höheren Mädchenschulen im Durchschnitt mehr als doppelt soviel wie Oberlehrerinnen verdienten: dann erscheint die Zahl von 40 Frauen jährlich vielleicht doch als ganz passables Ergebnis.

Im internationalen Vergleich nimmt sich die Feminisierung der höheren Mädchenschule in Deutschland bescheiden aus: Noch zu Ende der Weimarer Republik machten die festangestellten Studienrätinnen erst die Hälfte des akademisch gebildeten Lehrpersonals an den öffentlichen höheren Mädchenschulen Preußens aus. Zudem befanden sich die finanziell lukrativsten und einflußreichsten Stellen zum größeren Teil in männlicher Hand. Besonders ins Gewicht fällt, daß es den Lehrerinnen nicht gelang, Schulleiterstellen in größerem Ausmaß zu besetzen: 1921 gab es in ganz Preußen lediglich 19 Schulleiterinnen an öffentlichen höheren Mädchenschulen. Nach Anfang 1933, bevor die Nationalsozialisten zuschlagen und Frauen aus einer solchen Position verdrängen konnten, war nur ein gutes Viertel aller Leitungsstellen an öffentlichen höheren Mädchenschulen Preußens von Frauen besetzt. Demgegenüber befanden sich Schulleiterpositionen an höheren Jungenschulen ausschließlich in der Hand von Männern, so daß sich das Verhältnis von männlichen und weiblichen Direktoren 1933 mit 1063 zu 68 darstellte. Ganz anders verlief die Entwicklung in Frankreich und in Großbritannien, wo, sobald Sekundarschullehrerinnen in ausreichender Zahl zur Verfügung standen, eine rasche Feminisierung des gesamten Lehrpersonals stattfand und eine »frauenregierte Welt« der Mädchenschulen entstand.

Die Ursachen für diese ungleiche Entwicklung zu benennen ist nicht einfach. Vor einer eindimensionalen Erklärung warnt ein Blick auf die Feminisierung des Volksschulwesens. Zwar sind in allen europäischen Ländern sowie in Nordamerika in den vier Jahrzehnten vor Ausbruch des Ersten Weltkriegs viele Frauen als Lehrerinnen angestellt worden, doch wäre es falsch, den Grad der ökonomischen oder politischen Entwicklung eines Landes zum Maßstab für den Grad der Feminisierung seiner Lehrerschaft zu machen. Dagegen spricht schon die Tatsache, daß Rußland und Italien um die Jahrhundertwende ungefähr denselben Prozentsatz an Lehrerinnen im Elementarschulbereich aufwiesen wie Frankreich und die USA, nämlich etwa zwei Drittel, während gleichzeitig im kräftig industrialisierenden Deutschland keine 20 Prozent der Elementarschullehrer Frauen waren. Ebenso falsch wäre es, in einem vergleichbaren kulturellen Erbe oder einer gemeinsamen konfessionellen Struktur den entscheidenden Erklärungsfaktor für einen unterschiedlichen Feminisierungsgrad des Lehrerberufs zu suchen: Zu unterschiedlich sind einerseits Zahlen aus den skandinavischen Ländern mit einer ziemlich homogenen kulturellen Tradition, wobei Dänemark um die Jahrhundertwende 28 Prozent, Schweden aber schon 66 Prozent weibliche Volksschullehrer aufwiesen. Auf der anderen Seite steht das katholische Frankreich mit 49 Prozent Frauen in der Elementarlehrerschaft 1906 in scharfem Kontrast zum katholischen Italien, wo der Prozentsatz schon 1900 sehr viel höher war, während er im ebenfalls katholischen Österreich wesentlich niedriger, bei ca. 29 Prozent, lag.

Ein wichtiger Erklärungsfaktor liegt vielmehr darin, ob der Volksschullehrerberuf schon vor der Feminisierung im späten 19. Jahrhundert ein echter Beruf mit Ausbildungsinstitutionen, Prüfungswesen, geregelter Laufbahn, Gehaltsregelungen, Pensionsansprüchen und einem professionellen Berufsverband geworden war. Je mehr er sich nämlich diesem Idealtyp einer *profession* angenähert hatte, desto hartnäckigerer Widerstand gegen die Feminisierung des Berufsstandes war zu erwarten. Vermutlich war genau das der tiefere Grund dafür, warum die deutschen Volksschullehrer wie auch die Philologen dem verstärkten Eindringen von Frauen in ihre Berufsgruppe so nachhaltigen, und lange Zeit äußerst erfolgreichen, Widerstand entgegensetzten. Die weitgehende Professionalisierung der (männlichen) Lehrerschaft der öffentlichen höheren Mädchenschulen zu einem Zeitpunkt, als die Lehrerinnen gerade anfingen, mehr Einfluß auf die Mädchenerziehung für das eigene Geschlecht zu fordern, verlieh den Auseinandersetzungen zwischen Lehrerinnen und Lehrern in Deutschland viel von ihrer Schärfe und Unversöhnlichkeit. Jedoch sagt diese Schärfe noch nichts über das reale Verhältnis im schulischen Alltag aus. Zwar wird es von Schule zu Schule verschieden, vielfach auch von den Persönlichkeiten der beteiligten Lehrer und Lehrerinnen abhängig gewesen sein, aber im allgemeinen wissen wir noch viel zu wenig darüber, wie Männer und Frauen miteinander auskamen, wodurch die Atmosphäre in gemischtgeschlechtlichen Kollegien, die gerade keine rein »frauenregierte« Sphäre darstellten, bestimmt wurde.

Man muß dabei im Auge behalten, daß ein Miteinander der Geschlechter im Arbeitsleben keinesfalls so selbstverständlich wie heute war. Im Gegenteil, in den meisten Bereichen, im Büro, in Ausbildungsinstitutionen und Fabriken, herrschte eine strikte Geschlechtertrennung. Darin lag zweifellos eine Ursache der von Lehrerinnen so heftig vertretenen Auffassung, das heranwachsende Mädchen bedürfe in seiner Erziehung vor allem weiblichen Einflusses. Der Einfluß der Mutter reiche nicht aus, die Schule müsse hier anknüpfen. Mädchen bräuchten gerade in den Entwicklungsjahren eine »Beraterin, der sie sich vertrauensvoll aufschließen können« (Helene Lange). Ein Mann, selbst ein ansonsten sehr guter Lehrer, könne den Launen und Schwierigkeiten heranwachsender junger Mädchen nicht annähernd mit dem Verständnis begegnen wie eine Frau, die selbst vergleichbar schwierige Phasen in ihrer Jugendzeit durchlebt habe. Die Lehrerinnen beanspruchten daher vor allem den Unterricht in den Fächern, in denen erzogen werden sollte, namentlich in Religion und Deutsch, das Ordinariat in den Oberklassen sowie die Schulleitung. Das bedeutete jedoch keineswegs, daß sie auf den männlichen Lehrer verzichten wollten; in Fächern, in denen es mehr um »Verstandeskultur« gehe, in Grammatik, Mathematik, Naturwissenschaften, Geographie, sei der männliche Einfluß durchaus notwendig. Der Frau aber gebühre unbedingt der erste Platz in der Mädchenbildung – und nicht der vierte, wie die Weimarer Denkschrift 1872 behauptet hatte.

Lehrerinnen-Organisationen

Nicht zuletzt diese Meinungsdifferenzen zwischen männlichen und weiblichen Lehrern waren dafür verantwortlich, daß Lehrerinnen eigene Berufsorganisationen gründeten. Das traf im übrigen nicht nur für die Lehrerinnen zu, sondern galt für eine ganze Reihe anderer Berufe auch. So gab es etwa einen Ärztinnenbund, einen Juristinnenverein, eine Vereinigung der Nationalökonominnen sowie als Dachverband den Deutschen Akademikerinnenbund. Letzteren gibt es zwar heute auch noch, jedoch hat er seine Aufgaben ganz gewaltig geändert: weg von der *pressure group*, hin zum Diskussionszirkel.

Hervorstechendstes Merkmal des 1890 gegründeten Allgemeinen Deutschen Lehrerinnenvereins war es, daß er im Gegensatz zu den Verbänden der männlichen Lehrer Lehrerinnen aller Schulgattungen in sich vereinte. Das hatte seinen Grund darin, daß bis ins 20. Jahrhundert hinein alle Lehrerinnen ihre Ausbildung in dem traditionellen Lehrerinnenseminar erhielten, das üblicherweise auf der höheren Töchterschule aufbaute. Im Gegensatz dazu gehörten bei den männlichen Lehrern die Volksschullehrer und die Lehrer an den höheren Knabenschulen von jeher verschiedenen Berufsfeldern an, mit völlig unterschiedlichen Bildungsvoraussetzungen – für den Beruf des Volksschullehrers reichte der Volksschulabschluß, während für die »Philologen« seit 1810 Abitur und Universitätsstudium vorgeschrieben waren.

Indes machten sich auch innerhalb der Einheitsorganisation des Allgemeinen Deutschen Lehrerinnenvereins, dessen Vorsitz über drei Jahrzehnte lang Helene Lange führte, bald die divergierenden Interessen unterschiedlicher Lehrerinnengruppen bemerkbar. Hatte der Verein sich zunächst hauptsächlich mit Problemen der höheren Mädchenschule befaßt, da die meisten seiner Mitglieder dort tätig waren, rückten allmählich Fragen des Volksschulwesens stärker in den Vordergrund. Das führte zur Bildung von Sektionen einzelner Lehrerinnengruppen, wozu die Musiklehrerinnen (1897) und die Lehrerinnen für technische Fächer (1905) gehörten.

Im Jahre 1900 wurde die Sektion für höhere und mittlere Schulen gegründet, innerhalb deren dann 1903 bzw. 1905 der Verband akademisch gebildeter und studierender Lehrerinnen entstand, dessen Mitglieder sich vor dem Ersten Weltkrieg größtenteils aus Oberlehrerinnen rekrutierten. Er war der mitgliederstärkste der Frauenvereine, die akademisch gebildete Frauen einer bestimmten Berufsgruppe organisierten.

Neben dem ADLV – er organisierte 1891, ein Jahr nach seiner Gründung, 2723, 1893 schon 5556, zehn Jahre später 17000 und 1909 über 23000 Lehrerinnen – gab es konfessionelle Lehrerinnenverbände. Blieb der evangelische Lehrerinnenverein zahlenmäßig unbedeutend, konnten der Verband katholischer deutscher Lehrerinnen (VkdL) und der Verein katholischer Oberlehrerinnen Deutschlands (VkOD) einen erheblichen Anteil der mehrheitlich katholischen Lehrerinnen organisieren. Während der 1885 gegründete VkdL bis zur Jahrhundertwende höchstens ein Drittel der Mitglieder des ADLV hatte, stieg seine Mitgliederzahl nach der Jahrhundertwende immer schneller an, bis er 1909 mit 11256 Mitgliedern fast die Hälfte der Mitgliederstärke des ADLV erreicht hatte.

Gleichwohl lassen sich zum Organisationsgrad der Lehrerinnen nur Annäherungswerte nennen. Mit zwischen 18 Prozent und 62 Prozent, bezogen auf preußische Volksschullehrerinnen, lag er jedenfalls deutlich unter dem Organisationsgrad ihrer männlichen Kollegen – dem Deutschen Lehrerverein gehörten 1911 immerhin 75 Prozent aller männlichen Volksschullehrer an; und der Katholische Lehrerverband des Deutschen Reiches zählte 1911/12 52 Prozent der katholischen deutschen Volksschullehrer zu seinen Mitgliedern. Auch der Organisationsgrad der männlichen Philologen, die in den 1920er Jahren beinahe vollzählig im Philologenverband waren, lag deutlich über dem der weiblichen Philologen, von denen höchstens 60 Prozent Mitglieder im Deutschen Philologinnenverband waren. (Für das Kaiserreich läßt sich eine derartige Schätzung des Organisationsgrades nicht vornehmen, da die Zahl studierter Oberlehrerinnen im Schuldienst nicht bekannt ist.)

Der konfessionell gebundene katholische Verband und der ADLV hatten in vielen Punkten dieselben Forderungen, etwa wenn es um die Aufwertung des Mädchenschulwesens ging oder um die Forderung nach gleicher Bezahlung von männlichen und weiblichen Lehrern. In anderen Punkten wiederum unterschieden sich ihre Forderungen voneinander. Letzteres wird besonders deutlich an der Stellung zum Lehrerinnenzölibat.

Der Lehrerinnenenzölibat

Damit ist die Verpflichtung gemeint, die bis 1918 jede Lehrerin an einer öffentlichen Schule bei ihrer Anstellung unterschreiben mußte, daß sie im Falle ihrer Verheiratung aus dem Schuldienst und damit aus dem Beamtenverhältnis ausscheiden werde. Somit bestand die weibliche Lehrerschaft nur aus ledigen – bzw. verwitweten – Lehrerinnen. Erst die Weimarer Reichsverfassung hob 1919 in Artikel 128 Abs. 2 »alle Ausnahmebestimmungen gegen weibliche Beamte« auf, eine Bestimmung, die sich insbesondere gegen die Zölibatsregelung richtete. Bis dahin waren aber Proteste gegen diese Regelung außerordentlich spärlich, denn schließlich war die überwiegende Mehrheit der Lehrerinnen selbst gegen eine Verbindung von Beruf und Ehe und daher durchaus nicht gegen die Zölibatsregelung. 1910 sprach sich der Landesverein preußischer Volksschullehrerinnen, 1911 der Reichsverband der deutschen Volksschullehrerinnen gegen das Verbleiben verheirateter Lehrerinnen im Schuldienst aus. Die konfessionellen Lehrerinnenvereine waren ohnehin dagegen, daß zwei »Berufe«, die die volle Kraft einer Frau erforderten, nämlich der der »Gattin, Hausfrau und Mutter« und der der Lehrerin, miteinander kombiniert würden.

Die erste ernstzunehmende Opposition gegen das weithin akzeptierte Zölibatsgebot kam 1904 auf dem Internationalen Frauenkongreß in Berlin von der Lehrerin Maria Lischnewska, damals stellvertretende Vorsitzende des Landesvereins preußischer Volksschullehrerinnen. Mit ihrer Rede begab sie sich in klaren Gegensatz zur Vorsitzenden des Landesvereins, Elisabeth Schneider, und zur Mehrheit seiner Mitglieder. Sie argumentierte, daß Lehrerinnen ihre sexuellen und mütterlichen Neigungen nicht unterdrücken sollten, daß andererseits Müttern eine Berufstätigkeit nicht vorenthalten werden solle. Verheiratete Lehrerinnen seien die besseren Erzieherinnen, und berufstätige Mütter seien, da zufriedener mit ihrem Leben, die besseren Vorbilder für ihre Kinder. Außerdem ermöglichten zwei Einkommen in der Ehe eine frühere Heirat der Männer und halfen, die Prostitution einzudämmen. Bis in den Weltkrieg hinein blieb diese Position Maria Lischnewskas eine vereinzelte Ausnahme. Eine Umfrage unter evangelischen Lehrerinnen ergab 1911, daß die große Mehrheit ihren Beruf für unvereinbar hielt mit der Aufgabe, einen Haushalt zu führen und Kinder großzuziehen. Auch Helene Lange war im Grunde dieser Ansicht, sie sprach dem Staat jedoch das Recht ab, die einzelne Lehrerin durch die Zölibatsklausel zur Ehelosigkeit oder zur Aufgabe des Berufes bei Heirat zu zwingen; die Entscheidung, ob sie im Schuldienst bleibe oder ausscheide, müsse der einzelnen Lehrerin überlassen bleiben, auch wenn nur sehr wenige die Doppelbelastung von Beruf und Familie auf sich nehmen würden.

Im Ersten Weltkrieg änderte sich die Lage insofern, als viele ehemalige Lehrerinnen, die durch den Kriegstod ihrer Männer zu Witwen geworden waren, in den Schuldienst zurückzukehren wünschten und viele Gemeinden diesem Wunsch bereitwillig entgegenkamen, da die Einberufungen einen teilweise gravierenden Lehrermangel verursachten und zudem die Beschäftigung von Frauen im Durchschnitt billiger war als die von Männern. Vereinzelt wurden aus diesen Gründen auch verheiratete Frauen im Schuldienst belassen, selbst in Preußen, obwohl die preußische Unterrichtsverwaltung sich gegen die Beschäftigung verheirateter Lehrerinnen aussprach und bis Kriegsende ihre Einstellung nicht änderte. Demgegenüber hatte der Gesamtvorstand des Bundes Deutscher Frauenvereine (BDF) schon 1907 in seinen »Grundsätzen und Forderungen der Frauenbewegung« verlangt, es müsse »dem eigenen Ermessen der Frau überlassen bleiben zu entscheiden, wie weit sich die Ausübung eines Berufs mit den Pflichten der Ehe und der Mutterschaft verträgt«. Allerdings setzte sich diese Position über das programmatische Bekenntnis hinaus auf breiter Grundlage erst während des Ersten Weltkrieges im BDF durch.

Damit war eine grundsätzliche Differenz in der Position der katholischen Lehrerinnen und der überkonfessionell organisierten erst in der Weimarer Republik gegeben, vorher höchstens in Ansätzen erkennbar. Sie äußerte sich etwa darin, daß die konfessionellen Lehrerinnenverbände es ablehnten, verheiratete Lehrerinnen überhaupt als Mitglieder aufzunehmen, während sich innerhalb des ADLV Anfang der 1920er Jahre der Reichsverband »Die verheiratete Lehrerin« eigens zur Vertretung der Interessen verheirateter Lehrerinnen aller Schulformen und -stufen gründete. Typisch war ferner eine diametral entgegengesetzte Haltung zum im Mai 1932 vom Reichstag mit großer Mehrheit verabschiedeten Gesetz über die Rechtsstellung der weiblichen (Reichs-)Beamten, dem zufolge verheiratete Reichsbeamtinnen, sofern ihre wirtschaftliche Versorgung durch den Ehemann als gesichert erschien, aus dem Dienst entlassen werden konnten. Während der ADLV in einer Stellungnahme versprach, die Rechtsstellung der verheirateten Lehrerin, die als Landesbeamtin durch das Gesetz noch nicht direkt betroffen war,

»energisch zu verteidigen«, forderte der VkdL, »daß diese Bestimmung so bald als möglich auch auf die Länder hinsichtlich der Lehrerinnen ausgedehnt werde«. Genaugenommen war die Aufhebung der Zölibatsklausel bereits 1923 zurückgenommen worden; seitdem konnten verheiratete Beamtinnen entlassen werden, wenn ihre wirtschaftliche Versorgung gesichert war. Diese Bestimmung der Personalabbau-Verordnung blieb bis 1929 in Kraft und wurde 1932 durch das schon erwähnte Gesetz ersetzt, das die Nationalsozialisten 1933 in einer Novelle noch verschärften.

Ob mit oder ohne Zölibatsklausel – die große Mehrheit der Lehrerinnen gab die Schultätigkeit bei Verheiratung auf. Nur wenige nahmen die Doppelbelastung auf sich und blieben im Schuldienst. Die Meinung, Ehe und Beruf vertrügen sich nicht, hielt sich in den Kreisen der in ihrer großen Mehrheit unverheirateten Lehrerinnen besonders zählebig. Dahinter steckte ein wohlverstandenes Eigeninteresse: Hätten die Lehrerinnen behauptet, der Lehrberuf könne auch neben den Pflichten einer Hausfrau und Mutter erledigt werden, hätten sie ihre eigene Berufstätigkeit entwertet. Hinzu kam, daß Lehrerinnen bis in die 1960er Jahre bei der Geburt eines Kindes weder die Möglichkeit hatten, ihre Beamtentätigkeit zeitweilig zu unterbrechen, noch die, ihr Stundendeputat zu reduzieren. Sie mußten nach der gesetzlichen Mutterschutzfrist von vier Wochen wieder voll in ihren Beruf einsteigen, was bedeutete, daß sie ihre Säuglinge weitgehend der Pflege von Verwandten oder bezahlten Kräften überließen. Es überrascht nicht, daß angesichts dieser starren Arbeitszeitregelung der Lehrerinnenberuf ein weitgehend zölibatärer blieb und die Verheiratetenquote – zumindest bis 1945 – unter 5 Prozent lag.

Bestätigt wird die Vermutung, daß der Ledigenstatus der meisten Lehrerinnen nichts mit der gesetzlichen Festschreibung des Zölibats zu tun hatte, durch den Blick auf andere Länder und Staaten. Denn weder Italien noch England oder die USA kannten ein formales Zölibat, hatten aber gleichwohl ähnlich niedrige Verheiratetenquoten wie das kaiserliche Deutschland oder Österreich. In diesen Ländern war die Vereinbarung von Beruf und Ehe gesellschaftlich derart stigmatisiert, daß kaum eine Lehrerin es wagte, ihre Schwangerschaft der Öffentlichkeit zu präsentieren. In Italien mußten schwangere Lehrerinnen selber für die Kosten einer Stellvertreterin vor und nach der Niederkunft aufkommen.

Das beste Gegenbeispiel liefert wahrscheinlich Frankreich. Hier war die Dritte Republik an einer möglichst hohen Zahl unterrichtender, republiktreu gesinnter, aufgeschlossener, durchaus auch verheirateter Elementar- und Sekundarschullehrerinnen interessiert, und man tat alles, um ihr Bild in der Öffentlichkeit zu polieren. Im Ergebnis war in Frankreich 1898 über die Hälfte der Elementarschullehrerinnen verheiratet. Wenn diese hohe Zahl auch bis 1911 auf etwa ein Drittel zusammenschmolz, blieb dies doch bis weit ins 20. Jahrhundert hinein die bei weitem höchste Prozentzahl verheirateter Frauen im Lehrberuf, die in einem einzelnen Staat erreicht wurde.

Fazit

Der Beruf der Lehrerin ist in mehrfacher Hinsicht symptomatisch für säkulare Zeittrends des 19. und beginnenden 20. Jahrhunderts sowie für strukturelle Eigenheiten und Widersprüche dieser Zeit. Zunächst spiegelt sich im rasanten Wachstum des Lehrerinnenberufs der (nachhinkende) Trend zum längeren Schulbesuch bürgerlicher heranwachsender Mädchen. Gleichzeitig drückt sich darin der wachsende Bedarf an Berufsmöglichkeiten für bürgerliche junge Frauen aus. Solange andere Berufsmöglichkeiten, insbesondere das ganze Spektrum der akademischen Berufe, verschlossen bleiben, ist der Beruf der Lehrerin praktisch der einzige gesellschaftlich halbwegs akzeptierte Bildungsberuf für Bürgertöchter.

Sodann sind gerade unter Lehrerinnen jene Aktivistinnen der bürgerlichen Frauenbewegung besonders häufig vertreten, die für eine Erweiterung der Berufsmöglichkeiten, speziell für die Öffnung der Universitäten für Frauen, eintreten. Daß sie aufgrund ihrer Berufstätigkeit öffentliches Auftreten gewohnt und von den vielfachen Unzulänglichkeiten des höheren Mädchenschulwesens betroffen sind, prädestiniert die Lehrerinnen geradezu zu Anwältinnen besserer Mädchenschulen und erweiterter Berufsmöglichkeiten für Frauen.

Schließlich bietet die Gruppe der Lehrerinnen sich an, um den Geschlechtergegensatz im späten 19. und beginnenden 20. Jahrhundert zu studieren. Sowohl die ständig wiederholte Forderung der Lehrerinnen, die Bildung der heranwachsenden Mädchen müsse vor allem in weiblicher Hand liegen, als auch überhaupt die Ausbildung und berufsständische Organisierung entlang der Geschlechterlinie, in nach Geschlecht getrennten Institutionen, lassen sich nur begreifen, wenn man sich klarmacht, welche ausschlaggebende Rolle damals der Geschlechtszugehörigkeit zukommt, wie rigide die Sphären für beide Geschlechter getrennt sind. Chancen zur Maskulinisierung wie zur Feminisierung der höheren Mädchenschule wechseln einander im Professionalisierungsprozeß der männlichen wie der weiblichen Lehrerschaft ab; daß die Feminisierung der Schule in Deutschland sehr schleppend verläuft, belegt der internationale Vergleich.

Kapitel 8

Der Staatsbürger

Gérard Noiriel

Mit der amerikanischen und der Französischen Revolution gegen Ende des 18. Jahrhunderts betritt eine neue Figur die politische und gesellschaftliche Bühne: der Staatsbürger. Eine universelle Figur, wenn es so etwas überhaupt gibt, denn in den vergangenen zweihundert Jahren hat sie sich überall auf der Welt durchgesetzt. Sogar Staaten, die die Grundsätze der modernen Demokratie mißachten, suchen ihr autoritäres Handeln durch rhetorische Anspielungen auf »Staatsbürgerlichkeit« und »Volkssouveränität« zu bemänteln. Doch trotz seiner allgemeinen Verbreitung liegt der Bedeutungsgehalt des Begriffs »Staatsbürger« keineswegs so klar und deutlich zutage, wie es den Anschein haben mag, und kann je nach Sprache und wissenschaftlicher Disziplin recht unterschiedlich ausfallen. Aus diesem Grund und um die Gefahren vorschneller Vergleiche zu vermeiden, die nur oberflächliche Ähnlichkeiten feststellen können, halten wir es für angebracht, zunächst auf die semantische Mehrdeutigkeit des Begriffs »Staatsbürger« einzugehen und näher zu umreißen, in welchem Sinn wir ihn hier verstehen. Erst im Anschluß an diese Klärung können wir darlegen, inwiefern die Erfindung der »Staatsbürgerlichkeit« die Identität des modernen Menschen tiefgreifend verändert hat.

Was ist ein »Staatsbürger«?

»Citoyen«, »citizen«, »Staatsbürger«

Das politische Vokabular ist mehr als jedes andere in die nationale Geschichte eines Landes eingebettet, weshalb Übersetzungen von einer Sprache in die andere stets Schwierigkeiten bereiten. In gebräuchlichen Wörterbüchern werden die Termini *citoyen, citizen* und *Staatsbürger,* um nur drei zu nennen, als gleichbedeutend behandelt. Doch in Wirklichkeit verweisen sie auf die verschlungenen Wege einer jeweils recht unterschiedlichen politischen Geschichte. Bis ins ausgehende Mittelalter bezeichnet *cives* in erster Linie den Stadtbürger, der aufgrund lehnsherrlich oder königlich eingeräumter Stadtfreiheiten das »Bürgerrecht« besitzt. Die frühzeitige Entwicklung des monarchischen Staats in Frankreich und England erklärt indes, weshalb Philosophen wie Bodin und Hobbes mit dem lateinischen *cives* bereits im 16. und 17. Jahrhundert die *Untertanen* des Königs bezeichneten. Bei Hobbes können die einzelnen nur durch ihre Unterordnung unter die Staatsgewalt hoffen, den »Naturzustand« zu verlassen, um in den »Gesellschaftszustand« einzutreten. Unter diesem Blickwinkel ist der »cives« nicht mehr Stadtbürger, sondern vollgültiges Mitglied einer Gemeinschaft von einzelnen, die sich freiwillig dem Gesetz des Fürsten unterwerfen. Trotz dieser gemeinsamen historischen Ausgangsbasis deckt sich der englische Terminus *citizen* heute nicht mehr völlig mit der Bedeutung des französischen *citoyen.* Denn seit dem 17. Jahrhundert entwickelten sich die beiden Länder politisch auf sehr unterschiedliche Weise. Im Fall von England markierte die »Glorreiche Revolution« von 1688 den Triumph des Liberalismus, dessen beste philosophische Rechtfertigung sich bei John Locke, dem Praktiker und Theoretiker der bürgerlichen Freiheitsbewegung, findet. Locke faßte die Entfaltung der Staatsbürgerlichkeit als graduellen Prozeß, in dessen Verlauf den Staatsbürgern immer mehr Rechte eingeräumt werden, wobei er zwischen öffentlichem und privatem Raum keine klare Trennungslinie zog. Jean-Jacques Rousseau verwarf diese Konzeption der Demokratie in seinem einhundert Jahre später erschienenen *Gesellschaftsvertrag.* Wenn man die Engländer heute als »Staatsbürger« bezeichnet, so liegt dies nach Rousseau einzig und allein daran, daß die Bedeutung, die die antiken Autoren mit dem Wort *civitas* (»Gemeinwesen«) verbanden, »bei den Modernen fast vollständig in Vergessenheit geraten ist: Die meisten halten eine Stadt für ein Gemeinwesen und einen Bürger für einen Staatsbürger« (Rousseau 1988, 165). Obwohl Rousseau die von Bodin und Hobbes erarbeitete Definition von Staatssouveränität nicht verwirft, knüpft er, dem ruhmreichen Beispiel der Alten folgend, vor allem an deren Prinzip der *direkten Demokratie* an, wonach nicht der Fürst, sondern das ganze Volk den Staat leitet. Aus diesem Grund unterscheidet Rousseau im *Gesellschaftsvertrag* strikt zwischen dem Volk als einer Gesamtheit von *Untertanen,* die den Gesetzen des Staates unterworfen sind, und dem Volk als einer Gemeinschaft von *Staatsbürgern,* die an der höchsten Gewalt, das heißt an der Ausarbeitung der Gesetze, teilhaben. Diese neuartige Definition des »Staatsbürgers« gewinnt ihre volle Bedeutung mit der Französischen Revolution, insbesondere bei Sieyès, dessen Verfassungsvorschlag den englischen Liberalismus, der auf der Logik von Wahlen beruht, mit der Rousseauschen Demokratie, die auf der Volkssouveränität fußt, verbindet. Unter diesem Blickwinkel sind nur diejenigen wirklich »Staatsbürger«, die das aktive und passive Wahlrecht besitzen. Parallel und in Widerspruch zu dieser rein politischen Definition des »Staatsbürgers« beansprucht in der Zeit der Französischen Revolution auch eine viel weiter gefaßte Definition Geltung, die – wie der englische Terminus *citizen* – die Gesamtheit der die »Bürgerrechte« besitzenden Einwohner eines Landes umschließt.

Vergleicht man *citoyen* und *citizen* mit dem deutschen Terminus *Staatsbürger,* so zeigt sich sogleich, daß hier nicht mehr der Übergang von der antiken *civitas* zum modernen Staat im Vordergrund steht, sondern die Rolle einer bestimmten Klasse: des Bürgertums. Die enge Beziehung zwischen Stadtbürger und Staatsbürger ist eine Besonderheit der deutschen Geschichte, die sich – im Vergleich zu Frankreich und Großbritannien – aus dem Rückstand beim Aufbau eines monarchischen Staates ergibt. Sogar in Preußen hielt sich die mittelalterliche Definition des *Stadtbürgers,* der als Mitglied einer der lehnsherrlichen Macht entzogenen städtischen Gemeinschaft bis ins 18. Jahrhundert hinein bestimmte Bürgerrechte genoß. Auch das *Allgemeine Landrecht,* der erste Entwurf einer preußischen »Verfassung«, der unter Friedrich II. vorbereitet und unter seinem Nachfolger Friedrich Wilhelm II. angenommen wurde, war von der französischen Verfassung von 1791 noch weit entfernt. Denn hier ging es nicht um die Abschaffung adliger Privilegien, sondern allein um die Unterordnung des Adels unter staatliche Gesetze, was die französische und die englische Aristokratie bereits hundert Jahre zuvor akzeptieren mußten. Als Gegenleistung für seinen Gehorsam erhielt der preußische Adel die gesetzliche Anerkennung seiner Privilegien, so daß die Stände nicht etwa verschwanden, sondern institutionalisiert wurden. Im selben Augenblick, in dem sich Adel und Bürgertum in Frankreich und Großbritannien zunehmend durchmischten, erschien die Mauer zwischen den Ständen in Preußen unüberwindbarer denn je zuvor. Das *Allgemeine Landrecht* goß eine negative Definition des Bürgertums in Gesetzesform: Danach ist Bürger, wer weder zum Adel noch zur Bauernschaft gehört. Doch gleichzeitig wird das Bürgertum durch ebendiese staatliche Verrechtlichung nicht nur in seiner lokalen (städtischen) Besonderheit aufgefaßt, sondern um eine nationale Dimension erweitert. Durch den Übergang vom *Stadtbürger* zum *Staatsbürger* stellte sich die Frage der *Bürgerlichkeit* nun nicht mehr in den Grenzen der Stadt, sondern auf der Ebene des preußischen Staates als Ganzem. Aus diesem Grund traten die Begriffe *Bürger* und *Staatsbürger* seit jener Zeit als Synonyme auf. Der deutsche Gelehrte Garve schrieb dazu im Jahr 1792: »Das Wort Bürger hat im Deutschen mehr Würde als das französische bourgeois ... und zwar deswegen hat es mehr, weil es bei uns zwei Sachen zugleich bezeichnet, die im Französischen zwei verschiedene Benennungen (haben). Es heißt einmal ein jedes Mitglied einer bürgerlichen Gesellschaft, – das ist das französische citoyen; – es bedeutet zum anderen den unadligen Stadteinwohner, der von einem gewissen Gewerbe lebt, – und das ist bourgeois.« (Zit. n. Kocka 1988, 33f.) Wie Jürgen Kocka in seinem Kommentar hervorhebt, bezieht sich das Adjektiv *bürgerlich* hier sowohl auf die »stadtbürgerliche Gesellschaft« wie auch auf die »societas civilis«, die »zivilbürgerliche Gesellschaft«, ja auf die staatsbürgerliche Gemeinschaft überhaupt. Einige zeitgenössische Philosophen wie Hegel und Fichte kritisierten diese Vermischung zwar und betonten den Gegensatz zwischen dem gesellschaftlichen Begriff des *Bürgers,* der auf die Sphäre der Wirtschaft und der »Privatinteressen« abhebt, und dem politischen Begriff des *Staatsbürgers,* der sich auf die Öffentlichkeit bezieht. Doch die aus dem Bürgertum stammenden Intellektuellen, die in der Folgezeit für die Durchsetzung politischer Rechte kämpften (die in der Revolution von 1848 zum erstenmal anerkannt wurden), sollten die Vorstellung einer besonderen Beziehung zwischen Bürgertum und Staatsbürgerlichkeit im gesunden Menschenverstand und allgemeinen Sprachgebrauch ein für allemal durchsetzen.

Der »Staatsbürger« in der heutigen historischen Forschung

Der obige Vergleich zwischen Frankreich, Großbritannien und Deutschland zeigt, daß sich die semantischen Besonderheiten, die dem Begriff *Staatsbürger* in den drei Sprachen anhaften, aus der jeweiligen Landesgeschichte erklären. Wenn wir diese Überlegung noch ein Stück weiter treiben, läßt sich die Hypothese aufstellen, daß sich die unterschiedliche Herangehensweise der Historiker an die Frage der Staatsbürgerlichkeit zumindest teilweise aus diesen Bedeutungsunterschieden und den landesspezifischen Besonderheiten der derzeitigen politischen Lage erklären läßt. In Deutschland, wo der *Staatsbürger* gewöhnlich vor allem als *Bürger* aufgefaßt und ein besseres Verständnis der tiefliegenden Ursachen des Nationalsozialismus angestrebt wird, betrachten die Historiker die Geschichte der Staatsbürgerlichkeit als Folgeerscheinung der sozialen Auseinandersetzungen zwischen Adel, Bürgertum und Proletariat (J. Kocka 1988). Im Fall von Großbritannien ist fraglos die liberale Definition des *Staatsbürgers* dafür verantwortlich, daß die evolutionistische und liberale Konzeption von »Staatsbürgerlichkeit«, wie sie der britische Soziologe T. H. Marshall nach dem Zweiten Weltkrieg entwickelt hat, ein breites Echo findet. Gestützt auf die politische Geschichte Großbritanniens und nur auf sie, behauptet Marshall, der Status des »Staatsbürgers« habe sich nach und nach – durch die Eroberung neuer Rechte – seit dem 17. Jahrhundert herausgebildet, wobei die Bürgerrechte den Anfang machten, gefolgt von den staatsbürgerlichen und schließlich den sozialen Rechten. Doch auch in diesem Fall erklärt sich die Neuentdeckung der Thesen Marshalls aus den politischen Problemen, die in Großbritannien und vor allem in den Vereinigten Staaten heute im Vordergrund stehen. Denn mit Marshalls evolutiver Definition von Staatsbürgerlichkeit lassen sich die Kämpfe der »Minderheiten« um »Gleichberechtigung« besser verstehen und rechtfertigen. Der wachsende Einfluß amerikanischer Arbeiten auf die französischen Sozialwissenschaften ist – vor allem in der Politologie – wohl auch durch die neuere Begeisterung für Theorieansätze motiviert, die die Frage der Staatsbürgerlichkeit unter dem Blickwinkel der Ausweitung der Bürgerrechte angehen. Daher die zunehmende Zahl von Arbeiten zum »Staatsbürgerstatus« im Unternehmen, in der Stadt usw. Da Frankreich jedoch nach wie vor stark durch die »jakobinische« republikanische Tradition geprägt ist und im Vordergrund der Tagespolitik der zunehmende Rechtsextremismus, der europäische Einigungsprozeß und die Immigration stehen, kreist die Reflexion in erster Linie um das Verhältnis von Staatsbürgerlichkeit und nationaler Souveränität. Dies ist der Grund, weshalb in den letzten Jahren zahlreiche Untersuchungen zur Geschichte des allgemeinen Wahlrechts und der Wähler erschienen (Offerlé 1993; Rosanvallon 1992).

Diese verschiedenen historischen Ansätze sollen im folgenden berücksichtigt werden. Darüber hinaus werden auch gegenwartsrelevante Aspekte der Geschichte des Staatsbürgers dargestellt. Wie Kant in seiner *Rechtslehre* darlegt, ist der Staatsbürger letztlich durch die Fähigkeit zur Teilhabe an der gemeinsamen Ausübung der Souveränität definiert. Deshalb habe ich hier besonderes Gewicht auf die Erweiterung der politischen Rechte (in zweiter Linie auf die Wehrdienstpflicht) in den europäischen Ländern im 19. Jahrhundert gelegt. Doch wie Kant hinzufügt, kann ein Staatsbürger nur dann seine staatsbürgerlichen Rechte ausüben, wenn er zuvor alle anderen Bürgerrechte besitzt: die gesetzliche Freiheit, keinem anderen Gesetz zu gehorchen als dem, zu dem die Staatsbürger ihre Beistimmung gegeben haben, die bürgerliche Gleichheit sowie die bürgerliche Selbständigkeit. Daher steht im Mittelpunkt unserer Aufmerksamkeit die Frage, wie diese beiden Dimensionen der Staatsbürgerlichkeit – die bürgerlichen und die staatsbürgerlichen Rechte – im 19. Jahrhundert ineinandergreifen.

Die Geburt der »Staatsbürgergemeinschaften« in Europa (1789–1914)

Die Staatsbürgerlichkeit im Brennpunkt sozialer Kämpfe

Wenn die Mehrheit der Historiker übereinstimmend davon ausgeht, daß der moderne »Staatsbürger« mit der Französischen Revolution entstand, so liegt dies hauptsächlich darin begründet, daß die Frage der Volkssouveränität seit dieser Zeit besondere Bedeutung besitzt. Die Akteure der Revolution hatten vor allem das Problem zu lösen, wie sich die demokratischen Grundsätze, die die Alten im Rahmen der griechischen Stadtstaaten erarbeitet hatten, an die Gegebenheiten des französischen Staates im ausgehenden 18. Jahrhundert anpassen lassen. Wie Abbé Sieyès, dessen Werk für diesen Fragenkreis wesentliche Bedeutung besitzt, hervorhob, war die direkte Demokratie im Athen des fünften vorchristlichen Jahrhunderts nur deshalb möglich, weil der Stadtstaat lediglich ein kleines Territorium umfaßte und das Sklavenhaltersystem die große Mehrheit der Bevölkerung aus der Gemeinschaft der Staatsbürger ausschloß. Ganz anders stellte sich das Problem im ausgehenden 18. Jahrhundert in Frankreich, da sich der Staat hier über ein riesiges Gebiet erstreckte und fast 30 Millionen Einwohner zählte. Darüber hinaus schloß die Erklärung der Menschen- und Bürgerrechte von 1789 jede Form persönlicher Knechtschaft wie in der Antike oder im Mittelalter von vornherein aus. Angesichts dieser Bedingungen war es nicht mehr möglich, daß sich die Staatsbürger öffentlich versammelten, um über die Zukunft ihrer Gemeinschaft politisch zu entscheiden. Es bedurfte neuer politischer Partizipationsformen, die es den Staatsbürgern ermöglichten, »aus der Distanz« miteinander zu kommunizieren und zu handeln. In diesem Zusammenhang ist zunächst die Erfindung der *Öffentlichkeit* zu nennen, eines gemeinsamen Ortes für Diskussionen und Meinungsäußerungen. Dieser öffentliche Raum entstand bereits in den Anfängen der Französischen Revolution und fand in den Gesetzen zur Pressefreiheit, in deren Gefolge zahllose Zeitungen und Schriften aller Art aus dem Boden schossen, ebenso Ausdruck wie in neuartigen Formen gemeinsamen Handelns, darunter Petitionen, Demonstrationen, Versammlungen usw. Die zweite Form politischer Partizipation, die die moderne Staatsbürgerlichkeit auszeichnete, betraf die *Beschlußfassung* selbst. Da es nicht mehr möglich war, das Volk zu versammeln, damit es in direkter Wahl entscheide, welche Staatsbürger die kollektiven Interessen der Gemeinschaft vertreten und verteidigen sollten, setzten sich im revolutionären Frankreich jene Formen der Machtdelegierung durch, die die englischen Liberalen seit Ende des 17. Jahrhunderts ausgearbeitet hatten. Daß die Frage des Wahlrechts dabei von Anfang an im Vordergrund stand, erklärt sich aus dem Umstand, daß politische Entscheidungen nach der liberalen Logik, wie sie etwa Jeremy Bentham ausführte, durch Stimmenmehrheit gefällt wurden. Das Prinzip der Stimmengleichheit (*»one man, one vote«*) wurde zu einem der Grundpfeiler der Demokratie. Aus diesem Grund gewann die Ausweitung des Wahlrechts auf die unteren Volksschichten, die ja die meisten potentiellen Wähler stellten, für die Geschichte des Staatsbürgertums eine enorme Bedeutung.

Auch wenn die Französische Revolution den Ausgangspunkt der Kämpfe um das »allgemeine« Wahlrecht bildete, erscheint Frankreich im europäischen Vergleich eher als Ausnahme denn als Modell. Während die

Ausweitung des Wahlrechts in den meisten anderen Ländern schrittweise vor sich ging und eine Antwort auf die ausdrücklichen Forderungen der Arbeiterbewegung darstellte – wir werden darauf noch zurückkommen –, erfolgte sie in Frankreich schon frühzeitig und abrupt und kann eigentlich nicht als Reaktion auf ein entsprechendes Anliegen des Volks gelten. Denn den im revolutionären Kampf engagierten Arbeitern ging es weniger um das Wahlrecht als vielmehr um das Recht auf Arbeit. Ob 1793, 1830 oder 1848, die Ausweitung des Wahlrechts auf immer breitere Schichten der französischen Gesellschaft resultierte in Wirklichkeit aus der Radikalisierung der politischen Auseinandersetzungen. Die neuen Führer, die nach Beendigung der verschiedenen Aufstände die Zügel des Staates übernahmen, wollten dem Volk damit die Aufrichtigkeit ihrer republikanischen oder liberalen Überzeugungen beweisen. Darüber hinaus verfolgte man mit der Einräumung des »allgemeinen« Wahlrechts auch den Zweck, die Arbeiterklasse zu »befrieden« und dazu zu bewegen, ihre auf kollektiver Gewalt fußenden Ausdrucksformen zugunsten einer politischen Sprache aufzugeben, die politisches Handeln darauf reduzierte, seinen Stimmzettel in die Urne zu werfen. Léon Gambetta vertrat explizit diesen Standpunkt, als er einige Jahre nach der Pariser Kommune erklärte, wo seiner Meinung nach »das große Geheimnis demokratischer Politik« liege: »Dem Besitzer eines Stimmzettels verständlich zu machen, welche Beziehung zwischen dieser Handlung des Staatsbürgers und sämtlichen Funktionen des Staats besteht.« Und »da ich«, fügte er hinzu, »kein anderes Recht kenne, als das Recht der Mehrheit, wird der Bauer den Wandel bestimmen, ohne Revolution, ohne Gewalt«.

Dieser enge Zusammenhang zwischen revolutionärem Prozeß und Erweiterung der Staatsbürgergemeinschaft macht auch erklärlich, warum die Ausweitung des Wahlrechts im Falle Frankreichs kein linearer Vorgang war. Bei jedem Aufstand läßt sich beobachten, wie die Regierenden, nachdem sie die Staatsbürgerrechte im Feuer des revolutionären Gefechts neuen Gesellschaftsschichten eingeräumt hatten, sogleich Maßnahmen ergriffen, die darauf abzielten, mit der einen Hand zurückzunehmen, was sie mit der anderen gaben. Der je nach politischer Konjunktur wechselnde Umfang der Staatsbürgergemeinschaft erscheint daher als eines der Hauptprobleme der Sozialgeschichte der Staatsbürger im 19. Jahrhundert. In den Augen der damals leitenden Klassen konnten nur die *propriétaires*, die bürgerlichen Gutsbesitzer, als eigentliche Staatsbürger des Landes gelten. Nur sie vereinigten in ihren Augen jene drei »Eigenschaften«, die »garantierten«, daß die Interessen der staatsbürgerlichen Gemeinschaft gewahrt blieben. Sie führten dabei folgende Begründung an: Erstens sei der Gutsbesitzer wirtschaftlich unabhängig. Er werde daher als Wähler und/oder Abgeordneter nicht bestrebt sein, dieses oder jenes Sonderinteresse zu verfechten, sondern könne seine Entscheidungen und sein Handeln mehr als jeder andere am Kollektivinteresse seiner staatsbürgerlichen Gemeinschaft ausrichten. Und dies um so mehr, als er über ein arbeitsunabhängiges Einkommen verfüge, das ihm genügend Zeit lasse, sich mit allem nötigen Ernst den Aufgaben zu widmen, die jedem verantwortungsbewußten Wähler und mehr noch jedem Abgeordneten obliegen. Zweitens festige Eigentum die Bindung ans Vaterland. Auf der einen Seite könnten die Kollektivinteressen der Nation einen Eigentümer nicht gleichgültig lassen, weil ihn der Wohlstand der Nation als Besitzbürger direkt und persönlich betreffe. Auf der anderen Seite festige Eigentum die gesellschaftliche Stellung und lokale Verwurzelung der Individuen. Deshalb galten die »Notabeln« als diejenigen Wähler, die die Gegebenheiten der französischen Gesellschaft am besten kennen. Aus dem gleichen Grund seien sie aber auch am besten befähigt, diese Realitäten auf der politischen Bühne zu »repräsentieren«. Mit dieser Argumentation begründeten Sieyès und andere revolutionäre Führer, warum das Wahlrecht an Vermögen und Status zu binden sei. Nach den Kriterien der ersten revolutionären Verfassung (von 1791) umfaßte die Wählerschaft bei einer Gesamtbevölkerung von 26 Millionen Einwohnern nur 4,5 Millionen Staatsbürger. Nach dem Fall Robespierres wurde die Gesamtheit der Staatsbürger durch eine Verschärfung des Zensus schrittweise reduziert. Im Jahr 1814 gab es nur noch 72000 Wähler. Die Julimonarchie, die ein liberaleres Profil zu zeigen wünschte, kehrte diese Entwicklung um. Im Jahr 1845 waren 241000 Wähler zur Abgeordnetenwahl berechtigt. Allerdings wurden auch damals noch vier von fünf Abgeordneten mit weniger als 400 Stimmen gewählt. Auf den Höhepunkten der revolutionären Bewegung (wie 1792–1793 und 1848) wurde das Eigentum als Wahlrechtskriterium abgeschafft, so daß auch die unteren Volksschichten verstärkt in den Genuß des Wahlrechts kamen. Was jedoch nicht sogleich verschwand, waren die Kriterien »Selbständigkeit« und »Verwurzelung«, die sich ursprünglich an den Grundbesitzerstatus knüpften. Aus diesem Grund sahen sich die Hausbediensteten, deren berufliche Tätigkeit als Paradebeispiel für Abhängigkeit gilt, lange Zeit von den Staatsbürgerrechten ausgeschlossen. 1848 erhielten sie zwar das Wahlrecht, durften aber bis zum Beginn der Dritten Republik weiterhin kein Wahlamt bekleiden. Die vollen Staatsbürgerrechte wurden ihnen erst nach dem Ersten Weltkrieg eingeräumt. Eine ähnliche Diskriminierung erfuhr, wer in instabilen Verhältnissen lebte und als wurzellos galt. Der feste Wohnsitz spielte in dieser Hinsicht eine wesentliche Rolle. Unter dem Zweiten Kaiserreich durfte nur wählen, wer seit mindestens drei Jahren in derselben Gemeinde wohnte, wodurch die Obrigkeit drei Millionen Personen (das heißt 30 Prozent der Wählerschaft), hauptsächlich die Arbeiter in den Großstädten, vom Wahlrecht ausschloß.

Da die herrschenden Klassen die durch die Revolution durchgesetzte Legitimität des Wahlrechts jedoch nicht völlig in Frage stellen konnten, fanden sie schon bald andere Mittel und Wege, um das Volk vom politischen Leben auszuschließen. Um dies zu veranschaulichen, müßten wir die Geschichte der Wahltechniken (Abgrenzung der Wahlbezirke, Einzel- oder Listenwahl, Plebiszit, Volksabstimmung usw.) nachzeichnen. Wir wollen uns hier auf diejenigen Maßnahmen beschränken, die darauf abzielten, die Wählerschaft in unterschiedliche Staatsbürgergruppen zu unterteilen, so daß die unteren Volksschichten nur an den Gemeindewahlen teilnehmen durften, während die Parlamentswahlen – und nur hier steht ja die staatliche Souveränität zur Disposition – den leitenden Eliten vorbehalten blieben. Das abgestufte Wahlrecht, wie es bereits in den Anfängen der Französischen Revolution beschlossen wurde, veranschaulicht diese Enteignung recht gut. Im Jahr 1791 durften von den 4,5 Millionen aktiven Staatsbürgern nur 44 000 an der Abgeordnetenwahl teilnehmen. Die Verfassung des Jahres VIII schaffte den Zensus zwar ab, ersetzte ihn jedoch durch ein Wahllistensystem. Sechs Millionen Wähler bestimmten die 600 000 Mitglieder der Gemeindelisten, diese wählten die 60 000 Mitglieder der Departementslisten, und diese wiederum wählten eine Körperschaft von 6 000 Personen, aus deren Mitte der Senat und der Erste Konsul die Mitglieder der Gesetzgebenden Körperschaft und des höheren Staatsdiensts ernannten. So hatte das Wahlrecht für die überwiegende Mehrheit der Staatsbürger jede Bedeutung verloren.

Verlassen wir einen Augenblick die Wahlrechtsfrage, und wenden wir uns einer anderen wesentlichen Dimension der Staatsbürgerlichkeit zu: Auch in puncto Landesverteidigung schwankte bis ins ausgehende 19. Jahrhundert, wer zu ihr verpflichtet war. Die 1792 angeordnete »Levée en masse« zur Abwehr der feindlichen Armeen betraf die Gesamtheit der Staatsbürger. Millionen von Franzosen wurden eingezogen, um die Eroberungspolitik zu ermöglichen, die während der Revolution begann und von Napoleon I. bis zur Kapitulation bei Waterloo fortgeführt wurde. Da diese Maßnahmen vor allem in der Bauernschaft äußerst unpopulär waren, wurde der Wehrdienst nach dem Fall Napoleons zunächst abgeschafft und später nur in begrenztem Umfang wieder eingeführt. In den zwanziger Jahren des 19. Jahrhunderts leisteten von den rund 300000 jungen Männern eines Jahrgangs faktisch nur 10000–15000 Wehrdienst. Die Auswahl geschah im Prinzip zwar durch Los, doch da jeder, der sich finanziell einen Ersatzmann leisten konnte, die gesetzliche Möglichkeit hatte, sich dem Wehrdienst zu entziehen, blieben die herrschenden Klassen im Endeffekt davon verschont. Die Logik der Ausschließung funktionierte hier in umgekehrter Richtung wie im Fall des Wahlrechts – genau umgekehrt. Wer die meisten Wähler stellte – die Angehörigen der begüterten Schichten –, konnte sich auch am leichtesten dem Wehrdienst entziehen. Doch auch in dieser Hinsicht machte die Gleichstellung der Staatsbürger unter der Dritten Republik große Fortschritte. In den letzten Jahren vor Ausbruch des Ersten Weltkriegs, als die Konflikte mit Deutschland sich verschärften, führte man per Gesetz die allgemeine Wehrpflicht für alle erwachsenen Männer ein. Und zum Ersten Weltkrieg wurden die jüngeren Jahrgänge aus ausnahmslos allen sozialen Schichten eingezogen.

Die Ansicht, der *propriétaire* sei der ideale Staatsbürger, weil er zugleich Selbständigkeit, Verwurzelung und Kompetenz verkörpere, findet sich in den meisten europäischen Ländern des 19. Jahrhunderts. Die Definition des »Staatsbürgers« in einer deutschen Enzyklopädie von 1827 schließt die »Lohndiener wegen ihrer Abhängigkeit vom Brodherrn und die Armen, welche nur von fremden Wohlthaten leben«, vom Wahlrecht aus (Kocka 1988, 38). Gleichwohl folgte die Entwicklung der Staatsbürgerlichkeit in Europa weniger dem Modell der Französischen Revolution als vielmehr dem englischen Stufenmodell. Da bürgerliches und öffentliches Recht in Großbritannien nicht eindeutig voneinander getrennt sind, betrachtete man die Teilnahme am Wahlvorgang schon frühzeitig eher als Äußerung privater Interessen denn als gemeinsame Ausübung politischer Souveränität (Rosanvallon 1992). Im Gegensatz zur Entwicklung in Frankreich stellte sich die Ausweitung des Wahlrechts auf die unteren Volksschichten daher als Zugeständnis an entsprechende explizite Forderungen der Arbeiterbewegung (insbesondere der Chartisten in den Jahren 1830–1840) dar. Während die Beteiligung der Arbeiter am

Wahlverfahren in Frankreich ihrer (via Gewerkschaften und Parteien) organisierten Teilnahme an den Aktivitäten der Öffentlichkeit *vorherging*, verlief die Entwicklung in England in umgekehrter Richtung. Als eines der ersten Resultate dieser Mobilisierung räumte man das Wahlrecht 1867 neben den Eigentümern auch bestimmten Wohnungsmietern ein, wodurch eine Million Arbeiter die Staatsbürgerrechte erhielten. Bei den Wahlen von 1884 und 1885 war die Mehrheit der Männer über 21 Jahre zu den Urnen zugelassen, mit Ausnahme der Hausbediensteten, der im Elternhaus wohnenden Söhne sowie der Gebietsfremden. Doch erst nach dem Ersten Weltkrieg wurden die britischen Arbeiter als vollgültige Staatsbürger anerkannt. Mehr noch als in Großbritannien stand das Wahlrecht in Deutschland im Mittelpunkt der sozialen Kämpfe, die das Land das gesamte 19. Jahrhundert hindurch erschütterten. Daß der Begriff der Staatsbürgerlichkeit hier eng mit dem Bürgertum verknüpft ist, erklärt sich aus dem Umstand, daß die Bürger zu Beginn des 19. Jahrhunderts am entschiedensten gegen die Privilegien des Adels kämpften. Die Forderung des »allgemeinen« Wahlrechts tauchte praktisch zur selben Zeit wie in Frankreich auf, nämlich im Verlauf der Revolution von 1848. Am 31. März rief das Parlament in Frankfurt zur Bildung einer verfassunggebenden Versammlung durch »allgemeine« Wahl auf. Doch der Sieg der Konterrevolution bereitete dem Experiment ein Ende und bremste vorübergehend die Ausweitung des als Staatsbürger anerkannten Personenkreises. Einige Jahrzehnte später machten sich die Arbeiter die einstige Forderung der Bürger nach einem »allgemeinem« Wahlrecht zu eigen und versetzten das Bürgertum, das sich zwischen Adel und Proletariat in die Zange genommen sah, damit in Angst und Schrecken. Aber auch in Deutschland räumte erst die Weimarer Republik nach dem Ersten Weltkrieg den unteren Volksschichten das Wahlrecht ein. Ein rascher Blick auf die anderen europäischen Länder zeigt in puncto Wahlrecht überall dieselbe Diskriminierung der Arbeiterschaft. In Italien sahen sich aufgrund der rigorosen Anforderungen an Bildungsniveau und Einkommen bis 1882 98 Prozent der Bevölkerung aus der Gemeinschaft der Staatsbürger ausgeschlossen. Im Jahr 1882 öffnete ein neues Gesetz die Gemeinschaft der Staatsbürger für alle, die lesen und schreiben konnten, so daß sich die Zahl der Wähler schlagartig verdreifachte. Doch sollte es noch mehrere Jahrzehnte dauern, bis alle Arbeiter das Wahlrecht erhielten. Ebenso in den Niederlanden. Trotz mehrerer Verfassungsreformen genossen 1887 erst 12,7 Prozent der männlichen Bevölkerung über 23 Jahre das Wahlrecht. Im Jahr 1917 belief sich der Anteil noch immer auf kaum 70 Prozent. Eine wesentliche Rolle bei der Abschaffung der sozialen Schranken in puncto Wahlrecht spielten in jedem Fall die industrielle Entwicklung und die damit einhergehende Ausweitung der Lohnarbeiterschaft, die Urbanisierung und die wachsende Mobilität der Menschen. Die Kriterien Eigentum, Unabhängigkeit und Fähigkeit wurden dadurch zunächst zurückgedrängt, schließlich beseitigt und das Wahlrecht auf alle Gesellschaftsschichten ausgeweitet.

Andere Ausschlußfaktoren: Religion, Geschlecht und Nationalität

Im Mittelpunkt der Geschichte des Staatsbürgers im 19. Jahrhundert steht jedoch nicht allein der Zugang der *unteren Volksschichten* zum Wahlrecht und zu den Wahlämtern. Weitere Ausschlußmodalitäten begrenzten den Zutritt zur staatsbürgerlichen Gemeinschaft. Zu erwähnen sind hier in erster Linie die religionsbezogenen Beschränkungen, die sich hauptsächlich gegen die Juden richteten. In Frankreich ebnete die Erklärung der Menschen- und Bürgerrechte, die die Religionsfreiheit zum Prinzip erhob, der 1791 beschlossenen Emanzipation der jüdischen Bevölkerung den Weg. Seither sind die Juden – sieht man von der Zeit der Vichy-Regierung zwischen 1940 und 1944 einmal ab – vollgültige Staatsbürger. Sogar in einem liberalen Land wie Großbritannien wurden die Einschränkungen der bürgerlichen und politischen Rechte der Juden erst zwischen 1833 und 1871 schrittweise abgebaut (und die Anhänger der römisch-katholischen Kirche erhielten erst 1829 das passive Wahlrecht). In Preußen begann die Judenemanzipation im Jahr 1812, als die Juden das Recht erhielten, Wehrdienst zu leisten, Lehrämter zu bekleiden und an den Gemeindewahlen teilzunehmen. Doch mit der Stärkung des Antisemitismus in den unteren Volksschichten trat in den folgenden Jahrzehnten auch politisch eine Rückentwicklung ein. Die Juden wurden zur Zielscheibe einer Vielzahl von diskriminierenden Maßnahmen. Während des gesamten 19. Jahrhunderts fanden nur einzelne Juden in die Gemeinschaft der deutschen Staatsbürger Aufnahme, vorausgesetzt, sie gehörten dem Bürgertum an und wurden in ihren Manieren und ihrer Sprechweise als ausreichend bürgerlich beurteilt. Eine labile Integration, die die Nazis in den dreißiger Jahren bekanntlich völlig zerstörten.

Im Fall von Frankreich sollte man über der frühzeitigen Emanzipation der Juden nicht vergessen, daß die Grundsätze der Menschen- und Bürgerrechtserklärung während des gesamten 19. Jahrhunderts nur im Mutterland respektiert wurden. In den Kolonien verfolgte Frankreich wie die anderen europäischen Kolonialmächte eine Segregationspolitik. Die Sklaverei wurde zu Beginn der Revolution zwar abgeschafft, doch unter dem Konsulat erneut eingeführt. Mit der Eroberung Algeriens setzte sich nach und nach die Vorstellung durch, die Einheimischen seien als »französische Untertanen« zu betrachten; sie hatten folglich keine Staatsbürgerrechte, denn für sie galt nicht der *Code civil,* sondern ihr eigenes Privatrecht. Das Gesetz vom 14. Juli 1865 führte dazu näher aus, daß die einheimischen Moslems zwar Franzosen seien, aber gleichwohl weiterhin unter moslemisches Gesetz fielen. Die enge Verknüpfung von bürgerlichen und staatsbürgerlichen Rechten erscheint hier abermals in ihrer ganzen Bedeutung. Die Algerier galten zwar nicht als Ausländer, doch um als vollgültige Staatsbürger anerkannt zu werden, mußten sie die Einbürgerung verlangen, damit sie in den Geltungsbereich des *Code civil* fielen. Wenn sie als wirkliche französische Staatsbürger gelten wollten, mußten sie zuvor auf den Islam verzichten. Erst 1919 setzte sich langsam und zögerlich die Anschauung durch, daß die Beibehaltung des traditionellen Privatrechts und der islamischen Religion durchaus mit der Erlangung der französischen Staatsbürgerrechte vereinbar sei. Indes beschränkte sich diese Diskriminierung nicht auf Nordafrika. Auch im kolonialisierten Indien mußten die französischen Siedler gegen Ende des 19. Jahrhunderts feststellen, daß sich die Einheimischen durch den erzwungenen Verzicht auf ihren personengebundenen Status und ihre Unterwerfung unter das bürgerliche Recht Frankreichs nicht davon abhalten ließen, die französische Staatsbürgerschaft einzufordern. Damit die Einheimischen in der staatsbürgerlichen Gemeinschaft der »gebürtigen Europäer« nicht auf einmal von Rechts wegen die Mehrheit bildeten, führten die republikanischen Gouverneure in das lokale Wahlrecht das Kriterium der ethnischen Abstammung ein. Diese Segregation, die in Paris als Widerspruch zur Menschenrechtserklärung galt, ermöglichte es in Indien, den Siedlern ihre Privilegien zu erhalten. Deutlich wird an diesen Beispiel, wie sich in der republikanischen Logik der »Volkssouveränität« Interesse und Identität verquicken. Daß die Siedler, die in allen Kolonien nur eine winzige Bevölkerungsminderheit bildeten, heftigst gegen das Wahlrecht der Einheimischen opponierten, liegt offenkundig an den entgegengesetzten ökonomischen Interessen beider Gruppen. Außerdem konnten die gebürtigen Franzosen nicht akzeptieren, von Menschen »repräsentiert« zu werden, deren körperliche, kulturelle und religiöse Merkmale ihnen zu weit von den Kriterien entfernt schienen, die das angestammte »Franzosentum« charakterisierten. Wenn ein Beamter des französischen Staates in seinem Bericht über eine Wahl im französischen Empire schreibt: »Man fragt sich, wie sich diese völlig ungebildeten Schwarzen der Beeinflussung durch die gebildeten Weißen und Mulatten, von denen ihr Lebensunterhalt abhängt, entziehen sollen«, so liegt es auf der Hand, daß das so oft bemühte Argument des »Bildungsunterschiedes« der reinste Euphemismus ist, der die rassistischen Vorurteile des Verfassers nur schwer verbergen kann.

Der Ausschluß der Frauen aus der Gemeinschaft der Staatsbürger bildet ein weiteres Grundproblem in der Geschichte der Staatsbürgerlichkeit. Auch hier ist die Verknüpfung von bürgerlichen und staatsbürgerlichen Rechten von ausschlaggebender Bedeutung. Ungeachtet der Vielfalt der rechtlichen Gebräuche in der Gesellschaft des Ancien régime war die Unterordnung der Frau unter die Herrschaftsgewalt ihres Ehemannes allgemein verbreitet. Aus diesem Grund lehnte sich eine Reihe von Frauen bereits in den Anfängen der Revolution dagegen auf, daß die Revolutionäre den häuslichen Herrschaftsformen nicht Rechnung trugen. Im Unterschied zu den französischen Männern hatten die französischen Frauen früher Zugang zur Öffentlichkeit als zur Abgeordnetenwahl. Bereits im September 1791 veröffentlichte Olympe de Gouges eine »Erklärung der Frauen- und Bürgerinnenrechte«, die als Parodie der Menschenrechtserklärung von 1789 und als ironischer Kommentar zum männlich verkürzten Universalismus, der sie prägte, anzusehen ist. Viele Frauen nutzten die revolutionäre Unruhe, um sich die Bürgerinnenrechte einfach zu nehmen; sie wirkten an den großen Ereignissen der Zeit mit und gründeten reine Frauenklubs wie etwa die *Pariser Gesellschaft der revolutionären republikanischen Bürgerinnen* (Godineau 1988). Doch schon 1793 wurden die Frauenvereine verboten. Nach dem Fall Robespierres mußten die Aktivistinnen ohnmächtig mit ansehen, wie im *Code civil* die Rechtsunfähigkeit der Frau festgeschrieben wurde, die das französische Recht mehr als ein Jahrhundert lang prägen sollte. So hieß es etwa in Artikel 213: »Der Ehemann schuldet seiner Frau Schutz, die Frau schuldet ihrem Ehemann Gehorsam.« Ohne Erlaubnis ihres Ehemannes durfte eine Frau also weder Rechtsgeschäfte tätigen noch »vor Gericht auftreten«. Nicht einmal ihr persönliches Eigentum durfte sie ohne Einwilligung ihres Ehemannes verschenken. Freiheit und Gleichheit galten daher einzig für den Familienvater. Diese zivilrechtliche Segregation schlug sich auch im politischen Bereich nieder. Daher das traurige Paradox, daß Frankreich, das den Männern als erstes Land das allgemeine Wahlrecht einräumte (1848), zu den letzten europäischen Ländern gehörte, die dieses Recht auch den Frauen zugestanden (1944). Noch heute ist der Frauenanteil unter den französischen Parlamentsabgeordneten der niedrigste in ganz Europa. Und wenn Senator Bérad im Jahre 1919 erklärt: »Frauenhände sind weniger dafür gemacht, mit dem Stimmzettel zu hantieren, als geküßt zu werden«, so duldet es auch in diesem Fall keinen Zweifel, daß die lange verhinderte Gleichstellung nicht nur eine Folge häuslicher Interessenkonflikte zwischen Mann und Frau war, sondern ebensosehr aus einer sexistischen Sichtweise der Gesellschaft resultierte.

Eine recht ähnliche Entwicklung zeigte sich in Deutschland. Auch hier rechtfertigte man den Ausschluß der Frauen aus dem öffentlichen Leben mit zivilrechtlichen Gründen. In einschlägigen Wörterbüchern wurde die Segregation unter Verweis auf »ihren natürlichen Beruf, der sie an das Haus fesselt und vom männlichen Geschlechte abhängig macht«, gerechtfertigt (Kocka 1988, 38). Wie Ute Gerhard (1988) darlegt, blieben nach der Revolution von 1848 auch die Frauen nicht von der Konterrevolution verschont. 1850 wurden Frauenvereine im Deutschen Bund generell verboten. Die Vereinheitlichung des deutschen Zivilrechts durch Inkrafttreten des *Bürgerlichen Gesetzbuches* im Jahr 1900 verstärkte die Abhängigkeit der Frau von ihrem Ehemann und festigte ihren Ausschluß aus der staatsbürgerlichen Gemeinschaft. Obwohl die feministische Bewegung in den westeuropäischen Ländern gegen Ende des 19. Jahrhunderts an Stärke gewann, mußten die Frauen in Finnland bis 1908 und in Norwegen bis 1913 auf das Wahlrecht warten. In den meisten Ländern erhielten die Frauen erst nach dem Ersten Weltkrieg Zugang zum Wahlrecht. Getreu der Politik der »kleinen Schritte« durften die Frauen in Großbritannien ab 1869 zunächst nur an den Gemeindewahlen teilnehmen. Im Jahr 1918 wurden ihre Staatsbürgerrechte ausgeweitet, doch die vollen Staatsbürgerrechte erhielten sie erst 1928. In Deutschland erklärt die revolutionäre Gärung im Anschluß an die militärische Niederlage, daß diese Forderung bereits 1919 erfüllt wurde.

Wenn der englische Begriff *citizenship* zugleich »Staatsbürgerschaft« und »Nationalität« bezeichnet, liegt das daran, daß die Briten (und die Amerikaner), wie wir gesehen haben, die Zugehörigkeit zur zivilbürgerlichen Gemeinschaft in den Mittelpunkt rücken. Nichtsdestotrotz ist es wichtig, an dieser Unterscheidung festzuhalten. Mit Bedacht hat Rousseau im *Gesellschaftsvertrag* ausgeführt, daß die Mitglieder eines »Volks« (das heißt eines Nationalstaates), sofern sie sich am politischen Leben ihres Staates beteiligen, *Staatsbürger* heißen; sofern sie sich den Gesetzen unterordnen müssen, an deren Ausarbeitung sie mitgewirkt haben, jedoch *Untertanen.* Der von Rousseau verwendete Begriff *Untertan* entspricht dem, was wir im Französischen heute als *national* bzw. als *Nationalbürger* bezeichnen. Rechtlich definiert Nationalität die Zugehörigkeit der Menschen zu einem Staat und den Gehorsam, den sie ihm schulden. Als Gegenleistung obliegt dem Staat die Pflicht, seine Angehörigen zu schützen. Jeder Staatsbürger ist also gleichzeitig auch »Untertan«, das heißt *Nationalbürger* seines Staates. Man könnte hinzufügen, daß Staatsbürger nur sein kann, wer rechtlich zu einem Staat gehört. Darüber hinaus ist zwar jeder Staatsbürger immer schon *Nationalbürger,* doch nicht jeder *Nationalbürger* ist deswegen schon Staatsbürger. Kinder beispielweise besitzen noch heute keine Staatsbürgerrechte, obgleich sie die Nationalität des Staates tragen, dem sie unterworfen sind. In den vergangenen zweihundert Jahren fungierte Nationalität zweifellos als mächtigste Barriere gegen eine wirkliche Verallgemeinerung der Staatsbürgerschaft. Die Gemeinschaft der Staatsbürger ist also eine Teilmenge der nationalen Gemeinschaft. Trotzdem stand das Nationalitätskriterium kaum im Brennpunkt der politischen Auseinandersetzungen um die Grenzen des Personenkreises, der zu den Staatsbürgerrechten Zugang hat. Die französische Verfassung von 1791 legte fest, daß nur Franzosen Staatsbürger sein können, doch in der Verfassung von 1793 galt die Nationalität nicht mehr als unabdingbare Voraussetzung für die Teilnahme am politischen Leben. Später regelte der *Code civil* die rechtliche Bestimmung der »Eigenschaft als Franzose«, doch bis ins ausgehende 19. Jahrhundert spielten diese Regelungen kaum eine Rolle im öffentlichen Leben. Vor 1848 standen angesichts des geltenden Zensuswahlrechts die sozialen Schranken (die Zugehörigkeit zur Gruppe der *propriétaires*) im Mittelpunkt der Aufmerksamkeit, nicht die nationale Zugehörigkeit. Damals verstand es sich übrigens von selbst, daß ein in Frankreich lebender Grundbesitzer per definitionem Franzose ist.

Wie Rogers Brubaker zeigte, galt dies in verstärktem Maße auch in Deutschland. In Preußen war das dynastische Prinzip noch immer nicht abgeschafft. Während der ersten Hälfte des 19. Jahrhunderts bedeutete

Staatsangehörigkeit nicht die Einbindung der Menschen in jene abstrakte Gemeinschaft, die den Namen »Volk« oder »Nation« trägt, sondern bezeichnete ein durch die Stände vermitteltes persönliches Band zwischen dem König und seinen Untertanen. Daher stand auch in Deutschland nicht die »Nationalität«, sondern die soziale Abgrenzung der verschiedenen Stände im Zentrum der öffentlichen Auseinandersetzungen. Darüber hinaus stellte sich die »Ausländerfrage« zu Beginn des 19. Jahrhunderts hauptsächlich in den Städten, die territorial und rechtlich weitaus besser abgegrenzt waren als die vielen Kleinstaaten. Aufgrund der wachsenden Mobilität der Menschen und der schrittweisen Übernahme der Armenhilfe durch den Staat (sie lag zuvor in der Verantwortung der Städte) sahen sich die deutschen Kleinstaaten genötigt, ihre jeweilige Verantwortung für »ihre Armen« untereinander vertraglich zu regeln. So kristallisierte sich allmählich das Konzept der *Staatsangehörigkeit* heraus. Gleichwohl kann sich »Nationalität« erst Ende des 19. Jahrhunderts als wesentliches Kriterium zur Abgrenzung der staatsbürgerlichen Gemeinschaft durchsetzen. Die steigende Zahl der Arbeitsmigranten und der Lohnabhängigen überhaupt, die Ausweitung des Wahlrechts auf die unteren Volksschichten und der wachsende Nationalismus in ganz Europa – all diese Phänomene rückten die Frage der Nationalität in den Mittelpunkt der politischen Auseinandersetzung. In dieser Zeit nahmen auch die heute noch sehr ausgeprägten Unterschiede zwischen der französischen und der deutschen Gesetzgebung zu diesem Gegenstand Gestalt an. Das erste französische Gesetz zur Nationalität, das 1889 als Maßnahme gegen die Überalterung der Bevölkerung verabschiedet wurde, verfolgt mit seiner Mischung aus *Jus soli* und *Jus sanguinis* den Zweck, die Integration der Einwanderer zu erleichtern, die sich schon damals zu Millionen in Frankreich niederließen. Im Fall von Deutschland machten die Anwesenheit von 2,5 Millionen Polen in Ostpreußen und die massenhafte Auswanderung eines bedeutenden Bevölkerungsteils erklärlich, warum das nach Delbrück benannte Gesetz von 1913 dem *Jus sanguinis* den Vorzug gibt, ermöglichte es dieses Nationalitätskriterium doch, die *Volksdeutschen* einzubeziehen und die ethnisch nichtdeutschen *Reichsdeutschen* auszuschließen.

Die Erlernung neuer gesellschaftlicher Handlungsweisen

Die bisherigen Ausführungen haben gezeigt, daß die Entstehung des »Staatsbürgers« als der zentralen Figur der Moderne zu heftigen Auseinandersetzungen Anlaß gab, in deren Verlauf die mit der Staatsbürgerschaft verknüpften politischen und sozialen Rechte auch jenen sozialen Gruppen eingeräumt wurden, die als die »Verlierer« der bürgerlichen Revolution erschienen, nämlich den Frauen, Arbeitern, Bauern, Juden, den Kolonialvölkern usw. Eine vollständige Sozialgeschichte des »Staatsbürgers« muß jedoch versuchen zu zeigen, wie der abstrakte, philosophische Begriff der »Staatsbürgerlichkeit« praktisch realisiert wurde und sich im Alltag aller gesellschaftlichen Akteure zunehmend als unumgehbare Vorgabe durchsetzte. Obgleich es zu diesem Thema noch kaum Arbeiten gibt, möchte ich mich im letzten Teil dieses Beitrags damit beschäftigen und mich auf zwei Aspekte konzentrieren: die Identifikation der Staatsbürger und die praktische Erlernung der sozialen Rolle eines Staatsbürgers.

Die Identität des Staatsbürgers

Um die demokratischen Prinzipien, wie sie im Stadtstaat Athen im fünften vorchristlichen Jahrhundert entwickelt wurden, an die Gegebenheiten Frankreichs im 18. Jahrhundert anzupassen, mußten die Akteure der Französischen Revolution, wie gesagt, neue Regeln erfinden, damit Millionen von Menschen, die über ein riesiges Territorium verstreut lebten, aus der Entfernung miteinander kommunizieren können. Die oben erwähnten politischen Konflikte führten zur Durchsetzung von Kriterien, die – mochten sie im Laufe der Zeit auch variieren – gesetzlich festgeschrieben wurden. Damit jedoch das Gerechtigkeits- und Gleichheitsprinzip, auf dem die Staatsbürgerlichkeit gründet, Anwendung finden kann, muß zuvor sichergestellt sein, daß die betreffenden Individuen auch den Kriterien genügen, die den »Staatsbürger« definieren. Verfahren zur Personenidentifizierung gab es zwar auch schon in der Antike. Doch angesichts des beschränkten Umfangs der damaligen staatsbürgerlichen Gemeinschaften waren die traditionellen Identifikationsverfahren – gegenseitiges Kennen, Ruf der Familien, Zeugenaussagen und ähnliches – völlig ausreichend, um die Zugehörigkeit zur staatsbürgerlichen Gemeinschaft festzustellen. In der Moderne genügten diese traditionellen Mittel angesichts der Größe der Nationalstaaten und der massiven Migrations- und Urbanisierungsprozesse nicht mehr, um mit Sicherheit sagen zu können, wer Staatsbürger war und wer nicht. Daher die wachsende Bedeutung, die, beginnend mit der Französischen Revolution, den distanzüberbrückenden Identifizierungsverfahren zukommt, die auf schriftlichen Identitätsnachweisen und einer eigenen Abteilung von Staatsbediensteten fußten, die mit der Überprüfung der Identität der Menschen befaßt waren. In Frankreich hatten die Revolutionäre nach der Verabschiedung der Verfassung vom 3. September 1791 vor allem mit dem Problem zu kämpfen, wie sie die Kriterien Geschlecht, Alter und »Nationalität«, dem Gleichheitsgrundsatz folgend, im gesamten Staatsgebiet verwaltungstechnisch umsetzen sollten, um unter der Bevölkerung zu ermitteln, wer Staatsbürger war und wer nicht. Die wichtigsten, wenn nicht einzigen schriftlichen Belege, anhand deren sich die Identität einer Person damals überprüfen ließ, waren die gemeindlichen Pfarregister. Obgleich man diese Register bereits unter dem Ancien régime vielfach verwendete, um privatrechtliche Streitigkeiten beizulegen (Erbschaftsansprüche, Eigentumsfragen usw.), hatten sie doch in erster Linie eine religiöse Funktion (sie beglaubigten die Zugehörigkeit zur katholischen Glaubensgemeinschaft). Daher waren die Protestanten (seit der Aufhebung des Edikts von Nantes im Jahr 1688) und die Juden (die aus der *societas civilis* ausgestoßen waren) darin nicht erfaßt. Im übrigen wurden diese Register je nach den örtlichen Gebräuchen und der Persönlichkeit und Kompetenz des betreffenden Priesters auf recht unterschiedliche Weise geführt, was ihre Eignung als Identitätsnachweis natürlich einschränkte. Um die Grundprinzipien der republikanischen Staatsbürgerlichkeit einwandfrei umzusetzen, mußte man die Identifikationstechniken vereinheitlichen und dafür sorgen, daß alle Staatsbürger ungeachtet ihrer religiösen Zugehörigkeit erfaßt wurden. Aus diesem Grund verfügte die revolutionäre Regierung durch Erlaß vom 20. September 1792, daß fortan nur noch die damit beauftragten Staatsbediensteten befugt seien, Standesregister zu führen. Diese Maßnahme wurde einige Jahre später durch die einschlägigen Bestimmungen des *Code civil* zur Unveränderlichkeit und Übertragung des Familiennamens (durch den Vater) ergänzt. Diese »Verstaatlichung« der Identität des einzelnen ist für das Problem, das uns hier beschäftigt, von außerordentlicher Tragweite.

Denn sie zeigt, daß die Entstehung des »Staatsbürgers« nicht nur die Eroberung neuer Rechte oder die Möglichkeit zur Teilnahme am öffentlichen Leben bedeutete. Der Siegeszug der Staatsbürgerlichkeit geht mit einer tiefgreifenden Umwälzung der den einzelnen betreffenden Identifizierung einher. Die Historiker, die der Interpretation Hegels in dieser Hinsicht wohl zu sehr nachgaben, deuteten die revolutionären Veränderungen als Entstehungsprozeß einer neuen Welt, die auf der Trennung von Staat und bürgerlicher Gesellschaft beruhe. Es stimmt zwar, daß die Französische Revolution die Herausbildung einer Privatsphäre ermöglichte, die die individuellen Freiheiten gegen willkürliche Staatseingriffe schützte. Doch anstatt diesen Vorgang als *Trennung* von Staat und Gesellschaft zu verstehen, sollte man ihn besser als *Neubestimmung* ihres gegenseitigen Verhältnisses auffassen. Während die bisherige königliche Macht als äußerer Zwang auf den Individuen und ihrem sozialen Umfeld lastete und ihren Willen gegen den Willen der Individuen durchsetzte (siehe die Erzwingung von Steuern oder die politische Repression), übte der Staat mit dem Aufkommen der Staatsbürgergesellschaft seine Zwangsgewalt von innen her aus, indem er die Identität der Individuen wie auch die Gruppenidentitäten einer langsam, aber unaufhaltsam voranschreitenden Verstaatlichung (oder Institutionalisierung) unterwarf. Der Übergang vom Pfarregister zum Standesamtsregister bedeutete, daß sich jedes Individuum, um auch nur zu existieren beziehungsweise zur *societas civilis* zu gehören, ab sofort bereits bei seiner Geburt in einem amtlichen Dokument registrieren lassen mußte, das alle wesentlichen Daten seiner Identität festhielt. Erst nach Abschluß dieses Verfahrens konnte es als »Staatsbürger« betrachtet werden. Die Säkularisierung der Personenstandsregister kann als wesentliches Moment im Prozeß der Politisierung der Identität der Individuen gelten. Die Pfarregister dienten im Endeffekt nur dazu, Fragen religiöser oder privatrechtlicher Art zu regeln. Die neuen Standesamtsregister hingegen waren für den Aufbau einer staatsbürgerlichen Gemeinschaft unerläßlich. Für uns mag es heute selbstverständlich sein, die Geburt eines Kindes oder den Tod eines Verwandten zu melden, doch das Beispiel Frankreich zeigt, daß diese Selbstverständlichkeit zuvor vielfältige individuelle und kollektive Widerstände zu überwinden hatte, was mehrere Jahrzehnte dauerte. Bis zum Fall von Napoleon I. lag die wesentliche Ursache dieser Widerstände natürlich im Militärdienst. Um dem Krieg aus dem Weg zu gehen, fälschten viele Staatsbürger ihre standesamtlichen Eintragungen, änderten ihren Namen, ihr Geburtsdatum, ja sogar ihr Geschlecht, und dies häufig mit dem stillschweigenden Einverständnis ihres Bürgermeisters (Noiriel 1993). Wenn die Staatsvertreter Maßnahmen wie die gesetzlichen Bestimmungen zu den Personennamen damit rechtfertigten, daß sie in einer Gesellschaft von Staatsbürgern für das reibungslose Funktionieren der demokratischen Regeln unerläßlich seien, so darf nicht verschwiegen werden, daß solche Maßnahmen staatliche Eingriffe ins Privatleben darstellten, die die Betroffenen oft als schmerzhaft wahrnahmen. Als Napoleon die Juden 1808 per Erlaß zwang, dem Gesetz über die Personennamen Folge zu leisten, wurde in der jüdischen Glaubensgemeinschaft, insbesondere in den östlichen Landesteilen, lebhafter Protest laut. In der Tat stehen die Unveränderlichkeit der Familiennamen und die neuen Übertragungsregeln im Widerspruch zur Tradition der jüdischen Religion. Erst gegen Ende des 19. Jahrhunderts wurden diese Maßnahmen allgemein akzeptiert. Darüber hinaus schuf der Staat durch sein Aktivwerden im Bereich der Namengebung neue Formen der Stigmatisierung. Wie Dietz Bering mit Blick auf Deutschland zeigte, zwang das preußische Gesetz von 1812 die Juden, als Gegenleistung für die ihnen zugestandene Emanzipation einen festen Namen zu tragen. In der ersten Zeit spielte diese Frage noch keine große Rolle, denn der damalige Antisemitismus folgte noch der traditionellen Logik und machte sich an körperlichen Merkmalen, am Verhalten, an der Sprechweise, kurz: an unmittelbar wahrnehmbaren Eigenheiten fest. Doch als sich ab 1830 immer mehr Juden in die preußische Gesellschaft integrierten, sich zu Staatsbürgern wie die anderen entwickelten und daher körperlich nicht mehr als »Juden« zu identifizieren waren, gewann der Personenname, das heißt das symbolische Zeichen, mit dem der Staat die Identität einer Person fixierte und garantierte, eine weit größere Bedeutung. Der preußische Staat untersagte den Juden damals, einen christlichen Namen zu tragen. Die Politik der Personennamen wurde zum Segregationsmittel, um die Juden aus der Gemeinschaft der Staatsbürger auszugrenzen.

Die grundlegende Bedeutung der amtlichen Standesregister für die soziale Konstruktion der Staatsbürgerlichkeit seit der Französischen Revolution liegt darin begründet, daß diese Register in der modernen Gesellschaft die unterste Stufe im pyramidenförmigen System der Personenidentifizierung bildeten. Zumindest im Falle Frankreichs zeigt die Geschichte des Wahlrechts, daß man die Wählerlisten in den einzelnen Kommunen ausgehend von den Standesamtsregistern erstellte, um den einwandfreien

Ablauf der Wahlen zu garantieren. Damit die Verwaltung die Identität der Wähler nicht jedesmal neu feststellen mußte, entwickelten die Behörden schon bald den Wahlausweis, für die Sozialgeschichte der Staatsbürgerlichkeit eine äußerst wichtige Innovation. In einer Welt, in der die traditionellen Erkennungstechniken nicht mehr ausreichten, waren moderne distanzüberbrückende Identifizierungsformen, wie sie im Ausweis materielle Gestalt annahmen, unerläßlich. Auch ist es kein Zufall, daß die Identitätsüberprüfung mittels Ausweis zunächst beim Wahlrecht in Gebrauch kam. Die einwandfreie Identifizierung der Wähler ist für eine demokratische Gesellschaft, in der die Staatsbürger gemeinsam an der Ausübung der Staatsgewalt teilhaben, von grundlegender Bedeutung. In Anlehnung an den Staatsbürgerausweis, der im 19. Jahrhundert vielfach auch als Leumundszeugnis und allgemeiner Ausweis fungierte, wurden in den folgenden Jahrzehnten, als den Staatsbürgern neue Rechte eingeräumt wurden, weitere Ausweise (Personalausweis, Sozialversicherungsausweis usw.) entwickelt. Die Geschichte des Wahlrechts veranschaulicht eindringlich, daß die praktische Umsetzung von Staatsbürgerlichkeit einen doppelten Prozeß einschließt, der sich aus der wachsenden Verrechtlichung der demokratischen Gesellschaften ergab. Auf der einen Seite mündeten die politischen Auseinandersetzungen auf Parlamentsebene in Gesetzesbeschlüsse, die anhand bestimmter allgemeiner Kriterien Gruppen von Anspruchsberechtigten aus der Gesamtbevölkerung auslasen. Auf der anderen Seite hatte die Verwaltung Sorge zu tragen, daß das Gesetz tatsächlich jeden erreichte, der zu einer solchen Gruppe gehörte, wodurch sie den die Moderne prägenden Prozeß der Individualisierung förderte. Der Staatsbürger ist ein Wesen, das zu der privilegierten Gruppe derer gehört, die zur Teilnahme am politischen Leben ihres Staates berechtigt sind. Doch die Ausübung dieses Rechts vereinzelt ihn zum isolierten Individuum. Die Wählerliste, die die Namen der Wähler alphabetisch aufzählte, und der Wahlausweis, in dem ihre persönliche Zugehörigkeit zur staatsbürgerlichen Gemeinschaft materielle Gestalt annahm, veranschaulichen als technische Innovationen die Individualisierung der politischen Ausdrucksformen. In diesen Zusammenhang gehörte auch die Erfindung des Wahlscheins, der Urne und der Wahlzelle. Der *australian ballot*, der, wie der Name sagt, 1857 erstmals in Australien in Gebrauch kam, wurde 1872 in Großbritannien einführt und fand anschließend in ganz Europa Verbreitung: 1877 in Belgien, 1903 in Deutschland und 1913 in Frankreich. In der Erfindung des Wahlzettels nahm der »geheime« und

»persönliche« Charakter der politischen Meinung materielle Gestalt an, als gehörte die politische Meinung zum »Privatleben« des Staatsbürgers. Wir befinden uns hier im krassen Gegensatz zu den Prinzipien der direkten Demokratie, die auf der gemeinsamen Erörterung politischer Angelegenheiten auf der Agora fußt. Und auch von den Prinzipien der Französischen Revolution trennen uns Welten. Die Verfassung von 1793 beispielsweise erlaubte die Stimmabgabe durch Zuruf. Erst nach dem Fall Robespierres wurde die geheime Wahl zugelassen (1795). Doch bis ins ausgehende 19. Jahrhundert füllten die französischen Wähler ihre Wahlzettel faktisch in der Öffentlichkeit aus.

Die Staatsbürgerlichkeit mündet in neue gesellschaftliche Handlungsweisen

Dieses Beispiel leitet zu einem weiteren wesentlichen Aspekt der Geschichte des Staatsbürgers im 19. Jahrhundert über: der schrittweisen Durchsetzung neuer gesellschaftlicher Handlungsweisen und einer neuen Weltsicht. Die oben erwähnten Widerstände gegen die Säkularisierung der Personenstandsregister in Frankreich erklären sich zu einem wesentlichen Teil aus dem Umstand, daß der Zentralstaat zur Vereinheitlichung der Geburts-, Heirats- und Sterbeurkunden gezwungen war, der Gesamtheit der Staatsbürger symbolische Prinzipien aufzunötigen, die der Schriftkultur und der Bürokratie entstammten und den örtlichen Gebräuchen, regionalen Eigenheiten usw. daher zuwiderliefen. Auf dem Land, wo der Anteil der Analphabeten an der Bevölkerung noch immer sehr hoch lag und die traditionellen Identifizierungsprinzipien durch persönliches Kennen im 19. Jahrhundert weiterhin funktionierten, wurden die abstrakten und komplizierten Regeln der distanzüberbrückenden Identifizierung (Unterschrift, Stempel, behördliche Formulare usw.) noch lange Zeit schlecht verstanden und unzureichend angewandt, weil die gewählten Gemeindevertreter sie ihren Traditionen und Bedürfnissen anpaßten. Dasselbe Unverständnis kennzeichnete das Verhältnis zum Wahlrecht. Es dauerte mehrere Jahrzehnte, bis die Staatsbürger dessen sehr abstrakte Logik begriffen und anerkannten, daß der individuelle Akt, einen Papierzettel in eine Urne zu werfen, die legitimste Weise ist, sich am politischen Leben ihres Landes zu beteiligen. Wie Albert Hirschmann hervorhebt, besteht die Kehrseite der Verallgemeinerung des Wahlrechts in einer »Verstümmelung« der politischen Ausdrucksformen. »Der Grundsatz der Stimmengleichheit (›one man, one vote‹) ermöglicht zwar jedem Bürger ein *Mindestmaß* von Beteiligung an öffentlichen Angelegenheiten, gleichzeitig setzt er aber auch so etwas wie ein Höchstmaß oder eine *Grenze:* So verwehrt er es den Bürgern etwa, die ganz unterschiedliche Intensität ihrer jeweiligen politischen Überzeugungen zum Ausdruck zu bringen.« (Hirschmann 1984, 114) Weiter oben wurde erwähnt, daß republikanische Führer wie Gambetta schon frühzeitig erkannten, wie wichtig das Wahlrecht war, um die politischen Verhaltensweisen der unteren Volksschichten in friedliche Bahnen zu lenken. Die Verhaltensweisen, zu denen das allgemeine Wahlrecht nötigte, standen in völligem Gegensatz zu den althergebrachten Protestformen des Volks: Aufruhr, Aufstand und Feste mit mehr oder weniger subversiver Stoßrichtung. Die Feindseligkeit, mit der die Erben der revolutionären Tradition, die Arbeiter des »Syndikalismus der direkten Aktion«, dem allgemeinen Wahlrecht bis Anfang des 20. Jahrhunderts begegneten, kann als Form des Widerstandes gegen eine Entwicklung gelten, die schließlich alle selbständigen politischen Ausdrucksformen der unteren Volksschichten zum Untergang verurteilte. Auf dem Land machten sich die Staatsbürger nach und nach mit dem Wahlsystem vertraut, indem sie sich das Wahlrecht durch Einbindung in die örtlichen Gegebenheiten und Traditionen aneigneten. Die Wahl blieb damit auf Jahrzehnte hinaus ein kollektives, ja religiöses Ereignis. Daß sich 1848 an den ersten Wahlen mit »allgemeinem« Wahlrecht 83 Prozent der französischen Staatsbürger beteiligten, erklärt sich zumindest auf dem Land weitgehend aus dem Umstand, daß die Wähler diese Neuerung in die traditionellen kollektiven Handlungsweisen der ländlichen Welt integrierten. Tocqueville hat uns in seinen *Souvenirs* ein berühmtes Zeugnis dafür hinterlassen: Wie oft kam es nicht vor, daß sich das ganze Dorf in alphabetischer Reihenfolge aufstellte, einen Umzug veranstaltete und sich mit vorwegmarschierender Musikkapelle zu den Urnen begab.

Gleichzeitig brachte die Verallgemeinerung des Wahlrechts auch neue kollektive Organisationsformen hervor. Solange noch die Notabeln das Wahlrecht mit Beschlag belegt hatten, beruhte das politische Leben hauptsächlich auf traditionellen Geselligkeitsformen wie Zirkeln, Klubs und Ortsvereinen. Mit dem »allgemeinen« Wahlrecht hielten jedoch die Massen Einzug auf der politischen Bühne. Deshalb setzten sich die Verwaltungstechniken des distanzüberbrückenden Handelns auch im politischen

Leben selbst durch. Die Notabeln räumten den Berufspolitikern das Feld, und die Ortsvereine wichen den modernen Parteien, die als regelrechte »Wahlmaschinen« auftraten. Max Weber zeigt in seiner Beschreibung dieses Wandels, daß der Wahlkampfleiter, wie er als Buchhalter über die Wahlkampfkosten der Kandidaten gegen Ende der 60er Jahre des 19. Jahrhunderts in Großbritannien in Erscheinung trat, einen Wendepunkt in der Geschichte der englischen Demokratie markierte: Mit ihm begann die Professionalisierung der Politik. Im Jahr 1914 lebten bereits 2000 Briten direkt von Parteipolitik. Fortan will nicht nur das Wählen gelernt sein, sondern auch, wie man ein repräsentatives Amt ausübt. Man muß es verstehen, die Wähler zu verführen und zu den Massen zu reden; man muß sich die Redegewandtheit aneignen, mit der die gewählten Vertreter ihre politischen Positionen rechtfertigen und die ihrer Gegner kritisieren.

Die Entstehung des Staatsbürgers gegen Ende des 18. Jahrhunderts war nicht nur deshalb ein Hauptereignis in der Geschichte Europas und der Welt, weil die Menschen, die bisher der königlichen Macht unterworfen waren, Redefreiheit und Wahlrecht errangen. Vielmehr führte die Umsetzung der staatsbürgerlichen Prinzipien auch zu einer tiefgreifenden Umorganisation der gesellschaftlichen Identitäten. Der Staatsbürger erscheint als die zentrale Figur des Nationalstaates. Wie wir gesehen haben, ist das Dasein als Staatsbürger grundsätzlich durch die Zugehörigkeit zu einer *politischen* Gruppe bestimmt, die sämtliche Individuen umfaßt, die an der Ausübung der Souveränität teilhaben. Diese Zugehörigkeit setzt jedoch die vorherige Einbindung des Staatsbürgers in eine umfassendere Gesamtheit voraus: Die nationale Gemeinschaft umfaßt sämtliche Mitglieder eines Staates (die ihm unterworfen sind, aber auch unter seinem Schutz stehen). Diese doppelte Zugehörigkeit fußt in erster Linie auf juristischen Kriterien. Doch bedeutet dies nicht, daß diese Zugehörigkeit der Gesellschaft »äußerlich« bliebe. Im Gegenteil: Wie die Sozialgeschichte des Staatsbürgers zeigt, setzte sich Staatsbürgerlichkeit nur durch die ständig wachsende »Verstaatlichung« (oder »Institutionalisierung«) der Identität der Individuen wie auch der Gruppenidentitäten durch. Dieser Prozeß war für die Befriedung der gesellschaftlichen Verhältnisse von wesentlicher Bedeutung, da er die revolutionären Arbeiter in friedliche Wähler und zunehmend passive Staatsbürger verwandelte. Daran schließt sich die Frage an, ob die frühzeitige Verwirklichung der politischen und verwaltungstechnischen Handlungsweisen eines parlamentarischen Staates nicht einer der Hauptgründe dafür ist, daß Frankreich und Großbritannien im 20. Jahrhundert nicht wie Deutschland in den Totalitarismus abglitten. In der langen Geschichte des Parlamentarismus dieser beiden Länder hatte die große Mehrheit der Bevölkerung genügend Zeit, um sich mit den Handlungsformen und Verhaltensweisen des modernen Staatsbürgers vertraut zu machen und sie zu verinnerlichen. Die Tragfähigkeit dieser Hypothese ließe sich allerdings nur durch eine vergleichende Geschichte der Formen und Mechanismen distanzüberbrückender Machtausübung überprüfen, wie sie Alf Lüdtke vor einigen Jahren forderte.

Kapitel 9

Der Migrant

Frank Caestecker

Im Europa des 19. Jahrhunderts war der Migrant keine neue Erscheinung. Denn bereits im 17. und 18. Jahrhundert hatten Wanderungsbewegungen zugenommen, nach 1800 erreichten sie indes einen Höhepunkt. Gleichwohl unterschieden sie sich auch von älteren Wanderungsbewegungen. Ebenso wie sich Europa von einer Agrar- zu einer Industriegesellschaft wandelte, wandelte sich auch der Charakter der Wanderungen und veränderten sich die Regionen, aus denen Menschen ein- und auswanderten. Wenn auch die überseeische Auswanderung hier am meisten ins Auge springt, änderten sich auch innerhalb Europas die Ziele der Migration. Seinen spezifischen, mobilen Charakter bekam das 19. Jahrhundert jedoch in erster Linie durch die gewaltig ansteigende Zahl der Migranten. Da statistische Daten in diesem Jahrhundert keineswegs zuverlässig waren, wagten es die Historiker kaum, die Bevölkerungsverschiebungen in einem aggregierten Wanderungsvolumen zu berechnen. Hier soll zuerst die überseeische Auswanderung, dann die kontinentale Migration und schließlich der Einfluß des Staates des 19. Jahrhunderts auf die Migration dargestellt werden.

Transatlantische Migration

Der 24jährige Ernst Stille verließ im September 1846 sein Geburtsdorf Lengerich im Bezirk Tecklenburg mit einer Kutsche in Richtung Bremen. Wahrscheinlich hatte er zum ersten Mal die Gegend verlassen, in der er geboren wurde. In Bremen bestieg er dann ein Schiff nach New York. Zwei Monate lang war er auf See, gemeinsam mit anderen Passagieren, die größtenteils gleichfalls Emigranten aus Tecklenburg waren. In New Orleans angekommen, suchte er alte Bekannte auf, die bereits in den letzten zehn Jahren ausgewandert waren; diese stammten hauptsächlich aus Lienen, einem neben Lengerich gelegenen Dorf. Nachdem er einige kleine Arbeiten für seine Landsleute ausgeführt und etwas Geld verdient hatte, zog Ernst Stille weiter in das Dorf Powhatan Point in Ohio. Nach einer Reise von 16 Tagen traf er dort ein und suchte seinen Verwandten Wilhelm Stille auf, der bereits 1833 Lengerich verlassen hatte. In Powhatan Point war Ernst kein Fremder mehr, wohnten doch dort nicht wenige Emigranten aus Ladbergen, einem Dorf, das südlich von Lengerich und Lienen lag. Anschließend zog Ernst weiter in die Nachbarstadt Cincinetti, wo er für einen Ziegelbrenner aus Ladbergen arbeitete und ein Zimmer bei einem anderen Emigranten aus Ladbergen bezog. Im Mai 1848 heiratete er die 20jährige Henriette Dickmans, die ebenso wie er 1846 ihre Heimat verlassen hatte. Sie war in Leeden, einem Dorf nördlich von Lengerich, geboren. Ernst traf seine amerikanische Braut zum ersten Mal in Cincinetti, wo er sie über ihren Onkel Rudolph Espel kennenlernte. Mit Rudolph, der 1837 aus Lienen emigriert war, arbeitete Ernst in der Ziegelbrennerei.

Ernst Stilles Auszug in das weite Amerika war mit Sicherheit kein Sprung ins Unbekannte. Trotz der mehreren tausend Kilometer, die ihn von seiner Heimat trennten, erschienen ihm Lengerich, Lienen, Leeden und Ladbergen niemals weit entfernt. Diejenigen, die Tecklenburg verlassen hatten, trafen sich in Cincinetti, New Orleans, Powhatan Point und anderen Orten wieder. Durch das Eintreffen neuer Migranten, die Rückkehr anderer und durch einen intensiven Briefwechsel blieben diese amerikanisch-tecklenburgischen Gemeinschaften eng mit ihrer Heimat verbunden.

Die Migranten hielten jedoch nicht beharrlich an den Werten und Traditionen der Vergangenheit fest. Ihre Antwort auf die Herausforderungen der Neuen Welt war die Herausbildung einer neuen sozialen Gruppe, der ethnischen Gruppe. Die lokale Identität der Alten Welt wurde gegen ein ethnisches Bewußtsein, das der Neuen Welt Form und Inhalt gab, eingetauscht. So integrierten sich die Tecklenburger in Cincinetti und vermutlich auch Ernst Stille in die breitere deutsche Gemeinde, die im Jahre 1850 fast 30 Prozent der Bevölkerung dieser Stadt ausmachte. Aus den Tecklenburger Amerikanern waren Deutschamerikaner geworden.

Walter Kamphoefner, der Historiker dieser Migration, hat neben den Migrationsmustern und Veränderungen in der kulturellen Identifikation auch die Ursachen und Motive der Migration aufgedeckt. Ernst Stille und seine Landsleute suchten einen Broterwerb aufgrund der ökonomischen Probleme in ihrer fernen Heimat. Wie Ernst in einem Brief an seinen Onkel schrieb, war Deutschland für ihn das Land, wo man sich ohne Aussicht auf Erfolg sein ganzes Leben abplagen mußte. Für seine Urgroßeltern war die Situation in der Heimat indes noch besser gewesen. Am Ende des 18. Jahrhunderts war Tecklenburg, trotz seines kargen Ackerbodens, eine prosperierende Region, in der eine stark wachsende Bevölkerung ihren Broterwerb in der Landwirtschaft, der Leinenweberei und der saisonalen Migration in das niederländische Küstengebiet fand. Der Niedergang des ländlichen Hausgewerbes aufgrund einer mechanisierten, hauptsächlich ausländischen Konkurrenz führte dazu, daß die stark angestiegene Bevölkerung gezwungen war, neue Einkommensquellen zu erschließen. Vor allem die landlosen Pächter (Heuerleute) wurden stark durch das Verschwinden des Hausgewerbes getroffen. Alternative Einkommensquellen gab es an Ort und Stelle kaum, und auch die Möglichkeit, durch Migration in den Niederlanden Geld zu verdienen, nahm immer mehr ab. Einige Tecklenburger wagten ihr Glück in Amerika, und ihre positiven Nachrichten führten dazu, daß ein massiver Auswanderungsstrom nach Cincinetti, New Orleans, Powhatan Point, mithin in die Gebiete, zu denen Verbindungen bestanden, einsetzte. Zwischen 1830 und 1850 emigrierten dreitausend Personen aus Tecklenburg. In keinem anderen Kreis in Deutschland gab es einen vergleichbar hohen Bevölkerungsanteil an Auswanderern.

Nun führte zwar wirtschaftliche Not zur Auswanderung, aber sie allein erklärt die transatlantische Migration nicht. Wäre Armut die wichtigste Triebfeder für die Wanderung, müßten erwartungsgemäß die meisten Emigranten auch aus den ärmsten Gebieten kommen, oder es müßte aus Regionen mit vergleichbaren ökonomischen Problemen ein vergleichbar hoher Bevölkerungsanteil emigrieren. Die Ärmsten waren aber sicherlich nicht die ersten, die auswanderten. Sogar innerhalb der Auswanderregionen besaßen bestimmte Dörfer eine sehr große Zahl an Auswanderern, während andere Dörfer von keiner einzigen Person verlassen wurden. Transatlantische Emigration war also mehr als eine Flucht vor der Armut. Für viele arme Leute war die Auswanderung keine reale Alternative, schon allein wegen der hohen Kosten der Überfahrt. Auch wenn man über die Mittel verfügte, hing die Entscheidung zur Auswanderung stark von kulturellen Dispositionen ab. In Tecklenburg hatte sich bereits während des 18. Jahrhunderts eine Migrationstradition herausgebildet. Junge Leute wuchsen mit der Vorstellung auf, daß Migration ein Teil des Lebens sei. In der ersten Hälfte des 19. Jahrhunderts änderten sich lediglich Zeit und Dauer der Migration. Welche Tecklenburger Pioniere bei der transatlantischen Migration waren, ist noch unklar: Erfolgreichen Migranten aus Tecklenburg gelang es jedoch, die Wanderung aus dieser Region in eine andere Richtung zu lenken, nicht mehr in die Niederlande, sondern nach Ohio und Missouri. Mit der Integration in die lokale amerikanische Gesellschaft wuchs auch die Dynamik der Migration über soziale Bindungen.

In der zweiten Hälfte des 19. Jahrhunderts nahm zwar die Anziehungskraft der Vereinigten Staaten nicht ab, aber der Charakter der Gesellschaft änderte sich. Der *frontier* kam zum Stillstand, und es wurde für die Migranten beträchtlich schwieriger, sich in der Landwirtschaft niederzulassen. Dagegen entwickelte sich die amerikanische Industrie mit beträchtlicher Geschwindigkeit. Die große Arbeitskräftenachfrage in Industrie und Haushalten Amerikas sowie der sinkende Preis der Überfahrt führten dazu, daß auch ärmere Bevölkerungsschichten, Männer und Frauen, ihre Chance wagten. In Deutschland verschob sich das geographische Zentrum der transatlantischen Emigration in die Regionen östlich der Elbe. Auch aus Italien und dem zaristischen Reich zogen Tausende Menschen nach Übersee. Die meisten dieser transatlantischen Migranten betrachteten ihre Wanderung nur als vorübergehendes Projekt, das ihnen zu Hause materielle Vorteile verschaffen mußte. Im Zielgebiet konnten durch sparsames Leben und harte Arbeit für höhere Löhne die Mittel erworben werden, um in der eigenen Heimat Eigentum zu kaufen und den alltäglichen materiellen Druck zu lindern. Einige Migranten verlängerten dieses vorübergehende Projekt unter dem Druck der Bedingungen oder beschlossen letztendlich, im Immigrationsland zu bleiben.

Dennoch kehrten zwischen 1880 und 1900 20 Prozent der Juden aus den Vereinigten Staaten zurück, 35 Prozent der Polen und sogar 50 Prozent der Süditaliener. Der durchschnittliche Anteil der Rückwanderer wird mit 30 Prozent für die Vereinigten Staaten und sogar mit 53 Prozent für Argentinien angegeben. Für die Migration in der ersten Hälfte des 19. Jahrhunderts, u. a. aus Tecklenburg, ist das Ausmaß der Rückwanderung nicht bekannt. Am Ende des 19. Jahrhunderts war es auf alle Fälle wesentlich einfacher, dem ursprünglichen Vorhaben, nur vorübergehend nach Übersee auszuwandern, treu zu bleiben. Während es 1867 durchschnittlich 44 Tage dauerte, um von einem europäischen zu einem amerikanischen Hafen zu segeln, konnte 1900 ein Dampfschiff die Reise bereits in einer Woche zurücklegen. Sogar saisonale Wanderungen nach Übersee waren mithin durchaus möglich. Um die Jahrhundertwende zogen jährlich etwa 20000 Italiener nach Argentinien – die sogenannten *Golondrina* (Schwalben) –, um dort in der Erntezeit zu arbeiten. Sie verließen Italien im November, ernteten Flachs und Weizen in Nord-Cordoba und Santa Fé, zwischen Dezember und April Mais in Süd-Cordoba und Buenos Aires. Im Mai kehrten sie nach Piemont zurück, um dort beim Pflanzen tätig zu sein.

Die dargestellten Erkenntnisse über Muster, Dynamik, die Motive der Migration und die veränderten Identifikationsmuster von Migranten sind das Ergebnis intensiver historischer Forschung über die transatlantische Auswanderung. Diese Erkenntnisse über die Migration wurden vor allem in lokalen Fallstudien, sowohl im Einwanderungs- als auch im Herkunftsland, gewonnen. Mit diesen Gemeinschaften waren jeweils unterschiedliche Mobilitätsmuster und unterschiedliche Wanderungsströme verbunden. Die transatlantische Migration erlebte im 19. Jahrhundert ihren größten Umfang. Man schätzt, daß zwischen 1821 und 1915 50 Millionen Personen an diesen Wanderungen teilnahmen. In die Vereinigten Staaten zogen zwischen 1861 und 1910 ungefähr zwei Drittel der überseeischen Migration. Dieser Anteil nahm jedoch kontinuierlich mit jedem Jahrzehnt ab, bis zwischen 1911 und 1920 kaum noch 50 Prozent der Migranten aus Europa in die »Neue Welt« zogen. Aus dem Deutschen Reich emigrierten vor allem zwischen 1846 und 1893 5 bis 6 Millionen Personen, und zwar beinahe ausschließlich in die Vereinigten Staaten. Sowohl aus den Niederlanden als auch aus Belgien zogen während des langen 19. Jahrhunderts eine viertel Million Menschen nach Übersee. Auch bei ihnen waren vor allem um die Jahrhundertwende die Vereinigten Staaten das Ziel. Noch weniger Franzosen verließen ihr Land, um in die Vereinigten Staaten und nach Argentinien zu ziehen. Unter den mosaischen Migranten – 2,8 Millionen zwischen 1899 und 1914 – waren Juden mit 40 Prozent deutlich überrepräsentiert. Sie alle zogen besonders die Vereinigten Staaten an. Italien war das wichtigste Auswanderungsland des 19. Jahrhunderts. Zwischen 1876 bis 1915 stellte die italienische Verwaltung acht Millionen Pässe an transatlantische Migranten aus, die bis

1900 besonders Südamerika bevorzugten. 70 Prozent der Einwanderer Argentiniens und 60 Prozent der Brasiliens kamen aus Italien.

Kontinentale Migration

Die historische Forschung beschäftigt sich wesentlich stärker mit der transatlantischen Migration als mit den Wanderungsbewegungen innerhalb Europas. Damit ist aber nicht gesagt, daß diese kontinentale Migration des 19. Jahrhunderts von geringerer Bedeutung wäre. Jedoch sind ihre Strukturen viel weniger bekannt.

Saisonal bedingte zirkuläre Migration

Sowohl in der transatlantischen als auch in der kontinentalen Migration wurde auf Verschiebungen im landwirtschaftlichen Sektor reagiert. Das Land war der Träger der demographischen Expansion in der zweiten Hälfte des 18. Jahrhunderts. Ein Anstieg der landwirtschaftlichen Produktivität, u. a. durch die Einführung des Kartoffelanbaus, und der Ausbau der ländlichen Industrie ermöglichten dieses Bevölkerungswachstum. Wenn die Menge der an Ort und Stelle anfallenden Landarbeit es erlaubte, konnte der Landbewohner des 18. Jahrhunderts sein Einkommen verbessern, indem er in andere Regionen zog. So zogen jährlich ungefähr 20 000 Männer, vor allem aus Westfalen, in das reiche niederländische Küstengebiet, um dort in der Landwirtschaft und im Baugewerbe zu arbeiten. Jährlich ernteten auch 30 000 Wanderarbeiter, hauptsächlich aus den hochgelegenen Gebieten des Massif Central, Getreide in dem fruchtbaren Ackerbaugebiet rund um Paris. Auch verließen jährlich viele Männer die Auvergne, um im Bausektor als Maurer zu arbeiten. Im 19. Jahrhundert wurde die agrarische Ökonomie, eine Verflechtung von landwirtschaftlicher Arbeit, Industrie und Wanderarbeit, durch die kapitalistische Industrialisierung erfaßt. Das Ziel des modernen landwirtschaftlichen Unternehmers war nicht mehr Subsistenzwirtschaft, sondern Gewinnerzielung. Die Erschließung Europas durch ein dichtes Eisenbahnnetz am Ende des 19. Jahrhunderts schuf auch einen internationalen Markt für landwirtschaftliche Produkte. Landeigentümer und Bauern begannen mit einer intensiveren Landwirtschaft, wobei die Vorteile der Bewirtschaftung größerer Gebiete durch Spezialisierung und Monokultur ausgenutzt werden konnten. Durch Investitionen in technologische Neuerungen konnte wesentlich an den Arbeitskosten gespart werden. So war am Ende des Jahrhunderts der Getreidedrescher die am meisten verbreitete landwirtschaftliche Maschine, da sie die Winterarbeit von Landarbeitern weitgehend überflüssig machte. Die Dreschmaschine erledigte am Ende des Sommers 80 Prozent der Winterarbeiten auf dem getreideanbauenden Hof, und die notwendige Arbeit auf dem Lande wurde immer mehr auf einige Monate konzentriert. Für Landarbeiter war im modernen landwirtschaftlichen Sektor ein ganzjähriger Broterwerb kaum noch möglich. Vor diesem Hintergrund beschlossen viele von ihnen, ihrer Heimat den Rücken zu kehren. Im Frühjahr und Sommer halfen Saisonarbeiter aus.

Während sich die belgische und deutsche Gesellschaft im 19. Jahrhundert vollständig umorientieren mußten, konnte Frankreich ohne radikalen Bruch mit der Vergangenheit in das moderne industrielle Zeitalter gleiten. Die Landflucht war in Frankreich ein längerer Prozeß, der sich über eineinhalb Jahrhunderte ausdehnte und sich nur während des Zweiten Kaiserreichs (1851–1870) beschleunigte. Das allmähliche demographische Wachstum im 19. Jahrhundert führte dazu, daß die traditionelle, wenig marktorientierte Landwirtschaft, die gegebenenfalls durch saisonale Migration ergänzt wurde, lange bestehenblieb. Auch die Politik leistete einen Beitrag dazu, den Proletarisierungsprozeß in Frankreich auf ein humanitär vertretbares Maß zu begrenzen. Da die französische Elite seit dem 18. Jahrhundert Unruhen fürchtete, reagierte sie schneller als anderswo auf die Unzufriedenheit unter der Bevölkerung. Die Einführung des allgemeinen Männerwahlrechts im Jahre 1848, aber auch der ökonomische und soziale Protektionismus waren Äußerungen dieser Dispositionen. Obwohl Frankreich kaum die bittere Erfahrung eines brutalen Proletarisierungsprozesses kannte, der massiv Menschen aus dem primären Sektor stieß, haben auch hier Veränderungen in der Landwirtschaft die Nachfrage nach Arbeitskräften fundamental verändert.

Einen großen Einfluß auf die landwirtschaftliche Nachfrage nach Arbeitskräften hatte der Zuckerrübenanbau. Die Nachfrage nach Zucker stieg mit der Kaufkraft in den Städten. Bauern im französischen Département du Nord und in Sachsen begannen bereits in der ersten Hälfte des 19. Jahrhunderts mit dem Zuckerrübenanbau, der sich nach 1850 explosionsartig entwickelte. Die Vergrößerung der Anbauflächen führte zusammen mit dem Niedergang der europäischen Getreidewirtschaft als Folge des Imports billigen amerikanischen Getreides am Ende des Jahrhunderts zu einer Konzentration des französischen Anbaus auf die Regionen Brie und Beauce, das heißt auf Gebiete mit großen landwirtschaftlichen Betrieben südlich von Paris, und auf den Süden der Picardie, während in Deutschland im Preußen östlich der Elbe der Zuckerrübenanbau in hohem Maße betrieben wurde.

Die landwirtschaftlichen Betriebe, die zum Zuckerrübenanbau übergingen, zwangen hierdurch viele ihrer örtlichen Landarbeiter, an anderer Stelle einen Broterwerb zu suchen. Denn der Zuckerrübenanbau erforderte nur kurzzeitig viele Arbeitskräfte. Das Pflanzen und Hacken im Frühjahr und das Ernten und Laden der Rüben im Herbst waren Zeiten fieberhafter Tätigkeit. Abgesehen von diesen wenigen Wochen, in denen hart und intensiv gearbeitet werden mußte, erforderten diese Pflanzen kaum Aufmerksamkeit. Um 1850 bearbeiteten jedes Jahr zehntausend flämische Saisonarbeiter die Zuckerrübenfelder des Département du Nord. Durch die Verlegung des französischen Rübenanbaus in den Westen nahm die saisonale Migration von Flamen in die Pariser Region stark zu. 1896 wurden in Frankreich 40000 Saisonarbeiter gezählt, vor allem in Regionen mit großen landwirtschaftlichen Betrieben. Aus der traditionellen französischen Auswanderungsregion, dem Massif Central, kamen kaum Landarbeiter für den Rübenanbau. Die großen Zuckerrübenproduzenten waren mit den flämischen Arbeitern sehr zufrieden, da diese sich in vollständigen Arbeitstrupps anboten. Der Gutsherr konnte dadurch die Arbeit voll und ganz an den *ploegmeester* der flämischen *bendes* weitergeben.

Die Saisonarbeit in Frankreich hatte ihrerseits einen beträchtlichen Einfluß auf das flämische Land. Große Teile Ost- und Westflanderns wurden ökonomisch stark vom französischen Zuckerrübenanbau abhängig. So zogen gegen Ende des 19. Jahrhunderts aus Koekelare jährlich nahezu 50 Prozent der männlichen Bevölkerung, und das waren tausend Personen, nach Frankreich. Auch aus der Gegend um Roeselare wanderten im Frühjahr zahlreiche Arbeiter nach Frankreich. Frauen und Kinder blieben in Roeselare und Koekelare, wo sie sich um ihre kleinen Höfe kümmerten. Die Ziele dieser Arbeiter waren deutlich abgesteckt. So zogen die Landarbeiter aus Koekelare an die Marne, während die Wanderarbeiter aus der Gegend von Roeselare eine wesentlich größere Reise auf sich nahmen; sie gingen bis ins Calvados. Am Beginn des 20. Jahrhunderts, parallel zur Emanzipationsbewegung der belgischen Arbeiter, organisierten sich auch die flämischen Saisonarbeiter in Frankreich und forderten bessere Arbeitsbedingungen. Die französischen Großbauern fühlten sich dadurch in ihrer unternehmerischen Freiheit angegriffen. Als sich schließlich die flämischen Saisonarbeiter während des Landarbeiterstreiks von 1906 und 1907 mit den französischen Landarbeitern solidarisch erklärten, war das Maß für die Großbauern voll. Aus Ärger über den Verrat »ihrer« Belgier suchten die französischen Bauern nach einer Alternative für die flämischen Arbeitskräfte. So experimentierten die französischen Bauern mit der Mechanisierung der Rübenbewirtschaftung. Der Anbau war jedoch widerspenstig und ließ sich nicht so einfach durch die Maschine bezwingen. Die Diversifikation der Rekrutierungsquellen war hingegen eine erfolgreichere Strategie, um dem Mangel an Arbeitskräften zu begegnen. So machten die Bretonen den Flamen Konkurrenz. Es gelang ihnen, den flämischen Arbeitern in der Normandie und auch in der Beauce das Pflanzen, Hacken und Ernten der Rüben aus der Hand zu nehmen. Ab 1909 wurden polnische Arbeitskräfte von den französischen Rübenbauern rekrutiert.

Viele Polen hatten bereits seit längerer Zeit Erfahrungen im Rübenanbau gesammelt. Bereits vor 1850 waren polnische Arbeiter von den sächsischen Zuckerrübenbauern angeworben worden. Am Ende des 19. Jahrhunderts riefen Veränderungen in der ostpreußischen Landwirtschaft zwei parallele Bewegungen hervor. Um 1900 zog eine halbe Million polnischer Saisonarbeiter aus Galizien (Österreich-Ungarn) und vor allem aus Kalisz (im zaristischen Rußland) ins Deutsche Reich, um unter anderem auf den Rübenfeldern zu arbeiten, während die Arbeiter vor Ort ihre Heimat verließen, um an anderer Stelle, entweder in Übersee oder in deutschen Städten und Industrieregionen, Geld zu verdienen. Durch den immer größer werdenden Arbeitskräftemangel weiteten sich die Regionen, aus denen rekrutiert wurde, aus. Drei Viertel der polnischen Migranten kamen aus dem russischen Polen, bis zur Jahrhundertwende stammten sie nahezu ausschließlich aus dem Grenzbezirk Kalisz, während direkt vor dem Ersten Weltkrieg weiter entfernte Bezirke wie Kielce, Radom und Lublin bis zu 22 Prozent der saisonalen Migranten zur Verfügung stellten.

Nicht nur die Veränderungen in der Landwirtschaft, sondern auch die Urbanisierung Europas führte zu einer Zunahme der Saisonarbeit. Der Bausektor war ein saisongebundener Bereich, da im Winter die Außenarbeiten unterbrochen werden mußten. Der wirtschaftliche Aufschwung im städtischen Baugewerbe erforderte beträchtliche Mengen an Material; Ziegelsteine wurden das Baumaterial par excellence. Die Herstellung dieser Steine blieb bis weit ins 19. Jahrhundert manuelle Arbeit, die sich auf jahrelange Erfahrungen stützte. Bereits im 18. Jahrhundert war das Fürstentum Lippe das Zentrum für qualifizierte Ziegelsteinfabrikation geworden. Mannschaften aus fünf bis acht Personen zogen aus Lippe zu Arbeitsstellen, die mit Öfen und Trockenschuppen versehen waren, wo sie in einer Saison eine Million Ziegelsteine produzierten. Da die Nachfrage nach Ziegelsteinen im Laufe des 19. Jahrhunderts stark anstieg, wurde Lippe aufgrund seiner Spezialisierung eine reiche Region. Die Arbeitstrupps von Ziegelbrennern verließen die Gegend, um u. a. in den Niederlanden, Skandinavien, Österreich-Ungarn und Preußen zu arbeiten.

Eine flexiblere Produktionsmethode als in Lippe wurde im System des Feldsteinbrennens benutzt. Schichten von Ziegelsteinen wechselten sich mit Steinkohle ab. Diese Feldsteinbrennereien ermöglichten es, die Steine dort zu brennen, wo es eine Nachfrage gab, das heißt in der Nähe von Städten oder von großen öffentlichen Bauprojekten. Damit konnten die Transportkosten auf ein Minimum gesenkt werden. Bereits vor dem 19. Jahrhundert hatte die Region Basse Meuse im Südosten Belgiens (Amay, Vottem) mit diesen Feldsteinbrennereien großes Ansehen erworben. Die Lütticher Wanderarbeiter arbeiteten im Winter in den örtlichen Minen, zwischen Mai und August begaben sie sich dann vor allem in das Deutsche Reich, um dort Ziegelsteine herzustellen. Bei dieser Wanderungsbewegung aus Lüttich handelte es sich um eine Familienmigration, die Arbeitstrupps bestanden aus acht Personen, die Hälfte waren Frauen, die im Produktionsprozeß das Formen von Lehm übernahmen. Die Familienältesten sorgten dann für die kleinen armbäuerlichen Betriebe zu Hause in Lüttich. Der große Arbeitskräftemangel an qualifizierten Ziegelbrennern führte dazu, daß diese nicht nur aus Lüttich, sondern auch aus dem neben Lüttich gelegenen Limburger Maasland zuwanderten, mithin aus einer Region, die seit 1830 zwischen Belgien und den Niederlanden aufgeteilt war.

Am Ende des 19. Jahrhunderts geriet das hier beschriebene Migrationsmuster sehr ins Wanken. Die lippischen Arbeiter mußten weniger lange Wege zurücklegen, da sie nun auch innerhalb des Deutschen Reiches und vor allem in Westfalen Möglichkeiten des Broterwerbs fanden. So war es möglich, daß sie manchmal auch während der Saison nach Hause gehen konnten. Am Ende des 19. Jahrhunderts begaben sich aus

Lippe jährlich noch ungefähr 15 000 Männer auf Wanderschaft, ungefähr ein Viertel der Bevölkerung. Dieser Strom qualifizierter Ziegelbrenner bildete nur einen kleinen Anteil der immer größeren Personenzahl, die in diesem Produktionszweig ihr Einkommen fand. 1882 gab es im Deutschen Reich, nach den offiziellen Statistiken, bereits 150 000 Ziegelbrenner. Aus Lippe stammten nur noch 10 Prozent. Viele der Lütticher Ziegelbrenner begaben sich im Laufe des 19. Jahrhunderts nicht mehr auf Wanderschaft. Durch den Aufschwung der Lütticher Steinkohlenindustrie konnten sie zu Hause im Winter Geld verdienen und waren nicht mehr gezwungen, andernorts zu arbeiten. Ab der zweiten Hälfte des 19. Jahrhunderts gelang es unter anderem den italienischen Ziegelbrennern, in Deutschland einen wichtigen Teil des Marktes zu erobern. Sie verließen im Frühling mit Frauen und Kindern ihre Dörfer im Bezirk Udine (Buia, Martinazzo, Tolmezzo, Tricesimo usw.), um in deutschen Ziegelsteinbrennereien als *squadri* unter Leitung eines *capuzat* zu arbeiten. Am Ende des 19. Jahrhunderts gab es in dieser Industrie in Deutschland mehr italienische Arbeiter als Arbeiter aus Lippe.

Der wirtschaftliche Aufschwung im Baugewerbe des 19. Jahrhunderts hatte nicht nur Rückwirkungen auf den Beruf des Ziegelbrenners, sondern auch auf zahlreiche andere Berufsgruppen. So nahm die Zahl der Maurer in Europa stark zu, und auch diese Arbeiter boten ihre Dienste in den Städten an. Bereits im 18. Jahrhundert hatte das Département Creuse im französischen Zentralmassiv seine Söhne ab dem Alter von zehn Jahren in die Ferne geschickt, um als Maurer zu arbeiten. Zu Beginn des 19. Jahrhunderts wanderte die Hälfte der männlichen Bevölkerung des Département in verschiedene französische Städte und sogar ins Ausland. Vor allem Paris zog im Laufe dieses Jahrhunderts immer stärker Maurer aus der Creuse an. Durch die hohen Löhne, die dort bezahlt wurden, waren andere Orte nicht mehr so attraktiv. So trat der junge Martin Nadaud in die Fußstapfen seines Vaters und Großvaters, als er in den 1830er Jahren immer wieder im Frühjahr nach Paris zog. Zu Fuß wanderte er 275 km bis Orleans, wonach er noch fünf Tage in einem Karren reisen mußte, um sein Ziel zu erreichen.

Die zahlreichen Arbeiter, die für saisonale Migration zur Verfügung standen, wurden durch demographische und ökonomische Entwicklungen freigesetzt. So wurde Flandern durch den Niedergang seines ländlichen Gewerbes ein wichtiges Reservoir für Saisonarbeit. Sowohl in Ost- als auch in Westflandern war am Ende des 18. Jahrhunderts noch ein

Viertel bis ein Fünftel der Bevölkerung in der Flachsindustrie tätig. Aufgrund der Mechanisierung im Ausland und der steigenden Konkurrenz, die das Baumwollgewerbe machte, konnte sich die flämische Flachsindustrie auf dem Markt nicht mehr behaupten. Ihr Niedergang setzte ein großes Arbeitspotential frei. Während der Hungerjahre in den 1840ern, als durch Kartoffelkrankheit, schlechte Getreideernten und Epidemien das Elend der Flamen seinen Höhepunkt erreichte, war die Bereitschaft, an anderer Stelle ein Auskommen zu finden, sehr groß geworden. Einen solchen Freisetzungsprozeß an Arbeitskräften, die dadurch für die Migration zur Verfügung standen, gab es auch in anderen europäischen protoindustriellen Textilregionen. Während in Tecklenburg die Heuerleute ihr Glück in den Vereinigten Staaten suchten, fanden die flämischen armen Kleinbauern eine Perspektive, die nicht so weit von der Heimat entfernt war. Der zersplitterte Grundbesitz in Flandern erklärt ebenfalls die Anziehungskraft, die eine vorübergehende Migration nach Frankreich hatte. Die Saisonarbeit im südlichen Nachbarland war die Alternative zur dauerhaften Auswanderung, bedeutete sie doch eine lebensnotwendige Ergänzung des spärlichen Einkommens aus der kleinen Landwirtschaft, mit der die Flamen so verbunden waren. Durch den finanziellen Zugewinn aus der Saisonarbeit konnten sehr viele ihre, wenn auch karge, Selbständigkeit bewahren. Eine permanente Emigration aus einer Region, die für ihre Bevölkerung ökonomisch nicht mehr tragbar war, konnte so gebannt werden.

Die Auflösung des ländlichen Kleingewerbes im Laufe des 19. Jahrhunderts beschränkte sich nicht auf den Textilsektor. Die hohen Transportkosten hatten zuvor die Landwirtschaft geschützt und es ihr ermöglicht, mit ihren wenig effizienten Produktionsmethoden auf den regionalen Märkten zu bestehen. Das änderte sich durch die Expansion des Eisenbahnnetzes und die Verringerung der Transportkosten, und es kam zu einer Deindustrialisierung der europäischen Landwirtschaft. Die Unfähigkeit vieler landwirtschaftlicher Regionen, eine alternative Einkommensquelle anzubieten, führte dazu, daß ein großer Teil der Landbevölkerung gezwungen wurde, an anderer Stelle sein Geld zu verdienen. Als die Preise für Agrarprodukte durch die Konkurrenz aus den Vereinigten Staaten am Ende des 19. Jahrhunderts empfindlich fielen, wurden erneut Landbewohner gezwungen, ihre vertraute Umgebung zu verlassen.

Über Immigration, Emigration und Reemigration

Obwohl die saisonalen Migranten, Ziegelsteinbrenner und Maurer ihre Arbeitskraft zur Verfügung stellten, um die Städte des 19. Jahrhunderts zu bauen, bewohnten sie oft diese Städte nicht. Nur der Migrant, dem es gelungen war, eine Anstellung über das ganze Jahr zu finden, ließ sich wirklich in den Städten nieder. So führte die Migration von Maurern aus dem Département Creuse nach Paris nur äußerst langsam zur dauerhaften Ansiedlung. In der zweiten Hälfte des 19. Jahrhunderts gelang es den Männern aus der Creuse, auch im Winter im Pariser Baugewerbe weiterzuarbeiten. Gleichzeitig zogen auch die Frauen aus dem französischen Département zu ihren Brüdern, Vätern oder Männern nach Paris. Sie zog die Perspektive an, einen Broterwerb als Dienstmädchen für das Bürgertum oder als Betreiberin von Wohnhäusern für alleinstehende Migranten zu finden. Außerdem mußte man ab den 1850er Jahren nicht mehr in einem langen und gefährlichen Fußmarsch nach Paris wandern. Mit der neuen Zugverbindung erreichten die Migranten Paris in kaum zwölf Stunden. Diese Migration bekam immer mehr den Charakter einer permanenten Emigration. Schließlich verlor das Département, nach einem Jahrhundert intensiver Verbindung mit Paris, seine besten Kräfte an die französische Hauptstadt. Auch Martin Nadaud ließ sich schließlich in Paris nieder und wurde, unter anderem durch die vielen Stimmen aus seinem Heimatdépartement, zum Mitglied der *Assemblée Nationale* gewählt.

Ein analoger Assimilierungsprozeß in einer städtischen Gemeinschaft läßt sich bei den Migranten aus der Auvergne feststellen. So zogen Einwohner von dort mit ihren Frauen im Laufe des 19. Jahrhunderts massenhaft nach Paris. Genauso wie die Maurer aus Creuse folgten sie damit dem Vorbild ihrer Vorfahren. In den 1890er Jahren bildeten die Auvergnats in der französischen Hauptstadt eine Kolonie von 75 000 Personen, die vor allem als Lumpensammler oder als Wein- und Kohlenhändler arbeiteten. 1911 stammten 10 Prozent aller Händler und 20 Prozent aller Gastwirte oder Hotelbetreiber in der französischen Hauptstadt aus der Auvergne. Die Auvergnats waren zu Beginn des 19. Jahrhunderts nach Paris gezogen, um dort als Kleinhändler soviel Geld wie möglich zu sparen. Mit den Ersparnissen wollten sie in der Auvergne den elterlichen bäuerlichen Betrieb weiterführen oder selbst einen neuen Betrieb gründen. In der ersten Hälfte des Jahrhunderts wurden die Kinder noch in die

Auvergne gebracht und dem Großvater oder anderen Mitgliedern der Familie übergeben. Erst wenn das Kind groß genug war, um im Geschäft mitzuarbeiten, kam es zurück nach Paris. Im Laufe der zweiten Jahrhunderthälfte änderte sich die Strategie. Man schickte die Kinder nicht mehr in die Auvergne zurück, sie wurden vielmehr von ihren Eltern in Paris erzogen. Nur in den Schulferien besuchten sie mit ihren Verwandten die Auvergne. Der Rückkehrgedanke wurde am Leben gehalten, die Rückkehr ins Massif Central wurde jedoch auf später, auf die Zeit nach dem aktiven Arbeitsleben, verschoben. Die kleinen Händler wollten ihren Ruhestand in der Auvergne verbringen, nicht aber Landwirtschaft betreiben. Hatte man ursprünglich beabsichtigt, nur vorübergehend zu emigrieren, wollte man jetzt nur noch in die Auvergne zurück, um zu sterben. Die Tendenz zur Niederlassung war ein Prozeß, der sich über mehrere Generationen hinzog und innerhalb dessen vielfach Rückwanderungen vorgenommen und Seitenwege eingeschlagen wurden.

Zum Mythos von der Stadt als Magnet: Rückwanderung und Fluktuation

Die Tatsache, daß man das ganze Jahr in der Stadt Arbeit finden konnte, bedeutete für viele Immigranten keineswegs, sich dort auch für immer niederlassen zu wollen. Ein deutliches Beispiel hierfür sind die Dienstmädchen, die am weitesten verbreitete Tätigkeit für Migrantinnen. Die Zahl an Arbeitsplätzen für junge und alleinstehende Frauen in privaten Haushalten stieg im Laufe des 19. Jahrhunderts stark an, parallel zur zahlenmäßig an Reichtum zunehmenden städtischen Mittelschicht. So führte die Konzentration der wohlhabenden Haushalte in Paris in der zweiten Hälfte des 19. Jahrhunderts zu einer großen Nachfrage nach Dienstmädchen. Das Pariser Hinterland, aber auch das Massif Central allein konnten diesen Mangel nicht beheben. Die Bretagne, die bis in die Mitte des 19. Jahrhunderts eine wirtschaftlich isolierte, aber bevölkerungsreiche Region geblieben war, wurde für Paris zu einem neuen Rekrutierungsfeld. Ab den 1870er Jahren nahmen die Kontakte zwischen der Bretagne und Paris zu und führten dazu, daß am Ende des Jahrhunderts eine an Umfang wachsende Wanderungsbewegung entstand, die ein starkes Übergewicht an Frauen aufwies. Für diese Frauen war die Migration nach Paris eine zeitlich begrenzte Phase ihres Lebens. Häufig verbanden sie damit das Ziel, für ihre Hochzeit zu sparen. Ihre soziale Isolation – sie wohnten bei ihrem Arbeitgeber – führte dazu, daß ihr Vorhaben, nur zeitweise in der Stadt zu bleiben, selten ins Wanken geriet. Migration in die Stadt war für die meisten Mädchen vom Land nur eine kurze Lebensphase. In der belgischen Textilstadt Verviers verließen 40 Prozent der unverheirateten Migrantinnen, die zwischen 1849 und 1855 eintrafen, die Stadt noch im selben Jahr, nach drei Jahren blieben nur noch 21 Prozent der Frauen in Verviers. Der Beruf des Dienstmädchens eignete sich wie kein anderer für Frauen, die nur kurzzeitig wandern wollten. Auf männlicher Seite gab es die sehr mobilen Handwerksgesellen. Nur 25 Prozent der 1878 aus Düsseldorf weggezogenen Handwerksgesellen waren ein Jahr in der Stadt geblieben. Sie waren jung und unverheiratet und zogen während ihrer Wanderjahre von Werkstatt zu Werkstatt, von Stadt zu Stadt, um sich beruflich zu qualifizieren. Obwohl sie eigentlich ein Element der vorindustriellen Gesellschaft waren, verschwand diese Migration nicht mit zunehmender Industrialisierung. Im Gegenteil: Die gewerblichen Handwerkskünste erfuhren sogar ihre Blütezeit.

Im 19. Jahrhundert gesellte sich zu diesen hochmobilen Berufsgruppen noch die ungelernte Arbeitskraft für die neuen Industrien. 40 Prozent der hauptsächlich männlichen Migranten, die im 19. Jahrhundert in die Industriestadt Düsseldorf zogen, blieben weniger als ein Jahr in der Stadt, während die Hälfte von ihnen Düsseldorf bereits nach drei Monaten wieder verließ. In der Bergbaustadt Bottrop blieben 33 Prozent der Personen, die sich zwischen 1891 und 1920 meldeten, kürzer als ein Jahr. 30 Prozent der Migranten, die sich in der Hafenstadt Antwerpen im Jahre 1817 niederließen, hatten diese vor 1830 wieder verlassen. Auf diese Weise wurden der Duisburger Metallindustrie, dem Bottroper Bergbau und dem Antwerpener Hafen immer wieder neue, unverbrauchte Arbeitskräfte geliefert. Obwohl in Duisburg und Bottrop ein fester Kern qualifizierter Arbeitskräfte das Rückgrat der örtlichen Industrie bildete, erforderte diese Industrie doch eine große Zahl ungelernter Arbeiter, die die Migration lieferte. Wenn die Unternehmer ständig über eine disponible Masse an mobilen Arbeitern verfügten, konnten sie die Reproduktionskosten der Arbeitskraft drücken. Im Antwerpener Hafen war Anfang des 19. Jahrhunderts das Angebot an Arbeit so unregelmäßig, und zudem gab es in der Stadt keine andere Möglichkeit, Geld zu verdienen, daß das Kommen und Gehen von Arbeitern der ökonomisch und politisch vorteilhafteste Mechanismus zur Steuerung des Arbeitsmarktes war. Die Migranten in Antwerpen hingen direkt von der ökonomischen Konjunktur ab und verließen die Stadt gezwungenermaßen, ohne große Hoffnung zu haben, an anderer Stelle eine Arbeit finden zu können.

Für diese hohe Fluktuation unqualifizierter Arbeitskräfte gibt es jedoch verschiedene Erklärungen, die von den zeitlichen und örtlichen Begebenheiten abhängen. Auch können für diese hohe Fluktuation eher persönliche und soziale Präferenzen vorliegen als eine strukturell schwache Position. So war sie auch Ausdruck der Symbiose zwischen agrarischer und industrieller Arbeit. Im 19. Jahrhundert bedeutete die industrielle Beschäftigung für viele Landarbeiter lediglich eine Nebentätigkeit. So kannte die Metallfabrik von Esslingen während ihrer Blütezeit (1856–1870) eine hohe Fluktuation ihrer ungelernten Arbeiter. Diese hochmobile Gruppe bestand vor allem aus der ersten Generation von Arbeitern, die in der direkten Umgebung der Stadt wohnten und jeden Winter aus finanzieller Not ihre Arbeitskraft an den Fabriktoren anboten. Sobald der Frühling kam, verließen sie dann die Fabrik, um auf dem Land zu arbeiten. Die Esslinger Arbeitgeber erhöhten gezwungenermaßen den Mindestlohn im April, um den Bestand an Arbeitern doch auf einem Mindestniveau zu halten. Durch diese materiellen Anreize wurden nicht so sehr die örtlichen Bauern dazu bewogen, in der Fabrik zu arbeiten, sondern eher junge, alleinstehende Migranten aus der Region, die sich vorübergehend in Esslingen niederließen. Mit dieser Migrantengruppe verbindet sich eine dritte Erklärung für die hohe Fluktuation. Sie kannte den industriellen Sektor ebenso wie die Mechanismen des kapitalistischen Arbeitsmarktes und bot ihre Arbeitskraft den Meistbietenden an. Diesen Typus des Industriearbeiters, der als rationaler *homo oeconomicus* handelt, kann man wahrscheinlich auch unter den hochmobilen Arbeitern in Duisburg in der zweiten Hälfte des 19. Jahrhunderts finden, zu der Zeit, als sich die Ruhrökonomie in einem wirtschaftlichen Aufschwung befand.

Diese hohe Fluktuation, sowohl unter Männern als auch unter Frauen, fand vor allem unter den jungen Erwachsenen im Alter von 15 bis 30 Jahren statt. Diese Altersgruppe nahm Mitte des 19. Jahrhunderts zu 66 Prozent an der Wanderungsbewegung nach Duisburg, am Ende des Jahrhunderts sogar zu 75 Prozent teil. In Münster und Berlin gehörten ungefähr 75 Prozent der Migranten zu dieser Altersgruppe. Im 19. Jahrhundert war die räumliche Mobilität oft auf die Lebensphase zwischen dem Eintritt in den Arbeitsmarkt und dem Zeitpunkt der Heirat beschränkt.

Die Grenzen der Anziehungskraft der Städte: Wanderungsdistanzen

Im Unterschied zu den Männern legten die weiblichen Migranten beträchtlich kürzere Entfernungen zurück. Die Dienstmädchen kamen oft aus Dörfern, die im Umkreis der Stadt lagen. Während 85 Prozent der Frauen, die zwischen 1880 und 1900 nach Münster wanderten, aus nahe gelegenen Orten kamen, lag dieser Anteil bei den Männern nur bei 67 Prozent. Auch in Duisburg nahmen mehr Frauen an der Nahwanderung als an der regionalen Migration teil, aber männliche Migranten stammten meist aus der näheren Umgebung: Die Zahl dieser Nahwanderer nahm im Laufe des Jahrhunderts nicht unbedingt ab. So sind industrielle Regionen wie das Ruhrgebiet den Zeiten des großen Arbeitskräftemangels vor allem dadurch begegnet, daß Arbeitskräfte aus der Umgebung herangezogen wurden. Während 1867/68 etwa 25 Prozent der Migranten weniger als 25 km zurücklegten, um nach Duisburg zu gelangen, stieg dieser Anteil 1890 auf 33 Prozent. In der ersten Hälfte des 19. Jahrhunderts konnte das Borinage, die älteste belgische Bergbauregion, seine Arbeiterzahl dadurch auf 15000 erhöhen, daß Menschen aus der Umgebung zugeworben wurden. Erst in den 1850er Jahren wurden Arbeiter eingestellt, die weiter entfernt wohnten und für die es nicht mehr möglich war, den Arbeitsplatz täglich zu Fuß zu erreichen. Auch in den etwas jüngeren Industriegebieten Belgiens, Charleroi und Lüttich, konnten die Fabriken und Bergwerke anfangs mit Arbeitskräften arbeiten, die in erster Linie aus der näheren Umgebung kamen. Cockerill in Seraing stellte im Jahre 1850 4000 Arbeiter ein, und beinahe alle kamen aus einem Umkreis von 25 km. Die wallonische Schwerindustrie war jedoch schnell gezwungen, von weiter her Arbeitskräfte heranzuziehen. Zwischen 1860 und 1880 rekrutierte sich die Belegschaft hauptsächlich aus dem Arbeitskräftereservoir Flanderns. 1876 zählte die Lütticher Industrieregion 25723 Bergleute. Nach statistischen Angaben waren 13 Prozent dieser Arbeiter Flamen und 9 Prozent der Bergleute Ausländer, die vor allem aus Deutschland, nämlich aus der angrenzenden Aachener Region, stammten.

Zu solchen internationalen Migrationsprozessen, die Ausdruck der regionalen Anziehungskraft einer Industrieregion sind, die nur zufällig über nationale Grenzen hinweg stattfindet, gehört auch die Wanderung vieler Belgier in das französische Département du Nord. Die Industrie in Frankreich befand sich viel länger als in anderen Ländern in einer Symbiose mit der Landwirtschaft. Eine Ausnahme war das Zentrum der französischen Textilindustrie im Dreieck Roubaix–Lille–Tourcoing. Der Mangel an Arbeitskräften wurde hier ausschließlich durch Flamen aufgefangen. Sie waren, nach dem Niedergang der landwirtschaftlichen Textilindustrie und der Tragödie der Hungerjahre in den 1840ern, verzweifelt auf der Suche nach neuen Einkommensquellen. Die Chance, die das Département du Nord bot, wurde gern wahrgenommen. 1880 waren nahezu eine halbe Million Belgier in Frankreich registriert. Mehr als zwei Drittel von ihnen ließen sich sogar in diesem Département nieder.

Arbeitskräfte als Pendler – der Schritt zum mobilen 20. Jahrhundert

Im Jahre 1856 wurde in Georgsmarienhütte, an der Grenze zum Landkreis Tecklenburg, ein Hochofenkomplex gegründet. 1873 stellte das Unternehmen 1 675 Arbeiter ein. Es konnte seinen Arbeitskräftebestand zunächst mit örtlichen Landarbeitern abdecken. Die Motivation bei den Tecklenburgern, in Georgsmarienhütte zu arbeiten, war jedoch begrenzt. Der Fußmarsch von mehr als 10 km zur Fabrik, den diese sogenannten Morgenländer jeden Tag zurücklegen mußten, schreckte viele ab. Dagegen sahen viele in der Auswanderung in die Vereinigten Staaten eine attraktive Alternative. Obwohl die Hochöfen zu Hause ihnen einen Broterwerb boten, zog es zwischen 1882 und 1886 erneut 5 876 Einwohner nach Übersee.

Am Ende des 19. Jahrhunderts ermöglichte es die Verbreitung des Fahrrads, täglich größere Entfernungen zurückzulegen. Viele Arbeiter fühlten sich durch tägliches Radfahren von 30 km nicht mehr abgeschreckt, behielten sie doch die Möglichkeit, in ihrer vertrauten Umgebung zu bleiben. Das immer dichtere Eisenbahnnetz änderte den Charakter der regionalen Migration, da man sich jetzt schneller von einem Ort zum anderen bewegen konnte.

So nahm die Migration der Flamen in das Département du Nord am Ende des 19. Jahrhunderts stark ab. Viele flämische Arbeiter, die in der französischen Textilindustrie arbeiteten, blieben in Belgien wohnen, nahmen von dort aus jeden Tag den Zug zur Grenze und liefen dann einige Kilometer zu Fuß zur Fabrik. Es bot auch wichtige materielle Vorteile, wenn man täglich die Grenze überschritt. Man erhielt in Frankreich höhere Löhne, ohne die teureren Lebenshaltungskosten zahlen zu müssen, hatte doch die Schutzzollpolitik in Frankreich dazu geführt, daß beträchtlich höhere Lebensmittelpreise bezahlt werden mußten. Den Preis einer Zugfahrkarte bis zur belgischen Grenze hatte man schnell zusammen, da die finanzielle Hürde, die anderswo dazu führte, daß sich die Arbeiter keine Zugfahrt leisten konnten, in Belgien minimal war. Das belgische Establishment erkannte, daß eine Verschiebung der Einkommensstruktur auf Kosten der Landwirtschaft unvermeidlich war. Die katholischen Regierungsmitglieder hofften, die sozialen und politischen Folgen dieser ökonomischen Verschiebung abzuschwächen, indem sie der Landbevölkerung die Möglichkeit gaben, ihr Einkommen in der Industrie zu erwerben und doch weiter auf dem Land wohnen bleiben zu können. Man bot ihr deshalb äußerst preiswerte Zugabonnements an. Die Zahl solcher Abonnements stieg von 14 223 im Jahre 1870 auf über eine Million 1890 und auf über 4,5 Millionen 1900. Die Landbewohner konnten nun ihr Einkommen in der Industrie erwerben, ohne deswegen vollständig mit dem Land brechen zu müssen.

Die Gruppe der Pendler war aus diesem Grund in Belgien so stark wie nirgendwo anders. Nicht nur die Arbeitsmigration nach Nordfrankreich, sondern auch die Migration in die wallonische Industrieregion wurde stark von Pendlern beeinflußt. Einige Pendler konnten arbeiten und täglich wieder nach Hause fahren. Andere fuhren nur wöchentlich nach Hause und blieben unter der Woche in Wohnhäusern für Arbeitswanderer. Vor allem die wallonischen Minen nutzten gern die mit dem Zug eintreffenden flämischen Arbeitskräfte, da die traditionellen, vor Ort wohnenden wallonischen Bergarbeiter immer weniger zu der schweren und gefährlichen Arbeit bereit waren. Die Frauen der Bergleute waren der Meinung, daß es ausgereicht habe, (Enkel-)Tochter und Ehefrau eines Bergmannes zu sein, sie wollten wirklich nicht auch noch Mutter eines Bergmannes werden. Deshalb wünschten sie sich für ihre Söhne eine andere berufliche Perspektive, die vor allem der Metallbereich zu bieten schien. Eine neue demographische Strategie (Rückgang der Geburtenrate) und mehr Interesse an der Ausbildung sollten das Schicksal der Kinder verbessern. Die Reproduktion des Kerns der wallonischen Bergarbeiterschaft war dadurch nicht mehr sichergestellt. So zählte das Bergbaugebiet von Charleroi 1913 unter seinen nahezu 50 000 Bergarbeitern fast ein Viertel Flamen, die immer noch mit ihrer Heimat verbunden blieben. Flandern bot jedoch keine wirkliche Lösung für die fehlenden Arbeitskräfte im Bergbau. Viele flämische Pendler sahen die Arbeit in den Minen nur als die allerletzte Möglichkeit, Geld zu verdienen, und weigerten sich, ihr Schicksal mit dieser Industrie zu verbinden. Dank des preiswerten belgischen Eisenbahnnetzes konnten sie schnell alternative Einkommensquellen finden. Die belgische Schwerindustrie stieß dadurch an die sozialen Grenzen ihres Wachstums. Trotz einer ganz anderen Entwicklung der Industrialisierung und Proletarisierung wurde auch die französische Schwerindustrie zur gleichen Zeit mit einem bedrohlichen Mangel an Arbeitskräften konfrontiert. Erst am Ende des 19. Jahrhunderts emanzipierte sie sich gezwungenermaßen von der ländlichen Welt, aus der sie alle möglichen Arbeitskräfte absorbiert hatte. Die ländliche Welt ließ sich jedoch nicht nach den Bedürfnissen der Industrie formen. Der traditionelle bäuerliche Arbeiterbestand der französischen Schwerindustrie floh genauso wie die Arbeiter in Belgien. Auch in Frankreich wurden weniger Kinder geboren, und man suchte eine Anstellung in der metallverarbeitenden Industrie.

Die Vergrößerung der Wanderungsdistanzen am Vorabend des 20. Jahrhunderts

Bis zum Ende des 19. Jahrhunderts war die kontinentale Fernwanderung ein Synonym für Reichtum und hohen sozialen Status. Freiberufler, Beamte und Angestellte reisten lange Strecken, um bessere berufliche Möglichkeiten zu nutzen. Qualifizierte und spezialisierte Arbeiter und Kaufleute boten ihre Dienste und Produkte zuweilen noch weiter entfernt an, da sie durch kulturelle und sprachliche Barrieren weniger gebunden waren. Französische Schiffszimmerleute konnten sehr gut von ihren hohen Löhnen leben, die sie im Antwerpener Hafen im frühen 19. Jahrhundert verdienten. Deutsche Möbeltischler in Paris nutzten die Nachfrage nach ihrer hochqualifizierten Arbeit während des Aufschwungs im Bausektor der Julimonarchie so intensiv wie möglich aus. Auch Bewohner gebirgiger Regionen, für die saisonale Migration bereits seit Jahrhunderten Bestandteil der Existenz war, konnten aufgrund von Verbesserungen in den Kommunikations- und Transportmöglichkeiten immer neue Märkte in entfernteren Gegenden nutzen. Das Produkt- und Dienstleistungsangebot vieler dieser kleinen Unternehmer erfuhr im Laufe des 19. Jahrhunderts Veränderungen, die Ergebnis der neuen technologischen Möglichkeiten waren und mit denen vor allem auf die Bedürfnisse der potentiellen Kunden reagiert wurde. So zogen die *figurinai*, Hersteller von Skulpturen aus Gips, aus der Apeninnenregion um Bagni di Lucca (Toskana) in Trupps von acht bis zehn Personen unter der Führung eines *impresario* oder *capo* immer weiter in Richtung Norden, sogar bis nach Glasgow. In jeder Stadt, die von ihnen besucht wurde, wußte der *impresario* einen Ort, an dem es Gips und anderes Material gab. Die bemalten Statuen wurden an Ort und Stelle hergestellt, nach örtlichem Geschmack. Wandernd zogen die *figurinai* durch die Stadt, auf dem Kopf ein Schild mit Skulpturen von Tieren und berühmten Persönlichkeiten, und boten ihre Ware feil. Andere Migranten aus weit entfernten Gegenden boten allerlei Spektakel an: Die sogenannten *ciociaria*, Flötenspieler, Organisten und Akkordeonspieler, die aus Dörfern in der Provinz Caserta des Königreichs Neapel kamen, sorgten für Unterhaltung in den Straßen von Paris, Moskau und Stockholm. Im letzten Viertel des Jahrhunderts kamen aus dem Alpental von Cadore in der Provinz Belluno Eis- und Kastanienverkäufer. Sie hatten bereits seit langem geröstete Kastanien in österreichischen und italienischen Städten angeboten, aber ihr Durchbruch in Europa kam erst mit der Erweiterung ihres Sortiments durch Eis. Am Ende des 19. Jahrhunderts boten *gelatieri* aus Cadore in den Sommermonaten in vielen europäischen Städten ihr Eis an. Durch saisonale Migration und Rückwanderung behielten diese Migranten engen Kontakt zu ihrer Heimatregion, wo sie in den Wintermonaten den europäischen Markt unter sich aufteilten. Diesen erfolgreichen Unternehmern aus traditionellen Migrationsgegenden gelang es, die ökonomischen Möglichkeiten des 19. Jahrhunderts zu nutzen.

Viele Menschen, die außerhalb ihrer Heimatregion eine Einkommensquelle suchen mußten, waren am Ende des 19. Jahrhunderts jedoch gezwungen, sich an der Nachfrage auf dem internationalen Arbeitsmarkt zu orientieren und immer größere Entfernungen zurückzulegen. Das führte dazu, daß die Grenze zwischen Nah- und Fernwanderung nicht mehr so klar zu ziehen war. Das Ruhrgebiet zog als erstes in großem Maßstab ungelernte Arbeitskräfte an, die mehr als tausend Kilometer zurücklegen mußten. Die massiv gestiegene Nachfrage nach Arbeitskräften durch das schnelle Wachstum der Schwerindustrie führte dazu, daß die lokale Rekrutierung nicht mehr ausreichte. Junge Männer aus den hauptsächlich polnischsprachigen östlichen Provinzen Preußens fanden den Weg ins Ruhrgebiet. Wegbereiter waren die preußischen Soldaten aus den östlichen Provinzen, die anläßlich des Französisch-Deutschen Kriegs 1870/1871 die Ruhr entdeckten. Auch junge Männer, die von den durch die Bergwerke ausgesandten Rekrutierungsagenten angeworben wurden, stellten eine Verbindung zwischen den östlichen Provinzen und der Ruhr her. Diese Pioniere unterhielten enge Beziehungen zu ihrer Heimatregion, und es kam zu einer Kettenmigration, die auch dazu beitrug, daß sich an den Zielorten bestimmte regionale Gruppen konzentrierten. 1910 hielten sich bereits eine halbe Million Menschen aus den östlichen Provinzen Preußens an der Ruhr auf. Die Migration dorthin ersetzte ab 1890 sogar zu einem großen Teil die Migration aus dem Osten Preußens in die Vereinigten Staaten. Die Wirtschaftskrise der 90er Jahre traf die amerikanische Wirtschaft stärker als die deutsche. Für die Arbeiter und Bauern im Osten Preußens lag nach 1890 die »Neue Welt« in Preußen selbst.

Auch der Umfang der internationalen Migration stieg an. Während es sich bis zum dritten Viertel des 19. Jahrhunderts bei internationaler Migration in erster Linie um eine regionale Migration handelte, kann man sie ab diesem Zeitpunkt zunehmend mit Fernwanderung gleichsetzen. Die Schwerindustrie und der Landbau waren die Sektoren, die in steigendem Ausmaß internationale Migranten als Arbeitskräfte anzogen. Dies verdeutlicht den Statusverlust der Kategorie von Fernwanderern und den Anfang der Internationalisierung der untersten Bereiche des Arbeitsmarktes. In Deutschland wurde die Zahl ausländischer Arbeitsmigranten auf 1,2 Millionen Personen geschätzt. So stammten 1905/1906 etwas mehr als die Hälfte der neu angeworbenen Arbeiter bei den Hochöfen der Georgsmarienhütte bei Tecklenburg aus Galizien, dem russischen Polen und Italien. Dieser kleine Industriekomplex hatte seinen ökonomischen Höhepunkt bereits überlebt. Da er das örtliche Reservoir an Arbeitskräften bereits maximal ausgenutzt hatte, war das Unternehmen auf diese ausländischen Arbeitskräfte angewiesen. Denn die deutschen Arbeitsmigranten hatten sich bereits auf den Weg zu wirtschaftlich florierenderen Zielen gemacht, wo höhere Löhne gezahlt wurden. Demographische, ökonomische und politische Veränderungen am Anfang des 20. Jahrhunderts führten dazu, daß auch die französische Landwirtschaft und die französische und belgische Schwerindustrie mit großer Hoffnung auf dem internationalen Arbeitsmarkt experimentierten. Man rekrutierte in Italien und Galizien. Zwei Drittel der Arbeitskräfte in den Fabriken Lothringens waren Italiener. Das massive Arbeitskräftereservoir an der Peripherie des europäischen Kapitalismus war Öl im Getriebe der ökonomischen Expansion.

Migranten: Gewinner oder Verlierer?

Die traditionellen Eliten des 19. Jahrhunderts sahen die Neuankömmlinge in ihren Städten als unorganisierte Masse, ohne irgendwelchen Halt, als Menschen, die gezwungen waren, dem Elend ihrer Dörfer zu entfliehen, und die schnell der Kriminalität und dem Sittenverfall ausgesetzt waren. Die historische Migrationsforschung hat diese Entwurzelungsthese korrigiert. Migration war kein radikaler Bruch im Leben dieser Landbewohner und bedeutete keineswegs, daß die sozialen Bindungen mit der Heimat aufgegeben wurden. Sie behielten den Kontakt zu den sie unterstützenden sozialen Netzen zu Hause, und als sich Kettenwanderungen etabliert hatten, konnten sie auf Unterstützung an den Zielorten rechnen. Räumliche Mobilität war auch kein Sprung ins kalte Wasser. Die Entscheidung, die Heimat zu verlassen, wurde in der Regel nach längerer Beratung gefällt, wobei die Zielorte abgewogen wurden und die Vor- und Nachteile des Zuhausebleibens bekannt waren. Migration war eher ein rationaler Schritt, eingebettet in kommunikative Netzwerke und soziale Beziehungen. Diese Entscheidung ließ sich auch widerrufen, denn in den meisten Fällen war eine Rückkehr in die Heimat möglich.

Oft war mit der Entscheidung, die Heimat zu verlassen, die Perspektive der Rückkehr verbunden. Nur ein kleiner Teil der Migranten ließ sich tatsächlich in den neuen Zielgebieten nieder. Die Arbeitsmigranten, die massenhaft in die Städte zogen, waren oft alleinstehend. Hatten sie einen Partner und Kinder, war dies ein Indiz dafür, daß es nicht bei einer temporären Migration blieb. Die Verlängerung des kurzzeitig geplanten Aufenthaltes in der Fremde, das Schmieden sozialer Beziehungen in der Immigration und die Situation in der Heimat, all dies waren Faktoren, die zur Familienwanderung führen konnten. Selbst diese bedeutete nicht notwendigerweise dauerhafte Immigration. Trotzdem kann man davon ausgehen, daß hohe Mobilität vor allem ein Phänomen alleinstehender Menschen war, wobei man bei der selteneren und begrenzteren Migration von Familien eher von einer definitiven Migration mit der Niederlassung im Zielgebiet sprechen kann. Diese letztere leistete einen Beitrag zum Bevölkerungsanstieg in den Einwanderungsregionen.

Migration als ein Hebel zur Verbesserung der sozialen und ökonomischen Situation der Familie hatte verschiedene Erscheinungsformen. Denjenigen, die sich in den Einwanderungsregionen niederließen, ging es nicht unbedingt besser. Die Migrantin, die sich ihre Aussteuer verdient hatte oder über den Winter gekommen war, betrachtete die Wanderung als erfolgreich. Zuweilen führte Migration aber auch zu einem deutlichen sozialen Abstieg. Fernwanderer waren eine verwundbare Gruppe, und plötzliche Rückschläge konnten zu großem Schaden führen. Wenn das Netz der lokalen oder regionalen Solidarität an den Zielorten noch nicht stark genug war, um Hilfe zu leisten, konnte es bei Krankheit oder Arbeitslosigkeit zu dramatischen Schwierigkeiten kommen, zumal der Staat seit dem 16. Jahrhundert der Landstreicherei – dem Herumziehen ohne festen Aufenthaltsort und ohne Existenzmittel – den Krieg erklärte. Die dünne Trennungslinie zwischen Migration und Landstreicherei war schnell überschritten. Obwohl sich im Laufe des 19. Jahrhunderts die Sozialpolitik in Europa wesentlich veränderte (siehe unten), blieben viele, die ihre vertraute Umgebung verlassen hatten und aufgrund von Arbeitslosigkeit oder verminderter Arbeitsfähigkeit nicht in der Lage waren, ihren Lebensunterhalt zu bestreiten, als Landstreicher gebrandmarkt. Nun sollte man das Risiko dieser Migranten aber nicht überbewerten. Jene, die sich in einer heiklen Situation befanden, gaben sich selbst, gerade vor dem Winter, bei den Behörden als Landstreicher an, um die kalten Wintermonate in einer Einrichtung überbrücken zu können. Viele dieser Migranten sahen ihre Verurteilung eher als zeitlich vorübergehende Notlösung an, und die Repression, mit der die Behörden diese »Plage« bekämpfen wollten, war dann nur wenig effektiv.

Die Marginalität der Politik

Im 19. Jahrhundert zog sich der Staat aus der Regulierung der Migrationsströme zurück. Während der merkantilistische Staat des 18. Jahrhunderts die Bevölkerung als Quelle allen Reichtums ansah und folglich die Emigration seiner Einwohner verhindern wollte, war für den liberalen Staat des 19. Jahrhunderts der Marktmechanismus ausschlaggebend.

Der Staat und seine Ziele

In der ersten Hälfte des 19. Jahrhunderts galt die Kontrolle über Wanderungsbewegungen, ob es sich nun um internationale oder innere Migrationen handelte, als Bestandteil der staatlichen Aufgabe, die öffentliche

Ordnung zu sichern. Die Einführung des Passes sollte die Unterscheidung zwischen Freund und Feind deutlich machen. Ausländer mußten ihren Paß vorlegen, und dieser mußte außerdem mit einem Visum versehen sein. Selbst Migranten französischer Nationalität mußten auf ihren Reisen durch Frankreich einen Paß bei sich tragen. In Preußen wurden die Wanderungen bestimmter hochmobiler Berufsgruppen streng registriert, da sie als eine Gefahr für die öffentliche Ordnung angesehen wurden.

Für Arbeiter war ein (inländischer oder ausländischer) Paß häufig nicht erforderlich, allerdings mußten sie im Besitz eines Arbeitsbuches sein. Dieses wurde 1803 in Frankreich eingeführt und enthielt einen Lebenslauf der jeweiligen Person. Bei jeder neuen Anstellung mußte der Arbeitgeber angeben, welche Arbeit wie lange ausgeführt worden war. Das Arbeitsbuch war als ein wichtiges Instrument zur Disziplinierung der Arbeiter gedacht. Es sollte sie zwingen, sich beim Arbeitgeber zu melden, wenn sie die Arbeitsstelle verlassen wollten. Die Arbeiter standen dem Arbeitsbuch eher ablehnend gegenüber. Eines der Zugeständnisse, die die belgischen Arbeiter durch ihre Beteiligung an der belgischen Revolution von 1830 erlangen konnten, war dann auch die Abschaffung dieses Arbeitsbuches. 1841 wurde es allerdings auf Druck der Schwerindustrie wieder eingeführt. Die Bestrebungen der zentralen Behörden, die Migration zu kontrollieren, hatten indes nur einen geringen Einfluß, da Polizeiapparat und Bürokratie lediglich über beschränkte Mittel verfügten.

Sosehr die Arbeiter kontrolliert wurden, so wenig waren sie als Migranten suspekt. Die Grenzkontrollen verdeutlichen dies treffend. Massiv wurden die Grenzen kontrolliert, um Schmuggler aufzuspüren, wobei jedoch Waren wesentlich stärker als Menschen kontrolliert wurden. Wohlhabende Touristen und Geschäftsleute, aber auch Durchwanderer und Arbeitsmigranten sollten freien Zugang erhalten. Die geringe Kontrolle bei Grenzübertretungen durch Arbeitsmigranten und Durchwanderer entsprach ökonomischen Interessen. Unternehmen konnten frei entscheiden, wen sie einstellten. Dem Staat wurde jegliche Befugnis bei der Regulierung des Arbeitskräfteangebots abgesprochen. Sogar in Zeiten ökonomischen Abschwungs wurden Arbeiter problemlos und ohne größere Formalitäten zugelassen. Ein Arbeitsbuch reichte aus, und ein ausländischer Arbeiter konnte sogar, wenn er dieses nicht hatte und kein Bargeld besaß, die Grenze überschreiten. Wohl mußte er bestimmtes Handwerkszeug, zum Beweis seines Faches, oder ein anderes Beweisstück, das seine Ehrbarkeit nachwies, vorzeigen. Vor allem die Hafenstädte wollten die Kontrolle von Migranten auf das absolute Minimum beschränken. Denn Migranten aus Mitteleuropa, die einen wichtigen Teil der Passagiere nach Übersee bildeten, führten einen wichtigen Teil der Transportarbeiten in Hafenstädten wie Le Havre, Bremen, Antwerpen und Rotterdam aus. Eine strenge Kontrolle des Zu- und Wegzugs dieser Migranten hätte nur einen Wettbewerbsnachteil bedeutet.

Im Namen des Fortschritts wurden sogar die Grenzkontrollen an sich in Frage gestellt. Die Eisenbahngesellschaften beklagten den hohen Zeitverlust durch die Paßkontrolle. Sie führten an, dies sei ein Anachronismus in einer Zeit, in der schnelle Zugverbindungen die Länder miteinander verbanden. In Belgien, das angesichts seiner zentralen Lage, seiner beschränkten Fläche und vor allem seiner ökonomischen Dynamik als erste Industrienation auf dem Kontinent schon früh von internationalen Eisenbahnlinien durchkreuzt wurde, wurde schon im Jahre 1842 die Paßkontrolle an den Grenzen abgeschafft. Mit der Errichtung des Freihandels und den internationalen Abkommen von 1860 und 1861 triumphierten die liberalen Prinzipien in ganz Europa. Die menschliche Mobilität sollte genauso wie der Güterverkehr, nicht mehr kontrolliert werden. Zwischen 1871 und 1914 wurde dieses liberale Prinzip formal bestätigt. Der Visumzwang für Aus- (ausgenommen im zaristischen Rußland) oder Einwanderung wurde abgeschafft. Alle Grenzen innerhalb Europas wurden offiziell geöffnet. Auch das Arbeitsbuch und der internationale Paß wurden nach 1860 nicht mehr benötigt. Bis zum Ausbruch des Ersten Weltkriegs gab es in Europa kaum noch eine Migrationspolitik. Freie Wanderung war eine logische Konsequenz des Freihandels, und an ihren Vorteilen bestand kein Zweifel. Angebot und Nachfrage sollten vollkommen dem freien Spiel des Marktes unterliegen, nicht nur für Waren, sondern auch für Personen.

In der ersten Hälfte des 19. Jahrhunderts sollten nur subversive und bedürftige Immigranten an der Grenze abgewehrt oder aus dem Land gewiesen werden. Immigranten, die durch ihre politischen Aktivitäten die öffentliche Ordnung oder die diplomatischen Beziehungen des Einwanderungslandes störten, konnten ebenfalls ausgewiesen werden. Was Subversivität genau beinhaltete, war abhängig von Ort und Zeit. In den 1820er Jahren wurden viele junge *figurinai* aus der Gegend um Lucca in Frankreich festgenommen, da sie Büsten und Medaillen aus Gips mit dem Bildnis Napoleons anboten. Diese jungen Migranten, die vermutlich über die Beschuldigung, subversive Ideen zu verbreiten, überrascht waren, wurden zur Grenze nach Piemont eskortiert. Die Abschaffung der Grenzkontrollen bedeutete nicht, daß die Einwanderungskontrolle vollständig verschwand. Die formalen Kriterien – Paß und Visum – wurden zwar abgeschafft, aber informelle Kriterien, wie der Besitz ausreichender Existenzmittel oder eines Berufs, durch welchen man seinen Lebensunterhalt bestreiten konnte, behielten ihre Gültigkeit. Bettler, aber auch Migranten, die nach Auffassung der Behörden nur ihr Bettlertum verschleierten, wie Musikanten, Sänger, Aussteller von Tieren (zum Beispiel weißen Mäusen oder Murmeltieren) und Hausierer mit Nippsachen wurden als unerwünschte Eindringlinge angesehen. Solange die Behörden den Standpunkt vertraten, daß Zuwanderer ehrlich ihren Lebensunterhalt bestreiten konnten, wurden diese in Ruhe gelassen. Die Auffassung darüber, mit welchen Arbeiten man »ehrlich« sein Einkommen bestreiten konnte, änderte sich jedoch im Laufe der Jahre. Während in der ersten Hälfte des 19. Jahrhunderts die Migranten aus den italienischen Bergregionen, die auf den Straßen europäischer Städte Musik spielten, als Menschen mit einem ehrbaren Beruf betrachtet wurden, wurden ihre Nachfahren in der zweiten Hälfte des 19. Jahrhunderts als Landstreicher angesehen. Ausgehend von einem neuen produktiven Ethos, wurde Straßenmusik dem Betteln gleichgesetzt, der Erwerb von Einkommen durch derartige Tätigkeit sollte den örtlichen arbeitsunfähigen Armen vorbehalten bleiben. 1882 beschloß man, die mehr als zweihundert vor allem aus Ciociaria stammenden Italiener, die in Belgien ihr Geld mit Straßenmusik und anderen Darbietungen verdienten, auszuweisen. In Paris wurden 1906 die italienischen Orgelspieler von der Straße vertrieben, während in Preußen bereits ab 1883 ihre Straßenmusik nicht mehr erwünscht war. Diese Maßnahmen zwangen die italienischen Straßenmusiker, neue Einkommensquellen zu suchen. In Belgien traten die Migranten aus Ciociaria in die Fußstapfen der auf den Eisverkauf spezialisierten italienischen Migranten aus Cadore (Norditalien) und boten ebenfalls »italienisches« Eis an. Die Migration von Straßenmusikanten versickerte, viele Migranten, die jetzt Ciociaria verließen, wurden gezwungenermaßen ein Teil der Schicht ungelernter Industriearbeiter.

Sowohl die Ausweisung (vermeintlich) bedürftiger als auch die subversiver Migranten blieben in der zweiten Hälfte des 19. Jahrhunderts Aufgabe der zentralen Behörden. So war im Deutschen Reich die Beteiligung an einem Streik eine ausreichende Provokation, um ausgewiesen zu werden. Deutschland war von der Angst besessen, daß die Autorität des Staates untergraben werden könnte, und diese Angst führte 1885 zu einem kollektiven Ausweisungsbefehl gegen 32000 osteuropäische Polen und Juden, die sich manchmal schon seit Jahren in Deutschland aufhielten. Diese Massenausweisung und hiermit parallel die Schließung der Grenzen hatten ein rein politisches Motiv, nämlich die Entfernung sogenannter volksfremder Elemente, die das Deutschtum in Gefahr brachten. Diese spezifische Empfindlichkeit mußte jedoch mit dem wachsenden Mangel an Arbeitskräften, insbesondere in der Landwirtschaft in den östlichen Provinzen Preußens, abgewogen werden. Ab 1890 wurden ausländische Polen erneut zugelassen, jedoch nur als zeitlich befristete Arbeitskräfte in Preußen. Die Arbeit in der Industrie der westlichen Provinzen, bei öffentlichen Bauprojekten oder im Handel war ihnen verboten. Jedes Jahr mußten sie vor dem 20. Dezember das Land verlassen und durften erst nach dem 1. Februar wieder einreisen. Diese Restriktionen in der räumlichen und beruflichen Mobilität polnischer Migranten aus Österreich-Ungarn und Rußland hatten lediglich politische Zielsetzungen. Der Schutz des Arbeitsmarktes spielte in dieser Politik keine Rolle, da die unternehmerische Freiheit, ausländische Arbeitskräfte zu rekrutieren, unberührt blieb. Deutsche Arbeiter besaßen auf dem deutschen Arbeitsmarkt auch kein einziges Privileg gegenüber den ausländischen Arbeitskräften. Der Zugang von nichtpolnischen ethnischen Gruppen zum Deutschen Reich, aber auch die Mobilität dieser Gruppen im Deutschen Reich blieben unberührt.

Im gesamten 19. Jahrhundert betrachteten die Behörden Migranten nicht als ökonomische Subjekte. Dennoch wurde die Arbeitsmigration politisch beeinflußt. Vor allem in Zeiten ökonomischen Abschwungs und der damit verbundenen Arbeitslosigkeit standen örtliche Arbeiter in unmittelbarer Konkurrenz zu den Immigranten. Oft wurde dieser Konflikt autonom geregelt. Viele »Eindringlinge« konnten durch physische Gewalt oder deren Androhung zur Abreise gebracht werden. Im Frühjahr 1848 verließen unter dem Druck der Straße mehrere tausend belgische Arbeiter Frankreich, wobei die Behörden an diesem Erfolg durchaus nicht unbeteiligt waren. Die Revolution von 1848 brachte die französischen Arbeiter in eine Machtposition, sie übten erfolgreich Druck auf die Arbeitgeber und die örtlichen Behörden aus, um die belgischen Arbeiter zu entlassen oder in ihr Land zurückzuführen.

Die Depression im letzten Viertel des 19. Jahrhunderts war der Anlaß zu erneutem Protest gegen die sich in Frankreich aufhaltenden Immigranten. Während dieser fremdenfeindlichen Krise nahmen die Gewalttätigkeiten gegen Ausländer zu. Die Jagd auf Italiener im Jahre 1893 in den Salzminen von Aigues-Mortes bei Marseille endete besonders blutig. Die offizielle Bilanz spricht von acht Toten und 50 Verletzten. Italienische Zahlen geben 50 Tote und 150 Schwerverletzte an. Anderswo wurden viele Immigranten gezwungen, ihre nackte Existenz zu retten, sie mußten ihr Hab und Gut in den Städten, in denen sie manchmal bereits seit Jahren wohnten und arbeiteten, zurücklassen. Die örtlichen Behörden waren in diesen Konflikten nicht in der Lage oder nicht bereit, den Immigranten den notwendigen Schutz zu gewähren.

Die Transformation der Sozialpolitik: Inklusion und Exklusion

Die örtlichen Behörden waren bemüht, den Arbeitsmarkt zu entlasten, da öffentliche Armenfürsorge und finanzielle Verantwortung bei den kommunalen Stellen lagen. Die Sozialpolitik des 19. Jahrhunderts bremste die Migration deshalb, weil Unterstützung für bedürftige Immigranten verweigert wurde. Bis tief ins 19. Jahrhundert galt in einigen europäischen Ländern (Österreich, Bayern usw.) das spätmittelalterliche Prinzip weiter, daß nur Arme, die in einer bestimmten Gemeinde geboren waren, in dieser auch öffentliche Unterstützung erhalten konnten. Nur in dem Maße, wie die private Wohlfahrt die Mittel (und den Willen) aufbringen konnte, karitative Maßnahmen durchzuführen, konnten bedürftige Immigranten unterstützt werden. Blieb diese Hilfe aus, wurden alle Immigranten bei Bedürftigkeit an ihren Geburtsort zurückgeschickt. Die Möglichkeit einer derartigen schändlichen Rückkehr führte dazu, daß potentielle Migranten sich die Entscheidung, durch Migration ihr Solidaritätsnetzwerk zu Hause in Gefahr zu bringen, gründlich überlegten, zumal die Armenfürsorge für die Arbeiter eine wichtige Einkommensquelle bildete, um Arbeitsausfall durch Krankheit zu überbrücken, ökonomischer Rezession zu begegnen oder sogar unzureichende Löhne akzeptieren zu können.

Diese Androhung einer Zwangsrückführung stand natürlich in direktem Widerspruch zum Marktmechanismus der Arbeit. Zunehmend versuchten deshalb die Eliten, sich von der engen lokalen Basis, auf die sich die Armenfürsorge gründete, zu lösen. In Frankreich wurde bereits Ende des 18. Jahrhunderts ein Aufenthalt von einem Jahr als ausreichend angesehen, um einen Unterstützungswohnsitz zu erwerben. In Preußen erwarb man ab 1842 nach zwei Jahren Aufenthalt in einer Gemeinde das Recht auf Armenfürsorge, in Belgien ab 1891 nach drei Jahren Aufenthalt. In vielen Ländern wurde im Laufe des 19. Jahrhunderts das Recht der Gemeinden, Fremde auszuweisen, beschränkt. Im stark zersplitterten Deutschland, wo die Unterstützung Bedürftiger zu diplomatischen Komplikationen führte, wurde hierüber bereits in den 50er Jahren des 19. Jahrhunderts ein internationales Abkommen geschlossen.

Während der Hungerjahre in den 1840ern führte die gezwungene Rückführung bedürftiger Einwanderer zu vielen tragischen Szenen. So wurden aus dem Süden Belgiens *manu militari* Tausende von Bedürftigen aus Flandern mit dem Zug in ihre Heimat zurückgeschickt. Gleichzeitig kamen auch massenhaft Flamen aus Frankreich zurück. Sie waren, wie bereits erwähnt, unter dem Druck der Straße entlassen worden, und der französische Staat gewährte ihnen eine kostenlose Zugfahrkarte bis zur Grenze. Viele dieser Armen strömten in ein Gebiet, das durch den Niedergang der Leinenindustrie stark getroffen war und in dem die örtliche Armenfürsorge nicht in der Lage war, sie vor der drohenden Hungersnot zu schützen. Am Ende des 19. Jahrhunderts waren diese Szenen zur Ausnahme geworden, da die europäische Sozialpolitik im Laufe dieses Jahrhunderts eine wichtige Veränderung erfahren hatte. Nicht nur wurde die formale Trennungslinie zwischen einheimischen und fremden Bedürftigen aufgehoben. Es kam auch zu einer radikalen Änderung bei der Frage, welche Bedürftigen durch wen unterstützt wurden.

Am Anfang des 19. Jahrhunderts war die Armenfürsorge, in der die private Hilfe eine wichtige Rolle spielte, noch stark von undifferenzierten karitativen Gesichtspunkten geprägt. Sie wollte allen Menschen, die sich wegen Krankheit, Arbeitslosigkeit oder Alter in Not befanden, helfen. Im Laufe des 19. Jahrhunderts gab es Armenfürsorge immer mehr nur noch für die »wirklichen« Armen, in erster Linie für diejenigen, die durch Krankheit, Invalidität oder Alter nicht in der Lage waren zu arbeiten. Ein feiner Unterschied zwischen würdigen und unwürdigen Armen führte auch dazu, daß lediglich arbeitsfähige Arme weiterhin Anspruch auf Fürsorge stellen konnten. Diese neue Sozialpolitik hatte auch ihre repressive Seite, denn arbeitsscheue Bedürftige wurden aus der Gesellschaft entfernt. Die Inhaftierung unwürdiger Bedürftiger, unter denen sich die Landstreicher befanden, sollte als abschreckendes Beispiel dienen. Unter dem Eindruck sozialer und politischer Unruhen fühlten sich die traditionellen Eliten bedroht und drängten auf eine stärkere Kontrolle von Staat und Gesellschaft. So stieg nach 1848 die Polizeidichte, und die Ordnungskräfte wurden vor allem am Ende des 19. Jahrhunderts bedeutend verstärkt. Gerade zu dieser Zeit war, unter Einfluß der Depression in der Landwirtschaft, die Migration angestiegen. Die neuen charakteristischen Merkmale dieser Migration – größere Wanderungsdistanzen und die stärkere Bedeutung von industrieller Arbeit – führten dazu, daß auch diese Migranten durch Krankheit und Invalidität oder durch Arbeitslosigkeit leichter bedroht wurden. Dadurch nahm am Ende des 19. Jahrhunderts Landstreicherei oder das, was von staatlicher Seite als solche bezeichnet wurde, spektakulär zu.

Innerhalb der sich ausweitenden Zuständigkeit der Sozialpolitik wurde der Staat im Laufe des 19. Jahrhunderts immer mehr zur entscheidenden Instanz. Er zog eine neue formale Grenze zwischen den Bedürftigen, die Staatsbürger waren, und denen, die aus dem Ausland stammten. Die Versorgungsgemeinschaft wurde neu abgegrenzt. Die neue Sozialpolitik in Belgien nach 1891 unterstützte arbeitswillige Migranten, bestrafte aber sogenannte arbeitsscheue Elemente, die für mehrere Monate, manchmal sogar bis zu sieben Jahren, in der Strafkolonie von Merksplas inhaftiert wurden. Die Integration der Armen ausländischer Nationalität wurde nicht als Aufgabe des belgischen Staates angesehen. Die Frage nach der Staatsangehörigkeit wurde 1891 dann auch zum ersten Mal in das polizeiliche Vernehmungsprotokoll für Vagabunden aufgenommen. Wurde früher im Rahmen der Identifizierung einer bestimmten Person nur nach dem Geburtsort gefragt, wurde nun plötzlich die Staatsangehörigkeit wesentliches Kriterium bei der Entscheidung, ob diese Person zur belgischen Versorgungsgemeinschaft gehörte oder nicht. Eine Folge dieser unterschiedlichen Behandlung von Belgiern und Ausländern war, daß sehr viele Vagabunden belgischer Nationalität bei ihrer Festnahme erklärten, Ausländer zu sein. So konnten sie die Verhaftung umgehen, denn Ausländer wurden nicht versorgt, aber auch nicht inhaftiert. Sie wurden vielmehr zur Grenze gebracht, um ausgewiesen zu werden. Angesichts der vielen »falschen« Ausländer beschloß der Staat, alle Vagabunden, unbeschadet ihrer Staatsangehörigkeit, vor das Polizeigericht zu bringen und nach einer Verurteilung mindestens vier Monate in die Strafkolonie zu schicken. Ungefähr tausend Landstreicher, die behaupteten, Ausländer zu sein, kamen so nach Merksplas. Während dieser vier Monate hofften die Behörden, die falschen Ausländer von den richtigen unterscheiden zu können. Wegen der hohen Kosten wurde dieses Experiment 1896 beendet. Ausländische Vagabunden wurden aufs neue direkt zur Grenze gebracht. Die Entscheidung, ob ein Landstreicher doch die belgische Nationalität hatte, wurde der Polizei übertragen.

Die Feststellung der Staatsangehörigkeit war im 19. Jahrhundert nicht nur in Belgien, sondern auch anderswo in Europa keine einfache Aufgabe. So wurden in Preußen zur Vorbereitung des kollektiven Ausweisungsbeschlusses von 1885 auf Grundlage ihrer polizeilichen Meldung 30000 jüdische und polnische Immigranten russischer und galizischer Nationalität gezählt. Eine gründliche Untersuchung im Rahmen der Volkszählung von 1885, bei der sogar die Staatsangehörigkeit von in Preußen geborenen Familienvätern verifiziert wurde, ergab weitere 14000 Ausländer. Sehr viele dieser enttarnten Ausländer galten als preußische Staatsbürger, man hatte sie sogar in die Wahllisten aufgenommen. Unter dieser Gruppe gab es sogar viele Männer, die im preußischen Militär gedient hatten. Diese Verwirrung zwischen den Staatsbürgern de jure und de facto zeigt, welche geringe Bedeutung der abstrakte Zusammenhang von Staat und Bürger für die soziale Realität des 19. Jahrhunderts hatte. Im Zuge der Entwicklung der europäischen Nationalstaaten des 19. Jahrhunderts wurde allerdings die Staatsangehörigkeit zu einer zentralen Kategorie. Da es aber nur schwer gelang, die zuweilen vieldeutigen Prinzipien der frühen Gesetzgebung zur Staatsangehörigkeit im frühen 19. Jahrhundert verwaltungstechnisch in den Griff zu bekommen, war die Kontrolle der Staatsangehörigkeit für den Staatsapparat äußerst schwierig. Als sich nun die Unterscheidung zwischen Staatsbürgern und Ausländern in der sozialen Wirklichkeit langsam herauskristallisierte, wurde die Gesetzgebung zur Staatsangehörigkeit überall reformiert, so daß die Nationalität eindeutig festgelegt werden konnte. Neben einer klaren Regelung baute der Staat auch eine Bürokratie auf, die eine genaue Bestandsaufnahme der Staatsbürger durchführte. Die »Nationalisierung« der europäischen Gesellschaft hatte auch Folgen für die Ausweisungsmodalitäten. Bis zum letzten Viertel des 19. Jahrhunderts konnte in vielen Ländern ein zu entfernender Immigrant seinen bevorzugten Zielort angeben. Ob die auszuweisende Person dort auch wirklich zu Hause war, war ihre individuelle Angelegenheit. Diese Freiheit wurde den Immigranten am Ende des 19. Jahrhunderts genommen; unerwünschte Einwanderer wurden gezwungen, in »ihr« Land zurückzukehren.

Das Ende des 19. Jahrhunderts: Die Entstehung des Gastarbeiters

Im Deutschen Reich mußte am Ende des langen 19. Jahrhunderts nicht nur der unerwünschte, sondern auch der erwünschte Immigrant Freiheiten einbüßen. Ab 1909 mußten alle ausländischen Arbeiter eine explizite Zulassung der Behörden erhalten, um im Deutschen Reich arbeiten zu dürfen. Diese Zulassung hatte nur für einen bestimmten Arbeitsplatz ihre Gültigkeit. Es wurden auf der Aufenthalts- und Arbeitserlaubnis sowohl der Name des Arbeiters als auch der seines Arbeitgebers angegeben. Nur mit Genehmigung dieses Arbeitgebers durfte der Arbeiter einen neuen Arbeitsplatz suchen. Ein Ausländer, der ohne offizielle Genehmigung im Deutschen Reich arbeitete, konnte sofort ausgewiesen werden. Die Ausländerpolitik wurde hiermit ein Teil staatlicher Wirtschaftspolitik. Der Staat beabsichtigte, durch die Beschränkung der Mobilität ausländischer Arbeiter diese Arbeitskräfte zu disziplinieren. Zum ersten Mal in Europa wurde eine institutionalisierte Diskriminierung ausländischer Arbeiter eingeführt. Ausländer wurden hiermit nicht nur als politische Subjekte, sondern auch als ökonomischer Faktor ein Gegenstand staatlicher Politik.

Die deutsche Ausländerpolitik war mit ihrer Intervention im Bereich der internationalen Arbeitsmigration keine Ausnahme. 1893 führte die französische Gesetzgebung zum ersten Mal einen Unterschied zwischen französischen und ausländischen Arbeitern ein. Alle Arbeitsmigranten ausländischer Nationalität mußten sich bei Ankunft nicht nur – was bereits seit 1888 für alle Ausländer galt – bei den kommunalen Behörden anmelden. Sie mußten sich außerdem in ein besonderes Register eintragen lassen und dafür auch noch bezahlen. Diese Maßnahme hatte das Parlament als versteckten Protektionismus eingeführt. Die Steuer auf die ausländischen Arbeitsmigranten sollte sicherstellen, daß französische Arbeiter bevorzugt wurden. Als der Erste Weltkrieg ausbrach, hatten die beiden Lager, Frankreich und Deutschland, bereits die Grundsteine für eine Ausländerpolitik gelegt, die im Laufe des 20. Jahrhunderts systematisch von allen europäischen Staaten ausgebaut werden sollte: eine Ausländerpolitik, die aus einer Kombination aus sozialem Protektionismus nach französischem Modell und dem Dirigismus deutscher Kontrollmaßnahmen bestand.

Kapitel 10

Großstadtmenschen

Friedrich Lenger

»Die psychologische Grundlage, auf der der Typus großstädtischer Individualitäten sich erhebt, ist die *Steigerung des Nervenlebens*, die aus dem raschen und ununterbrochenen Wechsel äußerer und innerer Eindrücke hervorgeht.« Mit diesen Worten beschrieb der Soziologe und Philosoph Georg Simmel 1903 in einem Vortrag über *Die Großstädte und das Geistesleben* die Reizüberflutung, die für ihn nicht nur ein Wesensmerkmal der Großstadt darstellte, sondern die zugleich auch das Wesen des Großstädters veränderte. Der Großstadtmensch könne nämlich nicht länger wie der Bewohner der Kleinstadt auf seine Lebenswelt primär mit dem Gemüt reagieren, sondern bedürfe einer gesteigerten Verstandesmäßigkeit, die Simmel »als ein Präservativ des subjektiven Lebens gegen die Vergewaltigungen der Großstadt erkannt« zu haben meinte. Neben dieser Verstandesmäßigkeit war vor allem die Blasiertheit das unvermeidliche Resultat der Fülle und des ständigen Wechsels großstädtischer Nervenreize. Die Dinge »erscheinen dem Blasierten in einer gleichmäßig matten und grauen Tönung, keines wert, dem anderen vorgezogen zu werden. Diese Seelenstimmung ist der getreue subjektive Reflex der völlig durchgedrungenen Geldwirtschaft; indem das Geld alle Mannigfaltigkeiten der Dinge gleichmäßig aufwiegt, alle qualitativen Unterschiede zwischen ihnen durch Unterschiede des Wieviel ausdrückt, indem das Geld mit seiner Farblosigkeit und Indifferenz, sich zum Generalnenner aller Werte aufwirft, wird es der fürchterlichste Nivellierer, es höhlt den Kern der Dinge, ihre Eigenart, ihren spezifischen Wert, ihre Unvergleichbarkeit rettungslos aus.«

Diese Geldwirtschaft und Großstadtleben ineinander schiebende Diagnose klingt wie eine Verfallsgeschichte, die in der auf persönliche Beziehungen gegründeten Kleinstadt zugleich ihren Ausgangspunkt und ihren Gegenpol hat. Doch ganz so unilinear ist Simmels Sicht der Großstadt nicht: Er erkennt durchaus, daß die Großstadt der Entwicklung von Individualität und Subjektivität Freiräume eröffnet, die die Kleinstadt nicht kennt, und daß das »Kleinstadtleben in der Antike wie im Mittelalter dem Einzelnen Schranken der Bewegung und Beziehungen nach außen, der Selbständigkeit und Differenzierung nach innen hin auferlegte, unter denen der moderne Mensch nicht atmen könnte«.

Der moderne Mensch ist also für Simmel der Großstadtmensch, und seine Analyse läßt sich sowohl als soziologisches Theorieangebot wie auch als Dokument von Stadterfahrung und Stadtwahrnehmung aus der Zeit um 1900 lesen, einer Zeit übrigens, in der die Neurasthenie zum Massenphänomen wurde. Die Kontrastierung der modernen Großstadt mit früheren, nicht selten mittelalterlichen Kleinstadtverhältnissen ist auch bei anderen Autoren seiner Generation wie etwa Ferdinand Tönnies oder Werner Sombart zu beobachten. Spätere Kommentatoren großstädtischen Lebens wie Siegfried Kracauer oder Walter Benjamin setzen dagegen die Großstadt ganz selbstverständlich voraus. Die Neuheit des Phänomens Großstadt hat also offenkundig mit dessen Deutung unmittelbar zu tun. Schon deshalb sind die Stadtdiskurse in den verschiedenen europäischen Gesellschaften nicht abgelöst von den unterschiedlich verlaufenden Prozessen der Verstädterung und der Urbanisierung zu betrachten.

Im folgenden soll deshalb zunächst ein knapper vergleichender Überblick über die Verstädterung zumindest in einigen west- und mitteleuropäischen Ländern des 19. Jahrhunderts gegeben werden, um so die Besonderheiten des deutschen Falles herausarbeiten zu können, der hier zwar stets mit Blick auf seine europäischen Nachbarn betrachtet wird, aber gleichwohl im Mittelpunkt steht. Diese äußerst knapp gehaltene Skizze des Verstädterungsprozesses umschließt auch eine kurze Diskussion der demographischen und ökonomischen Gründe der Verstädterung. Anschließend werden dann Probleme der Stadtentwicklung und Stadtplanung sowie solche der Stadtverwaltung und der Kommunalpolitik behandelt. Hier geht es um die Frage, wie die moderne Großstadt entstand, wie ihre Infrastruktur gestaltet wurde, wie sich ihre Siedlungsstruktur veränderte und wie ihre wichtigsten Probleme wahrgenommen und gedeutet wurden. Obgleich bereits hier die Erfahrung und Wahrnehmung der dramatischen Wandlungen städtischen Lebens im ausgehenden 19. und frühen 20. Jahrhundert in den Blick geraten, wird abschließend noch einmal separat nach der Stadterfahrung und ihrer Deutung, nicht zuletzt auch in Kunst und Literatur, gefragt. Immerhin war die moderne Kunst in erheblichem Maße das Produkt der Großstadt, wie umgekehrt die Großstadt ein bevorzugtes Sujet der modernen Kunst darstellte.

Verstädterung und Urbanisierung

Im Sprachgebrauch der neueren Forschung wird gemeinhin zwischen Verstädterung und Urbanisierung unterschieden. Verstädterung meint in der Regel lediglich den rein quantitativen Anstieg des Anteils der städtischen Bevölkerung an der Gesamtbevölkerung. Urbanisierung umfaßt dagegen mehr und wird meist als qualitativer Prozeß der Diffusion einer spezifisch urbanen Lebensform begriffen, die sich nicht automatisch aus der Verstädterung ergibt und andere Elemente des Modernisierungsprozesses wie Bürokratisierung, politische Partizipation oder die Verbreitung von Massenkommunikationsmitteln miteinbezieht. Mit dieser Betonung der qualitativen Seite schließt ein solcher Begriff von Urbanität durchaus an das zeitgenössische Verständnis an. *Meyers Konversations-Lexikon* definierte jedenfalls 1897 Urbanität als »feine Lebensart, Bildung«.

Weder Verstädterung noch Urbanisierung sind Prozesse, die sich auch nur in den größten europäischen Staaten parallel vollzogen haben. An der Wende vom 19. zum 20. Jahrhundert waren sie unterschiedlich weit fortgeschritten. In England und Wales etwa lebte schon um die Jahrhundertmitte etwa jeder zweite Einwohner in einer Stadt mit mehr als 2000 Einwohnern. Dieser Entwicklungsvorsprung spiegelte sich sowohl in der literarischen Beschäftigung mit städtischen Themen als auch in der politischen Auseinandersetzung mit städtischen Problemen. Schon Oliver Twist wollte nach London flüchten, weil ihn dort niemand finden würde, »nicht einmal Mr. Bumble«. Und schon 1842 diskutierte der berühmte Chadwick-Report die sanitären Ursachen innerstädtischer Mortalitätsdifferenzen.

Im Vergleich zu England blieben die kontinentaleuropäischen Länder deutlich zurück. Nach dem Industrialisierungspionier England erlebte vor allem Belgien besonders früh ein kräftiges Städtewachstum. »Schon bei der mit Ende 1850 abschließenden Volkszählung«, notierte mißmutig der deutsche Volkskundler Wilhelm Heinrich Riehl in *Land und Leute*, »war beiläufig jeder *dritte* Belgier ein Stadtkind!« Schon der Blick auf die benachbarten Niederlande zeigt indessen, daß das Verstädterungstempo keinesfalls aus der Industrialisierungsgeschwindigkeit abgeleitet werden kann. Hier lebten schon im ausgehenden 18. Jahrhundert 37 Prozent der Bevölkerung in Städten mit mehr als 5000 Einwohnern, auch wenn das späte 19. und frühe 20. Jahrhundert noch einmal einen kräftigen Verstädterungsschub erlebte. Ohnehin wird man die Zeit zwischen 1880/90 und dem Ausbruch des Ersten Weltkrieges noch am ehesten als eine dem kontinentalen West- und Mitteleuropa gemeine Beschleunigungsphase des Verstädterungsprozesses betrachten können. Etwas langsamer in Frankreich und Spanien, besonders schnell in Deutschland, Italien, Belgien und den Niederlanden, stieg in dieser Zeit der Anteil der Bevölkerung in Städten mit mehr als 20000 Einwohnern steil an.

Der Verstädterungsprozeß wurde also zunehmend von den größeren Städten getragen. Besonders deutlich zeigt dies der deutsche Fall. Hier stieg der Anteil der großstädtischen Bevölkerung zwischen 1870 und 1910 von weniger als 5 Prozent auf mehr als 20 Prozent an, die Zahl der Großstädte (mit mehr als 100000 Einwohnern) von acht auf 48. Daß parallel die Gesamtbevölkerung von etwa 40 Millionen auf ungefähr 65 Millionen anwuchs, unterstreicht die Dramatik dieses Prozesses, an dessen Ende etwa 60 Prozent der deutschen Bevölkerung in Städten lebten. Selbst traditionsreiche Großstädte wie Dresden oder Köln hatten ihre Einwohnerzahl binnen 40 Jahren verdreifacht oder vervierfacht.

Solche Globalziffern geben einen ersten Eindruck von der Dynamik des Verstädterungsprozesses. Dieser Dynamik steht ein hohes Maß an Kontinuität gegenüber, wenn man nach den größten und wichtigsten Städten der einzelnen Länder fragt. Es ist doch zumindest auffallend, wie wenig sich die Rangordnung der größten Städte während der Periode massiver Verstädterung verändert hat. »Das moderne Stadtsystem«, hat Jan de Vries deshalb pointiert formuliert, »war eine Errungenschaft der vormodernen Ära.« Als Stadtsystem begreifen Geographen den Zusammenhang zwischen den Städten eines Landes oder einer Region, sei es eine bloße Rangordnung oder auch ein funktionaler Zusammenhang. Die Struktur solcher Stadtsysteme ist nun in hohem Maße unterschiedlich und prägt ganz wesentlich den Charakter einzelner Großstädte in einem solchen System. Die eindeutig auf die Hauptstädte konzentrierten Stadtsysteme Frankreichs sowie – etwas weniger extrem – Österreichs und Englands hängen mit dem Aufstieg von Paris, Wien und London zu wirklichen Metropolen ebenso zusammen wie umgekehrt das Fehlen solcher Metropolen in den stärker polyzentrisch ausgerichteten Stadtsystemen Deutschlands, der Schweiz oder vielleicht auch Italiens. Für den Charakter des Großstadtlebens sind derlei Unterschiede durchaus bedeutungsvoll, wobei allerdings stets der reale Stellenwert einer Stadt innerhalb eines solchen Systems sorgfältig von ihrer quasi metaphorischen Bedeutung im Reden über die Stadt zu trennen ist. Das schon von Engels porträtierte Manchester der 1840er Jahre etwa kann eben nur symbolisch für die Industriestädte des 19. Jahrhunderts stehen, wie auch Paris nur im Diskurs der Schriftsteller und Literaturwissenschaftler »die Hauptstadt des 19. Jahrhunderts« schlechthin verkörpert.

Bevor wir zu deren Deutungen kommen, ist aber zunächst einmal nach den Bedingungen des angesprochenen Städtewachstums zu fragen. Auf einer allgemeinen Ebene scheint klar, daß von der Stärke des Bevölkerungswachstums und dem Tempo der Industrialisierung auch das Ausmaß der Verstädterung beeinflußt wurde. So besaß der Verstädterungsprozeß in Deutschland mit seinem kräftigen Bevölkerungswachstum in den vier Jahrzehnten vor Ausbruch des Ersten Weltkrieges eine völlig andere Dynamik als in Frankreich, wo der Bevölkerungszuwachs sehr viel schwächer ausfiel und sich die Verstädterung in hohem Maße auf Paris, Marseille sowie einige wenige Industrieregionen konzentrierte. Im früh von der industriellen Entwicklung erfaßten Belgien fiel die Verstädterung ungleich stärker aus als in der noch weitgehend agrarisch geprägten Schweiz. Und doch waren die Bezüge zwischen Verstädterung und Industrialisierung viel verwickelter, als es auf den ersten Blick scheinen mag. Schon in England war die Industrialisierung ja keineswegs ein primär städtisches Phänomen gewesen.

Was die vieldiskutierten Bezüge zwischen industrieller Entwicklung und Verstädterung angeht, haben auch heute noch die von Werner Sombart zu Beginn unseres Jahrhunderts angestellten Überlegungen ihren heuristischen Nutzen. Sein wohl kaum zu bestreitender Ausgangspunkt war die Feststellung, »daß eine Stadt vom Überschuß des Landes lebt, ihre Lebensbedingungen, ihr Lebensspielraum also abhängig sind von dem Ausmaß dieses Überschußproduktes, das sie an sich zu ziehen vermag«. Der Anspruch der Städte auf den agrarischen Überschuß des

Umlandes konnte entweder rechtlich-politisch oder ökonomisch, das heißt über den Austausch von Waren und Dienstleistungen, begründet sein, und gemäß dieser Differenzierung unterschied Sombart *Konsumenten-*und *Produzentenstädte.* Im Mittelalter und in der frühen Neuzeit, so seine These, habe es fast ausschließlich *Konsumentenstädte* gegeben, in denen der königliche Hof und seine Verwaltung, ein stadtsässiger Adel, der Klerus oder auch die Studentenschaft ihre Grundrenten verzehrt hätten. Was diese Gruppen verband, war, daß sie direkt oder indirekt Anspruch auf ländliche Abgaben erheben konnten. Handel und Gewerbe der Städte seien überwiegend auf die Bedürfnisse dieser Grundrentenbezieher ausgerichtet gewesen. Deshalb waren in der Sombartschen Terminologie Händler und Handwerker auch nicht Städte*bildner* wie die genannten Grundrentenbezieher, sondern lediglich Städte*füller.*

Es ist in unserem Zusammenhang ohne Belang, ob Sombarts Bild der vorindustriellen Stadt der Bedeutung des Handels etwa für die Verstädterung der Niederlande oder Oberitaliens gerecht wird. Für das industrielle Zeitalter betonte er die Bedeutung der *Produktionsstädte* und hier insbesondere die Sonderrolle der von Bergbau und Schwerindustrie beherrschten Industriestädte. Er führte ihr enormes Wachstum vor allem auf den Übergang zur Dampftechnik zurück, mit der der Übergang zum geschlossenen Großbetrieb verbunden gewesen sei. Der damit verbundene Prozeß örtlicher Konzentration sei vor allem durch den Übergang der Eisenindustrie zum Koksverfahren auf die Kohlenlager hin orientiert worden. Um diesen schwerindustriellen Kern hätten sich dann Hilfs- und Komplementärindustrien herumgruppiert, namentlich der Maschinenbau und die weiterverarbeitende Metallindustrie. Die direkte städtebildende Kraft der Industrie sah Sombart also weitgehend auf diesen Typus der Industriestadt beschränkt. In ihnen, so konnte er anhand der Reichsstatistik für einige deutsche Großstädte zeigen, waren jeweils mehr als zwei Drittel der Beschäftigten in der Industrie tätig. Noch höher, mutmaßte er in Ermangelung statistischen Materials, liege dieser Anteil in kleineren Industriegemeinden, die er auch als industrielle Teilstädte bezeichnete, weil in ihnen »der Regel nach der in ihr gewonnene Unternehmerprofit nicht zum Verzehr gelangt. Die industrielle Teilstadt ist somit eine reine Arbeiterstadt, in der außer dem Industrieproletariat nur gerade soviel Direktoren und Beamte wohnen, als die Werke zu ihrer technischen Leitung durchaus gebrauchen.« Die industrielle Vollstadt dagegen habe stets die »Neigung, sich zur Großstadt auszuwachsen«.

Die Großstadt aber sei ein mehrgliedriger Typ: Sie sei »Industrie-, Handels- und Verkehrsstadt, kapitalistisches Dispositionslager, jedoch vor allem auch Konsumtionsstadt«.

Halten wir fest, daß eine direkte städtebildende Rolle der Industrie wohl nur für die Standorte der Montanindustrie angenommen werden kann. Nur in diesen Regionen entstanden völlig neue Städte in größerer Zahl, Städte überdies, die sich in ihrer inneren Struktur grundlegend von den traditionsreicheren Städten unterschieden. Das Ruhrgebiet ist das bekannteste Beispiel für diese Entwicklung. Aber auch die übrigen Stadttypen zeigen im späten 19. und frühen 20. Jahrhundert ein erhebliches Wachstum. Nicht zuletzt Hafenstädte wie Liverpool, Marseille, Rotterdam und vor allem Hamburg vergrößerten ihre Einwohnerzahl in eindrucksvoller Weise, und Handels- und Verwaltungsstädte wie Köln oder Düsseldorf wuchsen nicht langsamer. Die älteren vom Textilgewerbe dominierten Industriestädte dagegen blieben hinter den anderen Stadttypen etwas zurück. Insgesamt dürften die indirekten Wirkungen der Industrialisierung, die selbst Seebäder wie Blackpool (1921) und Rentnerstädte wie Wiesbaden (1905) zu Großstädten werden ließen, ganz erheblich gewesen sein. Auch machten sie, wie das Beispiel Rotterdams lehrt, keineswegs an nationalen Grenzen halt. Wenn also die Impulse der Industrialisierung für den Verstädterungsprozeß einerseits weit über die Entstehung von Industriestädten in den Montanregionen hinausreichten, waren sie andererseits doch eng an den Ausbau der Verkehrssysteme gekoppelt. Hatten zunächst die Wasserstraßen wichtige Standort- und Wachstumsvorteile begründet, waren es, wie vor allem am Schweizer Beispiel eindringlich vorgeführt worden ist, seit der Jahrhundertmitte immer mehr die Eisenbahnverbindungen. »Vordem hat der Kaiser durch seine Privilegien Städte gemacht«, notierte Wilhelm Heinrich Riehl Anfang der 1850er Jahre, »jetzt macht die Eisenbahn Städte.«

Auch die Eisenbahnen »machten« Städte keineswegs wahllos, da Entscheidungen über deren Linienführung die Strukturen des jeweiligen Städtesystems, wenn auch nicht unvermittelt, widerspiegelten. Für den deutschen Fall hat J. J. Lee argumentiert, daß insbesondere die *court cities* es verstanden hätten, sich mit dem Anschluß an frühe Eisenbahnlinien Wachstumschancen zu sichern, Chancen, die sie in der Folgezeit durch die gezielte Gründung von technischen Hochschulen und anderen Bildungsanstalten noch untermauert hätten. Fest steht jedenfalls, daß seit den 1840er Jahren Städte, die schon länger zentralörtliche Funktionen wahrgenommen hatten und nun an das Schienennetz der Eisenbahn angeschlossen wurden, besonders rasch wuchsen. Zu denken wäre etwa an Stuttgart, Hannover oder Dresden. Selbst Berlin vermochte zwischen der Jahrhundertmitte und der Reichsgründung seine Einwohnerzahl nochmals zu verdoppeln, um dann bis 1910 auf über zwei Millionen Einwohner anzuwachsen. Der Eisenbahnausbau beeinflußte diese Entwicklung entscheidend und schrieb mit der polyzentrischen Grundstruktur des deutschen Stadtsystems einen Wesenszug der Verstädterung fest, der neben dem besonderen Tempo und der starken schwerindustriellen Prägung als dritte Besonderheit im Vergleich zu England und Frankreich gelten kann.

Keine deutsche Besonderheit stellte dagegen die hohe Bedeutung der Zuwanderung für das rapide Wachstum der Städte um 1900 dar:

> »53 000 Berliner sterben im Jahr
> und nur 43 000 kommen zur Welt.
> Die Differenz bringt der Stadt aber keine Gefahr,
> weil sie 60 000 Berliner durch Zuzug erhält.
> Hurra!«

Diese Strophe eines Gedichtes von Erich Kästner spielt mit einem zentralen Topos nicht nur der deutschen Stadtkritik. Zur Zeit Kästners hatte der Vorwurf an die Städte, sie könnten ihre Bevölkerungszahl aus eigener Kraft nicht erhalten und seien deshalb auf den ständigen Zuzug vom Lande angewiesen, seine empirische Berechtigung aber längst verloren. Bis weit ins 19. Jahrhundert hinein hatten in der Tat die vergleichsweise ungesunden Lebensbedingungen dafür gesorgt, daß in den Städten die Zahl der Sterbefälle die der Geburten meist übertraf. Im letzten Viertel des 19. Jahrhunderts galt das nicht mehr. Zwar gab es in den deutschen Städten noch geraume Zeit eine besonders hohe Säuglingssterblichkeit, doch spielte für das Wachstum der Städte längst auch ein kräftiger Geburtenüberschuß eine maßgebliche Rolle. Dazu trug der von Kästner angesprochene Zuzug in die Städte seinerseits bei. Denn es waren vor allem junge Leute, die meist noch ledig in die Städte zogen und dort Familien gründeten.

Für 1907 wurde die Zahl aller Wanderungsfälle im Deutschen Reich auf 20 Millionen, für 1910 auf 22 Millionen geschätzt, Zahlen, die deutlich machen, daß die Auswanderung in andere Länder nur einen verschwindend geringen Anteil hatte und darüber hinaus die Wanderung vom Land in die Stadt nur für einen Bruchteil aller Wanderungsfälle verantwortlich sein konnte. In den Städten entwickelten sich die Zahlen der Zu- und Abwanderungen weitgehend parallel. Ihre Differenz, der bleibende Zuzug in die Stadt, machte stets nur einen kleinen Teil des gesamten Wanderungsvolumens aus. Wie Rudolf Heberle und Fritz Meyer schon in den 1930er Jahren feststellten, waren die Städte also keineswegs »Endpunkte der Abwanderung vom Lande«; sie standen vielmehr »mitten drin in den mannigfach verzweigten Strömen der Wanderung«. Das Wanderungsvolumen erreichte in Deutschland nach 1880 seinen Höhepunkt. Die Summe der Zu- und Abwanderungen je 1000 Einwohner lag in der ersten Hälfte der 1880er Jahre für die Städte mit mehr als 50000 Einwohnern bei etwa 250 und stieg in den Jahren vor dem Ersten Weltkrieg – jeweils den Schwankungen des Konjunkturverlaufs folgend – auf über 350 an. Diese dürren Zahlen belegen eine ungeheure Mobilität; sie belegen indessen nicht, daß ca. ein Drittel der städtischen Bevölkerung in die jährlichen Wanderungsbewegungen einbezogen gewesen wäre. Ein erheblicher Teil der Wanderungen folgte nämlich saisonalen Mustern. Man denke nur an die ländlichen Bauhandwerker, die in Deutschland wie in Frankreich oder Italien im Frühjahr in den Städten Arbeit fanden und diese im Herbst wieder verließen. Sie waren »Durchwanderer«, die wie andere Saisonarbeiter auch zwar gelegentlich über Ländergrenzen hinweg wanderten, ihren eigentlichen, oft ländlichen Wohnort aber meist nicht aufgaben. Für einige besonders gut erforschte Städte in Deutschland ist ihr Anteil auf etwa die Hälfte der gesamten Zuwanderung geschätzt worden.

Wer aber waren diese zahlreichen Wanderer überhaupt? Es waren häufiger Männer als Frauen, weshalb die Geschlechterproportion gerade in Städten mit starker Zuwanderung in hohem Maße ungleichgewichtig war, und es waren häufiger Einzelwanderer als im Familienverband Wandernde. Die zurückgelegten Entfernungen waren meist begrenzt, gewandert wurde vor allem – das gilt für die Gegenden um Frankfurt, Lyon oder Turin in gleicher Weise – zwischen der Stadt und ihrem Umland. Lediglich hauptstädtische Zentren wie London, Paris oder Berlin hatten etwas größere Einzugsbereiche, während die im Ruhrgebiet praktizierte Anwerbung von Arbeitskräften aus den weit entfernten preußischen Ostprovinzen eher untypisch war. In den Jahren vor dem Ersten Weltkrieg nahm die Wanderung über größere Distanzen etwas zu. In ihr wird – und das unterstreicht den Ausnahmecharakter der Ost-West-Wanderung ins Ruhrgebiet – meistens die Ausnutzung von Arbeitsmarktchancen durch besonders qualifizierte Arbeitskräfte gesehen. Insgesamt aber folgte die saisonale Verteilung der Wanderungshäufigkeit auch gegen Ende des 19. Jahrhunderts noch einem agrarischen Rhythmus. Die moderne Form der täglichen Pendelwanderung, die erst durch den Ausbau des Nahverkehrs ermöglicht wurde, bildete sich dagegen vor dem Ersten Weltkrieg nur in begrenztem Ausmaß heraus. Sie dürfte später an die Stelle älterer Mobilitätsmuster getreten sein und entscheidend dazu beigetragen haben, daß nach dem Ersten Weltkrieg sehr viel weniger Wanderungsfälle verzeichnet wurden.

Die Mehrheit der städtischen Zuwanderer stammte um 1900 also aus dem Umland der Städte. Ihr Hauptkennzeichen war ihr Alter, genauer: eine spezifische Phase im Lebenszyklus. Auf Ledige unter 30 Jahren entfiel nämlich bei weitem die größte Zahl der Wanderungsfälle. Und es war gerade diese von weiblichen Dienstboten und jungen Arbeitern dominierte Gruppe, die oft nur kurze Zeit in einer Stadt verweilte. Die Wanderungshäufigkeiten verschiedener sozialer Schichten unterschieden sich zwar, aber letztlich war geographische Mobilität um 1900 wohl eher eine Phase im Lebenszyklus breiter Schichten als das Lebensschicksal einer proletarischen Reservearmee.

Das Ausmaß der Binnenwanderung, von der Werner Sombart meinte, »daß sie ihresgleichen in der Weltgeschichte nicht gesehen hat, daß im Vergleich zu ihr die ›Völkerwanderung‹ ein Kinderspiel gewesen sei«, beunruhigte manche Zeitgenossen. Auch nachgeborene Historiker haben in der hohen Mobilität der städtischen Einwohnerschaft einen Beleg für die schon von Simmel diagnostizierte Entwurzelung als Charakteristikum der Großstadt gesehen. Dabei ist übersehen worden, daß sich diese ungeheure Vielzahl von Wanderungsvorgängen weniger ungeordnet vollzog, als häufig angenommen worden ist. Von der Verwurzelung eines erheblichen Teils der zeitweilig in den Städten arbeitenden Menschen im ländlichen Umland ist bereits die Rede gewesen. Aber auch die dauerhaft in der Stadt Bleibenden folgten oft Informationen über Arbeitsgelegenheiten, die ihnen Bekannte und Verwandte gaben. Ohne jeden Kontakt am Ort der Zuwanderung waren sie wohl nur in Ausnahmefällen.

Was aber bedeutete die hohe Mobilität für die städtische Gesellschaft? In ihr gerieten die Ortsgebürtigen häufig in eine Minderheitenposition. Innerhalb der Zuwanderer deuten die Ergebnisse der jüngeren sozialhistorischen Forschung jedoch auf die parallele Existenz einer fluktuierenden Gruppe junger Migrantinnen und Migranten und einer ungleich stabileren Gruppe, die rasch zur Stammeinwohnerschaft wurde. Daß auch diese Stammeinwohnerschaft innerhalb der Städte hoch mobil war – Zeitgenossen sprachen von »Wohnungsnomaden« –, ändert daran nichts, zumal auch diese häufigen Umzüge meist über sehr kurze Distanzen erfolgten, die Umziehenden also nicht notwendig aus den sozialen Bezügen ihres Viertels herausgerissen wurden. Die Binnenwanderung während der Verstädterungsphase des späten 19. und frühen 20. Jahrhunderts war in der Tat ein Vorgang, der eine Vielzahl von Menschen erfaßte und ihre Existenz prägte. Und doch spricht vieles dafür, daß diese Menschen ihre Wanderungen als sehr viel weniger chaotisch und ungeordnet empfunden haben als bürgerliche Kommentatoren wie Werner Sombart.

»Mit der äußeren Unruhe«, stellte etwa der Kulturhistoriker Karl Lamprecht am Vorabend des Ersten Weltkrieges einen Zusammenhang zwischen der Binnenwanderung und einem spezifisch großstädtischen Menschentypus her, »wurden die Massen auch innerlich rastlos und unstet; und eine Wechselwirkung innerer Motivationen und äußerer Beweglichkeit trat ein, unter der sich ein neuer Menschenschlag, der Schlag der großstädtischen Reizsamkeit, emporbildete.« »Aus der Atmosphäre größerer Freiheit aber«, so Lamprecht weiter, »erwuchs die Sehnsucht nach stärkerem Genuß, edlem wie unedlem: die Ungebundenheit des geschlechtlichen Lebens, der entnervende Besuch der Singspielhallen, die Freude an der bunten Pracht der Schaufenster.« Viele Facetten dürften die Attraktivität der Großstadt begründet haben, nicht zuletzt die Aussicht auf beruflichen Aufstieg. Wie vielen Zuwanderern das gelang, ist fast unmöglich zu bestimmen, auch wenn typische Muster und typische familiale Strategien vielfältig belegt sind. So gaben zum Beispiel polnische Arbeiter, die im Zuge der Ost-West-Wanderung nach Hamburg gezogen waren und dort die niedrigsten Löhne erhalten hatten, 1906/1907 ihre Arbeitsplätze auf, die dann eine neue Generation von Fremdarbeitern, diesmal aus Ungarn, einnahm. Das dürfte ebenso typisch gewesen sein wie die für Leipzig nachgewiesenen Ladengründungen auf der Grundlage eines von der Frau als Dienstmädchen in vielen Jahren angesparten kleinen Kapitals. Wenn verallgemeinerbare Aussagen zum Zusammenhang von geographischer und sozialer Mobilität dennoch äußerst schwierig sind, liegt das im wesentlichen daran, daß sich der Berufsweg der wieder Abwandernden mit den für die Zeit um 1900 zur

Verfügung stehenden Quellen nicht verfolgen läßt, für die Bewertung der wiederholt nachgewiesenen Aufstiegsmobilität vieler am Orte Verbleibender also die Vergleichsgruppe fehlt.

Die Motive, die die Wanderung in die Stadt bedingten, sind also ebenso wie die beruflichen Schicksale der Zuwanderer erst in Umrissen bekannt. Und auch wenn der Migrationsprozeß in vielfacher Weise geordnet war, blieb die städtische Umgebung zunächst einmal fremd. Zwei Beispiele sollen die Vielschichtigkeit der Stadterfahrung zumindest andeuten. Das erste zeigt sehr eindringlich, als wie fremdartig schon die kleinstädtische Urbanität wahrgenommen werden konnte. Der 1896 geborene Bauernsohn Fritz Wiechering aus Dielingen überschrieb denn auch das Kapitel seiner Lebenserinnerungen, das den mit 14 Jahren erfolgten Wechsel an die Präparandenanstalt für Volksschullehrer im nahe gelegenen Herford behandelte, mit »Eintritt in die fremde Welt«. Aufgewachsen in einer bäuerlichen Welt, die alles »städtische Getue« verachtete, schämte sich der zukünftige Volksschullehrer in der Stadt wegen seines Dialekts, wegen seiner mangelnden Tischmanieren, aber auch wegen seiner Hemden aus selbstgewebtem Leinen und wegen des altmodischen Schnittes seines Anzugs, dessentwegen er offensichtlich verspottet wurde. Wie tief gedemütigt sich der Jugendliche fühlte, läßt der Umstand ahnen, daß er eines Tages seinen Eltern vormachte, seine Hemden seien ihm gestohlen worden, und diese erfolgreich dazu drängte, »richtige Oberhemden« und einen modischen Anzug zu kaufen.

Ganz anderen Verhältnissen entstammte der spätere christliche Gewerkschafter Franz Wieber, der 1858 in Hünhan, einem Dorf an einem Nebenfluß der Fulda, geboren wurde. »Auch ich mit 13 Jahren schnürte mein Bündchen und ging nach Frankfurt«, berichtete er viele Jahre später. »Nun stand ich plötzlich in der großen Stadt Frankfurt. Was war da alles zu sehen, war das eine Pracht und eine Herrlichkeit! Da können doch nur lauter Millionäre wohnen – so glaubte ich wenigstens.« Daß Wieber die Stadt anders erlebte als der westfälische Bauernsohn Wiechering, hatte sicher viele Gründe, nicht zuletzt auch soziale. Wieber ging jedenfalls ganz selbstverständlich zum »Dalles«. Das war »ein freier Platz, da stellte sich alles auf, was Arbeit suchte. Es war gewissermaßen der offene Arbeitsmarkt. Die Arbeitgeber kamen und suchten sich Leute aus, die sie zu haben wünschten.« Sein Einstieg in das städtische Leben dürfte insofern weit typischer gewesen sein als der des zukünftigen Volksschullehrers. Typisch war aber auch, daß Wieber aus Frankfurt zunächst nach Hause zurückkehrte, seinem Vater den Lohn aushändigte und später dann nach Bochum wanderte, wo schon zwei Brüder arbeiteten. Wanderung war also auch für Franz Wieber, der später nach Duisburg wechselte, keinesfalls ziel- und regellos.

Stadtplanung, Stadtverwaltung, Kommunalpolitik

Wie aber sahen die Städte, von denen bislang nur bezüglich ihres rapiden Wachstums und ihrer Anziehungskraft für Migranten die Rede gewesen ist, überhaupt aus? Wie entwickelten sie sich? Wer bestimmte ihre Geschicke? Und wie wurden sie von ihren Bewohnern wahrgenommen? Will man diese Fragen verfolgen, gilt es zunächst die Vielfalt und die Verschiedenartigkeit der einzelnen Städte und Stadttypen zu betonen. Zu Großstädten heranwachsende Industriedörfer wie Hamborn oder Roubaix hatten schon äußerlich nur wenig gemein mit traditionsreichen Zentren wie München oder Metropolen wie Paris. München, meinte etwa Thomas Mann im späten Kaiserreich, sei »heute in Friedenszeiten ein großstädtischer Badeort mit blühendem Hotelbetrieb und einer Art Verschönerungsverein an der Spitze, der, unter kräftigster Reklame, darauf bedacht ist, daß einem aus aller Welt zuströmenden Reisepublikum urwüchsig-hochstehende, kulturell-erquickliche Unterhaltung reichlich geboten wird.« Seine Charakterisierung der bayerischen Hauptstadt deutet zum einen auf die Konkurrenzsituation zwischen verschiedenen, um 1900 bereits intensiv an ihrer Selbstdarstellung arbeitenden Städten hin und macht zum anderen deutlich, daß der jeweilige Charakter einer Stadt auch das Produkt gezielter Anstrengungen von Verschönerungsvereinen und anderen kommunalpolitisch aktiven Gruppen war.

Städte wie Wiesbaden und München sperrten sich gegen die Belastungen der Industrialisierung und konnten dies tun. Für die Mehrzahl der Städte bestand diese Möglichkeit nicht, doch auch sie betrieben zum Beispiel durch Eingemeindungen eine gezielte Strukturpolitik. Auch innerstädtisch waren die Ausprägung sozioökonomischer Strukturen sowie die Verteilung ökologischer Belastungen und kommunaler Leistungen nicht einfach vorgegeben. Zu erheblichen Teilen waren sie das Ergebnis politischer Entscheidungen. Die Außenbezirke von Paris waren um 1900 schlechter beleuchtet, mit Straßen ausgestattet und mit Wasser, Gas und

Strom versorgt als das Zentrum. Und darin war Paris durchaus typisch für die Großstädte der Jahrhundertwende.

Fragen der städtischen Entwicklung waren also eminent politische Fragen. Wie sie beantwortet wurden, hing zum Teil von den politischen Strukturen ab, die sich in den Ländern West- und Mitteleuropas erheblich unterschieden. Das gilt zunächst bezüglich der – nicht zuletzt finanziellen – Eigenständigkeit der Gemeinden. Diese waren etwa in Frankreich in sehr viel höherem Maße von den Pariser Zentralbehörden abhängig, als dies in England oder Deutschland der Fall war. Verschieden war aber auch das soziale Gepräge der Gemeindevertreter. Politisch privilegiert waren die wohlhabenderen Steuerzahler in englischen Gemeinden ebenfalls, aber nirgends fand der plutokratische Zuschnitt des Kommunalwahlrechts eine so krasse Zuspitzung wie in Preußen.

Große Unterschiede gab es auch bei der Beteiligung von Frauen an den Gemeindeangelegenheiten und bei der Machtstellung der kommunalen Bürokratie. Die in Deutschland und Frankreich stärkere bürokratische Tradition scheint dabei die Mitwirkungsmöglichkeiten für Frauen eher eingeengt zu haben. So weigerten sich in Deutschland zahlreiche Städte, Frauen auch nur das Amt eines Armenpflegers zu übertragen, während in England schon vor 1914 etwa 3000 Frauen in städtische Ämter gewählt worden waren. Besonders auffallend ist in vergleichender Perspektive schließlich die Machtstellung der kommunalen Bürokratie in deutschen Großstädten um 1900. Während ihre französischen Kollegen kurzfristig gekündigt werden konnten, verfügten die städtischen Bediensteten deutscher Großstädte über lange Amtszeiten, die ihnen gegenüber den städtischen Parlamenten eine erhebliche Eigenständigkeit sicherten. Diese stärkere Trennung von zunehmend professionalisierter Stadtverwaltung und städtischem Parlament war den englischen Städten fremd, die insofern eine Selbstverwaltung im eigentlichen Sinne beibehielten, eine Selbstverwaltung, die in der Praxis von den örtlichen Geschäftsleuten dominiert wurde.

Stadtentwicklung und Stadtplanung

Die Aufgaben, die das rapide Städtewachstum den Stadtparlamenten und Stadtverwaltungen stellte, betrafen zunächst die Stadtentwicklung im weitesten Sinne. Dazu gehörte vor allem die räumliche Entwicklung der explodierenden Großstädte. Hier waren die Ausgangsvoraussetzungen in England grundsätzlich andere, weil die das Wachstum kontinentaleuropäischer Großstädte bis weit ins 19. Jahrhundert hinein hemmenden Befestigungsanlagen fehlten. In Wien dagegen wurde die Niederlegung der Befestigungsanlagen erst 1857 beschlossen, und in Köln dauerte es bis in die 1870er Jahre, bevor an die Bebauung der vor dem alten Befestigungsgürtel liegenden Gebiete gedacht werden konnte. Kontinentaleuropäische Städte waren also in aller Regel dichter und höher bebaut, doch gab es auch auf dem Kontinent erhebliche Unterschiede. Sie waren das Ergebnis von älteren Traditionen, von Entwicklungen des Bodenmarktes und des Verkehrswesens und nur zum geringen Teil Resultat gezielter Stadtplanung. Gerade das vielleicht bekannteste und früheste Beispiel einschneidender Planungsmaßnahmen, die Neugestaltung von Paris durch den Baron Haussmann, belegt das zumindest indirekt. Haussmann vereinigte nämlich die Funktionen des Präfekten und des Bürgermeisters in seiner Person und hatte so – gerade bezüglich der Enteignung im öffentlichen Interesse – ganz andere Vollmachten als ein nur kommunaler Amtsträger. Letztere überließen in Frankreich oft selbst die Anlage von Straßen Privaten und hatten dementsprechend wenig Einfluß auf die Entwicklung vor allem der äußeren Stadtbezirke.

Die Initiativen des Barons Haussmann in Paris waren in hohem Maße auf die Anlage breiter Boulevards und auf die Einbeziehung der Bahnhöfe in das Pariser Straßennetz ausgerichtet. Die Entwicklung des Verkehrswesens prägte die Stadtentwicklung aber auch in den übrigen europäischen Ländern. Die meisten Städte des 19. Jahrhunderts konnte man zu Fuß in überschaubaren Zeiträumen durchqueren. Noch kurz vor der Jahrhundertwende konnte man zum Beispiel Liverpool oder Manchester leicht binnen einer Stunde durchwandern. Zunehmend erlaubten die zunächst von Pferden gezogenen, später dann elektrisch betriebenen Straßenbahnen aber eine immer größere räumliche Ausdehnung. Den dadurch erleichterten Prozeß der Suburbanisierung, in dessen Verlauf die wohlhabenderen Schichten zunehmend in bevorzugte Randlagen der Städte zogen, darf man aber nicht allein als direkte Folge der neuen Verkehrsmittel interpretieren. In England zum Beispiel setzte er lange vor deren Einführung ein, und in Wien war der Innenstadtbereich auch nach dem Ersten Weltkrieg noch ein bevorzugtes Wohngebiet der Wohlhabenderen. Gleichwohl steht außer Frage, daß die Straßen- und seit der Jahrhundertwende in den Metropolen auch die Stadt- und Untergrundbahnen größere Entfernungen zwischen Wohnung und Arbeitsstätte für immer breitere Bevölkerungsschichten ermöglichten. Insoweit sich die Innenstädte noch nicht zu reinen Geschäftsvierteln wandelten, blieb der dortige Wohnraum zumeist der Arbeiterschaft überlassen, die zunächst die Kosten für den öffentlichen Nahverkehr kaum aufbringen konnte.

Mit dieser Entwicklung war ein grundlegender Wandel in den Mustern sozialer Segregation verbunden. Hatte zuvor die Lage der Wohnung innerhalb des Hauses Auskunft über den sozialen Status des Bewohners gegeben, der eben entweder zum Hof oder zur Straße, unter dem Dach oder in der *bel étage* wohnen konnte, verteilten sich nun verschiedene soziale Schichten zunehmend auf unterschiedliche Stadtviertel. Arbeiter- und Armenviertel hatte es in Städten wie London, Wien oder Paris schon lange gegeben, doch nahmen mit der immer allgemeiner praktizierten Trennung von Wohnen und Arbeiten die Differenzierung zwischen einzelnen Stadtvierteln und deren innere Homogenität allem Anschein nach zu. Besonders kraß ist dies in den Industriestädten der Montanregionen zu beobachten. Diese hatten häufig keinen eigentlichen Stadtkern, und die Wohnungsbautätigkeit richtete sich an den Standorten einzelner Schacht- und Industrieanlagen aus.

Die Segregation verschiedener sozialer Schichten hatte aber nicht nur eine räumliche, sondern auch eine zeitliche Dimension. »Wie es den Tag anfängt«, meinte etwa Werner Sombart 1906 in einem Buch über *Das Proletariat*, »davon erfahren wir höchstens einmal, wenn wir nach einer durchtanzten Nacht oder einer ausgedehnten Pokerpartie früh um fünf oder sechs übernächtig nach Hause kommen oder wenn wir zum Frühzuge zum Bahnhof gehen.« Die autobiographisch gefärbte Beobachtung des bürgerlichen Gelehrten, das hat Richard Dennis am Beispiel Englands eindrücklich gezeigt, entsprach durchaus der Realität der Industriestädte des späten 19. Jahrhunderts und macht verständlich, warum die in die Städte drängenden Arbeitermassen dem dortigen Bürgertum fremd blieben und nicht selten als bedrohlich empfunden wurden.

Zeitgenössische Stadtplaner wie James Hobrecht wollten dieser als gefährlich begriffenen Fremdheit entgegenwirken. Sein Generalbebauungsplan für Berlin aus dem Jahre 1862 war von der Vorstellung geprägt, die vorgegebenen tiefen Baublöcke lediglich am Rande zu bebauen und ansonsten mit Gärten und Schmuckhöfen zu versehen. Die zu errichtenden Häuser sollten in den beiden unteren Etagen größere Wohnungen für bürgerliche Familien und in den Obergeschossen und Seitenflügeln kleinere und billigere Wohnungen für Arbeiter enthalten. Aus räumlicher Nähe sollte so soziale Harmonie erwachsen. Die Hobrechtschen Vorstellungen spiegeln also noch die älteren Segregationsmuster wider. Bezeichnend für die begrenzten Möglichkeiten der Stadtplanung im späten 19. Jahrhundert ist das Schicksal seines bis 1919 gültigen Plans. Dessen Linienführung wurde im wesentlichen umgesetzt, doch hatte Hobrecht keinerlei Handhabe, die Bebauung der einzelnen Grundstücke zu beeinflussen. Da die Beteiligung der Hausbesitzer an den Straßenbaukosten nach der Länge ihrer Straßenfront bemessen wurde, waren diese an einer möglichst tiefen Bebauung ihrer oft sehr schmalen Grundstücke interessiert. So traten oft mehrere mehrgeschossige Hinterhäuser, deren Lichthöfe nur den gesetzlichen Mindestanforderungen entsprachen, an die Stelle der von Hobrecht gewünschten Gärten. Ungewollt trug sein Plan so dazu bei, daß Berlin zur »größten Mietskasernenstadt der Welt« wurde.

Das Schicksal des Hobrechtschen Bebauungsplans ist nur ein Beispiel dafür, daß die planerischen Ambitionen in den europäischen Städten eindeutig den Verwertungsinteressen des Grundbesitzes untergeordnet blieben. Im einzelnen unterschieden sich die stadtplanerischen Konzeptionen und Möglichkeiten erheblich.

Vor allem in Frankreich fand vor 1914 keine der englischen oder deutschen vergleichbare umfassendere Stadtplanung statt. Aber auch in den fortgeschrittensten deutschen Städten beschränkten sich die planerischen Eingriffe weitgehend auf den Erlaß sogenannter Staffelbau- oder Zonenbauordnungen, die für genau definierte Teile der Stadt die Art und die Höhe der Bebauung vorgaben. Derlei Allgemeinaussagen zu nationalen Unterschieden in der Stadtplanung um 1900 dürfen aber nicht über die immensen Differenzen in den Planungszielen und Planungsrealitäten verschiedener Stadttypen hinwegtäuschen: Während in einer Industriestadt wie Oberhausen, deren Stadtgebiet keinen eigentlichen Kern hatte und von einer Vielzahl von Eisenbahnlinien zerschnitten war, verzweifelt um die bauliche Begründung eines Stadtzentrums gerungen wurde, stritten in Wien Camillo Sitte und Otto Wagner um die ästhetischen Grundsätze großstädtischer Architektur.

Die Infrastruktur der modernen Großstadt

In der Wiener Architekturdebatte war Otto Wagner der Vertreter der Moderne. Für ihn war die funktionale Notwendigkeit die einzige Gebieterin der Kunst, und seine Arbeit als Architekt feierte die Strukturen und Werkstoffe der modernen Technik. Jenseits ihrer architektonischen Monumente, besonders früh und eindrücklich etwa in Paris von Les Halles über die Gare d'Orsay bis zum Eiffelturm, hatte diese moderne Technik um die Jahrhundertwende das großstädtische Leben grundlegend verändert. Das gilt für die elektrische Beleuchtung der Städte, deren Einführung im ausgehenden 19. Jahrhundert einiges Aufsehen erregte, ebenso wie für die Gas-, Strom- oder Wasserversorgung, die Kanalisation, die Müllabfuhr und Müllverbrennung sowie für wichtige städtische Verkehrsmittel von der Straßen- bis zur Untergrundbahn. Die unterirdische Stadt, die später die Verfilmung von Graham Greenes *Der dritte Mann* so anschaulich in Szene setzen sollte, entstand in dieser Zeit und wurde zumindest von einem Wiener Zeitgenossen ausdrücklich begrüßt: »Ich verlange von einer Stadt, in der ich leben soll«, hielt Karl Kraus 1911 den zahlreichen Großstadtverächtern entgegen, »Asphalt, Straßenspülung, Haustorschlüssel, Luftheizung und Warmwasserleitung. Gemütlich bin ich selbst.«

Hier können lediglich zwei Themen aufgegriffen werden, die die zeitgenössische Auseinandersetzung mit Fragen der städtischen Infrastruktur maßgeblich prägten. Zum einen wurde kontrovers diskutiert, welche Aufgaben die Kommunen in eigener Regie übernehmen sollten und welche besser an Privatunternehmen zu delegieren seien. Zum anderen ist auffällig, wie viele infrastrukturelle Neuerungen sich der Angst vor Seuchen verdankten, wie stark also der medizinisch-naturwissenschaftliche Diskurs die Wahrnehmung der Großstadt und ihrer Probleme formte.

»Unsere Stadtverwaltungen«, führte der Dresdner Oberbürgermeister Beutler in seinem Vortrag auf dem ersten deutschen Städtetag 1903 aus, »haben die Gasanstalten, die meist erst im Besitze von Aktiengesellschaften waren, gekauft, als sie bemerkten, daß ja die Stadt selbst der größte Konsument sei, als sie einsahen, daß Unternehmungen, die die Straßen und Plätze zu ihrem Betriebe benützen mußten, besser von der Stadt selbst geleitet würden, und endlich, daß bei solchen allmählich unentbehrlich gewordenen Verbrauchsgegenständen, wie es das Gas und die Elektrizität ist, ein gutes Stück Geld zu verdienen sei. Daß aber die

Gemeinden imstande sind, die größten Betriebe gut und sachgemäß und vor allem auch billig und rationell zu leiten und zu führen, das haben sie hinlänglich bewiesen und braucht nicht mehr erörtert zu werden.« Die Beiläufigkeit, mit der Beutler die Kommunalisierung wichtiger Versorgungsunternehmungen kommentierte, entsprach der überraschend weitgehenden Akzeptanz dieses »Munizipalsozialismus«, wie ihn die Zeitgenossen dem englischen Vorbild folgend nannten. »Bisher hat sich dieser ›Kommunalsozialismus‹«, fuhr Beutler fort, »in Deutschland meist nur auf Beschaffung von Wasser und Gas und neuerdings Elektrizität beschränkt und ist diese Beschränkung kaum als Sozialismus empfunden worden, weil jedermann es allmählich für selbstverständlich ansah, daß so notwendige Lebensbedürfnisse, die noch dazu nur mit Hülfe des öffentlichen Grund und Bodens abgegeben werden konnten, durch die Stadt selbst geliefert werden.«

Beutler sprach hier gleich mehrere Aspekte der kommunalen Übernahme von Versorgungsbetrieben an. Am Anfang hatten in der Tat die Gasanstalten gestanden, die in privater Trägerschaft vor allem Gas zur Beleuchtung der Städte lieferten. Diese später dann elektrisch vorgenommene Straßenbeleuchtung bedeutete ebenso eine völlig neuartige Erfahrung des städtischen Raumes für seine Bewohner wie die Beschleunigung der Wahrnehmung aus der Straßenbahn heraus oder ihre Diskontinuität in der Untergrundbahn. Zugleich hob die Beleuchtung Teile dieses städtischen Raumes besonders hervor. In Oberhausen zum Beispiel wurden zunächst nur der Bahnhof, einige Werksanlagen, das Rathaus und ein bis zwei Straßen beleuchtet. »Der Rest der Stadt«, berichtet Heinz Reif, »blieb im Dunkeln, und zwar kaum verändert bis in die 1890er Jahre.« Hier wie andernorts war es nicht zuletzt die Unzufriedenheit der Städte mit der Versorgung durch die von ihnen konzessionierten Privatunternehmer, die zur Kommunalisierung der Gaswerke führte. Fest steht aber auch, daß die Kommunen nach der Übernahme der Gasanstalten die Tarife keineswegs auf Selbstkostenpreise absenkten, sondern vielmehr gute Gewinne erwirtschafteten. Daß diese fiskalischen Motive nicht die allein entscheidenden waren, zeigt sich im Falle der finanziell sehr viel weniger lukrativen Elektrizitätswerke seit der zweiten Hälfte der 1880er Jahre. Hier gab häufig die Elektrifizierung der gleichfalls meist in städtischer Regie betriebenen Straßenbahnen den Ausschlag, da in einer Stadt wie Berlin an der Wende zum 20. Jahrhundert 57 Prozent des erzeugten Stroms für die Straßenbahnen aufgewandt wurden. Die Kommunalisierung wichtiger Versorgungsbetriebe ist aber nicht allein im Spannungsfeld fiskalischer Interessen und der Sorge um die möglichst gleichmäßige Versorgung des städtischen Raumes zu sehen. Zumindest im Falle der Straßenbahn sicherte sie der Stadt ihren Einfluß auf die Stadtentwicklung, da die Linienführung des öffentlichen Nahverkehrs die Bodenpreise und die Bebauungsdichte maßgeblich beeinflußte.

Fiskalisch lukrativ waren auch die gleichfalls meist in städtischer Regie betriebenen Wasserwerke, und doch gehören sie weniger in eine Reihe mit den übrigen Versorgungsbetrieben als vielmehr unter die Rubrik der Stadthygiene. »Durch schlechtes Trinkwasser«, hielt 1911 das *Handwörterbuch der Staatswissenschaft* fest, »können ansteckende Krankheiten wie Cholera, Typhus, und andere Darmkrankheiten übertragen werden. Die Sorge für *gutes* Trinkwasser gehört also zu den ersten Pflichten einer guten Stadtverwaltung.« Dies war der Kenntnisstand der Jahrhundertwende, wobei am Anfang der Seuchenprophylaxe mehr die Wasserentsorgung als die -versorgung gestanden hatte. Mediziner wie Max Pettenkofer glaubten nämlich, daß sogenannte Miasmen, im Boden reifende Ansteckungsstoffe, für die Ausbreitung von Seuchen ausschlaggebend seien. Deshalb richteten sie ihr Augenmerk vor allem auf die Beseitigung verschmutzter Abwässer und waren mit deren Einleitung in Flüsse und Bäche zunächst durchaus einverstanden. Dem entsprachen die frühen Kanalisationssysteme, die Städte wie Berlin, München und Frankfurt seit den 1850er Jahren errichteten. Auch Hamburg hatte zu den ersten deutschen Städten gezählt, die eine Kanalisation eingerichtet hatten, doch erwiesen sich diese frühen Systeme als gänzlich unzulänglich. Vor allem wurde die ungefilterte Einleitung von Fäkalien und anderen Abfällen in die Elbe, aus der auch das Trinkwasser entnommen wurde, nicht unterbunden. Das trug entscheidend dazu bei, daß dort noch während der Choleraepidemie von 1892 fast 10000 Menschen den Tod fanden. Richard Evans hat argumentiert, daß zu den Gründen für die diese Katastrophe mitverursachende Verspätung einer Modernisierung der Hamburger Trinkwasserversorgung nicht zuletzt der Fortbestand einer patrizischen Herrschaftsstruktur im Stadtstaat gehört habe, der unter anderem die Ausbildung einer modernen und professionalisierten Stadtverwaltung verhindert habe, wie sie für die meisten anderen deutschen Großstädte typisch war.

Allerdings war Hamburg 1892 keineswegs die einzige deutsche Stadt, die noch auf eine Filterung ihres Trinkwassers verzichtete. Auch andernorts vollzog sich die Einführung einer modernen Schwemmkanalisation, die für die Städte stets ein Zuschußbetrieb blieb, sehr zögernd. In Essen, Düsseldorf, Köln und den Städten des Wuppertals erfolgte sie in den 1880er Jahren. Schließlich war auch die Klärung der Abwässer vor der Einleitung in größere Flüsse noch die Ausnahme, als sie etwa um 1890 von der Stadt Essen eingeführt wurde. Zum anderen war zu Beginn der 1890er Jahre das Bewußtsein von der Bedeutung des Trinkwassers für die Übertragung des Choleraerregers noch nicht Allgemeingut. Robert Kochs Entdeckung eines spezifischen Cholerabazillus, der über Wasser und andere Nahrungsmittel übertragen werden könne, setzte sich erst nach der Hamburger Katastrophe durch, dann allerdings sehr rasch: Schon zwei Jahre nach der Hamburger Choleraepidemie konnte man in *Meyers Konversations-Lexikon* lesen, »daß die über alle Begriffe elenden Wasser- und Wohnverhältnisse Hamburgs einen noch schlimmeren Ausbruch der Seuche gerechtfertigt hätten. Hatte doch Hamburg eine Wasserleitung, welche fast inmitten Hamburgs geschöpftes, unfiltriertes Elbwasser führte.« Weniger als zwei Jahre nach der Katastrophe war also selbst für ein gängiges Nachschlagewerk die Richtigkeit der Kochschen Choleraerklärung evident, und es lieferte selbst statistische Belege, wenn es die sehr viel niedrigere Todeshäufigkeit in einigen Nachbargemeinden Hamburgs anführte, die über eine selbständige Wasserversorgung verfügten.

Die hier anhand der Hamburger Choleraepidemie von 1892 angesprochenen Probleme der Wasserver- und -entsorgung sind in zweifacher Hinsicht interessant. Zum einen belegt die heftige Kritik am Versagen der Hamburger Stadtverwaltung indirekt auch, wie erfolgreich die Großstädte insgesamt ihre so rapide wachsende Bevölkerung mit hygienisch einwandfreiem Trinkwasser versorgten. Bis zum Ersten Weltkrieg wurden mehr als ein Dutzend Talsperren errichtet, die als künstliche Wasserreservoirs dienten. Gerade im Bereich der Wasserversorgung, aber auch bei der Entsorgung und der Energieversorgung kam es in großstädtischen Ballungsräumen wie dem Ruhrgebiet schon früh zur Zusammenarbeit der verschiedenen Kommunen. Zum anderen werden in der Kommentierung der Geschehnisse durch ein Konversationslexikon die Aufmerksamkeit und die Ansprüche einer breiteren Öffentlichkeit deutlich, die offenkundig die medizinische Infektion als primär hygienisch bedingt versteht und die hygienischen Verhältnisse nicht von den sozialen zu trennen vermag. Die »elenden Wasser- und Wohnverhältnisse«

sind hier eins, und noch 1930 läßt das *Handwörterbuch des Wohnungswesens* »die Forderungen der wissenschaftlichen Hygiene auf der in den letzten Jahrzehnten immer stärker werdenden Erkenntnis von den besonderen Schäden des städtischen Lebens [beruhen], die mit der Form der Stadtanlage, der Beschaffenheit der Siedlung, des Hauses und der Wohnung aufs engste zusammenhängen«. Das Konzept der Stadthygiene verband also die medizinische und die soziale Seite aller bislang angesprochenen Probleme von der Stadtplanung über den Ausbau der städtischen Infrastruktur bis hin zur kommunalen Sozialpolitik.

Wohnungsreform und kommunale Sozial- und Gesundheitspolitik

Die Stadthygiene war für alle kommunalpolitisch aktiven Kräfte ein zentraler Bezugspunkt. Sehr unterschiedlich waren allerdings die mit diesem Konzept verbundenen Hoffnungen. So meinte etwa 1901 der sozialdemokratische Experte für Kommunalpolitik, Hugo Lindemann: »Die Hygiene ist nun einmal die entschiedenste Feindin des privaten Profits, und mit ihrer Entwicklung und mit der Durchsetzung ihrer Grundsätze wird, ihren Vertretern und Anhängern vielfach unbewußt, ein klar erkennbarer Kampf gegen das gesamte System der privaten Profitmacherei, d.h. gegen unser ganzes heutiges Wirtschaftssystem geführt.« Auf der einen Seite hatte Lindemann wohl recht, wenn er unterstellte, daß stadthygienische Vorstellungen fast unsichtbar die Diskussionen um Städte- und Wohnungsbau mitbeeinflußten. Andererseits überschätzte er deren Gewicht. Ein auch als Sozialreformer aktiver Praktiker wie der Kölner Stadtbaurat Joseph Stübben formulierte 1914 in einem von ihm mitverfaßten Artikel über *Hygiene des Städtebaues* jedenfalls ungleich zurückhaltender, daß »eine wirklich ersprießliche Tätigkeit auf allen hygienischen Gebieten die aufmerksame Beachtung berechtigter wirtschaftlicher Gesichtspunkte zur Voraussetzung hat. Wo die Hygiene Anforderungen stellt, die zur wirtschaftlichen Leistungsfähigkeit in keinem billigen Verhältnis stehen, erscheint sie praktisch nicht mehr durchführbar.« Stübben beschrieb die großstädtische Realität um 1900 sicherlich angemessener als der hoffnungsvolle Sozialdemokrat Lindemann. Im folgenden soll es aber nicht allein um die Diskrepanz zwischen reformerischen Zielvorstellungen und politischer Umsetzung gehen, sondern auch um die den verschiedenen Reformprojekten und Reforminitiativen zugrunde liegende Problemwahrnehmung. Dabei steht einmal mehr das deutsche Beispiel im Mittelpunkt, auch wenn zum einen England im Bereich der öffentlichen Gesundheitspflege und der Wohnungsreform eine Vorreiterrolle gespielt hatte und noch geraume Zeit als Vorbild kontinentaleuropäischer Initiativen diente und es zum anderen um 1900 längst eine lebendige Tradition internationaler Kongresse zu Problemen der Hygiene oder der Wohnungsreform gab.

»Die besitzenden Klassen«, meinte Gustav Schmoller 1887 in seinem berühmt gewordenen *Mahnruf in der Wohnungsfrage*, »müssen aus ihrem Schlummer aufgerüttelt werden, sie müssen endlich einsehen, daß selbst wenn sie große Opfer bringen, dies nur, wie es Chamberlain in London unlängst nannte, eine mäßige, bescheidene Versicherungssumme ist, mit der sie sich schützen gegen die Epidemien und gegen die sozialen Revolutionen, die kommen müssen, wenn wir nicht aufhören, die unteren Klassen in unseren Großstädten durch ihre Wohnungsverhältnisse zu Barbaren, zu thierischem Dasein herabzudrücken.« Schmoller brachte die Angst bürgerlicher Schichten vor Epidemien einerseits, sozialen Revolutionen andererseits prägnant zum Ausdruck. Diese Angst zeigte sich auch in der Wahrnehmung des Wohnungsproblems, das überall das Zentrum der Betrachtung städtischer Probleme bildete. Zwar wurden die Ursachen des Wohnungsmangels sorgfältig diskutiert, im Vordergrund des Interesses aber standen die Gefährdungen in »gesundheitlicher und sittlicher Beziehung«. Das galt auch für die im *Bund Deutscher Bodenreformer* zusammenlaufenden Bestrebungen. Ihr unumstrittener Kopf war Adolf Damaschke, der die aus den explodierenden Bodenpreisen der rapide wachsenden Städte resultierenden Mieterhöhungen mit einer Wertzuwachssteuer bekämpfen wollte. »Für alle, denen einmal die Augen durch die Bodenreform geöffnet sind«, hieß es in seiner Schrift *Die Bodenreform*, die seit 1902 in einer Vielzahl von Auflagen erschien, »steht die Zuwachsrente da im Hintergrund, wo schwere Schäden des sittlichen Lebens sich offenbaren. Schlafstellenunwesen, Prostitution, Alkoholmißbrauch, Zunehmen des jugendlichen Verbrechertums – das alles ist in seinem engen Zusammenhange mit Wohnungsnot und Wohnungselend heute in allen ernsten Kreisen bekannt!«

Die die Wahrnehmung und Deutung des Wohnungsproblems massiv beeinflussenden Ängste bürgerlicher Reformer zu betonen heißt nicht, die Existenz eines Wohnungsproblems in den Großstädten der Jahrhundertwende zu leugnen. In Berlin betrachteten die städtischen Statistiker lange Zeit Wohnungen nur dann als übervölkert, wenn sie bei höchstens einem heizbaren Zimmer fünf und mehr Bewohner, bei zwei heizbaren Zimmern elf und mehr Bewohner zählten. Selbst nach diesem äußerst laxen Standard waren in Berlin und Charlottenburg 1895 mehr als 13 Prozent aller Wohnungen mit nur einem heizbaren Zimmer überfüllt, in Dresden war es sogar jede sechste Wohnung dieser Art. Die Wohndichte war also ungeheuer hoch, und doch ist auffallend, daß die zum Teil noch sehr viel schlechteren Wohnverhältnisse auf dem Land keine vergleichbare Aufmerksamkeit fanden. Es war also die Nähe der städtischen Unterschichten, die Ängste auslöste und Reformen motivierte. Ablesbar sind diese Ängste sowohl an der positiv gefaßten Zielvorstellung der Wohnungsreformer als auch an ihrem bevorzugten Feindbild, dem Schlafgängerwesen.

Die Ziele der Wohnungsreformer hatten sich zunächst – geleitet von der bereits angesprochenen Hygienediskussion – auf die Forderung nach ausreichendem Luftraum für jeden Bewohner konzentriert. Konkret hatte etwa Max Pettenkofer festgestellt, daß ein gesunder Mensch fünf bis sechs Kubikmeter Luft allein beim Schlafen verbrauche. Zugleich forderte seine Erklärung der Krankheitsverbreitung ein hohes Maß an Luftzirkulation, um die vom Boden aufsteigenden Krankheitskeime aus den Wohnungen zu vertreiben. »Zum Gedeihen des Menschen«, formulierte der bekannte Städtebauer Reinhard Baumeister 1876 bündig, »sind Sonnenlicht und reine Luft notwendig.«

In der Folgezeit trat mit dem Ideal des »familiengerechten Wohnens« eine andere Forderung immer mehr in den Vordergrund. Angestrebt wurden abgeschlossene Einzelwohnungen für jede Familie sowie die Trennung von Wohn- und Schlafbereichen. Die den bürgerlichen Normen entsprechend gedachte Familie sollte die Versittlichung der städtischen Unterschichten gewährleisten. Denn, schrieb etwa der anerkannte Wohnungsexperte Carl Johannes Fuchs 1911: »Kehrt der Arbeiter müde von der Arbeit nach Hause und findet hier keinerlei Behaglichkeit, keinen Familienfrieden, so sucht er das Wirtshaus auf.« Daraus konnte nur Trunksucht resultieren, genauso wie für Fuchs der Verlust jedes »Scham- und Schicklichkeitsgefühls« direkt aus dem engen Zusammenleben der Geschlechter erwuchs.

Die Zielvorgabe des familiengerechten Wohnens war nicht zuletzt gegen das Schlafgängerwesen gerichtet. Angesichts des Wohnungsmangels und der für viele kaum erschwinglichen Mieten war es in Arbeiterfamilien eine verbreitete Praxis, Familienfremde aufzunehmen, die entweder Kost und Logis erhielten oder denen bloß ein Bett zur Verfügung gestellt wurde. Nicht zuletzt für die Mütter kleinerer Kinder war diese Form der Untervermietung eine der wenigen Möglichkeiten, Geld zu verdienen. Das um die Jahrhundertwende in ähnlicher Weise nur dem Phänomen der Prostitution entgegengebrachte, geradezu exzessive öffentliche Interesse an etwaigen sexuellen Beziehungen zwischen diesen Schlafgängern und den weiblichen Angehörigen der sie aufnehmenden Familien deutet darauf hin, daß die Angst vor Epidemien und sozialen Revolutionen eng mit Ängsten verbunden war, die der vermeintlich wilden Sexualität der »schamlosen« städtischen Unterschichten entgegengebracht wurden.

Die Bedeutung der normierenden und disziplinierenden Seite der Wohnungsreformbewegung spiegelt sich in ihren Resultaten. Die meisten deutschen Großstädte verfügten am Vorabend des Ersten Weltkrieges über eine Wohnungsinspektion, während das englische Beispiel kommunalen Wohnungsbaus nur in zahlenmäßig unbedeutenden Einzelfällen aufgegriffen wurde. Das hing mit dem Widerstand der in den Stadtparlamenten stark vertretenen Haus- und Grundbesitzer zusammen. Doch ist bemerkenswert, wie erfolgreich die auch auf lokaler Ebene sehr aktiven Reformorganisationen wie der *Deutsche Verein für öffentliche Gesundheitspflege* oder die *Gesellschaft für soziale Reform* sonst ihre Vorstellungen in Zusammenarbeit mit den Spitzen der städtischen Verwaltung durchsetzen konnten. Im Bereich der kommunalen Sozialpolitik versuchten sie, mit Arbeitsvermittlungsstellen, Beratungsbüros und dergleichen Institutionen zu schaffen, die die Spannungen zwischen Kapital und Arbeit mildern sollten. Noch rascher expandierte der große Bereich der Jugend- und Gesundheitsfürsorge, der um die Jahrhundertwende neben das traditionelle Armenwesen der Städte trat. Er soll abschließend kurz betrachtet werden, weil er zum einen die angedeutete Schwerpunktverlagerung von der Seuchenprophylaxe zur Sozialhygiene deutlich macht und zum anderen einige bereits erwähnte Aspekte wie die eigenständige Rolle der Problemwahrnehmung hervortreten läßt.

Den Kern traditioneller Sozialpolitik der Städte hatte die überwiegend ehrenamtlich organisierte Armenpflege gebildet. Zu ihr hatte lange auch das Krankenhaus gezählt, das nun seine traditionelle Funktion als Aufbewahrungsort für Arme, Alte, Sieche und Geisteskranke ablegte und als Ort professioneller Krankenpflege und -versorgung neues Prestige gewann. Daneben gab es eine Fülle neuer Einrichtungen, die unter dem Sammelbegriff der Gesundheitsfürsorge zusammengefaßt werden können. Hierzu gehörten seit dem frühen 20. Jahrhundert neben vielen anderen die städtischen Beratungsstellen und Waldheilstätten für Tuberkulosekranke ebenso wie die immer häufiger von den Kommunen errichteten Entbindungsanstalten und Säuglingsheime. Wiesbaden hatte schon 1879 einen schulärztlichen Dienst eingerichtet, und Straßburg eröffnete 1903 sogar eine Schulzahnklinik. Zunehmend faßten jetzt auch städtische Gesundheitsämter die immer weiter ausgefächerten Aufgaben organisatorisch zusammen.

Bemerkenswert bei der hier nicht weiter auszuführenden Betrachtung des expandierenden Gesundheitsbereiches sind zwei Aspekte. Zum einen verschob sich der Schwerpunkt der Aktivitäten von der Verhütung von Epidemien zunehmend auf die Bekämpfung der Säuglings- und Kindersterblichkeit. Bezeichnenderweise rückte die Säuglingsfürsorge aber erst ins Zentrum der kommunalen Bemühungen, als bereits ein deutlicher Rückgang der städtischen Säuglingssterblichkeit zu verzeichnen war. Das hing mit der seit der Jahrhundertwende immer lauter artikulierten Sorge vor allem nationalistischer Kreise zusammen, angesichts des Trends zur Kleinfamilie werde die Bevölkerung zurückgehen. Das erklärt auch, warum in der Säuglingsfürsorge, in den immer wieder aufgelegten Stillkampagnen und beim Aufbau von Milchverteilungsanstalten die Vaterländischen Frauenvereine eine bedeutende Rolle spielten. Ohnehin lassen sich in vielen Bereichen der Gesundheitsfürsorge städtisches und privates Engagement kaum sauber trennen. Hier bot sich bürgerlichen Frauen aber nicht nur ein Raum für privates Engagement, sondern zunehmend auch ein Feld möglicher beruflicher Tätigkeit. Sozialfürsorge und Sozialarbeit entstanden nämlich als weibliche Domäne. Das hing auch damit zusammen, daß gerade Säuglinge und Schulkinder bevorzugte Objekte fürsorgerischer Tätigkeit waren.

Daß diese Fürsorge zugleich in hohem Maße Jugendfürsorge war, hatte einen weiteren Grund. Die städtischen Jugendlichen wurden in der Phase rapider Verstädterung zum sozialen Problem. Das lag zum einen an ihrer großen Zahl. Zum anderen – und das war sehr viel wichtiger – schien diese Großstadtjugend zusehends unkontrollierbar. Männliche Erwerbstätige über 14 Jahre – und nur diese wurden zunächst als Jugendliche und als Problem begriffen – vermochten in den Industriebetrieben der rasch wachsenden Städte Beschäftigung und Verdienst zu finden, ohne länger der traditionellen Kontrolle durch ihre Eltern oder schon der des Militärs oder eigener familiärer Verantwortlichkeit unterworfen zu sein. »Da steht er an der Straßenecke«, kommentierte ein Hamburger Pfarrer 1912 die ihn verunsichernde selbstbewußte Jugendkultur in einem Buch mit dem bezeichnenden Titel *Die Halbstarken*, »auf dem Kopf möglichst keck und frech eine verbogene Mütze, manchmal darunter hervorlugend eine widerlich kokette Haarlocke, um den Hals ein schlechtes Tuch gebunden, im Munde die unvermeidliche kurze Pfeife. Er ist selten allein und hat meistens von seinesgleichen bei sich. Seine Freude ist es, die Vorbeigehenden zu belästigen.«

Gerade dieses letzte Beispiel der Großstadtjugend zeigt noch einmal, wie sehr sich seit dem ausgehenden 19. Jahrhundert der Schwerpunkt reformerischer Initiativen und bürgerlicher Sorgen von Cholera und Typhus auf soziale Probleme verlagert hatte. Die daraus resultierenden Institutionen, die häufig zunächst im städtischen Raum geschaffen wurden, trugen maßgeblich dazu bei, den Städten des ausgehenden 19. Jahrhunderts ein modernes Gepräge zu geben. In mancherlei Hinsicht finden sich hier bereits Elemente des im späteren 20. Jahrhundert weiter ausgebauten Sozial- und Wohlfahrtsstaates. Zu dessen fürsorgerischen Absichten, das läßt sich an der Säuglingsfürsorge genauso ablesen wie an der Jugendfürsorge, gehörte immer auch die disziplinierende Wirkung. In diesem Sinne erfolgreich waren die angeführten fürsorgerischen Tätigkeiten wohl nur teilweise. Die Arbeiterfrauen etwa nahmen die Erziehungsangebote der bürgerlichen Reformer und Reformerinnen jedenfalls nur dann an, wenn sie mit Gratisleistungen wie bei den Milchverteilungsanstalten verbunden waren, und eine tendenziell rebellische Jugendkultur sollte die Großstädte gleichfalls noch etwas länger prägen.

Faszination und Kritik

Der Durchgang durch verschiedene Aspekte der Großstadtwerdung bis 1914 hat vielleicht Verständnis dafür geweckt, daß die radikalen Wandlungen großstädtischen Lebens auch Irritationen, Kritik und Ablehnung hervorriefen. Dabei darf indessen nicht übersehen werden, daß die Architekten, Ärzte, Verwaltungsjuristen oder Sozialfürsorgerinnen, die die moderne Großstadt maßgeblich formten, nicht allein oder auch nur in erster Linie von Ängsten getriebene Reformer waren. Vielmehr findet man hier nicht selten eine Gestaltungseuphorie, eine fast schon überraschende Gewißheit, die enormen Probleme der städtischen Zentren lösen zu können. Diese Zuversicht war keineswegs auf explizite Vertreter der Moderne etwa in der Architektur beschränkt. Gewichtungen sind hier schwierig. So war in der deutschen Gartenstadtbewegung, deren Programm der Entwicklung zur modernen Großstadt ja zumindest ambivalent gegenüberstand, eine ungeheure Spannweite von Positionen vertreten. Sie reichte von völkisch orientierten Antisemiten bis zu den Protagonisten der modernen Kunstgewerbebewegung. Angesichts der vieluntersuchten und einer vergleichenden Analyse zufolge in Deutschland besonders ausgeprägten Großstadtfeindschaft sollten aber die am Aufbau und Ausbau der Städte beteiligten Personen nicht vergessen werden. Ihr Engagement in kommunalen Ämtern und Reformorganisationen war selbst schon ein Bekenntnis zur Großstadt und ihrer Modernisierungsfähigkeit. Diese optimistische Sicht der Großstadt fand Ausdruck in einer ganzen Fülle bisher nicht angemessen erforschter Ausstellungen. Schon die Londoner Weltausstellung von 1851 hatte einen Block mit Musterhäusern präsentiert, und zur Jahrhundertwende hin war die Berücksichtigung städtischer und stadthygienischer Themen auf Weltausstellungen ebenso selbstverständlich geworden wie deren Behandlung auf internationalen Städtebaukongressen und die Feier kommunaler Errungenschaften auf nationaler Ebene.

Damit soll die Existenz von Großstadtkritik und Großstadtfeindschaft nicht bestritten, aber doch in ihrer Bedeutung und Verbreitung relativiert werden. Verbreitet war eine großstadtkritische Haltung um 1900 vor allem in vier Bereichen: erstens im Bereich einer populären Agrarromantik, für die man stellvertretend die Heimatschutz- und Heimatkunstbewegung oder etwa Heinrich Sohnrey und seine Zeitschrift *Das Land* anführen könnte, in der übrigens auch der junge Max Weber wiederholt publizierte. Zweitens könnte man den in sich uneinheitlichen populärwissenschaftlichen Diskurs über die Stadt als Rassegrab nennen, in dem zur Jahrhundertwende hin die Großstadt in dreierlei Hinsicht als gefährlich erscheint. Einerseits, lautete die Kritik, schalte sie durch den dort betriebenen Schutz der Schwachen einen wichtigen Selektionsfaktor aus, andererseits wirke sie selbst negativ als Selektionsinstrument, indem sie die Besten vom Lande in die Stadt ziehe und sie dort den dekadenten Umweltbedingungen der Großstadt aussetze, und schließlich gefährde auch die Neigung der sozial Erfolgreichen zur niedrigen Kinderzahl den Bestand der Rasse. Agrarromantische, völkische und rassenhygienische Großstadtdiskurse überschnitten sich in vielfältiger Weise. Antiurbanismus, das hat jüngst Ute Planert gezeigt, verband sich hier häufig mit Antifeminismus und Antisemitismus. Als dritten Bereich könnte man die zeitgenössische Soziologie von Simmel bis Sombart ansprechen und als vierten schließlich den der zeitgenössischen Kunst. Hier kann es schon aus Platzgründen lediglich um die beiden letztgenannten Felder gehen.

»Wenn der Omnibus und heute elektrische Straßen-, Hoch- und Untergrundbahn Wahrzeichen der modernen Großstadt sind«, schrieb Werner Sombart 1903 in einer Bilanz des zurückliegenden Jahrhunderts, »so war eine Art Symbol altständischen Wesens, wie es sich bis in die Mitte des 19. Jahrhunderts in Deutschland erhielt: der Nachtwächter mit Spieß und Horn. Heute pfeift man auf schriller Pfeife ein Signal, wo man ehedem sang!« Eine solche Opposition beschwor die lebendige Natürlichkeit vergangener Zeiten angesichts der toten Technik der Gegenwart. Sombarts Technikfeindschaft erstreckte sich auch auf Telefon, Grammophon und – hier berührte er sich mit dem eingangs zitierten Simmel – Taschenuhren. Bei Simmel war die Taschenuhr allerdings weniger Teil der verschmähten modernen Technik als vielmehr Symbol für die neue, großstädtische Zeiterfahrung, die in Analogie zur Rechenhaftigkeit der kapitalistischen Geldwirtschaft stand. Wo er die psychologischen Wirkungen dieser neuen Zeiterfahrung und des Lebens in der städtischen Massengesellschaft überhaupt zu analysieren suchte, begnügte sich Sombart zusehends mit der bildungsbürgerlichen Abqualifizierung der modernen großstädtischen Massenkultur im Namen vergangener Hochkultur. Berlin war für ihn ein bloßer »Vorort von New York« und New York selbst »eine Wüste, ein großer Kulturfriedhof«.

Die drei hier anhand von Sombart und Simmel vorgeführten Aspekte der Auseinandersetzung mit der Großstadt um 1900, die Konfrontation von Massenkultur und Massengesellschaft, die Frage nach den psychischen Wirkungen des Lebens in der großstädtischen Massengesellschaft auf den einzelnen und die romantisierende Beschwörung einer besseren Vergangenheit, finden sich auch in der literarischen Beschäftigung mit der Großstadt der Jahrhundertwende. Das Thema der Massenhaftigkeit der Großstadterfahrung klang schon in dem bereits zitierten Kästner-Gedicht an. Seine erste Strophe lautet:

»Laßt uns Berlin statistisch erfassen!
Berlin ist eine ausführliche Stadt,
die 190 Krankenkassen
und 960 ha. Friedhöfe hat.«

Während Kästner hier das individuelle Schicksal in statistischen Kennziffern ironisch aufhebt, ringt in den *Aufzeichnungen des Malte Laurids Brigge* von Rainer Maria Rilke aus dem Jahre 1910 ein einzelner mit der Erfahrung der Großstadt Paris: »Daß ich es nicht lassen kann, bei offenem Fenster zu schlafen. Elektrische Bahnen rasen läutend durch meine Stube. Automobile gehen über mich hin. Die Elektrische rennt ganz erregt heran, darüber fort, fort über alles. Jemand ruft. Leute laufen, überholen sich. Ein Hund bellt. Was für eine Erleichterung: ein Hund. Gegen Morgen kräht sogar ein Hahn, und das ist Wohltun ohne Grenzen. Dann schlafe ich plötzlich ein.«

Auch Rilke kontrastiert also romantisierend Technik und Natur, Großstadt und Land. Wenn er seinen Protagonisten sagen läßt »Habe ich es schon gesagt? Ich lerne sehen. Ja, ich fange an. Es geht noch schlecht. Aber ich will meine Zeit ausnutzen«, dann postuliert er nicht allein die Notwendigkeit einer neuen, der Großstadt angemessenen Wahrnehmungsweise, sondern stellt zugleich die Rollensegmentierung der modernen Großstadtgesellschaft den ganzheitlichen Persönlichkeiten früherer Generationen gegenüber: »Daß es mir zum Beispiel niemals zum Bewußtsein gekommen ist, wieviel Gesichter es gibt. Es gibt eine Menge Menschen, aber noch viel mehr Gesichter, denn jeder hat mehrere.« Rilkes Roman bleibt aber nicht bei der Kontrastierung städtischer Gegenwart und ländlicher Vergangenheit stehen, sondern reflektiert implizit, in seiner Darstellungsweise, und explizit die Folgen der veränderten Wahrnehmungsweise für den Schriftsteller: »Daß man erzählte, wirklich erzählte, das muß vor meiner Zeit gewesen sein. Ich habe nie jemanden erzählen hören.« Rilkes *Malte Laurids Brigge* gilt also nicht umsonst als erster deutschsprachiger Roman der Moderne. Doch soll hier der in der Literaturwissenschaft mit unverminderter Intensität diskutierte Zusammenhang zwischen Großstadtwahrnehmung und Erzählstruktur nicht weiterverfolgt werden, dessen systematischere Erörterung die Werke von Dickens, Proust, Joyce und anderen unbedingt einbeziehen müßte. Statt dessen sei nur darauf hingewiesen, daß Rilkes Stadtkritik auf der Ebene der Thematisierung der Großstadt nicht unbedingt repräsentativ ist. Vor allem in der Großstadtlyrik der Vorkriegszeit standen Faszination und nicht selten in apokalyptische Bilder gefaßter Schrecken nebeneinander.

Ähnliches gilt mit Blick auf die Moderne in der deutschen Malerei. Ludwig Meidner, Lyonel Feiniger, Erich Heckel, Max Beckmann und Ernst Ludwig Kirchner setzten sich alle intensiv mit der neuen städtischen Infrastruktur auseinander und malten Gasometer, Wassertürme, Bahnüberführungen und dergleichen. Walter Grasskamp hat dieses Interesse an der Städtetechnik mit der unterirdischen Vernetzung der Lichtversorgung in Zusammenhang gebracht, deren »zwielichtige Herkunft« geradezu das berufsmäßige Interesse der Maler erregen mußte. Ganz im Vordergrund stand aber auch in der Malerei das Thema des Verlustes von Individualität und ganzheitlicher Persönlichkeit in der städtischen Massengesellschaft, das Thema der Anonymität in der Großstadt also, das Bertolt Brecht später in seinem *Lesebuch für Städtebewohner* in den Aufruf übersetzte: »Verwisch die Spuren!«

Die schon von Simmel analysierte Möglichkeit, daß »man sich unter Umständen nirgends so einsam und verlassen fühlt, als eben in dem großstädtischen Gewühl«, thematisieren vielleicht die Stadtbilder Ernst Ludwig Kirchners am eindrücklichsten. Die fast gesichtslosen Menschen sind auf diesen Bildern so angeordnet, daß sie beziehungslos aneinander vorbeischauen. Wo sie sich bewegen, geschieht dies quasi automatisiert im Gleichschritt der Masse. Die Frauengestalten sind meist Prostituierte, die signalisieren, daß das Verhältnis der Geschlechter in der modernen Großstadt nicht länger als Liebes-, sondern als bloße Geldbeziehung angelegt ist. George Grosz hat dieses Thema in den Kriegs- und Nachkriegsjahren wiederholt aufgegriffen und seine Darstellung radikalisiert. Fließen in seinen Bildern der Moloch Großstadt und der alles zerstörende Krieg untrennbar ineinander, zeigt Ludwig Meidners Selbstportrait *Ich und die Stadt* schon 1913 jemanden, dessen Nerven an der Stadt scheitern, jemanden, der, um mit Simmel zu sprechen, nicht das nötige Maß an Blasiertheit für das Leben in der modernen Großstadt aufbringen kann.

Kapitel 11

Der Künstler

Ute Frevert

Der Künstler als Mensch des 19. Jahrhunderts – ist er das überhaupt? Ist er nicht eher ein Über-Mensch, ein Gott? Oder ein Wesen zwischen Mensch und Gott, ein Heros, ein Genie? Gehört er wirklich zur modernen Gesellschaft, ist er Teil jener bürgerlichen Ordnung, die sich in vielen Ländern Europas seit dem 18. Jahrhundert herausbildet? Steht er nicht doch abseits, ist er nicht weit mehr Außenseiter als Insider? Welche Rolle spielt er in einer Zeit, die sich mehr als jede andere vor ihr auf die Produktion materieller Güter versteht und dem kapitalistischen Wirtschaften hohen Wert beimißt? Was produziert der Künstler, und wie geht die Gesellschaft damit um?

Hören wir einem Künstler zu, wie er über sich und seinesgleichen spricht: »Künstler«, meinte Richard Wagner 1841, seien »mit dem Feuer göttlicher Eingebung begnadigte Sterbliche«, »Selige, Überglückliche, Überreiche«. Sie handelten aus dem Überfluß ihrer Talente und Visionen, getragen vom »Glauben des Genies an sich, dem kein anderer an Stärke gleichkommt«. Sie lebten nur sich selber und ihrer Kunst, deren Idee, wie Wagner es formulierte, »mir mein ganzes Wesen offenbart«. Sie fühlten sich frei, ließen ihr Werk »in stiller Einsamkeit« entstehen und boten das »edelste, selbsteigenste Gut« dann, in einem Akt unendlicher Großzügigkeit, dem Publikum dar. Geleitet von dem »göttlichen Trieb zur Mitteilung der eignen inneren Beseligung an menschliche Herzen«, erhofften sie sich Entzücken, Hingabe, Ehre und Ruhm – und wurden in der Regel bitter enttäuscht. Das »moderne Kunstpublikum«, so Wagner bissig, entpuppe sich nur allzuoft als »schauerliche Masse«, als »gelangweilte, stumpfe Menschen«, eitel und eingebildet, ignorant und alleswissend, tyrannisch und kapriziös. Kaum jemals vermöge dieses »öffentliche Meinungsinstitut« den Wert des genialen Künstlers wirklich zu erfassen.

Diese harschen Worte lassen erahnen, wie sehr der moderne Künstler, das Genie des 19. Jahrhunderts, auf das moderne Publikum angewiesen war. All die Schilderungen von Einsamkeit und Freiheit, von Kreativitätsblitzen und gewaltigen Eingebungen, von denen Künstlerbiographien dieser Zeit überquellen, täuschen nicht darüber hinweg, daß der Künstler auf Gedeih und Verderb an sein Publikum gebunden war. Er brauchte es im materiellen Sinn – als Käufer und Mäzen, aber er brauchte auch seine vergötternde Liebe, seine Verehrung, seine Gefolgschaft. Der Künstler-Gott bedurfte der anbetenden Gemeinde, um in seiner Göttlichkeit bestätigt zu werden. Er konnte nicht ohne sie existieren, auch wenn er sie zuweilen noch so sehr verteufelte, weil sie ihn mißverstand, sich ihm entzog oder ihn schlicht übersah. Er litt an ihr, aber er lebte auch in ihr, und wenn er ohne sie leben mußte, erging es ihm schlecht.

Wagner selber konnte ein Lied davon singen. Niemals war er mit seinem Publikum zufrieden. Verschmähte es ihn, reagierte er mit narzißistischer Gekränktheit und drastischen Flüchen. Lag es ihm zu Füßen, fand er es oberflächlich und genußsüchtig, keiner wahren, tiefen Empfindung fähig und würdig. Er war von ihm abhängig, aber haßte diese Abhängigkeit. Lieber begab er sich in die Entourage eines Fürsten als in die des »modernen Kunstpublikums« – immerhin hatte er es im ersten Fall nur mit *einer* Person (wenn auch einer komplizierten) zu tun, während die »Masse« aus vielen einzelnen bestand, aus Musikkritikern, Theaterdirektoren, Kapellmeistern, Orchestermusikern, Salondamen und deren zahlungskräftigen Ehemännern. Den einen, hoffte er, würde er schon auf seine Seite ziehen können; die vielen aber waren schwer zu dirigieren.

Trotzdem konnte sich auch ein Künstler wie Richard Wagner, der sich in der Tradition des 18. Jahrhunderts einen fürstlichen Mäzen suchte, des Publikums nicht erwehren. Der Arm des Bayernkönigs reichte nicht weit, oft nicht über die Hauptstadt und das königliche Theater hinaus. Selbst in München konnte sich Wagner seiner Sache nie sicher sein, denn es gab Neider und Intriganten in Hülle und Fülle. Außerdem waren die Zeiten längst vorbei, als der Kunstgeschmack des Königs die Vorlieben und Neigungen seiner Untertanen zu prägen vermochte. Seit dem späten 18. Jahrhundert – in den Niederlanden schon viel früher – hatte sich ein bürgerliches Kunstpublikum herausgebildet, das eigene Interessen und

Erwartungen an die Künstler und ihre Werke formulierte. Der Kunstmarkt wurde nun immer weniger von den Aufträgen des Hofes geprägt, und auch die Kunstkritik entwickelte eigene, zunehmend professionelle Bewertungsmaßstäbe.

Damit verbreiterte sich die Arena, in der der Künstler auftrat. Er hatte mit zahlreichen Mitspielern zu rechnen, die seinen eigenen Bewegungsradius einschränkten, aber auch unermeßlich erweiterten. Der Künstler im 19. Jahrhundert – das ist eine ausgesprochen zweischneidige, um nicht zu sagen zwielichtige Figur. Einerseits begibt er sich in die Fänge eines Publikums, das ihm, mit Wagner zu sprechen, als »Tyrann« entgegentritt und ihm seine Ansprüche diktiert. Andererseits schwingt er sich gegenüber diesem Publikum zum Gott auf, der aus eigener Machtvollkommenheit, nach eigenen Gesetzen und in absoluter Freiheit, Kunst schafft. Vor ihrem Altar beugen sich die Menschen, verfallen in Entzücken, überschreiten die Grenzen ihrer Wirklichkeiten. Der Künstler im bürgerlichen Zeitalter: Er ist Herr und Sklave, Macht und Ohnmacht in einer Person.

Rückblick auf vergangene Zeiten

Wie war es vorher? Welche soziale Stellung hatte der Künstler in vorbürgerlichen, vormodernen Zeiten inne? Über wieviel Einfluß – auf wen? – verfügte er, von wem ließ er sich selber beeinflussen?

Bis weit in die frühe Neuzeit hinein verstanden sich Künstler als Handwerker. Sie waren nicht anders als Schuhmacher oder Metzger in Zünften organisiert, die den Arbeitsmarkt kontrollierten, die Ausbildung reglementierten und das soziale Leben der Mitglieder organisierten. Sie stellten Produkte her, über deren Qualität die gesamte Zunft wachte und die von den Kunden – überwiegend Adligen und Fürsten, aber auch reichen Bürgern – nach festen Preisen bezahlt wurden. In der Renaissance dann setzte ein Vorgang ein, den man als Emanzipation des Künstlers vom Handwerker bezeichnen könnte. Sichtbar wurde er vor allem in der Gründung von Konkurrenzorganisationen. Analog zu den neu eingerichteten wissenschaftlichen Akademien – Gelehrtenverbänden unter staatlicher Kuratel – entstanden in zahlreichen europäischen Ländern künstlerische Akademien. Damit verband sich die Anerkennung des

Kunstwerks als ein geistiges, nicht mehr rein handwerkliches Produkt. Folgerichtig verwandelte sich auch der Künstler, überspitzt formuliert, aus einem Praktiker in einen Gelehrten.

Die ersten Akademien gab es in Italien und Frankreich. Nachdem Renaissancekünstler in Florenz und Rom bereits seit dem Ende des 15. Jahrhunderts den alten zünftischen Organisationen den Rücken gekehrt hatten, bildete sich im ausgehenden 16. und frühen 17. Jahrhundert die prototypische Struktur der modernen Akademie als Lehranstalt heraus. Unter tatkräftiger Förderung kunstsinniger Fürsten gelang es, der Kunst – Malerei, Skulptur, Architektur – einen Platz zu sichern, der dem der gelehrten Fächer – Mathematik, Astronomie, Rhetorik oder Poesie – nahekam. In den Kunstakademien standen sich nicht mehr Meister und Lehrling, sondern Professor und Student gegenüber, und der theoretische Unterricht gewann an Bedeutung. Seit den 1660er Jahren gingen die Akademien dazu über, regelmäßige Ausstellungen zu veranstalten, in denen Mitglieder und Studenten ihre Arbeiten einem größeren Publikum präsentierten. Den Anfang machte die Pariser Akademie. Sie stieg im 18. Jahrhundert zur unangefochtenen Leitinstitution des europäischen Kunstbetriebs auf. Nach ihrem Vorbild entstanden die Akademien in Berlin (1696) und Wien (1702).

Um 1790 gab es in Europa über hundert Kunstakademien, die meisten davon staatliche Ausbildungsanstalten. Darüber hinaus fungierten die Akademien als Künstlervereinigungen; ihren Mitgliedern winkten offizieller Ruhm und Anerkennung. Einer Akademie anzugehören bedeutete nicht zuletzt, auftragsfähig zu sein. Aufträge aber kamen jahrhundertelang nur aus einer kleinen, wenngleich kapitalkräftigen Schicht: dem höfischen Adel. Er investierte einen Großteil seines Einkommens in künstlerische Repräsentation, mit der er seine Macht und seinen Wohlstand unter Beweis stellte. Auch Fürsten und kirchliche Würdenträger gehörten zu den Künstler-Kunden und setzten Legionen von Malern, Architekten und Skulptoren in Arbeit und Brot. Die berühmtesten Künstler wurden bei Hofe angestellt, sie erwarben den herausgehobenen Status von Hofkünstlern und die sogenannte Hoffreiheit. Sie enthob den Künstler aller »bürgerlichen Beschwerden« und versah ihn mit Privilegien, die nicht nur wirtschaftlicher, sondern auch künstlerischer Art waren. Der Hofkünstler genoß bereits in der Renaissance eine Freiheit des Ausdrucks und der Form, die in den städtischen Zunftorganisationen undenkbar gewesen wäre. Selbst wenn er dem Hofrecht unterstand und vom Wohlwollen des Herrschers abhängig war, konnte er sich Eigensinn leisten. Die persönliche Treuebeziehung, die den Künstler mit dem Fürsten verband, verschaffte seiner Arbeit einen mehr oder weniger großzügig bemessenen Freiraum. Je erfolgreicher er seinen Herrn davon überzeugen konnte, daß seine Fähigkeiten unersetzlich und unwiederholbar waren, desto selbstbewußter durfte er auftreten und seine künstlerischen Vorstellungen durchsetzen.

Hofkünstler waren damit keinesfalls jene servilen Lakaien und abhängigen Sklaven, als die sie im 19. Jahrhundert häufig geschildert wurden. Vielmehr stellten gerade die Höfe der frühen Neuzeit, wie der Kunsthistoriker Martin Warnke argumentiert, neben aller Instrumentalisierung auch Orte künstlerischer Emanzipation dar. Ihr Repräsentationsbedarf verhalf dem Künstler zu einer privilegierten Stellung; seine Nähe zum Herrscher sowie die Achtung, die der Kunst seitens ihrer Auftraggeber zuteil wurde, schlugen sich im Bild des Künstlers als einer herausgehobenen, höheren Bestimmungen verpflichteten Persönlichkeit nieder. Daß der Künstler seine Rolle als Handwerker endgültig ablegte und eine Aura des Außergewöhnlichen erwarb, war vor allem das Verdienst der Höfe. Sie riefen darüber hinaus auch jene Institutionen ins Leben, die die künstlerische Sondersphäre organisatorisch absicherten und abgrenzten. Dazu gehörten Ausbildungsstipendien für den Nachwuchs, der Austausch von Künstlern und Kunstwerken zwischen den europäischen Höfen, die Einrichtung von Akademien.

Die neue Kunstauffassung: Klassik und Romantik

Wie privilegiert Künstler waren, die die Gunst des Hofes genossen und von seinen Aufträgen lebten, beschreibt ein Gedichtzyklus Goethes aus den Jahren 1773/74 und 1788. Das erste Gedicht *Des Künstlers Erdewallen* stellt einen Maler vor, der den Unterhalt seiner Familie durch bestellte Porträts bestreitet und von seinen törichten, ungebildeten Klienten gedemütigt wird. Seine Erfüllung als Künstler findet er in der Arbeit an einem Bildnis der Venus Urania, Sinnbild der Freundschaft und geistigen Liebe. Hier kann er seiner Phantasie, seinen Eingebungen freien Lauf lassen; in ihm »versunken / Fühl' ich mich selig an allen Sinnen trunken«. Erst nach seinem Tod jedoch wird ihm, wie das Gedicht *Künstlers Apotheose* weiter ausführt, die Genugtuung zuteil, daß dieses Bild von einem kunstliebenden Fürsten gekauft und in einer prächtigen Gemäldegalerie ausgestellt wird. Von der Muse an den Schauplatz seiner Ehre geführt, kann er darüber gleichwohl keine ungetrübte Freude empfinden: »Was hilft's, o Freundin, mir, zu wissen, / Daß man mich nun bezahlet und verehrt? / O hätt' ich manchmal nur das Gold besessen, / Das diesen Rahm jetzt übermäßig schmückt! / Mit Weib und Kind mich herzlich satt zu essen, / War ich zufrieden und beglückt. / Ein Freund, der sich mit mir ergetzte, / Ein Fürst, der die Talente schätzte, / Sie haben leider mir gefehlt.«

Auch Goethe selber erfreute sich der Gunst eines Fürsten, der seine Talente schätzte und großzügig honorierte. Seit 1775 stand er im Dienst des Weimarer Herzogs; daß er sich dadurch in seiner künstlerischen Entwicklung eingeschränkt gefühlt hätte, ist nicht bezeugt. Im Gegenteil: Verglichen mit anderen Dichtern, Schriftstellern, Malern oder Musikern, die sich ohne höfische Anstellung oder fürstliche Mäzene auf dem »freien Markt« bewähren mußten, erging es ihm geradezu paradiesisch. Sein Dienstherr und Gönner ließ ihm in künstlerischen Dingen volle Handlungsfreiheit und brachte dem nicht zuletzt von Goethe selber verfochtenen Geniegedanken großes Verständnis entgegen.

Das künstlerische Genie im Sinn der Stürmer und Dränger, aber auch der nachfolgenden Klassik brach radikal mit den Gepflogenheiten und Gewißheiten der älteren Kunstauffassung. Nicht »die Verschönerung der Dinge«, so Goethe 1772, sondern »Nachahmung der Natur« sei die Maxime, unter der wahre Kunst entstehe. Diese Natur gelte es in ihrer inneren Form zu erfassen; dies aber könne nicht durch die sture Anwendung von Regeln geschehen, sondern durch die vernunftbegabte Imagination des künstlerischen Genies. Letzteres zeichne sich durch »schaffende Kraft« aus, durch die Fähigkeit, einem Gegenstand der Natur »das Bedeutende, Charakteristische, Interessante« abzugewinnen und ihm einen »höhern Wert« beizulegen.

Kunst war damit selber Schöpfung, »andere Natur«, mit menschlichem Verstand begabt. Die »Kunstwahrheit«, der sich das Genie verpflichtet hatte, stand gegen die »Naturwirklichkeit«, die als naiv verworfen wurde. Der Künstler war berufen, diese höhere, durchgebildete, durchdachte Wahrheit in vollendeter Harmonie und Ordnung hervorzubringen und seinem Publikum mitzuteilen. Sein Werk befriedigte nicht nur die »sinnliche Anschauung«, sondern erhob »den Geist in seine höchsten Regionen«; »es fesselt die Gefühle und die Einbildungskraft; es nimmt uns unsre Willkür: wir können mit dem Vollkommenen nicht schalten und walten, wie wir wollen, wir sind genötigt, uns ihm hinzugeben, um uns selbst von ihm, erhöht und verbessert, wieder zu erhalten«.

Diese Sprache ist, kaum verhüllt, eine religiöse. Kunst im Sinn der Klassik verheißt Erlösung, Katharsis, Erhebung. Sie ist, wie Goethe später in seinen *Maximen und Reflexionen* notierte, »eine Vermittlerin des Unaussprechlichen« und vereinigt sich »gern mit der Religion«. Sie ruht geradezu »auf einer Art religiösem Sinn, auf einem tiefen, unerschütterlichen Ernst«. Ihr geht es um die Deutung und Überwindung des irdischen Lebens; sie interpretiert die Beziehung des Menschen zur Welt und verleiht ihr höhere Weihen. Damit kann Kunst sich gewissermaßen als neue Religion oder als Religionsersatz profilieren: Sie versetzt den Kunstfreund in eine Sphäre der Vollkommenheit und Erhabenheit, der er sich in anbetender Verehrung hingeben und in der er sich von den Beschwernissen der eigenen Existenz erlöst wähnen kann.

Diese Sinngebung der Kunst entstand nicht zufällig in einem Zeitalter, dessen aufgeklärte Köpfe sich von Religion und Kirche zunehmend distanzierten. Je weniger man sich im Zeichen des entmystifizierenden Vernunftglaubens auf die Deutungen und Tröstungen der Religion verlassen mochte, desto wichtiger wurde die Kunst. Aber auch Menschen, die der Religion nicht den Rücken kehrten oder die zu ihr zurückfanden, schätzten das Reich der Kunst als eine Gegenwelt, als ein Refugium der Phantasie und Sinnlichkeit. All das, was in den »bürgerlichen Verhältnissen« des Alltags zu kurz kam oder gar ausgeschlossen wurde, durfte sich in dieser Gegenwelt ausbilden: Chaos, Verwirrung, Traum, Wildheit, Leidenschaft, Mysterien, Gelassenheit, Müßiggang. Der bürgerliche Mensch, der, wie Friedrich Schlegel 1799 schrieb, »zur Maschine gezimmert und gedrechselt« worden war und sich »aus einer menschlichen Person in eine *Figur* verwandelt hat«, konnte hier, im unendlichen Universum der Kunst, ein Gegengewicht finden und seine innere Harmonie erhalten.

Die romantische Kunstauffassung, wie sie unter anderem von Schlegel formuliert und verbreitet wurde, brach nicht nur mit den aufklärerischen Konzepten von Nützlichkeit und Rationalität, sie verabschiedete sich auch von den Idealen der Klassik. War es letzterer darum zu tun gewesen, die Zerrissenheit des modernen Menschen – zwischen Individuum und Gesellschaft, Ich und Welt, Gefühl und Verstand, Sein und Haben – harmonisch auszugleichen und zu kitten, legte es die Romantik darauf an, diese mühsam errungene Harmonie aufzusprengen. Sie setzte, wie in Schlegels Roman *Lucinde* (1799) ausgeführt, das »Chaos des inneren Lebens« gegen die äußere Ordnung, Traum gegen Wirklichkeit, »romantische Verwirrung« gegen »würdigen Stil«. Sie hob das Unbewußte, Träumerische, Mysteriöse, das nur Gefühlte hervor und machte es kunstfähig. Dabei erschlossen sich dem kunstsinnigen Subjekt nicht nur die Lichtseiten menschlicher Existenz, sondern auch ihre Schattenlinien: das Dämonische, Alptraumhafte, Dunkle, Gefährliche.

Der »klassische« Goethe empfand die romantische Kunst samt ihrer Theorie als Rückschritt und unklare Zauberei. »Klassisch ist das Gesunde, romantisch das Kranke«, kommentierte er knapp. Dennoch fand er bei seinen Zeitgenossen kein Gehör: Seine Kunstzeitschrift *Propyläen*, an der auch Friedrich Schiller mitarbeitete, brachte es nur auf sechs Hefte und ging bereits 1800 ein. Die romantische Strömung war stärker und rekrutierte sowohl in der Malerei als auch – vor allem – in Musik und Dichtung talentierte Jünger. Auch wenn sich manche Romantiker im weiteren Lebensverlauf von Überschwenglichkeiten der Jugendzeit distanzierten und neue Bindungen an Tradition, Volk und Religion proklamierten, blieb doch die frühe Botschaft lebendig: Kunst schafft eine andere Welt als die der »prosaischen Verhältnisse«, sie entgrenzt die Subjektivität, läßt ihr freien Lauf, sie erschließt ein Reich der Phantasie und des Gefühls, in dem der entfremdete Mensch seine Entzweiung überwindet und die Ganzheitlichkeit seiner Sinne erfährt.

Herr dieses Erfahrungsraumes ist der romantische Künstler selber, eine Mischung aus Intellektuellem und Magier. Er ist derjenige, der gottgleich Erlösung verspricht, sofern das Publikum sich ihm ungeteilt und willig überläßt. In dieser Sicht des Künstlers treffen sich Klassik und Romantik; auch Goethe spricht vom Künstler als dem »Gesalbten Gottes«, vor dem man sich verbeugt und den man anbetet. Der Künstler ist der höchste Mensch, seine Lebensform eine besondere und herausgehobene. Die Kunst bestimmt sein ganzes Dasein, ihr muß er nachleben, ohne Kompromisse und Zugeständnisse an die bürgerliche Wirklichkeit.

Der Künstler und seine (Um-)Welt

Der Künstler war ein Berufener – oder, wie es in Novalis' *Heinrich von Ofterdingen* (1802) hieß: »Heinrich war von Natur zum Dichter geboren.« Um Dichter, Künstler zu sein, bedurfte es aber nicht nur angeborener Talente und Empfindungen. Man mußte sich zum Künstler *bilden*: durch Reisen, Gespräche, Introspektion, Reflexion. Die besten Anlagen waren nichts wert, wenn sie nicht in einem meist mühsamen Prozeß bewußter Aneignung und Prüfung geweckt wurden. Es galt, um noch einmal Novalis zu zitieren, »die blöden Lippen aufzuschließen, und den einfachen Akkord in unendliche Melodien zu entfalten«.

Dieser Bildungsprozeß, der voller Anfechtungen, Gefährdungen und Mißerfolge sein konnte, wurde von den Künstlern selber immer wieder dargestellt und in Szene gesetzt. Dem Aufstieg des modernen Künstlers entsprach das neue Genre des Künstlergedichts, des Künstlerromans, der Künstlererzählung. Vor allem die Romantiker taten sich auf diesem Gebiet hervor. In Schlegels *Lucinde* waren beide Hauptfiguren, Julius und Lucinde, Künstler, er Dichter und sie Malerin. Beide schufen nicht nur Poesie und Bilder, sondern verwandelten auch ihr Leben in ein »Kunstwerk«. Nach langen Jahren irrenden Suchens ganz sich selber und der Liebe lebend – Liebe und Kunst sind in der Romantik eng verwoben –, gleichwohl die Kunst der Geselligkeit pflegend, existierte das Künstlerpaar fernab der bürgerlichen Welt (»auf dem Lande«), ohne Beziehung zu den Notwendigkeiten des Gelderwerbs und der eigenen Vermarktung.

Anders erging es dem Hofkapellmeister Kreisler, einer Lieblingsfigur E. T. A. Hoffmanns. Kreisler alias Hoffmann war durch die politischen Wirren der napoleonischen Zeit aus seiner Beamtenlaufbahn geworfen und hatte sich auf seine alte Liebe zur Kunst besonnen. Als Kapellmeister fristete er fortan ein mehr oder minder unglückliches Leben, unverstanden vom Publikum, das Kunst lediglich als Amüsement, als leichte und folgenlose Unterhaltung zu schätzen bereit war. Er beklagte sich über die geringe Ehrerbietung, die dem Künstler zuteil werde, über seine Behandlung als »untergeordnetes Subjekt«, das nichts Nützliches, sondern nur Angenehm-Überflüssiges hervorbringe. Ironisch-sarkastisch kommentierte er die Ignoranz der Kaufleute und Beamten, die den auf seinem unbedingten Künstlertum beharrenden Musiker als Wahnsinnigen und Toren abqualifizierten. Die höhere Botschaft der Kunst, so Kreisler-

Hoffmann, werde nicht verstanden, ihr Angebot, den Menschen »aus dem törichten Tun und Treiben des gemeinen Lebens in den Isistempel (zu führen), wo die Natur in heiligen, nie gehörten und doch verständlichen Lauten mit ihm spräche«, nicht angenommen. Vom »Genius der Musik«, der »romantischsten aller Künste«, wolle man nichts wissen; anstatt ihren »Zauber«, ihre »magische Kraft« zu begreifen und sich »der verführerischen Lockung des Fantastischen hinzugeben«, bevorzuge der »musikalische Pöbel« Kompositionen, »die sich gehörig in Schranken halten und eine angenehme Melodie nach der andern folgen lassen, ohne zu toben oder sich in allerlei kontrapunktischen Gängen und Auflösungen närrisch zu gebärden«.

Diese Publikumsbeschimpfung eines romantischen Musikers und Dichters stammt aus den Jahren 1810 bis 1813. Sie nimmt Erfahrungen auf, die Hoffmann selber in dieser Zeit sammelte. Der preußische Jurist, der seine Beamtenstellung 1806, nach der preußischen Niederlage gegen Napoleon, verloren hatte und sie erst acht Jahre später wiedererlangte, war zwischen 1808 und 1812 als Komponist, Maler und Kapellmeister am Bamberger Theater tätig gewesen und scheint am vorherrschenden bürgerlichen Kunstverständnis gelitten zu haben. Bezieht man allerdings seine späteren Erlebnisse ein, wirken die Leidensschilderung und die daran geknüpfte scharfe Kritik am »musikalischen Pöbel« voreilig und maßlos überzogen. Hoffmann, der 1822 starb, war in seinen letzten Lebensjahren mitnichten jener verkannte und verfemte Künstler, als den er sich bzw. sein Alter ego Johannes Kreisler porträtiert hatte. Seine 1816 im Königlichen Schauspielhaus zu Berlin uraufgeführte Oper *Undine* fand beim Publikum freundliche Aufnahme, und auch seine literarischen Werke waren bereits unter Zeitgenossen überaus erfolgreich.

Hatte sich das Publikum in der Zwischenzeit verändert? War es kunstsinniger, hingebungsvoller, anbetender geworden? Oder litt nicht vielmehr der Künstler unter kognitiver Dissonanz? Arbeitete er mit einem Bild des Publikums, das ihm selber die Rolle des Unerkannten, ja des Märtyrers zuwies? Schon in Goethes Künstlergedichten war dieses Doppelbild aufgetaucht: Das ignorant-hochmütige Publikum demütigte das Genie, das erst posthum Ruhm und Anerkennung fand. Die Wirkung dieser Topoi war gleichsam vorprogrammiert – das Genialische des Künstlers, der sich allen materiellen und ideellen Widerständen zum Trotz seiner Kunst verschrieb und seinen Weg fortsetzte, trat um so deutlicher hervor. Seine Idealität kontrastierte aufs großartigste mit dem kruden Pragmatismus und Nützlichkeitsdenken seiner Umwelt; seine unbedingte, radikale Haltung hob ihn weit über die vielfach verbogenen Gestalten heraus, die die bürgerliche Gesellschaft bevölkerten. Er selber und seine Kunst bewahrten sich auf diese Weise den Ruf des Außergewöhnlichen, des der normalen irdischen Sphäre Entrückten und über sie Erhabenen.

Dieses Selbst- (und Fremd-)Bild war bereits von den Hofkünstlern der ständischen Gesellschaft vorbereitet und genährt worden. Hinzu kam nun, in der Phase des Umbruchs, die Idee der Freiheit, und zwar im doppelten Sinn: Der moderne Künstler der bürgerlichen Gesellschaft betonte seine intellektuelle Ungebundenheit, seine Freiheit »im Geiste«, seine Freiheit, die Werke zu schaffen, die er aus seinem Inneren hervorbringen wollte und mußte. Zugleich war er aber auch frei von materieller Unterstützung und Zuwendung, frei von verbürgter Anerkennung und Ehrenbezeigungen. Damit gewann die Außenseiterposition, die schon im Ancien régime begründet worden war, eine neue Komponente hinzu. Der Künstler des bürgerlichen Zeitalters war und blieb ein Sonderwesen, beanspruchte eine Sonderrolle und trieb vielerlei Aufwand, diese Rolle zu modellieren und zu legitimieren.

Prinzipiell kann man drei Modelle unterscheiden: Zunächst das – bereits vorgestellte – Bild des Künstlers als verkanntes und verfemtes Genie, das sich seiner Kunst zum Opfer bringt. Dieses Genie bleibt einsam und heroisch, von der Gesellschaft unverstanden und abgelehnt. Seine Absicht, die Mitmenschen ihr »höheres Prinzip ahnen« zu lassen, wie Hoffmann es formulierte, läuft ins Leere. Er stirbt mittellos und wird – vielleicht – erst posthum geehrt. Ein zweites Modell plaziert den Künstler in einer kleinen Gemeinde von Eingeweihten, die sein Genie erkennen und sich vor ihm beugen. Selbst wenn die Gesellschaft, die Nation in ihrer Gesamtheit noch fernsteht (und womöglich auch immer fernstehen muß, da sie die hohe Botschaft nicht erreichen kann), verschafft der Kreis der Jünger und Pilger dem Künstler einen lebenswichtigen Resonanz- und Wirkungsraum. Damit wird der elitäre Gestus der Kunst gewahrt, die existentielle Einsamkeit der Künstlerpersönlichkeit gleichwohl gemindert und in der Gemeinschaft von Auserwählten aufgehoben. Das dritte Modell schließlich konstruiert den Künstler als Fürsten, der von seinen Untertanen gottgleich angebetet, umschwärmt und gerühmt wird. Hier hat die Kommunikation zwischen Genie und Publikum funktioniert: Das Publikum zeigt sich reif und empfänglich für die Kunde, die das

Genie mitzuteilen hat. Es liegt ihm zu Füßen, reißt sich um seine Werke, schmückt sich mit seiner Bekanntschaft. Der Künstler ist gewissermaßen eins mit der Gesellschaft; zugleich aber bewahrt er seine herausgehobene Position, seinen Status als Sonderwesen.

Mäzene

Alle drei Modelle – und diverse Zwischenstufen – wurden im 19. Jahrhundert praktiziert. Aber auch das alte Modell des Hofkünstlers lebte, wenngleich in abgewandelter Form, weiter – obwohl es am Anfang der Epoche mit großem Aplomb zu Grabe getragen worden war. Als 1789 die Revolution in Frankreich ausbrach, wurde der höfische Kunstbetrieb einer vernichtenden Kritik unterzogen. Der Ausschuß für öffentliche Arbeiten appellierte 1793 an die »republikanischen Künstler«, zur »geistig-moralischen Gesundung« der Öffentlichkeit beizutragen und ihre »frühere Niedrigkeit zu sühnen«. »Zu lange Zeit haben die prostituierten Künste dem Despotismus gedient, sie nannten sich ›Freie Künste‹, obwohl das Siegel des Sklaventums auf all ihre Erzeugnisse geprägt war.« Die höfische Kunstorganisation wurde hier effektvoll als Mißbrauch künstlerischer Talente und Tugenden interpretiert, als despotische Unterdrückungs- und Manipulationsmaschinerie. Die neue Zeit, dessen war man gewiß, würde Künsten und Künstlern die wahre Freiheit bringen. Der Künstler sollte nicht mehr Hofschranze sein, sondern freier Mensch. »Heute«, verkündete eine Künstlerversammlung 1790, könnten Künstler »auf Mäzene verzichten: Die Bedürfnisse einer gebildeten Nation genügen, ihnen Bewegung und Lebendigkeit zu erhalten.«

Diese Prognose erwies sich als voreilig. Auch das neue Jahrhundert, das in der Rückschau oft das bürgerliche genannt wurde, kannte die Beziehung zwischen dem Künstler und seinem Mäzen. Oft genug war letzterer identisch mit dem oben verteufelten monarchischen Despoten; immer häufiger aber rückten auch Privatleute, wohlhabende Bürger in diese Rolle ein. Kaum ein Künstler kam ohne die Unterstützung eines ihm wohlwollenden Gönners aus; die »Bedürfnisse der gebildeten Nation«, auf dem freien Kunstmarkt vermittelt, reichten in der Regel nicht aus, seine Bedürfnisse nach einem bürgerlichen Lebensstandard zu befriedigen. Selbst Künstler, die ihre Werke erfolgreich vermarkteten, empfanden die Unterstützung eines Mäzens nicht als ehrenrührig, sondern als willkommene Bereicherung.

Dazu gehörte etwa Ludwig Tieck, der romantische Dichter. 1773 geboren, genoß er seit 1802 mit seiner Familie Gastrecht auf einem prächtigen märkischen Adelssitz. Der Besitzer, ein kunstsinniger Graf, hatte den Ehrgeiz, sein Schloß zu einem Treffpunkt der Schöngeister zu machen; er ließ seine musikbegabten Töchter künstlerisch ausbilden und übte sich selber als Rezitator des Nibelungenepos. Nach seinem Tod 1819 zog die Familie Tieck nach Dresden, vergrößert durch die Grafentochter Henriette, die Tieck nicht nur ihre Liebe, sondern auch ein Vermögen von 25000 Talern schenkte. 1841 schließlich lockte der preußische König den »König der Romantik« nach Berlin: mit einer jährlichen Pension von 1000 Talern, einem Sekretär, einem Diener, einer Sommerwohnung in Sanssouci und einer Stadtwohnung in der Friedrichstraße. Obwohl dem Dichter seine Arbeiten als Schriftsteller, Übersetzer und Herausgeber viel Geld einbrachten, reichte es nicht aus, seinen aufwendigen, ja luxuriösen Lebensstil zu finanzieren. Adlige und königliche Mäzene waren ihm daher hochwillkommen.

Von Goethes Anstellung am Hof zu Weimar war schon die Rede; allerdings wäre es verfehlt, Herzog Karl August als des Dichters Mäzen zu bezeichnen. Immerhin wurde Goethe nicht vom Hof ausgehalten, sondern für seine amtlichen Tätigkeiten – als Theaterdirektor, aber auch als Verwalter des Berg- und Wegebaus sowie schließlich als Staatsminister – bezahlt. Dagegen führte der 1802 geborene Maler Wilhelm von Kügelgen das klassische Leben eines Hofkünstlers: 1833 wurde er vom Herzog von Anhalt-Bernburg als Hofmaler engagiert, mußte Porträtaufträge ausführen und bei Hofe erscheinen – zum Essen, bei Theateraufführungen, zum Vorlesen und Spazierengehen. Auch Wilhelms Vater Gerhard war eine Zeitlang Hofmaler gewesen, in Sankt Petersburg. Als auch im baltischen Adel gefragter Porträtist und Zeichner erwarb er sich mit den Jahren ein ansehnliches Vermögen, das es ihm 1804 erlaubte, den Dienst am Zarenhof zu verlassen und sich in Dresden als freier Künstler niederzulassen. Seinem Bruder Karl, ebenfalls Maler, schrieb er 1805: »Daß ich keine Porträts mehr malen muß und mein Genius sich ohne allen Widerstand seinen Launen überlassen darf, ist ein zu lang ersehntes und zu lang entbehrtes Glück.« Die Zinsen seines Vermögens gewährten ihm eine Unabhängigkeit, »in welcher ich allein dem idealeren Kunststreben leben kann«. Doch obwohl er viele seiner »idealen« Bilder verkaufen konnte, daneben Unterricht gab und 1815 mit einem Jahresgehalt von 200 Talern als Professor in die Dresdner Akademie aufgenommen wurde, sah er sich immer wieder gezwungen, den Lebensunterhalt seiner großen Familie durch Auftragsarbeiten aufzubessern. 1817 etwa verbrachte er mehrere Monate in Berlin, wo ihm »die ganze große und schöne Welt« Porträt saß. Diese Tätigkeit, die ihm gut honoriert wurde, empfand er als demütigend: »Ich leide oft unaussprechlich … Was mich oft jammert, sind die Ideen, welche mit so viel Liebe in meinem Herzen aufsteigen, um von mir Dasein und Gestalt zu empfangen, und die ich dann wieder grausam hinabstoßen muß. Es ist traurig, wenn man im Publikum so verkäuflich dasteht wie ein Porträtmaler.« Angesichts dessen träumte er immer wieder von einem Mäzen, der die Maler-Brüder unterstützte: »Könnten wir nur unser Wesen miteinander treiben und wären vor Nahrungssorgen gesichert! Eine neue Kunstwelt sollte wahrlich aufleben, wenn ein kluger Fürst dem Zwillingspaar einen würdigen Wirkungskreis erlaubte!«

Offenbar schwebte Kügelgen eine Art königlicher Dauerapanage vor, die ihn aller materiellen Nöte enthob und ihm zugleich volle Freiheit bei der Ausführung »eigener Kompositionen« ließ. Nach einer solchen Existenzform sehnten sich viele Künstler, doch gelang es nur den wenigsten, sie zu verwirklichen. Einer davon war Hans von Marées (1837–1887), der in dem Dresdener Industriellen Konrad Fiedler einen großzügigen Freund und Mäzen fand. Fast zwei Jahrzehnte lang förderte Fiedler den Maler durch finanzielle Zuwendungen, die es diesem erlaubten, sich in Italien niederzulassen und ohne Erwerbssorgen ganz seiner Kunst zu leben. Der Industrielle verlangte keine Gegenleistung; er vertraute, selber künstlerisch bewandert und kunsttheoretisch geschult, auf das Genie des Freundes und investierte gewissermaßen in die Zukunft. 1880 jedoch, nachdem er zehn Jahre lang kein fertiges Bild Marées' zu Gesicht bekommen hatte, beschlichen ihn Zweifel. Vorsichtig fragte er an, ob der Maler nicht doch einmal ein Gemälde vollenden könnte – und bekam prompt eine patzige Antwort. Trotzdem zahlte er weiter und hielt sich an die eingegangene Verpflichtung, auch wenn er den persönlichen Kontakt zu Marées abbrach.

Immer auf der Suche nach wohlhabenden Gönnern war auch Richard Wagner. Zwar verdiente er nicht schlecht als Magdeburger und Königsberger Musikdirektor oder als Kapellmeister in Riga und Dresden. Doch da er sich einen luxuriösen Lebensstil leistete und stets weit über seine Verhältnisse lebte, reichte das Gehalt nie aus – zumal die festen Anstellungen nicht von langer Dauer waren. Die Gläubiger auf den Fersen, zog Wagner von Stadt zu Stadt, von Land zu Land, dirigierte hier, kopierte dort und komponierte, wann und wo immer er konnte. Er umschmeichelte Theater- und Operndirektoren, warb um die Gunst und Fürsprache berühmter Sängerinnen, schrieb Gesuche an Fürsten und bat um die Aufführung seiner Opern. Er suchte die Bekanntschaft einflußreicher Honoratioren – und ihrer Frauen, die ihn nicht nur umschwärmten, sondern ihn auch weiterempfahlen, Unterstützung organisierten und finanzielle Zuwendungen vermittelten. Eine Dresdner Gönnerin setzte ihm 1851 eine jährliche Rente von 800 Talern aus; ein Jahr später lernte Wagner in Zürich Mathilde und Otto Wesendonck kennen, die ihn nach Kräften protegierten. In den 1860er Jahren nahm seine Berühmtheit zu, Verleger boten hohe Summen für seine Partituren. Konzertreisen in zahlreiche europäische Hauptstädte brachten viel Geld ein. Dennoch war immer zu wenig da, in Wien schließlich drohte die Schuldhaft. In dieser Situation berief der 18jährige Bayernkönig Ludwig den Künstler nach München, tilgte seine Schulden, mietete ihm ein Haus und beauftragte ihn offiziell, den *Ring des Nibelungen* zu vollenden. Wagner empfand dies als wundersame Fügung und bezeichnete Ludwig emphatisch als denjenigen, »den das Schicksal mir bestimmt hatte, meinem Streben und Wirken weit über die Dauer meines Lebens hinaus Kraft und Erfolg zu geben«. Der fürstliche Mäzen hielt seinem Protegé wider alle politischen und gesellschaftlichen Anfechtungen die Treue, finanzierte seinen Lebensunterhalt und setzte seine Opern auf den Spielplan des Münchner Hoftheaters. Außerdem unterstützte er den Bau des Bayreuther Festspielhauses mit einem großzügigen Kredit und schenkte Wagner 25 000 Taler für sein privates Domizil auf dem Hügel. Der Künstler revanchierte sich mit speziellen Kompositionen zur Huldigung des Königs.

Kunstvereine und Kunstmarkt

Je berühmter Wagner wurde, desto reichlicher flossen die Quellen finanzieller Unterstützung und Förderung. In vielen Städten bildeten sich seit den 1870er Jahren Wagner-Vereine; sie organisierten Konzerte und andere Aktionen, deren Erlös sie Wagner für seine Bayreuther Festspielprojekte zur Verfügung stellten. Diese Vereine, denen überwiegend Männer und Frauen des gebildeten Bürgertums angehörten, standen in der Tradition der Kunstvereine, unterschieden sich von ihnen aber durch die Konzentration auf einen einzelnen Künstler. Dagegen hatten sich die Kunstvereine, die seit Beginn des Jahrhunderts in vielen europäischen Städten entstanden waren, dem Prinzip der Streuung verpflichtet. Den in ihnen organisierten Rechtsanwälten, Beamten, Offizieren, Kaufleuten und Künstlern ging es darum, der bildenden Kunst ein öffentliches Forum zu schaffen. Sie veranstalteten regelmäßige Ausstellungen und bemühten sich darum, die kaufkräftigen Mittelschichten für zeitgenössische Kunstwerke zu interessieren. 1865 gab es in Europa insgesamt 203 solcher Kunstvereine, davon 54 allein in den deutschen Staaten. Sie waren vor allem für diejenigen Maler, die nicht zur Creme ihres Berufsstandes gehörten, wichtig und nützlich, verschafften sie ihnen doch Aufträge und soziale Anerkennung. Selbst ein arrivierter Künstler wie Ludwig Richter konnte nicht umhin, »ein Loblied auf diese Vereine anzustimmen. Sie haben in weiten Kreisen ein Publikum herangebildet, welches der Kunst, in ihren verschiedensten Richtungen lebendigen Anteil und vielfach ein feines Verständnis entgegenbringt, während ein solches früher gar nicht vorhanden war. Wie viele Talente sind jämmerlich zugrunde gegangen aus Mangel an jeglichem Auftrag.«

Wenn Richter von »früher« sprach, meinte er die 1820er Jahre – eine Zeit, wie er sich zu erinnern glaubte, ohne verständiges Kunstpublikum und ohne bürgerlichen Kunstmarkt. 1884, als Richter starb, hatte sich die Szene gründlich verändert. Das Bürgertum hatte sich als willige und solvente Käuferschicht herausgestellt; für seine Angehörigen gehörte es zum guten Ton, einem Kunstverein beizutreten, Bilder zu erwerben, daneben selbstverständlich schöne Literatur zu konsumieren und Konzerte sowie Theateraufführungen zu besuchen. Das kulturelle Leben des Kaiserreichs, auf verschiedene Städte – Berlin, München, Düsseldorf, Hamburg u. a. – verteilt, zeigte eine enorme Vielfalt und fand sowohl im »hohen« Bereich ernsthaften Kunstschaffens als auch im »niederen« Feld des Amüsements begierige Zuschauer und Zuhörer.

Die zunehmende Kunstbeflissenheit des Bürgertums verdankte sich dabei nicht nur dem besser gefüllten Geldbeutel. Zwar war der Wohlstand bürgerlicher Familien gegenüber der ersten Jahrhunderthälfte zweifellos gestiegen, so daß es sich immer mehr Menschen leisten konnten, immer größere Summen für Kunst und Kultur auszugeben. Daß sie es aber auch taten, lag vor allem daran, daß Kunst im bürgerlichen Wertekosmos an Bedeutung gewann. Dazu trugen nicht unwesentlich die neuen Vermittlermedien bei: Kunst- und Familienzeitschriften, Kunsthistoriker und Kunstkritiker. In allen europäischen Ländern und den USA bildete sich seit dem frühen 19. Jahrhundert ein solches Netz des literarischen Kunsttransfers heraus: Kunstwerke wurden geschildert und analysiert, Künstlerbiographien verfaßt, Künstlerromane geschrieben. Bevor Bürger eine Ausstellung besuchten, eine Oper hörten oder ein Theaterstück anschauten, hatten sie bereits darüber gelesen.

Was der wachsenden Zahl von Rezensenten, Kunstkritikern und Kunsthistorikern lieb war, traf bei vielen Künstlern auf Ablehnung. Sie tadelten die »Unkultur« des Publikums, das sich nur aufs Lesen, nicht aufs Sehen verstehe: »Wir müssen wieder mit den Augen sehen lernen«, betonte der Maler Max Liebermann 1897. Die verbreitete Neigung, sich beim Kunstgenuß von kunsthistorischen Handbüchern und Kritiken leiten zu lassen, war vor allem jenen bildenden Künstlern ein Dorn im Auge, die innovativ sein wollten und eingeschliffene Sehweisen durchkreuzten. Sie wünschten sich ein Publikum, das unverbildet schauen und das Neue wahrnehmen konnte. Dabei standen ihnen die kanonisierten Gewißheiten der akademischen Kunstgeschichte häufig im Wege. Trotzdem fanden auch sie ihre Abnehmer und Verehrer, vor allem durch die Vermittlung des modernen Kunsthandels. Seit dem Ende des 19. Jahrhunderts machten immer mehr Galerien auf, die sich der Unterstützung und Vermarktung avantgardistischer Künstler widmeten und ihre Werke an solvente Sammler weiterleiteten. »Bei den führenden Kunsthandlungen«, beobachtete ein Münchner Kenner 1909, bestehe »ein gewisser Wettstreit bezüglich der Heranziehung gerade junger und neuer Talente«.

Daß innovative Künstler institutionell ausgegrenzt wurden und mit einem Bein im Armenhaus standen, war nur selten der Fall. Sicher gab es viele Maler, Schriftsteller, Musiker, die ein eher kümmerliches Leben führten. Nur wenige schafften es, die Spitze der Einkommens- und Anerkennungspyramide zu erklimmen. Nur eine Handvoll lebte in Villen, hielt sich livrierte Dienstboten, verfügte über Stadt- und Landsitze und verkehrte mit den Mächtigen. In München gehörte Franz Lenbach, der 1882 geadelt wurde, zu dieser Crème de la Crème. Seine großformatigen, altmeisterlichen Porträts deutscher Gründerzeit-Helden – Bismarck, Moltke, Wilhelm I. – zogen Porträtaufträge der Hocharistokratie und des Großbürgertums nach sich. Eine geschickte Marketingstrategie, überaus vorteilhafte Heiraten und ausgeprägte gesellschaftliche Fähigkeiten rundeten den Erfolg als »Malerfürst« ab. Seit den 1890er Jahren residierte der Fürst in einer opulent ausgestatteten Villa in bester Münchner Wohnlage, in unmittelbarer Nachbarschaft zu den Propyläen. Außerdem verfügte er über ein Landhaus am Starnberger See.

Solche »Malerfürsten« gab es gegen Ende des 19. Jahrhunderts in allen Ländern: In Wien hielt Hans Makart Hof, in London Frederick Leighton, in Paris Léon Bonnat und Alfred Stevens. Zu ihnen pilgerte *le beau monde*, die Reichen, Schönen und Mächtigen. Aber selbstverständlich bildeten sie nur eine verschwindend kleine Minderheit in der Künstlergemeinde. Je schneller die Zahl der Künstler wuchs, desto schwieriger wurde es für die meisten, einen auskömmliches bürgerlichen Lebensstandard zu halten. Allein in Deutschland stieg die Zahl der Maler und Bildhauer zwischen 1895 und 1907 von 8890 auf 14000. In Großbritannien lebten 1891 fast doppelt so viele Musiker wie Bankangestellte. Der ungeheure Zustrom zu den künstlerischen Berufen, der auf die Bedeutungssteigerung des Kunstbetriebs reagierte, wurde nur zum Teil von neuen Organisationen des Kunstmarketings und den expandierenden Branchen des Kunstgewerbes, der Photographie, der Zeitschriftenillustration und der reprographischen Industrie aufgesogen. Auch wenn der Kunstmarkt deutlich expandierte und das Kunstinteresse allgemein zunahm, reichte das alles nicht aus, Legionen von Künstlern in Arbeit und Brot zu setzen.

Carl Spitzwegs *Bettelmusikant*, um 1884 gemalt, oder Émile Zolas Romanfigur Claude Lantier (aus *L'Œuvre*, 1886), der als verarmter Maler den Freitod wählte, fanden deshalb sicherlich ihre Entsprechungen in der sozialen Wirklichkeit dieser Zeit. Sie markierten den unteren Sockel der Künstlerpyramide, deren Spitzengestalten – Richard Wagner oder Édouard Manet – im Kontrast dazu um so auffälliger hervorstachen. Zwischen diesen beiden Extremen allerdings siedelte sich eine breite Schicht mittlerer Existenzen an, deren Einkommen und sozialer Status durchaus bürgerliches Niveau erreichten. Es gab eben nicht nur den Bettelmusikanten und den großen Meister, sondern auch – und zahlenmäßig weitaus eindrucksvoller – den Künstler mit auskömmlicher bis wohlhabender Lebensführung, der den Vergleich mit dem übrigen Bürgertum nicht zu scheuen brauchte.

In das von Literaten, Chronisten und Künstlern selber geprägte und von Kunsthistorikern eilfertig popularisierte Bild des verkannten Malers oder Komponisten, der seine bahnbrechenden Werke nicht verkaufen kann und den Hungertod stirbt, paßte diese bürgerliche Mittelschicht zweifellos nicht hinein. Statt dessen kultivierte man die Außenseiterrolle des Künstlers, die sich in der Figur des un- und antibürgerlichen Bohemiens überaus erfolgreich und nachhaltig verkörpern konnte. Der Künstler als Bohemien: Seit der Mitte des 19. Jahrhunderts kursierte dieser Topos in der europäischen Kulturwelt und -geschichte. Eng gebunden an den Geniekult, entwarf er das Bild des schöpferischen Helden, dem es nicht zuzumuten war, sich auf die irdisch-bürgerlichen Verhältnisse einzulassen. Er nahm lieber Armut und soziale Verachtung in Kauf, als künstlerische Kompromisse zu schließen. Im Gegenzug verachtete er das bürgerliche Publikum, seine Unbildung, Konventionalität und Spießbürgerlichkeit. Er setzte sich über bürgerliche Gepflogenheiten hinweg, lebte in wilder Ehe, genoß sexuelle Freiheiten, pflegte einen nachlässig-eigenwilligen Kleidungsstil und hatte keinen geregelten Tagesablauf. Statt in überladenen Prunkräumen logierte er in einer kargen Mansarde. Er umgab sich mit einem Kreis gleichgesinnter Freunde, die bestimmte Lokale frequentierten und sich über den bürgerlichen Kulturbetrieb lustig machten.

Dieses Bild entsprach nur sehr selten der Wirklichkeit. Die meisten Künstler lebten in den gleichen Interieurs wie ihre bürgerlichen Kunden, bevorzugten die gleichen Wohnviertel und Repräsentationsstile. Sie waren in aller Regel verheiratet und schickten ihre Kinder auf die gleichen Schulen wie das auf sein Bildungskapital bedachte Bürgertum. Sie lebten das gleiche bürgerliche Familien- und Geschlechtermodell; hatten sie eine Künstlerin geheiratet, legte diese ihre Karriere und Ambitionen am Traualtar nieder und kümmerte sich fortan um das Wohlergehen des Gatten und der Kinder. Der durchschnittliche Künstler war, so lassen sich die Ergebnisse sozialhistorischer Untersuchungen zusammenfassen, ebensosehr Bürger wie der durchschnittliche Arzt, Professor oder Fabrikant. Es geriet ihm keinesfalls in den Sinn, die Annehmlichkeiten bürgerlicher Lebensführung geringzuschätzen oder gar freiwillig auf sie zu verzichten.

Wie aber kam es zu dieser Dissonanz von Bild und Realität? Wer war daran interessiert, den Künstler als Nicht- oder gar Anti-Bürger zu stilisieren? Manches spricht dafür, daß es die Bürger selber waren, die den Boheme-Mythos pflegten. Sie schufen sich ein Bild des Künstlers, das den Abstand zu ihren eigenen Verhältnissen wahrte. Wenn Kunst im bürgerlichen Jahrhundert zu einer Art Religionsersatz wurde, Sinn und Einheit stiften sollte, wenn sie, wie es ein Kölner Stadtrat 1839 formulierte, die »Sehnsucht nach einem gehobeneren Dasein« erfüllte, dann mußten Künstler von der Welt der »materiellen Interessen« geschieden werden. Damit sich Bürger von ihrem »Sklavenleben, dem die höhere Bestimmung und der Genuss rein menschlicher Gefühle für immer versagt ist«, erholen und in den »Tempeln der Kunst bereichern und beglücken« konnten, mußten jene, die die Kunstwerke schufen, im Reich der Erhabenheit verweilen. Schließlich verlangte man von den Künstlern nicht, das bürgerliche Los zu kopieren, sondern es zu überwinden.

Nun waren solche idealistischen Vorstellungen sicher nicht überall gegenwärtig oder gar handlungsleitend. Viele Kunstkonsumenten schätzten Kunst schlicht in ihrem Dekorations- und Unterhaltungswert. Immer wichtiger wurde zudem im Verlauf des Jahrhunderts die Bedeutung von Kunst als Gegenstand der Repräsentation: Man zeigte seinen Wohlstand und seine Bildung, indem man Ölbilder erwarb oder Konzert- und Theaterabonnements hielt. Aber auch dann, wenn dem Kunstwerk keine quasireligiöse Aura anhaftete und sein Schöpfer nicht als Priester des Erhabenen verklärt wurde, neigte man dazu, dem Künstler seine Sonderrolle zu belassen. Das Publikum goutierte seinen extravaganten Habitus, seine unkonventionellen Manieren; es ergötzte sich an seinem unbürgerlichen Gestus und erfreute sich an seiner antibürgerlichen Attitüde. In einer Zeit, in der die Herrscherhäuser noch keine intimen Nachrichten lieferten, in der noch keine Sport- und Kinostars die Phantasie des Publikums anheizten, übernahmen Künstler die Rolle der öffentlichen Skandalproduzenten. Sie führten der Öffentlichkeit ein Schauspiel vor, wie Friedrich Nietzsche 1882 ahnte, ein Spiel der Charakterlosigkeit, der »Falschheit mit gutem Gewissen«. Und das Publikum applaudierte.

Frauen als Künstler?

Stehende Ovationen brachte es jenen Künstlern und vor allem Künstlerinnen, die das Schauspiel als Brotberuf gewählt hatten. Sarah Bernhardt in Paris, Tilla Durieux in Berlin: Sie waren gefeierte und umschwärmte Stars, deren Status als Künstlerinnen – genauer: als Kunst-Interpretatoren – unbestritten war. Auch als Tänzerinnen und Sängerinnen konnten Frauen brillieren; aus den performativen Künsten waren sie nicht wegzudenken. Dazu gehörte auch das Klavierspiel: Clara Wieck, verehelichte Schumann war eine berühmte Pianistin und bereiste mit ihrer Kunst die europäischen Hauptstädte.

Doch Clara spielte nicht nur Klavier, sie komponierte auch. Ebendamit aber überschritt sie die Grenzen, die Frauen in der Kunstszene des 19. Jahrhunderts gezogen waren. Komposition galt als ein schöpferischer Akt, hier wurde Musik geschaffen. Schöpferisch aber konnten nach allgemeiner Überzeugung nur Männer sein. Frauen eigneten sich demgegenüber lediglich dazu, männliche Schöpfungen auszuführen; sie vermochten, wenn überhaupt, Musik nur zu spielen, nicht zu schreiben. In der Regel fand dieses Spiel in den eigenen vier Wänden statt. In fast allen bürgerlichen Wohnungen stand, in Großbritannien ebenso wie in Deutschland, Frankreich oder Rußland, ein Klavier, und besonders die Töchter wurden angehalten, es fleißig zu benutzen. Klavierunterricht war, ebenso wie Zeichenstunden, ein unverzichtbarer Bestandteil bürgerlicher Mädchenerziehung.

Zugleich aber wachte man sorgsam darüber, daß diese künstlerischen Fertigkeiten lediglich im Familienkreis ausgeübt wurden. Keinesfalls sollte daraus eine öffentliche Berufskarriere folgen. Frauen, hieß es immer wieder, seien bloße Dilettantinnen, keine eigentlichen Virtuosinnen und ganz gewiß keine schöpferischen Künstler. Ausnahmeerscheinungen wie Clara Wieck-Schumann bestätigten die Regel. Aber selbst sie war ständig von schlechtem Gewissen geplagt, hin und her gerissen zwischen der Freude an ihrer Kunst (und ihrem Publikumserfolg) und ihrer Verpflichtung gegenüber Mann und Kindern. 1843, nach zweieinhalbjähriger Ehe, notierte Robert Schumann im gemeinsamen Tagebuch: »Clara hat eine Reihe von kleineren Stücken geschrieben, in der Erfindung so zart und musikreich, wie's ihr früher noch nicht gelungen. Aber Kinder haben und einen immer phantasierenden Mann, und komponieren geht nicht zusammen. Es fehlt ihr die anhaltende Übung, und dies rührt mich oft, da so mancher innige Gedanke verlorengeht, den sie nicht auszuführen vermag. Clara kennt aber selbst ihren Hauptberuf als Mutter, daß ich glaube, sie ist glücklich in den Verhältnissen, wie sie sich nun einmal nicht ändern lassen.«

Für Robert Schumann stellte sich die Frage Haupt- versus Nebenberuf nicht. Er war selbstverständlich und ohne jede Abstriche Künstler, Musiker, Komponist. Seine Selbstzweifel bezogen sich auf sein künstlerisches Talent und nicht darauf, ob er seinen Vater- und Gattenpflichten in ausreichendem Maße nachkam. Für Clara Schumann dagegen war der Rollenkonflikt unausweichlich. Daß sie das Konzertieren trotz wachsender Kinderzahl nicht aufgab, war ihrem ausgeprägten, vom Vater – einem berühmten Klavierlehrer – früh genährten und geförderten Selbstbewußtsein geschuldet, hatte aber auch finanzielle Gründe. Außerdem konnte sie, indem sie Kompositionen ihres Mannes spielte, zu seinem Karriereerfolg beitragen.

Andere Künstler-Ehefrauen gaben ihre künstlerischen Ambitionen gänzlich auf und beschränkten sich darauf, Musen und Hilfskräfte ihrer Männer zu sein. Zum Teil kamen sie damit dem ausdrücklichen Wunsch oder gar Gebot des Gatten entgegen. Als Alma Mahler während der Verlobungszeit ihre Kompositionsübungen fortsetzte, forderte Gustav sie auf, sofort damit aufzuhören und ausschließlich seiner Musik zu leben. »Er meinte, die Ehe zwischen Robert und Klara Schumann zum Beispiel sei eine ›Lächerlichkeit‹ gewesen, ich müsse mich entscheiden.« Fortan kopierte Alma die Partituren ihres Mannes, fest entschlossen, »diesem Genie die Steine aus dem Weg zu räumen«.

Obwohl Alma Mahler Spaß an ihren eigenen Kompositionen hatte, reichte ihr Selbstbewußtsein nicht aus, sich gegen den berühmten Gatten durchzusetzen. Mangelndes Selbstvertrauen und Unsicherheit zeichneten fast alle Frauen aus, die eine Künstlerkarriere in den Blick nahmen. Von den Geschlechterstereotypen ihrer Zeit geprägt, brachte kaum eine den Mut und die Energie auf, sich vorbehaltlos zu ihrer Kunst zu bekennen. Selbst bei Clara Schumann finden sich immer wieder herabsetzende Äußerungen: »Es geht doch nichts«, schrieb sie 1846 in ihr Tagebuch, »über das Vergnügen, etwas selbst komponiert zu haben und dann zu hören. Es sind einige hübsche Stellen in dem Trio, und wie ich glaube, ist es auch in der Form ziemlich gelungen.« Aber, fügte sie sofort hinzu, »natürlich bleibt es immer Frauenzimmerarbeit, bei denen es immer an Kraft, und hie und da an Erfindung fehlt«.

Diese Eintragung reproduzierte die Vorurteile und Vorbehalte, die die Gesellschaft des 19. Jahrhunderts ambitionierten Frauen entgegenbrachte und die auch von den Frauen selber akzeptiert wurden. Frauen, meinte 1830 Gottfried Schadow, Direktor der Berliner Kunstakademie, seien »auch bei erworbener Geschicklichkeit, von so furchtsamem Naturell, daß sie ein Mann ermuntern und loben muß«. Nur durch anhaltende Förderung und Fürsprache – von Vätern, Lehrern, Gönnern – vermochten Frauen ihr anerzogenes Minderwertigkeitsempfinden zu kompensieren. Die Malerin Louise Seidler etwa profitierte von Goethes Interesse; er lud die junge Frau 1810 nach Weimar ein, ließ sich von ihr porträtieren und machte sie mit potentiellen Auftraggebern bekannt. Er gab ihr auch ein Empfehlungsschreiben mit, als sie, ausgestattet mit einem fürstlichen Stipendium, um Aufnahme in die Münchner Kunstakademie antrug.

Normalerweise war Frauen ein Akademiestudium nicht gestattet. Nicht anders als die Universitäten blieben ihnen auch die Kunstakademien verschlossen. Eine ordnungsgemäße Ausbildung zur Künstlerin konnte daher nicht stattfinden. Allerdings durften Frauen nach Absprache mit den Lehrern an einzelnen Unterrichtsfächern teilnehmen, wobei ihnen der Zugang zum Aktsaal als »Olymp« der Akademie aus sittlichen Gründen stets verwehrt wurde. Andererseits besaßen die Akademien vor allem im frühen 19. Jahrhundert noch keineswegs ein unangefochtenes Ausbildungsmonopol; mindestens ebenso wichtig waren die Unterrichts- und Atelierklassen etablierter Maler und Bildhauer. Bevor beispielsweise Louise Seidler ausnahmsweise und nur durch Goethes Vermittlung zum Akademiestudium zugelassen wurde, hatte sie in Dresden Privatstunden bei Gerhard von Kügelgen genommen. Obwohl der Meister, wie sie sich erinnerte, der Meinung war, »uns Frauen wäre es doch kein Ernst mit der Kunst«, zeigte er sich nicht abgeneigt, Frauen zu unterrichten und sich dafür bezahlen zu lassen.

Frauen wie Louise Seidler, die schließlich Hofmalerin in Weimar wurde, wie Elisabeth Vigée-Lebrun, Angelika Kauffmann, Rosa Bonheur oder Berthe Morisot, die internationalen Ruhm genossen, waren zweifellos Ausnahmeerscheinungen – Ausnahmen sowohl unter den Frauen als auch unter den Künstlern insgesamt. In Deutschland lag der weibliche Anteil an der Künstlerschaft zu Beginn des 20. Jahrhunderts bei 13 Prozent; Schätzungen für die 1830er Jahre beliefen sich auf 7 Prozent. Trotz dieser recht erheblichen Steigerung empfanden viele Künstlerinnen ihre Minderheitsposition zunehmend als diskriminierend und veränderungswürdig. Unterstützt von den jeweiligen Frauenbewegungen, schritten sie zur kollektiven Selbsthilfe: Sie gründeten Künstlerinnenvereine, die Unterrichtskurse und Galerien einrichteten, Aufträge vermittelten, Ausstellungen organisierten und den Kunstgeschmack des weiblichen Publikums verbessern wollten.

Mit dieser Initiative reagierten Frauen in selbstbewußter Weise auf die beruflichen Nachteile, die sie im Kunstbetrieb in Kauf nehmen mußten. Zwar waren ihnen die allgemeinen Kunstausstellungen nicht völlig unzugänglich. Sowohl in den Ausstellungen der lokalen Kunstvereine als auch in den überregionalen, von den Akademien veranstalteten Expositionen hingen oder standen auch Werke von Künstlerinnen. Im berühmten Pariser Salon stammte 1880 jedes vierte Bild von einer Frau; der Durchschnitt zwischen 1791 und 1880 lag bei 15 Prozent. Allerdings wurden Frauen sehr viel seltener als Männer ausgezeichnet oder gar in die Ehrenlegion aufgenommen. Vor allem in der zweiten Jahrhunderthälfte sank der Anteil medaillierter Künstlerinnen in Paris rasant: Hatten Frauen 1824 noch 21 Prozent aller Auszeichnungen eingeheimst, gingen sie in den 1870er Jahren fast leer aus.

Diese ambivalente Entwicklung – zunehmende Partizipation von Malerinnen am Ausstellungsbetrieb bei abnehmender Auszeichnungshäufigkeit – spiegelt die wechselhafte Geschichte des Pariser Salons und seines Zulassungsverfahrens. Je strenger die Juroren waren, desto weniger Frauen fanden sich unter den Ausstellern. In Zeiten großzügiger Bewertung dagegen stieg auch die Chance der Künstlerinnen, mit ihren Arbeiten zum Salon zugelassen zu werden. Als schließlich Ende der 1870er Jahre kaum noch Bewerber abgelehnt wurden, schnellte der Anteil ausstellender Künstlerinnen rasant in die Höhe. Die Auszeichnungspolitik, die im wesentlichen in der Hand des französischen Staates und seiner Kulturadministration lag, folgte einem ähnlichen Muster. Je restriktivere Maßstäbe man anlegte, desto weniger Frauen wurden mit Medaillen bedacht. Das lag nicht zuletzt daran, daß Frauen zu den auszeichnungsverdächtigen Bildgattungen kaum etwas beisteuerten. Großformatige Ölbilder waren ein fast ausschließlich männliches Genre. Frauen dagegen verlegten sich auf Aquarelle, Miniaturen, Pastell- und Bleistiftzeichnungen. Sie malten Porträts, Stilleben und Landschaftsmotive, aber keine Historienbilder. Letztere standen jedoch in der Wertschätzung der Zeit und bei der Ankaufspolitik des Staates und der Herrscherhäuser hoch im Kurs.

Auch wenn Frauen demnach im Kunstbetrieb deutlich unterrepräsentiert waren und in ihren Karrieren oft massiv behindert wurden, lag eine Künstlerlaufbahn doch nicht vollkommen außerhalb des Machbaren. Verglichen mit anderen akademischen Berufen – Arzt, Rechtsanwalt, Professor, Gymnasiallehrer –, aus denen Frauen im 19. Jahrhundert samt und sonders ausgeschlossen waren, bot der Beruf des Künstlers Frauen weitaus mehr – und offenbar allmählich wachsende – Teilnahmemöglichkeiten. Aber auch im Vergleich zu anderen künstlerischen Tätigkeiten erwies sich der Malerberuf als ausgesprochen durchlässig. Unter bekannteren Schriftstellern beispielsweise fanden sich sehr viel weniger Frauen.

Die relativ große Offenheit des Malerberufs für Frauen erklärt sich im wesentlichen durch seine eher geringe Akademisierung. Viele Maler hatten ihre Ausbildung nicht in staatlichen Akademien erhalten, sondern im Privatunterricht bei anderen Künstlern sowie als Autodidakten. Bei der Zulassung zu Ausstellungen wurde niemand nach seinem akademischen Abgangszeugnis gefragt. Auch wenn sich die Akademien zunehmend bemühten, den Zugang zum Künstlerberuf zu monopolisieren und damit einzuschränken, blieben diese Versuche weitgehend erfolglos.

Auf der anderen Seite zeigten viele Frauen ein ausgeprägtes Faible für die Malerei, sie drängten besonders in dieses Metier, weil sie ihre weibliche Ausbildung gleichsam dafür prädestinierte. In Kindheit und Jugend mit den schönen Künsten traktiert, lag es nahe, diese im Neigungsfall auch weiter zu betreiben und möglicherweise zum Beruf zu machen. Typischerweise stammten Künstlerinnen aus bürgerlichen Sozialmilieus; hier war der Übergang von der dilettierenden höheren Tochter zur Berufskünstlerin fließend. Männliche Künstler dagegen kamen sehr viel häufiger aus kleinbürgerlichen, handwerklich-kaufmännisch geprägten Familien.

Musiker und Komponisten

Überhaupt scheint gerade der Malerberuf für Männer ein begehrter Aufstiegsberuf gewesen zu sein. Das zeigt sich unter anderem an der sozialen Zusammensetzung der Akademieschüler. In den 1890er Jahren stammten fast zwei von drei Studenten an der Münchner Akademie der bildenden Künste aus Familien, in denen die Väter industriell-handwerklich-kaufmännische Berufe ausübten. In der Akademie der Tonkunst dagegen dominierte das Herkunftsmilieu des höheren öffentlichen und Militärdienstes sowie der freien Berufe. Zwei Fünftel ihrer Schüler kamen aus solchen Familien, in denen es selbstverständlich gewesen war, daß die Kinder ein Instrument spielten, sich an der Hausmusik beteiligten und zu Konzerten und Opernaufführungen mitgenommen wurden.

Sagt diese unterschiedliche Sozialstruktur der Akademieschüler auch etwas aus über die soziale Schätzung der angestrebten Berufe? War der

Musiker angesehener als der Maler? Gab es innerhalb der Künstlerschaft eine Hierarchie der Gattungen?

Kulturhistoriker stimmen darin überein, daß die Musik in Deutschland – neben der Dichtung –, möglicherweise auch in Italien den ersten Rang einnahm. In Frankreich und England scheint demgegenüber die bildende Kunst im Mittelpunkt gestanden zu haben. Bedurfte letztere der literarischen Vermittlung, erreichte die Musik des 19. Jahrhunderts unmittelbar das Ohr und das Gefühl der Zuhörer. Zwar gab es neben dem neuen Beruf des Kunstkritikers nun auch den des Musikkritikers; trotzdem war sein Einfluß auf die Geschmacksbildung des Publikums ungleich geringer als der des Kollegen vom malenden Fach. Die Musik – und der Musiker – profitierte davon, daß sie auch im Alltag stets gegenwärtig war: in der Schule ebenso wie im Gesangverein, zu Hause ebenso wie in der Kirche oder beim Militär. Musik war darüber hinaus – anders als Belletristik oder bildende Kunst – nicht an bürgerliche Lebens- und Wahrnehmungsformen gebunden; auch in der Arbeiterschaft spielte sie eine große Rolle.

Die Allgegenwart der Töne hatte zur Folge, daß die Gruppe der Aktiven und der Vermittler groß war. Viele Städte finanzierten Musikschulen, daneben gab es zahlreiche private Musiklehrer, häufig Frauen. In den Dörfern mußten die Volksschullehrer musikalisch versiert sein, um den Gesang der Schulkinder zu begleiten und beim sonntäglichen Kirchgang die Orgel zu spielen. Jede Stadt, die auf sich hielt, beherbergte ein Orchester und beschäftigte einen Kapellmeister. Vor allem die Residenzstädte, von denen es in Deutschland, anders als in England oder Frankreich, etliche gab, wetteiferten miteinander um die Qualität und Quantität ihres – vom Hof getragenen – musikalischen und Theaterlebens.

Auch im Bereich der Musik war die Selbstorganisation des Bürgertums beachtlich. Überall bildeten sich im frühen 19. Jahrhundert Gesellschaften bürgerlicher Musikfreunde, die sowohl professionelle Künstler als auch – oft auf hohem technischen Niveau spielende – Dilettanten vereinten. Sie führten Konzerte auf, erteilten Kompositionsaufträge, warben für begabte Musiker, organisierten überregional beachtete Musikfeste. Die Verbreitung des Notendrucks, durch die Einführung beweglicher Typen Mitte des 18. Jahrhunderts enorm gefördert, erweiterte den Kreis der Rezipienten, die Musik in der Regel sowohl passiv genossen als auch, im Familien- und Freundeskreis, aktiv ausübten.

Beides, Genuß wie Ausübung, fand im 19. Jahrhundert unter deutlich veränderten Vorzeichen statt. Waren musikalische Werke früher mit einer Vielfalt »fremder« Aufgaben befrachtet gewesen, erwarben sie jetzt zunehmend einen autonomen, für sich stehenden Wert. Musik löste sich immer stärker aus den sozialen Zusammenhängen, in denen sie vordem gestanden hatte: als höfische Tafelmusik, als Musik zur Begleitung der Liturgie, zum Tanz, zur Geselligkeit, zur Repräsentation. Das musikalische Werk forderte nun die geballte Aufmerksamkeit der Zuhörer; statt sich von ihm zur Konversation oder zur Verdauung anregen zu lassen, versank das Publikum in Kontemplation.

Diese »Emanzipation« der Musik stellte sich auch in der Art der Aufführung dar. Alle musikalischen Gattungen, selbst die Oper, näherten sich im 19. Jahrhundert einer konzertanten Form. Symphonien wurden nicht mehr in ihre einzelnen Sätze zertrennt und von anderen Stücken unterbrochen, sondern geschlossen gespielt. Opern waren nicht mehr musikalisch untermalte, schwankhaft inszenierte Theaterproduktionen, sondern symphonische Dichtungen. Mit dieser Absolutierung des Werks ging die Aufwertung seines Schöpfers – genauer: seines Erfinders – einher. Der Komponist übernahm die Herrschaft über den Dirigenten und die Interpreten; er schrieb vor, wie das Werk aufgeführt werden sollte, und verlangte, daß man sich nach seinen Vorgaben richtete. Er machte keine Konzessionen mehr an die ausführenden Musiker, von denen er die authentische Wiedergabe seiner Absichten anstelle eigensinniger Verzeichnungen erwartete.

Das Publikum, so wollte es der Werkschöpfer, sollte sich ausschließlich dem Werk überlassen; die Interpretatoren waren zwar wichtig und unverzichtbar, sollten aber nicht im Mittelpunkt stehen. Deshalb versenkte Wagner das Orchester im Orchestergraben, so daß es den Blicken der Opernhausbesucher völlig entzogen war. Außerdem verdunkelte er den Theaterraum, um die Konzentration der Zuschauer/Zuhörer ganz auf die Bühne zu lenken. Der Beifall galt denn auch nur partiell den Musikern und Sängern; vor allem der Komponist wurde geehrt und in seiner genialen Schöpfungskraft bewundert.

Das Verhältnis zwischen Komponist und Publikum war einerseits intensiver, andererseits distanzierter als das zwischen bildendem Künstler und seinen Auftraggebern. Zwar nahmen auch Komponisten Auftragsarbeiten an; so wurde etwa der junge Franz Schubert 1818 von einem adligen Dichter um ein »Rondo brillant oder was es immer sein mag« gebeten, das dessen Tochter »bei einer Akademie produzieren könnte«.

Gerade hier aber zeigte sich der Unterschied zum Maler, der ein Porträt zu malen hatte. In dem Porträt, das sich der Kunde aneignete, fand er sich selber repräsentiert; zumal wenn der Maler berühmt war, dokumentierte der Käufer, daß er ihn sich leisten konnte. Bildende Kunst war in viel höherem Maße ein Repräsentationsobjekt als Musik, deren Töne nicht festzuhalten und auf Dauer zu stellen waren. Gleichwohl sprach die Musik sehr viel direkter zum Publikum als die bildende Kunst; ungeachtet aller Versuche, sie in rationalisiertes Bildungswissen zu überführen, blieb sie Gefühlskunst, gerade auch bei Wagner.

Der Komponist war daher, mehr noch als der Maler oder gar der Dichter, Gefühlsmagier, Tonzauberer. Er verzückte sein Publikum, riß es mit und ließ es erst nach dem letzten Akkord wieder zu sich selbst kommen. Diese intensive Nähe, vor der selbst eingefleischte Pragmatiker und »Tatmenschen« (Walther Rathenau) kapitulierten, war ein Novum des 19. Jahrhunderts; weder die Salon- oder Kirchenmusik der frühen Neuzeit noch die Neue Musik des 20. Jahrhunderts brachten sie hervor. Beethoven, Schubert, Schumann und dann vor allem Wagner – sie waren schon unter ihren Zeitgenossen vergötterte Heroen dieser neuen Tonkunst, olympische Gestalten.

Nationale Kunst?

Auch wenn Komponisten die glänzendsten Sterne am Künstlerhimmel waren und Musik im bürgerlichen Kunstpublikum am höchsten rangierte, darf man von dieser Hierarchie der Kunstgattungen nicht auf ihre Trennung schließen. Das Kunst konsumierende Bürgertum ging nicht nur ins Konzert, in die Oper und ins Theater. Es besuchte auch Kunstausstellungen und Museen, kaufte Bilder und las schöne Literatur. Zusammengehalten durch den neuen, rein ästhetisch definierten Werkbegriff, hatten alle Kunstgattungen ihren Platz im bürgerlichen Leben. Enges Spezialistentum, das eine Gattung auf Kosten anderer favorisierte, war selten.

Auch die Künstlerschaft selber zog keine internen Grenzen. Dichter, Maler, Komponisten – sie alle waren Teil des lokal und überregional eng vernetzten Künstlermilieus. Man war miteinander befreundet, tanzte auf den gleichen Festen, heiratete untereinander. Adolf Menzel gehörte zusammen mit Theodor Fontane einem Berliner literarischen Club an, Franz Lenbach ging bei Wagner ein und aus, Franz Schubert korrespondierte mit Moritz von Schwind und gründete mit jungen Schriftstellern eine Lesegesellschaft. Viele Künstler wiesen Doppelbegabungen auf; so verstand sich Wagner ebenso als Dichter wie als Komponist, und auch E. T. A. Hoffmann war musikalisch und literarisch gleichermaßen bewandert.

Typisch war darüber hinaus, daß Künstler regional und überregional, national und international hoch mobil waren. Im ganzen 19. Jahrhundert galt Paris, Rom allmählich in den Hintergrund drängend, als Kunstmagnet, bei dem sich vor allem Maler, aber auch Komponisten und Dichter karrierefördernde Anregungen holten. Aber auch an deutschen Akademien – vor allem in München, Düsseldorf und Berlin – studierten viele Ausländer. Nicht zuletzt das Kunstpublikum war international: Bildungsreisende aus den USA oder Großbritannien verbanden die touristische Erkundung lokaler Barockschätze gern mit Atelierbesuchen und -käufen bekannter Maler. Selbstverständlich war auch das Kunstrepertoire nicht national oder gar lokal verengt: Anfang des 20. Jahrhunderts etwa war George Bizets *Carmen* die auf deutschen Bühnen meistgespielte Oper, und auch Verdi lag noch weit vor Mozart (aber deutlich hinter Wagner). In den Schauspielhäusern der wilhelminischen Ära lief Shakespeare den deutschen Klassikern den Rang ab. Und auch in den Museen und Kunstausstellungen hing beileibe nicht nur nationale Kunst – auch wenn dieser Gesichtspunkt immer wieder, und zum Jahrhundertende hin deutlich stärker, in die Diskussion gebracht wurde.

Die Kunst, könnte man sagen, war europäisch, besonders dann, wenn sie, wie Bilder und Musik, außersprachlich kommunizierbar war. Der Kunstbetrieb dagegen, der in seinen wichtigsten Institutionen fast überall in staatlichen Händen lag, wurde im 19. Jahrhundert zunehmend national infiziert. Bereits das Berliner Akademie-Reglement von 1790 hob das »vaterländische« Interesse hervor, sollte doch die Institution »auf der einen Seite zum Flor der Künste überhaupt beytragen, als insbesondere den vaterländischen Kunstfleiß erwecken, befördern, und durch Einfluß auf die Manufakturen und Gewerbe dergestalt veredeln, daß einheimische Künstler in geschmackvollen Arbeiten jeder Art, den auswärtigen nicht ferner nachstehen«. Abgesehen davon, daß *einheimisch* damals *preußisch* und nicht etwa *deutsch* bedeutete, stand die vaterländische Note hier aber noch weit stärker in der Tradition des Merkantilismus, als daß sie auf künftige national-nationalistische Profilierungen verwiesen hätte. Erst als die Kunst einen nationalen Bildungsauftrag erhielt und mit Nationalcharakteren identifiziert wurde, verschärfte sich der Ton staatlicher Kunstpolitik bis hin zu chauvinistischen Ausfällen.

In Deutschland, anders als in Frankreich oder England, wurde die Durchsetzung eines solchen Kunstnationalismus dadurch verzögert, daß es vor 1871 keinen einheitlichen deutschen Gesamtstaat gab, sondern eine Vielzahl selbständiger Länder, deren Fürsten und Verwaltungen eifersüchtig auf ihre Unabhängigkeit bedacht waren. Diese Situation bescherte der deutschen Kunstszene eine in keinem anderen Land zu findende Vielfalt und Heterogenität; es gab eben nicht, analog zu Paris und London, eine unangefochtene Kunstmetropole, sondern viele dezentrale und miteinander konkurrierende Kunststädte. Große staatliche Museen fanden sich in beinahe allen Landeshauptstädten, ebenso wie Theater und Akademien. Die von letzteren veranstalteten regelmäßigen Kunstausstellungen wetteiferten miteinander um Lieferanten und Besucher. Vor allem seit den 1860er Jahren jagte eine Ausstellung die andere; Stuttgart, München und Berlin taten sich dabei hervor.

Große Aufmerksamkeit zogen die internationalen Ausstellungen auf sich. In München fand eine solche erstmals 1869 statt und bestätigte die Dominanz der französischen Malerei. Hinter diesen internationalen Ausstellungen fielen die akademischen Kunstausstellungen immer weiter zurück; sie verkamen, klagten die Kritiker, zu Déjà-vu-Schauen, in denen Schablonenhaftes, nach Rezeptur Gefertigtes präsentiert wurde. Arrivierte Maler blieben ihnen zunehmend fern; die Avantgarde sezessionierte und schloß sich mit den neuen Galeristen zusammen. Gerade sie war in hohem Maße international orientiert und mochte sich den gegen Ende des Jahrhunderts massiver auftretenden Forderungen nach nationaler Korrektheit nicht unterordnen.

Solche Forderungen kamen in Deutschland von höchster Stelle; besonders Kaiser Wilhelm II. tat sich mit markigen Worten hervor. Nicht nur reklamierte er für sich die Autorität, zwischen richtiger und falscher, guter und schlechter Kunst zu unterscheiden; darüber hinaus behielt er sich das Recht vor, jeden Bilderwerb der Nationalgalerie persönlich zu genehmigen. Vor allem die Künstler des Naturalismus, die, wie der Kaiser 1901 kritisierte, »das Elend noch scheußlicher hinstellen, wie es schon ist«, zogen seinen Widerwillen auf sich, denn damit versündige sich die Kunst »am deutschen Volke«. Folgerichtig verweigerte er Käthe Kollwitz

1898 die Auszeichnung für ihre *Weber*-Gravierungen und verbot der Nationalgalerie 1906 den Ankauf eines Bildes von Max Klinger, das einen Passanten, umgeben von Schlägern, kurz vor der Prügelei zeigte. Außerdem widersetzte er sich der französischen Freiluftmalerei und bedachte die Impressionisten mit nationalistischen Schmähworten.

Diese Haltung traf in weiten Kreisen der Kunstadministration und -kritik auf Zustimmung. Mitgetragen wurde sie nicht zuletzt von dem wichtigsten Kunstdoyen des Kaiserreichs, Anton von Werner. Deutsche Kunst, hieß es immer wieder, sei grundsätzlich anders – nämlich besser – als französische Kunst und solle an ihren eigenen Standards, Farben und Formen festhalten. Die Kunstpavillons der seit 1851 veranstalteten Weltausstellungen gerieten denn auch unter diesem Gesichtspunkt zu Demonstrationen nationaler Größe. Daß man übrigens den globalen Industrie- und Technikschauen spezielle Kunstabteilungen hinzufügte, zeigte mehr als alles andere, wie wichtig die Kunst (und das Kunstgewerbe) für die ökonomische und symbolische Kapitalbildung der ausstellenden Länder geworden war. Nicht nur war Kunst – vor allem Farbendruckbilder und Kupferstiche, weniger Gemälde und Zeichnungen – ein bedeutendes Handelsgut; auch die außenwirtschaftliche und außenpolitische Wertschätzung eines Landes hing entscheidend von seiner kulturellen Profilierung ab.

Doch schätzte der Staat – und gewiß nicht nur der deutsche – Kunst keinesfalls nur als Mittel der Außendarstellung. Auch im nationalen Binnenverhältnis spielte Kunst eine wichtige propagandistische Rolle. Ihrer hatte sich schon Napoleon mit großer Geschicklichkeit vergewissert, als er eine ganze Korona von Hofmalern, allen voran Jacques Louis David, um sich scharte. Ludwig I. von Bayern bezahlte in der ersten Hälfte des 19. Jahrhunderts zahlreiche namhafte Bildhauer dafür, Büsten deutscher Männer für eine »Ruhmeshalle deutscher Geisteshelden« anzufertigen; auf diese Weise sollten die Idee der historischen Reichseinheit und selbstverständlich der Name des großzügigen Stifters lebendig erhalten werden. Wilhelm II. schließlich weihte 1901 mit großem nationalen Pathos die Berliner Siegesallee, umsäumt von zahllosen Statuen preußischer Helden, ein; die »hohe und hehre«, von »modernen Strömungen und Richtungen« freie Bildhauerei diente ihm dazu, den Ruhm der Hohenzollerndynastie und »ihres« Staates zu verewigen.

Kunst hatte sich damit als ein zentraler Faktor nationaler Repräsentation und Konkurrenz behauptet. Viele Künstler und Kunstvermittler allerdings entzogen sich dieser machtgestützten Deutung. So war der seit 1896 amtierende Direktor der Berliner Nationalgalerie, Hugo von Tschudi, entschlossen, »sein« Museum mit einer internationalen Sammlung zu bestücken, in der französische Kunst angemessen vertreten sein sollte. Wo er sich durch den Einfluß Wilhelms II. und Anton von Werners behindert sah, konnte sein Hamburger Kollege Alfred Lichtwark aus dem vollen schöpfen und Werke der in Berlin als undeutsch verfemten Sezession ankaufen.

Dennoch blieben auch jene Künstler und Museumsdirektoren, die den nationalen Furor zu unterlaufen suchten, die enge Kontakte zu Künstlerkollegen aus anderen Ländern pflegten und auf der Internationalität der Kunst beharrten, langfristig nicht vom nationalistischen Virus verschont. Der *Aufruf an die Kulturwelt* vom 4. Oktober 1914, der die Zerstörung der berühmten Löwener Bibliothek durch deutsche Bomben implizit für Rechtens erklärte, trug auch die Unterschrift solcher Künstler, an deren nationaler Korrektheit der Kaiser vordem Zweifel angemeldet hatte: von Max Klinger ebenso wie von Max Liebermann oder Max Reinhardt. Der Aufruf enthielt ein emphatisches Bekenntnis zur »deutschen Kultur«, die vom deutschen Militär zu schützen sei; daher sei es nicht zu rechtfertigen, »die Erhaltung eines Kunstwerks (gemeint war die Bibliothek in Löwen) mit einer deutschen Niederlage zu erkaufen«. Von der Kunst als europäischer oder gar Weltveranstaltung war hier nicht mehr die Rede; das, was zählte, waren die *deutsche* Kultur und ihre Sicherung durch den Militärstaat. Im Ersten Weltkrieg wurden neben Soldaten auch viele Ideale zu Grabe getragen; eins davon war das klassische Bild des Künstlers als eines kosmopolitischen, sich aller äußeren Indienstnahme entziehenden Menschen.

Kapitel 12

Der Adlige

Giovanni Montroni

Waren die Adligen des 19. Jahrhunderts eine untergehende, der modernen Entwicklung widerstrebende oder eine noch bis zum Ersten Weltkrieg gesellschaftlich und politisch dominante Klasse? Diese Frage haben sich immer wieder die Zeitgenossen wie auch die historische Forschung gestellt. In Romanen wie Lampedusas *Der Leopard* ist die melancholische Geschichte des Verfalls adliger Macht ebenso erzählt worden wie in Theodor Fontanes *Stechlin*. Andererseits ist auch von dem Fortdauern des Ancien régimes in Europa bis 1914 (Arno Mayer), von der Übernahme adliger Verhaltensmodelle im Bürgertum und von Deutschland als »bis zum Ende des Ersten Weltkrieges ... halbfeudale Gesellschaft« (Gräfin Dönhoff) gesprochen worden. Unter dem Ansturm der Kräfte der kapitalistischen Marktgesellschaft, des Leistungsprinzips der städtischen Bürokratie und egalisierender gesellschaftlicher Bewegungen war der Adel entweder zu Anpassungsleistungen gezwungen, oder aber er verlor an Einfluß, Prestige und Macht. In den unterschiedlichen europäischen Ländern neigte sich das Pendel entweder in die eine oder die andere Richtung. In England überlebte die Aristokratie als Großgrundbesitzerklasse, in Preußen modernisierte sie sich im Kaiserreich, während sie im republikanischen Frankreich nur als Teil einer breiten Elite überlebte. All diese Aussagen sind freilich zu nuancieren. Hochadlige und Krautjunker, neu-nobilierte und alte Adelsfamilien reagierten unterschiedlich auf die Herausforderungen der Moderne und erlebten die zweite Hälfte des 19. Jahrhunderts entweder als Spätblüte oder Zeit des Niedergangs. Am Beispiel des italienischen Adels soll dieser Entwicklung detaillierter nachgegangen werden.

Am Vorabend des Ersten Weltkriegs, über ein Jahrhundert nach der Abschaffung des Feudalsystems und über fünfzig Jahre nach der nationalen Einheit Italiens, machte sich der Adel immer noch Gedanken über seine Lage und seine besondere Stellung innerhalb der modernen Gesellschaft. Zwischen 1915 und 1916 wurde in der italienischen Heraldik-Zeitschrift *Rivista araldica* ungeachtet des Kriegsgeschehens eine intensive Auseinandersetzung um die Frage geführt: Hat der Adel eine besondere Qualität, oder bleibt ihm nur noch ein Titel? Graf Baldino Compostella di Sanguinetto führte im Vergleich zum Ancien régime aus: »Der Adel war eine anerkannte, wenn auch vielleicht durch einen Freibrief verliehene Qualität, heute ist er nur noch ein Titel, der eine vergangene Situation ausdrückt oder einfach ehrenhalber verliehen wird.« Nach seiner Meinung hatte der Adel also lediglich repräsentativen Charakter bewahrt. Diese Interpretation wurde indes nicht von allen Adligen geteilt. Nicht wenige bestanden darauf, daß es eine besondere adlige Qualität gäbe, die sich vom Vater auf den Sohn erneuere, durch das Blut weitergegeben werde und also unvergänglich sei. »Die faktische Vorrangstellung«, so schrieb der Adlige Granello di Casaleto, »die das Geschlecht vererbte aufgrund der Verdienste des Geschlechts selbst, aufgrund geschriebenen oder Gewohnheitsrechts oder aufgrund fürstlichen Willens, erzeugt nicht mehr den Adel, sondern ist zu einer naturgegebenen, im Blut angelegten Stellung geworden, die per Naturrecht wie Blut und Leben übertragen wird.«

Die italienische Einigung war in vielerlei Hinsicht ein entscheidender Moment für das Schicksal der italienischen Aristokratie: Sie beseitigte Klassenprivilegien der Adelsschichten im Land. Der neue italienische Staat gestand nämlich dem Adel seine Titel zu, unterstrich aber, daß diese nicht mit Vorrechten verbunden seien. Der auf institutioneller Ebene recht unscharf definierte Adel verschwand aber nicht, sondern verstärkte im Gegenteil Ansprüche auf Abgrenzung und Prestige. Der Heraldische Rat, 1869 zur Überprüfung der Urkunden derjenigen eingerichtet, die die Anerkennung der alten Titel forderten, machte sich an die schwierige Aufgabe, einem adligen Gefüge eine Einheit zu geben, das sich im Laufe mehrerer Jahrhunderte in unterschiedlichen institutionellen Zusammenhängen herausgebildet hatte und das um die durch die neue Dynastie Ausgezeichneten erweitert wurde. Doch aufgrund der hohen Anzahl von Anträgen auf Bestätigung und aufgrund der unterschiedlichen Lebensbedingungen unter den Adligen war es weder sofort noch später gelungen, einen »italienischen« Adel zu schaffen. Deshalb muß im Fall Italiens eher von *den* Aristokratien statt von *der* Aristokratie gesprochen werden.

Italienische Adlige gehörten bis zur Einigung Italiens mit zu den Reichsten des Landes. Obwohl die Elite der norditalienischen Stadt Piacenza immer stärker durch bürgerliche Gruppierungen geprägt wurde, gehörten dem titeltragenden Adel zwischen 1863 und 1866 43,7 Prozent, zwischen 1876 und 1879 noch 43,6 Prozent und zwischen 1902 und 1905 noch 35 Prozent aller Besitztümer. Diese Zahlen zeigen einen deutlichen, aber noch relativ begrenzten Niedergang, der sich in den Jahren nach der europaweiten Agrarkrise der 1880er Jahre verschärfte und einen Teil der Aristokratie dazu getrieben hat, seinen Landbesitz zu reduzieren. Noch deutlicher war der ökonomische Niedergang des niederen titellosen Adels, vor allem in den mittel- und norditalienischen Städten. Zwischen 1860 und 1914 wurde der adlige Besitz von dem bürgerlicher Gruppen in den Schatten gestellt.

Die bürgerlichen Vermögen waren gewachsen, während der Adel relativ gesehen an ökonomischer Bedeutung verlor, aber auf im wesentlichen stabilen Positionen blieb. Weniger deutlich war der ökonomische Niedergang des Adels in den Städten Süditaliens. In Neapel übertraf in der zweiten Hälfte des 19. Jahrhunderts der Mittelwert der adligen Besitztümer ganz eindeutig die Vermögen jeder anderen Kategorie: 1876 besaß ein Adliger im Durchschnitt Werte von 634 000 Lire, während die zweitreichste Gruppe der Kaufleute lediglich über 34 000 Lire verfügte. 1906 waren die aristokratischen Besitztümer zwar auf einen Mittelwert von 211 000 Lire gesunken, lagen aber deutlich über den 34 000 Lire der Advokaten.

Abschließend kann festgehalten werden, daß in der gesamten Zeit von der nationalen Einigung bis zum Ersten Weltkrieg eine reiche Adelsschicht erhalten blieb, trotz der durch die Agrarkrise im letzten Viertel des Jahrhunderts ausgelösten Veränderungen. Der Niedergang des Adels war weitgehend auf das in einigen Fällen recht stürmische Anwachsen von bürgerlichen Gruppen zurückzuführen, die in der Lage waren, ebenso große und zuweilen, wenn auch nicht oft, sogar größere Vermögen zu bilden. Vor allem in den wirtschaftlich dynamischeren Gebieten des Landes, in denen ein stärkeres Wachstum der Unternehmergruppen zu verzeichnen war, ging der ökonomische Einfluß des Adels zurück. In dem an unternehmerischer Tätigkeit armen Catanzaro dagegen gelang es den

Vertretern der Patrizier und der lokalen Adligen immer noch, ihre Vorherrschaft gegenüber einem Bürgertum der freien Berufe zu behaupten, das im Grundbesitz eine Möglichkeit sah, sich einen adelsähnlichen Status zu erwerben.

Dieser harte Kern des Adels blieb ökonomisch im wesentlichen einer Rentierskultur verhaftet. Diese ist daran zu erkennen, daß der aristokratische Besitz mehrheitlich in ländlichen und städtischen Immobilien angelegt war. In Florenz bestanden zwischen 1862 und 1882 die adligen Vermögen von über einer halben Million zu 69 Prozent und am Ende des Jahrhunderts zu 55 Prozent aus Immobilienbesitz. Dieser Besitz befand sich zu über 50 Prozent im ersten und nur wenig weniger im zweiten Zeitraum auf dem Land. Das bewegliche Vermögen nahm indes deutlich zu (von 17 Prozent auf 33 Prozent), wobei der Aktienanteil von 2 Prozent auf 15 Prozent hochschnellte. Die Finanz- und Spekulationsgeschäfte einiger Familien der reichen florentinischen Aristokratie waren allerdings eher die Ausnahme in Italien. Stärker traditionell wirtschaftete die reiche Turiner Aristokratie. Sie legte ihr Geld zwischen 1862 und 1912 im Durchschnitt zu 73 Prozent in Immobilien an, wenn diese auch tendenziell an Bedeutung verloren. Der Landbesitz lag in beiden Zeiträumen noch über 50 Prozent. Auch hier zeigten sich jedoch zaghafte Anzeichen einer Diversifizierung: Die Aktien stiegen von 2,5 Prozent (1862) des Besitzes auf 6,6 Prozent (1912) an. Im allgemeinen blieben die kleineren Städte dem traditionellen Modell verhaftet, das in den größeren Städten in eine Krise geriet. In Forlì gehörten zwischen 1881 und 1883 dem städtischen Adel zwar nur 23 Prozent der Ländereien der Grafschaft, aber das adlige Vermögen war weiterhin zu 78 Prozent in Ländereien angelegt. Noch stärker rückwärtsgewandt waren die ökonomischen Interessen des süditalienischen Adels. In Catanzaro machten Immobilien sowohl 1875–79 wie 1902–05 fast 70 Prozent des adligen Erbes aus. Dabei nahm in den 25 Jahren der städtische Immobilienbesitz schwach zu, während der ländliche leicht zurückging. Es gibt im übrigen keine Hinweise auf ein wachsendes Interesse dieser Adligen für bewegliche Vermögenswerte, abgesehen von dem Interesse an Kreditgeschäften, die mit sehr hohen Zinsen vergeben wurden und den Zweck hatten, die Enteignung des Schuldners einzuleiten.

Der zersplitterte, zerstückelte, uneinheitliche Adel war geschrumpft, aber nicht verschwunden, sein Vermögen hatte sich in vielen Gebieten des Landes wenig geändert. Die angesehensten und reichsten Vertreter der italienischen Aristokratie stellten in Übereinstimmung mit den Entwicklungen im übrigen Europa nicht mehr den zentralen Teil der Geldelite dar, hatten aber im wesentlichen ihren Besitzstand erhalten. Sie besaßen immer noch große Anteile am Landbesitz und hatten in einigen Fällen, wie in Florenz, den Immobilienanteil verringert und die so gewonnenen Ressourcen in anderen Sektoren investiert. Die Agrarkrise der 1880er Jahre hatte einen großen Teil des Adels ruiniert, aber auch zum Zusammenschluß der wirtschaftlich Überlebenden geführt und sie zu realistischeren Einschätzungen ihres Besitzes gezwungen.

Die Agrarkrise des letzten Viertels des 19. Jahrhunderts, die nach einer langen Stabilitätsphase die italienische Wirtschaft, die ländliche Gesellschaft Italiens und einen großen Teil Westeuropas traf, hatte einschneidende Wirkungen für den Platz des Adels in den Geld- und Machthierarchien. Daß die Agrarkrise ein bedeutsamer Wendepunkt für die italienische Aristokratie und gleichzeitig ein Moment großer Ausdünnung der Gruppe war, scheint unumstritten. Weniger klar ist, warum eine soziale Gruppe, die Veränderungen wie die Abschaffung des Feudalsystems, den Verlust der patrimonialen Gerichtsbarkeit und jeglicher Privilegien gut ertragen hatte, so hart von der Agrarkrise getroffen wurde, die sich im Lichte jüngerer historischer Forschungen als wesentlich weniger dramatisch als die genannten Strukturveränderungen darstellt. Die Kluft zwischen den Ressourcen, über die die Aristokratie verfügte, und den Belastungen, denen sie ausgesetzt war, kann als Erklärung dafür dienen, daß sie sich – wie es in der gleichen Zeit auch in Großbritannien geschah – verschuldete und daß diese Verschuldung im letzten Viertel des Jahrhunderts untragbar wurde.

Francesco Serra Fürst von Gerace hatte im Zeitraum von 1876 bis 1883 mit dem Erbe seines Onkels und einem Teil des väterlichen Erbes Immobilien von über vier Millionen Lire zusammengetragen. Trotzdem und trotz des Verkaufs der wertvollsten Teile seines Vermögens wie zum Beispiel eines berühmten Landguts in Policoro an der ionischen Küste befand sich der Fürst von Gerace am Ende des Jahrhunderts in einer katastrophalen finanziellen Lage. 1896 ordnete das Zivilgericht von Neapel den Zwangsverkauf all seiner Besitztümer an. Der Fall der Familie Borghese, einer der reichsten im Lande, war weniger dramatisch, aber auch recht schwierig. Ähnlich war die Situation der Familie der Barone Barracco, Eigentümer des reichsten und größten Besitzes im Königreich der beiden Sizilien: 1898 machten die passiven Posten, die ihr Vermögen belasteten, ein Drittel des Kapitalwerts ihres Besitzes aus. Und weiter: Ferdinando

Bartolommei, ein den städtischen Finanzkreisen nahestehender florentinischer Adliger ohne männliche Nachkommenschaft, war ruiniert, als er die Mitgift für seine vier Töchter bezahlt hatte. Die ohnehin schwierige ökonomische Situation der Familie ertrug diese Ausgaben nicht.

Die Verschuldung dieser hier erwähnten Familien war zwischen dem Ende der achtziger Jahre und dem Ende des Jahrhunderts einem sicherlich nicht kleinen Teil der italienischen Aristokratie gemeinsam. Gerade diese Verschuldung verlieh der Agrarkrise den von den Zeitgenossen wahrgenommenen dramatischen Charakter.

Unter den Hauptursachen für die Verschuldung der italienischen Aristokratie müssen sicherlich die Landkäufe und die in ganz Europa seit Beginn des 19. Jahrhunderts stetig zunehmenden Familienausgaben genannt werden. Sie waren eine Folge der wachsenden Sentimentalisierung des Familienlebens und des Wunsches, allen Kindern eine unabhängige Zukunft zu ermöglichen. Für diese Änderung der allgemeinen ökonomischen Verhaltensweisen, ausgehend von der auch in Italien, wenn auch mit deutlicher Verspätung gegenüber England, zu verzeichnenden Herausbildung des egalitären Familienideals, ist der Fall der Familie Borghese recht bezeichnend. Zwischen 1840 und 1880 verschlangen Mitgift und unterschiedliche Ausgaben für die Hochzeiten der zahlreichen Kinder des Fürsten Borghese fast zwei Millionen Lire. Der Fürst hinterließ aufgrund eines 1880 unter den Mitgliedern der Familie aufgesetzten Abkommens jedem seiner fünf Söhne Immobilien in einem Wert von etwa zweieinhalb Millionen Lire, während an den Erstgeborenen ein Vermögen von etwa zehn Millionen ging. Der Erstgeborene genoß sicherlich eine bevorzugte Behandlung. Doch die Gesamtheit der den anderen Kindern zugesprochenen Anteile stellt unter Berücksichtigung auch der eindrucksvollen Aussteuer für die Töchter eine zuvor nie erlebte »Dispersion« des Familienbesitzes dar. Es ist nicht möglich zu sagen, wie verbreitet das Verhalten der Borghese oder der Bartolommei war. Doch es waren sicherlich keine Einzelfälle. Die Borghese oder Bartolommei gewährten den jüngeren Söhnen Anteile und zahlten die Aussteuer für die Töchter in bar aus. Die Anteile wurden aber häufig gar nicht oder erst viel später gezahlt und faktisch in eine durch Hypotheken auf den Familienbesitz abgesicherte Rendite des jeweiligen Anteils umgewandelt. Diese im Grundgedanken dem britischen *strict settlement* ähnliche Unterscheidung zwischen dem Erstgeborenen, dem der Familienbesitz gebührte, und den jüngeren Söhnen oder den Töchtern, die als Gegenwert für die Mitgift oder die Erbanteile einen Teil der Rendite des ungeteilten Familienbesitzes erhielten, war eine relativ geläufige Praxis. Dadurch wurde der Erstgeborene zu einer Art Nutznießer, in der Art des englischen *life tenant*, und die Unversehrtheit des Familienbesitzes wurde sichergestellt, allerdings nur auf Kosten einer Zunahme der passiven Posten und der Hypotheken. In demographisch ungünstigen Fällen, wenn einer langlebigen Mutter der ihr zugestandene »Unterhalt auf Lebenszeit« bezahlt werden mußte oder zu vielen Geschwistern die ihnen gewährten Kapitalzinsen zu entrichten waren, konnte es zu drückenden, zuweilen sogar untragbaren Verschuldungen kommen.

Daneben wurden auch für die ständigen Landkäufe Schulden gemacht. Hinter den Käufen standen Gründe des Prestiges und der Autorität. Der Adel pflegte den Mythos des Landbesitzes als letzte Bastion für die kollektive Identität der Gruppe. Bis zur Agrarkrise ließ sich der Landkauf durch folgende Überlegungen rechtfertigen. Die politische Führungsrolle, mit der die Regierungen die besitzenden Eliten betrauten, das hohe Preisniveau der landwirtschaftlichen Produkte, die günstigen Bedingungen des Bodenmarktes durch den Verkauf von riesigen Flächen Kirchenlandes, die vollständige Privatisierung des Gemeindelandes – all diese Gründe sprachen dafür, Land zu kaufen. Am verbreitetsten war die Tendenz, durch zusätzliche Ländereien die Gesamtsumme der Rendite zu vergrößern oder ihrem Rückgang entgegenzuwirken, was auf jeden Fall einfacher zu sein schien, als die Rentabilität durch eine rationellere Bebauung des Landes zu steigern. Diese Strategie ist bei einigen Vertretern der Aristokratie deutlich erkennbar.

Weitere Ursachen für die Verschuldung lagen in der Neudefinition und Zusammenlegung des Besitzes, die dem Wunsch der Adligen entsprach, die Grenzen, die sie von den Nachbarn trennten, möglichst weit hinauszuschieben. Doch die Landgier der italienischen Aristokratie hatte auch einen sozusagen strategischen Grund. Das Land eignete sich besonders gut, ja es war sogar unerläßlich für die Politik der Trennung von Besitz und Nutznießung und der Umwandlung der Erbschaften für die Frauen und jüngeren Söhne in Rendite. Es ist also durchaus logisch, daß der italienische Adel am häufigsten in Grund und Boden investierte und daß auch in den Fällen, in denen die Mitgift wirklich ausgezahlt wurde, diese fast immer dem Landkauf oder insbesondere nach den 1880er Jahren den staatlichen Wertpapieren untergeordnet wurde, die sozusagen als virtuelle Immobilien anzusehen waren.

Weiterhin wurden die Bilanzen der Aristokratie durch die Aufwendungen für repräsentative Zwecke und durch die sich aus den beibehaltenen Funktionen des Patronats und der örtlichen politischen Führung ergebenden Ausgaben belastet. Hinzu kamen Spenden an religiöse Einrichtungen und Leibrenten für Bedienstete, Verwandte und Freunde.

All diese Belastungen stellten die Aristokratie vor die schwierige Wahl zwischen einer niedrigeren Rendite mit längeren Pachtverträgen und größerer sozialer Ruhe einerseits und einer höheren Rendite mit höheren und jeweils nach kurzen Zeiträumen neu verhandelten Pachtzinsen andererseits, wobei sie aber den dumpfen Groll der Landbevölkerung, eine Zunahme der Felddiebstähle, örtliche Gewalttaten und die Schwierigkeit, neue Pächter zu finden, in Kauf nehmen mußte. Doch die Kosten für die Familie dürfen natürlich nicht mit dem Immobilienkapital, sondern müssen mit der Verfügbarkeit an Bargeld in Beziehung gesetzt werden, das der eigentliche wunde Punkt in der Finanzlage des Adels war. Es verwundert daher nicht, daß bis zur Agrarkrise der Bedarf an Bargeld systematisch durch Kreditaufnahme gedeckt wurde.

Auf dem Hintergrund dieser breiten Verschuldung des Grundbesitzeradels waren die Folgen der Agrarkrise verständlicher. In den Gebieten der Latifundien im Latium und in Süditalien folgten die Reaktionen auf die Krise im allgemeinen dem gleichen Muster. Der Fürst Borghese versuchte, durch eine Verbesserung der Böden, die direkte Verwaltung eines Teils der Ländereien, die zuvor in Pacht gegeben wurden, und eine Intensivierung der nichtlandwirtschaftlichen Aktivitäten der Krise zu entgehen. Dadurch veränderte sich die Zusammensetzung der Rendite, der städtische Grundbesitz wuchs im Verhältnis zum ländlichen.

Im allgemeinen kann man jedoch sagen, daß die süditalienische Aristokratie in ihrer Reaktion auf die Krise wenig Weitblick bewies. Sie schränkte den Anbau ein, intensivierte die Obstkulturen und engagierte sich weniger im Getreideanbau. In der Verwaltung beschränkten sich die meisten Adligen auf eine einfache Neuorganisation: eine Verbesserung der Buchhaltung, eine pünktlichere Eintreibung der Pachtzinsen sowie auf einen häufigeren Einsatz von Enteignungen im Falle eines Zahlungsrückstandes des Pächters.

Die Agrarkrise traf – unter anderem aufgrund der unangemessenen Reaktionen – deshalb den gesamten süditalienischen Grundbesitzeradel hart, erwies sich aber als geradezu katastrophal für die wenig strukturierten Besitztümer und für die mit drückenden Schulden belasteten Vermögen, die deshalb die für die Erneuerung der Produktionsstrukturen notwendigen Ausgaben nicht aufbringen konnten. Das Ausmaß der Verschuldung erreichte während der Krisenjahre in einigen Fällen ein Niveau, das endgültige Entscheidungen unaufschiebbar machte: Man mußte verkaufen, und zwar schnell und gut verkaufen, bevor es zu spät war. In den letzten zehn Jahren des 19. Jahrhunderts und im ersten Jahrzehnt des 20. Jahrhunderts kam es unter dem Druck von Gläubigern, Pfändungen, Enteignungen und Abfindungen zu einer der intensivsten Phasen des Landverkaufs, die es je in Italien gegeben hat.

Die Agrarkrise löste also einen Prozeß aus, der innerhalb von zwanzig Jahren die süditalienische Aristokratie tiefgreifend verwandelte. Die Verminderung der wirtschaftlichen Bedeutung des Landbesitzes und die gleichzeitige Schwächung seines symbolischen Werts machten jene Strategien praktisch unmöglich, aber auch sinnlos, mit denen der Adel die Bestimmungen, die die Eigentumsübertragungen von einer Generation zur nächsten regelten, manipuliert oder umgangen hatte, um soweit wie möglich die Unversehrtheit des Familienbesitzes zu erhalten.

Die systematische Verschuldung der aristokratischen Kreise stand in hohem Maße mit den neuen, von der Familie auferlegten Kosten in Verbindung. Man darf in der Tat nicht vergessen, daß die größte Neuerung der zweiten Hälfte des 19. Jahrhunderts in den Reihen der italienischen Aristokratie darin bestand, daß die jüngeren Söhne und die Töchter größere Heiratsmöglichkeiten besaßen. Das Ausmaß der Veränderung läßt sich an der Tatsache ermessen, daß in der Zeit von 1850 bis 1889 unter den Mailänder Patriziern 88,5 Prozent der Männer und 75 Prozent der Frauen verheiratet waren. Man kann festhalten, daß es sicherlich Adelskreise gab, die bis zum Ersten Weltkrieg und in einigen Fällen noch darüber hinaus eine endogame Heiratspolitik und ein abgesondertes gesellschaftliches Leben pflegten. Die Eröffnung erweiterter Heiratsmöglichkeiten und die sich daraus ergebende Suche nach von den ökonomischen Ressourcen der Familie unabhängigen Arbeitsmöglichkeiten bedrohten sicherlich diese Absonderung. Gesellschaftliche Exklusivität, endogame Heirat und ein daraus folgender Kosmopolitismus waren die Elemente, die ganz eindeutig einen der angesehensten, wenn auch nicht notwendigerweise reichsten Teil des italienischen Adels kennzeichnen. Die Familie Lucchesi Palli, Fürsten von Campofranco, ist eines der zahlreichen Beispiele für diesen Teil der italienischen Aristokratie, der an allen großen Höfen Europas zu Hause war. Um den kosmopolitischen Charakter dieses Adels zu unterstreichen, kann man noch hinzufügen, daß das Interesse für ausländische Partner auch den anderen europäischen Adelsfamilien gemeinsam war. Sogar in England gingen unter den zwischen 1850 und 1874 Geborenen die endogamen Ehen in Adelskreisen zurück. Dies war zum großen Teil auf die zahlreichen Heiraten mit ausländischen Adligen zurückzuführen.

Die Erweiterung des aristokratischen Heiratsmarktes schuf zusätzliche Möglichkeiten bei der Suche nach dem »passenden« Partner. Eine hohe soziale Endogamie war mithin während des gesamten betrachteten Zeitraumes möglich. Die süditalienische Aristokratie verdient eine gesonderte Betrachtung. Da der Prestige-Adel des Mezzogiorno sich in der Restaurationszeit um den Souverän versammelt hatte und am Leben bei Hof teilnahm, war er nicht nur durch soziale Endogamie charakterisiert, sondern auch durch eine sich innerhalb jener besonderen aristokratischen Gruppe bewegende Endogamie. 85 Prozent der zwischen 1790 und 1840 geborenen Adligen verheirateten sich im Adel und 57 Prozent sogar mit Frauen, deren Familien eine enge Bindung an den Hof besaßen. Aber auch die Ehen mit ausländischen Adligen waren verbreitet. 12 Prozent der Männer schlossen eine Ehe mit Frauen aus dem europäischen Adel. Dieser Befund zerstört die Vorstellung einer völlig auf sich bezogenen süditalienischen Aristokratie, die ein eigenes kulturelles Universum und einen eigenen Lebensstil besaß, und unterstreicht statt dessen ihre Bindung an die vergleichbaren europäischen Kreise. Auf der Suche nach einem Partner aus den gleichen Kreisen zog dieser Adelige, wenn er schon eine Bürgerstochter heiraten mußte, eine aus dem Ausland vor, da sie besser als eine Ehefrau aus dem eigenen Land den Bruch mit der gewohnten Exklusivität überdecken zu können schien. Die Spezialisierung des Adels auf die diplomatische Karriere trug dazu bei, das kosmopolitische Image der italienischen Aristokratie zu betonen.

Eine gesonderte Betrachtung verdient jener Teil der Aristokratie, der sich durch den Besitz relativ großer Ländereien selbst definierte. Er zeigte in Neigung, Strategie und Kultur viele gemeinsame Züge, eine gewisse Familienähnlichkeit. Es ist kein Zufall, daß dieser Teil des Adels als einziger als Interessengruppe agierte, als die Agrarkrise ihn zwang, mit der Führungsschicht des Landes über die Bedingungen seines Überlebens zu verhandeln. Es war jedoch nicht nur der Reichtum, der diese Schicht der angesehensten Aristokratien charakterisierte. Die Fähigkeit, Familien- und Erbschaftsmodelle beizubehalten, die vom Ancien régime geprägt waren, kennzeichnete ihn ebenso. In der piemontesischen Grundbesitzeraristokratie, die diese Merkmale aufwies, begnügte sich die Hälfte der angesehensten und reichsten Aristokraten nicht damit, in irgendeine adlige Familie einzuheiraten, sondern sie suchten Ehepartner im eigenen sozialen *Milieu.* Außerhalb des begrenzten Kreises reicher und alter Familien bevorzugte die Turiner Aristokratie Ehefrauen aus italienischen wie auch aus ausländischen Familien, die in ihrem Ansehen und Reichtum dem eigenen Niveau nahestanden, gegenüber einer *Mesalliance* mit einer nichtadligen Piemonteser Ehefrau. Die Häufigkeit von streng endogamen Ehen trug auch zur Stärkung der verwandtschaftlichen Beziehungen und damit der kollektiven Solidarität und Identität der Familien des reichsten Piemonteser Titeladels bei. Der Wunsch nach Absonderung, der die piemontesische Aristokratie durchdrang und unvermeidlich die Formen ihrer Geselligkeit beeinflußte, wird am Beispiel des Turiner Whist-Zirkels deutlich, der sich selbst gegenüber den reichsten und einflußreichsten Bürgern der Stadt abschloß.

Wesentlich mehr in Bewegung zeigte sich der kleine Adel Italiens. Zu ihm gehörten Patrizier der Provinzstädte, aus den Beamtenständen und Verwaltungsschichten der alten Staaten stammende geadelte Familien, die Geschlechter, die mit geringem Vermögen aus dem Ancien régime hervorgegangen waren. In Piacenza war es der titellose und nicht der betitelte Adel, der mit der endogamen Heiratstradition brach. Die Endogamie war hundert Jahre später zurückgegangen auf 47,9 Prozent von 78,1 Prozent am Ende des 18. Jahrhunderts. Die Fähigkeit des titellosen Adels, sich zwischen der reichen örtlichen Aristokratie und dem Bürgertum der freien Berufe anzusiedeln, machte ihn für die Übernahme von kommunalpolitischen Führungsaufgaben geeignet.

Auch das Vereinsleben kann als Indikator dafür dienen, wie stark sich die italienische Aristokratie zum Rest der Gesellschaft öffnete. In der ersten Hälfte des 19. Jahrhunderts hatte sich mehr oder weniger überall in Europa unter den bürgerlichen Kreisen ein reges Vereinswesen entwikkelt. In den bedeutenderen Städten, aber auch in kleinen Zentren Großbritanniens, Frankreichs, Deutschlands und der Schweiz hatte dieses bürgerliche Assoziationswesen die Form des Vereins angenommen, der auf dem Prinzip der Gleichheit beruhte. In Italien bildeten sich erst in der zweiten Hälfte des Jahrhunderts in den städtischen Zentren erste Formen eines Vereinswesens heraus, das zwar nicht als Massenbewegung bezeichnet werden kann, aber sicherlich weniger auf elitäre Gruppen beschränkt war, als dies in den ersten Jahrzehnten des Jahrhunderts der Fall gewesen war. Diese formelle Geselligkeit ersetzte nicht die informelle Geselligkeit der Familie und der Verwandtschaft, der Cafés, der Bälle und musikalischen Veranstaltungen in Privathäusern, sondern ergänzte sie. Nach der Einheit Italiens und der Anerkennung der Verfassung (Statuto Alberto), die nicht ohne gewisse Zweideutigkeiten das Recht auf Versammlungsfreiheit anerkannte, schossen in den kleinen und großen städtischen Zentren Vereine, Zirkel, Wählerkomitees, Unterstützungsorganisationen und Wohltätigkeitsgesellschaften aus dem Boden. Der Assoziationsgeist erfaßte mehr oder weniger das ganze Land, wenn auch mit unterschiedlichen Ergebnissen und in verschiedenen Formen. Auf diesem Hintergrund setzte sich in Italien der Verein als vorherrschendes Modell durch, der die typischen adligen Geselligkeitsformen wie die Akademie, das Kasino und den Salon in ihrer Bedeutung reduzierte. Der Übergang von der Geselligkeit des adligen Kasinos zu der des Vereins war identisch mit der Entscheidung für ein Modell der sozial weniger abgeschlossenen, für Frauen aber verbotenen Geselligkeit. Hauptsächlich vom berufstätigen Bürgertum initiiert, hatten die Vereine noch zwischen 1860 und 1880 kleine Mitgliederzahlen und eine vorwiegend lokale Ausrichtung, kündigten aber bereits die Entwicklung des massenhaften Vereinswesens an, das ab den 1890er Jahren deutlichere Züge annehmen sollte.

Da in diesen Zirkeln bürgerliche und aristokratische Kreise zusammentrafen, kann die Geselligkeit auch die Veränderungen verdeutlichen, die in der Welt des Adels stattfanden. Nach der nationalen Einigung fanden sich in den Mailänder Vereinen neben adligen und nichtadligen Grundbesitzern und Geschäftsleuten zunehmend Advokaten, Notare, Ingenieure, Ärzte und Professoren. Der Mailänder Zirkel förderte im großen und ganzen eine schnelle Annäherung zwischen den bürgerlichen Kreisen und einem großen Teil des Geburtsadels, obwohl dieser weiterhin eine beherrschende Rolle spielte. In bedeutenden Zirkeln wie der *Società dell'Unione* (Gesellschaft der Einheit), aus der 1890/91 15 Prozent der Mailänder Stadtverordneten hervorgingen, machten die Adligen noch 62 Prozent an der Gesamtheit der Mitglieder aus. Eine ähnliche Situation bestand in Städten wie Florenz oder Bologna. In Neapel und Turin verlief der Integrationsprozeß allerdings langsamer und komplexer. In diesen beiden Städten läßt sich feststellen, daß ein Teil der Aristokratie sich weiterhin zumindest vor 1880 in geschlossenen Zirkeln versammelte, die gegenüber der übrigen Gesellschaft ständisch abgeschlossen waren, während ein anderer begrenzterer Teil, der vorwiegend den niederen Adel umfaßte, sich entschlossener mit den reichen und angesehenen Vertretern der örtlichen Geschäfts- und Berufswelt mischte.

Aus den Veränderungen der Geselligkeit kann man leicht ersehen, daß noch bis zum Ersten Weltkrieg die italienische Aristokratie in vielen Teilen des Landes den Wunsch nach gesellschaftlichen Barrieren nicht aufgegeben hatte, um die eigene Absonderung von der übrigen Gesellschaft zu verteidigen. In Turin insbesondere, aber auch in Neapel verteidigten adlige Kreise noch eifersüchtig ihre eigene soziale Identität.

In allen Teilen des Adels hatten sich gemeinsame Selbst- und Fremddefinitionen erhalten. Diese mündeten auch in gemeinsame Strategien, die eigenen Besonderheiten zu konstruieren und zu bewahren, gemeinsame Verhaltens- und Beziehungsmodelle zu verteidigen sowie Berufe als legitim oder illegitim darzustellen. Als Zeichen dafür, wie sehr unsichtbare Barrieren den Adel von der übrigen Gesellschaft trennten und wie stark diese in die Berufswahl eingingen, ist die Nichtbeteiligung von adligen Gruppen an bürgerlichen Berufen zu nennen. Es ist bezeichnend, daß gegenüber der Mitte des 18. Jahrhunderts zwischen 1800 und 1900 der Anteil der Adligen an den freien Berufen sank. Die wenigen adligen Freiberufler entstammten in der Regel einem niederen Provinzadel. Anwälte oder Ärzte wurden fast ausschließlich jüngere, vom Familienbesitz ausgeschlossene Söhne. Dies hing auch damit zusammen, daß in Italien die freien Berufe dazu beitrugen, das alte Gesellschaftssystem zu zerstören und einen neuen institutionellen Rahmen zu schaffen, an dem der Adel allerdings im wesentlichen nicht beteiligt war.

Da sie sich nicht durch anerkannte Titel und Privilegien abgrenzen konnte, war für die Kohäsion der Welt des Adels eine kollektive Identität notwendig, die sich auf ein, wenn auch nicht gemeinsames, so doch weitgehend geteiltes kulturelles Deutungssystem gründete. Diese kollektive Vorstellungswelt stützte sich auf exklusive Formen der Geselligkeit, zu denen der Zugang streng geregelt war. Nichtadlige Personen konnten nur durch Kooptation daran teilnehmen. Absonderung und Exklusivität waren die Merkmale der adligen Welt, und es waren natürlich die größeren städtischen Zentren wie Turin, Rom oder Neapel, die diese Strategien des Adels möglich machten. In den kleinen Zentren des Mezzogiorno förderte die »Enge« der Gesellschaft Berührungen mit anderen sozialen Gruppen, in vielerlei Hinsicht erforderte sie diese sogar.

In der zeitgenössischen Memoirenliteratur, in zahlreichen Familienlegenden, in einer breiten genealogischen und heraldischen Literatur, die nicht ohne Grund im liberalen Zeitalter besonders reichhaltig war, sowie in den Debatten, die in Zeitschriften wie der *Rivista araldica* ausgetragen wurden, sind Elemente der adligen Kultur in Italien zu fassen. Diese Publikationen sollten auch an die Geschichte des adligen Geschlechtes erinnern und diese lebendig halten. Sie entsprangen im allgemeinen privater Initiative und richteten sich an die jüngeren Familienmitglieder. Sie sollten jedoch ausdrücklich das hohe Ansehen legitimieren, das der Adel in der italienischen Gesellschaft bis kurz vor dem Ersten Weltkrieg noch immer zu besitzen meinte. Seiner Privilegien beraubt, nährte der Adel die Überzeugung, weiterhin einen herausragenden Platz in der italienischen Gesellschaft einzunehmen, weil die »großen« Taten der alten auch den jüngeren Generationen Prestige und Würde verliehen.

Der gesamte italienische Adel war gleichermaßen, bis unmittelbar vor dem Ersten Weltkrieg, von dem Bewußtsein durchdrungen, das man als »Geschlechtergefühl« bezeichnet hat, das heißt eine tiefe Bindung, die die neuen mit den alten Generationen vereinigte. Es handelt sich um ein Gefühl, das die jüngeren an die weit zurückliegenden Generationen band, das die Vorstellung stärkte, daß die jüngeren Generationen Glieder einer »ununterbrochenen Kette aus Gefühlen, Interessen, Zielen, Freuden und Schmerzen« seien, die »die Vergangenen mit den Lebenden vereint«. Dieses Geschlechtergefühl verband Vergangenheit und Zukunft und motivierte die Vertreter der Aristokratie, Dokumente zu sammeln, Stammbäume zu überprüfen und zu bereichern, die Geschicke der einzelnen Familienzweige zu rekonstruieren und diese archivarische Tätigkeit zu ihrer Lieblingsbeschäftigung zu machen.

Mit dem Ende der alteuropäischen Staaten und dem Ende der privilegierten Beziehungen mit den Monarchen hatte der italienische Adel seine Legitimationsbasis verloren und war gezwungen, mit seinem Ansehen den verbleibenden Teil seines sozialen Kapitals zu verteidigen. Dieses Ansehen ließ sich in den repräsentativen Institutionen und Organen vermehren, die der Nationalstaat den Adligen überließ. Breiten Schichten der italienischen Aristokratie gelang es dementsprechend, noch mit ruhigem Optimismus in die Zukunft zu blicken, in der Überzeugung, daß der Adel noch immer – wie der Marchese di Salice in einem Motto für eine Dokumentensammlung der Familie Capece Tomacelli Filomarino formulierte – ein »sinnvolles Vorbild jeglicher religiösen und weltlichen Tugend für die neuen Generationen« sein könne.

Die kulturelle Welt des Adels im 19. Jahrhundert wurde aber auch durch seine ökonomischen Zukunftsplanungen geprägt. Die Agrarkrise zum Beispiel führte in den verschiedenen Adelskreisen des Landes zu regional recht unterschiedlichen Reaktionen, die sich im allgemeinen zwischen der Tendenz zu einem in Neapel recht verbreiteten Rückzug aus der Landwirtschaft, zu einem verstärkten Interesse am Grundbesitz, wie es in einem großen Teil der süditalienischen Provinz der Fall war, und der in Mittel- und Norditalien verbreiteten Verbesserung der landwirtschaftlichen Produktion bewegten.

Der Rückzug aus der Landwirtschaft und die Ausdünnung des Grundbesitzes verstärkten in den betreffenden Fällen auf eine nur scheinbar paradoxe Weise die adligen Verhaltensweisen und die soziale Absonderung, anstatt sie zu schwächen. Die Aufgabe des Landes nämlich zwang den Adel, seine kollektive Identität in der Verherrlichung seiner Vergangenheit, seiner Ursprünge und seiner Nichtbeteiligung an der Welt der Arbeit zu suchen. In den Bereichen, in denen die Bindung an das Land nicht abgebrochen wurde, festigten sich – so unterschiedlich auch die Ausbeutung der Ressourcen betrieben wurde – dagegen die Bündnisse mit dem provinziellen grundbesitzenden Bürgertum. Tief verwurzelt in der italienischen Provinz und eifrig auf sein ländliches Image bedacht, war der grundbesitzende Adel bereit, wie der bereits zitierte Fall von Piacenza zeigt, Bündnisse mit dem Bürgertum einzugehen, das – freiberuflich oder nicht – seinerseits vermocht hatte, einen ausgedehnten Grundbesitz aufzubauen. Besonders stabil war jedoch die Rentierskultur dieser adligen Kreise: Bis zum Ersten Weltkrieg war das Sozialprestige an Rendite aus Grundbesitz oder beweglichen Vermögen gebunden.

Es fehlt jedoch auch nicht an anderen Lösungsmodellen der Krise. Der toskanische Adel zum Beispiel benutzte schon zu Zeiten des Großherzogtums die landwirtschaftliche Rendite nicht für ein Rentiersdasein, sondern um seine traditionellen Agrarinteressen mit kaufmännischen, unternehmerischen und insbesondere finanziellen Aktivitäten zu verbinden. Diese Strategie machte nach der Einheit Italiens den toskanischen Adel zu einem der vitalsten Faktoren in der italienischen Wirtschaft.

Weniger Probleme bereitete die Entwicklung von Überlebensstrategien dem Hochadel. Er fand in seinem übernationalen gesellschaftlichen Leben eine neue Identität. In diesem waren die Positionen des deutschen und österreichisch-ungarischen Adels weiterhin zentral, allerdings hatten auch britische Adlige bis 1911 nur zum Teil an Prestige eingebüßt.

Es bleibt schließlich noch offen, welche Rolle Adlige im politischen System ihres Landes spielten. Noch 1936 fragten Marcello Bodrini und Aldo Alberti, in welchem Ausmaß dem »Erbadel noch eine Funktion in der obersten Leitung des gesellschaftlichen Lebens« zukomme. Schon nach dem Ersten Weltkrieg wurde kontrovers diskutiert, ob der Adel aus der Führungsrolle im Lande ausgeschieden sei oder ausscheiden solle. Die von den Autoren zusammengetragenen Daten zum Anteil der Adligen unter Senatoren, Abgeordneten, Generälen, Admirälen und Geschäftsführern großer Betriebe ergeben ein widersprüchliches Bild. Unter den Senatoren und Abgeordneten waren zwischen 1876 und 1916 30 Prozent beziehungsweise 23 Prozent Aristokraten, was auf ein beträchtliches Engagement des Adels in der Führung des Landes schließen läßt. Es ist auch bezeichnend, daß unter den Höchstbesteuerten, unter denen der Souverän Mitglieder des Oberhauses auswählte, Adlige den größten Anteil stellten. Zwischen 1860 und 1876 stellten sie sogar 72 Prozent des Senats. Der grundbesitzende Adel stand immer noch im politischen Rampenlicht, und die Rechtsparteien räumten ihm privilegierte Möglichkeiten ein, sich politisch zu legitimieren. Es überrascht also nicht, daß der Landbesitz zu einem starken Faktor der adligen Identitätsbildung wurde. Unter den Senatoren befanden sich weniger Adlige, aber immer noch die Hälfte im Zeitraum 1876–1916. So prägte letzten Endes der grundbesitzende Adel die italienische Aristokratie. Deutlich ging im gleichen Zeitraum indes die Präsenz der Adligen unter Generälen und Admirälen zurück, auf 16,4 Prozent beziehungsweise 15 Prozent. Da der Anteil der Adligen im Offizierskorps jedoch zwischen lediglich 3 und 4 Prozent schwankte, hatten die wenigen Adligen, die sich dem Waffenhandwerk verschrieben, größere Karrierechancen als ihre bürgerlichen Konkurrenten. Die Daten, an denen sich die Beteiligung des Adels an der Führung der großen Unternehmen ablesen läßt, beginnen erst mit dem Jahr 1910. Dennoch fällt es nicht schwer, in dem nahezu vollständigen Fehlen der Adligen unter Unternehmern (ca. 1 Prozent) und in ihrer geringen Bedeutung unter Ratsherren und Bürgermeistern (10 Prozent) den Beweis für die geringe Neigung dieser Gruppe zu sehen, unternehmerische und kommunale Funktionen zu übernehmen.

Insgesamt lassen die Daten auf eine durchgängige, wenn auch nicht außergewöhnlich starke Beteiligung des italienischen Adels an der Führung des Landes schließen wie auch auf seine im Vergleich zu anderen Gruppen größeren Möglichkeiten, die Spitze der Hierarchien in jenen

Sektoren zu erreichen, in denen er sich engagierte. Das Ansehen, das der Adel in Unter- und Mittelschichten genoß, machte ihn besonders dafür geeignet, repräsentative Funktionen im öffentlichen Leben zu übernehmen. Das, wenn auch nur mäßig starke, Engagement als Bürger und als Aufsichtsratsmitglied von Aktiengesellschaften demonstriert noch einmal die erwähnte hohe Wertschätzung. Die Rolle der Adligen bestand nämlich in diesem Fall hauptsächlich darin, mit Hilfe ihres Prestiges das Ansehen des Unternehmens zu verbessern.

Bezieht man hingegen die Beteiligung der Adligen an der Regierung und der örtlichen Verwaltung mit ein, so wird das Bild komplexer. In der Gemeindeverwaltung von Forlì etwa nahm der Anteil der Adligen unaufhaltsam ab. 1871 waren die Brüder Filippo und Giovanni Guarini, die Grafen Aurelio Saffi, Pellegrino Canestri, Antonio Gaddi und Antonio Sauli im Gemeinderat vertreten. 1875 wuchs die Gruppe um drei weitere Personen, doch 1880 waren es nur noch drei Adlige; im neuen Jahrhundert war kein einziger Vertreter des städtischen Patriziats im Stadtrat vertreten. Der adlige Kern war also in Forlì durch die Vertreter eines grundbesitzenden freiberuflichen Bürgertums verdrängt worden. Der Fall Piacenza lag ganz anders. Hier baute der Adel, allerdings lediglich der titellose Adel, seine Präsenz in den örtlichen Gremien aus: 1902 waren 17 Prozent Adlige im Gemeinderat, 50 Prozent in der Gemeinderegierung und 25 Prozent in der Provinzialvertretung. In diesem Fall machte sich der titellose Adel seine Fähigkeit zunutze, sich in einer Zwischenposition zwischen zwei nicht unmittelbar miteinander kommunizierenden Sphären zu bewegen, nämlich dem Bürgertum und dem titeltragenden Adel, der sich streng gegenüber der übrigen Gesellschaft abschloß.

Im Mezzogiorno unterschied sich die Situation nicht grundsätzlich von der in anderen Regionen Italiens. Im Gemeinderat von Neapel partizipierte der neapolitanische Adel schon in der zweiten Hälfte der sechziger Jahre stärker. Zu Beginn der 1870er Jahre waren im Gemeinderat mehr als 30 Prozent aller Gewählten Adlige, und sie stellten bis in die 1890er Jahre noch ein gutes Viertel. Im gesamten Zeitraum von 1861 und 1895 gehörten 20 Prozent der Gemeinderäte dem Adel an. Noch stärker vertreten als in der Ratsversammlung war der Adel unter den Bürgermeistern: Zwischen 1861 und 1914 waren von 22 Bürgermeistern 15 (60 Prozent) Adlige, die allerdings aus recht unterschiedlichen adligen Kreisen stammten.

Die hohe Beteiligung des Adels am politischen und institutionellen

Leben des Landes sowohl auf zentraler als auch auf lokaler Ebene und auf den höheren Stufen der militärischen Hierarchie sowie der absolute Vorrang hochrangiger Karrieren wie in der Diplomatie lassen darauf schließen, daß das adlige Prestige, selbst als sich in der zweiten Hälfte des 19. Jahrhunderts die Struktur der italienischen Gesellschaft intensiv veränderte, nicht verlorengegangen war.

Vielleicht waren gerade der Übergang in rein repräsentative, ja bisweilen dekorative Positionen, die Unfähigkeit, sich als eine Interessengruppe zu konstituieren, sowie die zunehmende Schwächung seiner Position paradoxerweise die Elemente, die es dem Adel ermöglichten, sich als Teil der politischen Führungsschicht weit über die Agrarkrise hinaus zu erhalten. Der niedere und der Hochadel waren dabei jedoch unterschiedlich erfolgreich. Weitab von den großen Zentren des Landes verschmolz der Adel immer mehr mit der Provinzgesellschaft, in der er lebte; der Landbesitz und eine gemeinsame Rentierskultur festigten die Bindungen zwischen den freien Berufen, der kaufmännischen und der adligen Welt. Die Entwicklung im Hochadel verlief indes völlig anders. Weniger zum Kontakt mit anderen sozialen Gruppen bereit, pflegten dessen Vertreter den Mythos der Exklusivität und der Überlegenheit gegenüber der übrigen Gesellschaft. Als Hüter der Adelstraditionen wurden sie ein bedeutender Teil der europäischen *haute société*; durch vorwiegend endogame und immer standesgemäße Ehebündnisse, die in immer größeren geographischen Räumen geschlossen wurden, verstand es diese Adelsgruppe, ihre eigenen Ressourcen zu erhalten und ihren Einfluß auch noch lange nach der Agrarkrise geltend zu machen. Ohne eine eigene politische Perspektive fanden die Erben des alten Hochadels breite Entfaltungsmöglichkeiten in den Repräsentationsorganen wie auch in den wichtigsten Sektoren des Staatsapparats. Es gelang ihnen, sich zumindest bis zum Ersten Weltkrieg als herrschende Klasse des Landes zu behaupten.

Kapitel 13

Der Bauer

Heinz-Gerhard Haupt, Jean-Luc Mayaud

Im 19. Jahrhundert lebte die Mehrheit der Bevölkerung Europas noch immer auf dem Land. Dies galt nicht nur für südeuropäische Gesellschaften wie Spanien, Portugal und Italien, sondern auch für mittel- und nordeuropäische wie die Schweiz und Schweden, von Ostmittel- und Osteuropa ganz zu schweigen. Lediglich die Niederländer, Belgier, Engländer und zu Beginn des 20. Jahrhunderts auch die Deutschen lebten schon zum größeren Teil in Städten, wenn man darunter Orte mit mehr als 5000 Einwohnern verstand. In der ländlichen Gesellschaft waren die Bauern, d.h. diejenigen, die mit ihrer Arbeitskraft das Land bebauten, in der Mehrheit. Freilich hatten sich ländliche Industrien und Heimgewerbe, Spinnrad und Webstuhl, seit dem 18. Jahrhundert auf den Bauernhöfen verbreitet. Außerdem gingen landwirtschaftlich Tätige immer auch für eine begrenzte Zeit handwerklichen Aktivitäten nach oder zogen – wie die Maurer des mittelfranzösischen Departements Creuse – für einige Monate nach Paris, um mit dem dabei verdienten Geld den Hof zu entschulden oder zu vergrößern. Gleichwohl blieb die Landwirtschaft der Kern des ländlichen Lebens, und andere Beschäftigungen fügten sich in den Rhythmus des Landlebens ein. Als die große Agrarkrise der 1880er Jahre in Europa sich in fallenden Preisen für Getreide und Agrarprodukte ausdrückte, verließen zahlreiche Landarbeiter und Kleinbauern, aber auch ländliche Handwerker die Dörfer, um sich in kleinen oder größeren Städten anzusiedeln. Die Folgen dieser Entwicklung, die in den einzelnen Agrargesellschaften unterschiedlich waren, hat für Frankreich der bekannte Sozialhistoriker und Nestor der französischen Wirtschafts- und Sozialgeschichte Ernest Labrousse folgendermaßen beschrieben:

»Durch diese Landflucht, die die Grenze zwischen Kornkäufern und Kornverkäufern aufgehoben hatte, wurde die Gesellschaft der (ländlichen) Unternehmer, die Gesellschaft der mehrheitlich Waren verkaufenden Bauern (...) einheitlich und stärker.«

Wenn die Bauern auch weiterhin zahlreich waren, so ging ihr Anteil an der Gesambevölkerung doch zurück. Das Bevölkerungswachstum des 19. Jahrhunderts kam vor allem den neuen und alten Städten zugute, in denen sich die Industrie ansiedelte und zunehmend ländliche Arbeitskräfte beschäftigt wurden. Diese Entwicklung wurde von zahlreichen Beobachtern festgestellt, die sie dramatisch als »Landflucht« bezeichneten, um das Ausmaß der Veränderung auf dem Land zu charakterisieren. Das ländliche Europa wurde unter dem Einfluß der Industrialisierung grundlegend umgestaltet. Mit der Landbevölkerung veränderte sich auch die Bedeutung, die der Agrarsektor als Arbeitgeber spielte. Während um 1800 in allen europäischen Gesellschaften mehr als die Hälfte aller beschäftigten Männer in der Landwirtschaft tätig waren, verdienten zu Beginn des 20. Jahrhunderts nur noch 15 Prozent in Großbritannien, 27 Prozent im Deutschen Reich, 24 Prozent in Belgien und 41 Prozent in Frankreich dort ihr Geld. Lediglich in Süd-, Nord- und Osteuropa prägte die Landarbeit weiter den Alltag der meisten Männer und Frauen.

Im europäischen Vergleich fällt vor allem die Vielfalt der ländlichen Strukturen und bäuerlichen Existenzbedingungen auf. Die Lage der Bauern unterschied sich je nach Landbesitz und Notwendigkeit von gewerblichen Zusatzbeschäftigungen. Der Landwirt, der durch die Bebauung seines eigenen Landes und durch Viehzucht das für seine Familie Lebensnotwendige erwirtschafte und auch noch einen Überschuß auf dem Markt verkaufen konnte, prägte zwar das Bild seines Berufsstandes bei den Zeitgenossen, war in den meisten europäischen Gesellschaften des 19. Jahrhunderts aber in der Minderheit. Er stand aber im Mittelpunkt des Kapitels »Die Mächte des Beharrens« in der Studie über die bürgerliche Gesellschaft, die der deutsche Volkskundler Wilhelm Heinrich Riehl in der Mitte des 19. Jahrhunderts schrieb. Dort hieß es: »Es ruht eine unüberwindliche konservative Macht in der deutschen Nation, ein fester, trotz allem Wechsel beharrender Kern, und das sind unsere Bauern«. In Riehls Perspektive sind Bauern besitzende Landwirte, die er vom »Bauernproletariat«, das heißt von denjenigen, die kaum oder kein Land besaßen, absetzte. In einem französischen Schulbuch des Jahres 1905 wurde der landbesitzende Bauer bei der Ernte folgendermaßen gezeichnet: »Offene Fröhlichkeit leuchtete auf den Gesichtern dieser Arbeitenden. Man hätte denken können, daß sie sich für einen Ausflug vorbereiteten. Pierre teilte diese allgemeine Heiterkeit. Er fand den Bauernstand schön, der von der Natur mit soviel Schönheit und mit so zahlreichen Wundern versehen wurde.« Die Verherrlichung des Landes hatte nicht nur das Ziel, die sozialen Unterschiede zwischen Landwirten, Kleinbauern und Landarbeitern einzuebnen und ein harmonisches Bild des Dorfes zu zeichnen. Das Land wurde damit auch in einen direkten Gegensatz zur Stadt gestellt. Die sich entwickelnde Großstadt wurde als Antipode des Landes wahrgenommen und oft verteufelt. Wurde sie mit Anonymität identifiziert, so war das Land der Ort der Nachbarschaften und der vertrauten Kommunikation, stellte man die Großstadt als Ort des Lasters und der modernen Geldwirtschaft dar, so stand das Land für Tugenden und natürliche Beziehungen. An dieser einfachen Gegenüberstellung arbeiteten in der zweiten Hälfte des 19. Jahrhunderts unterschiedliche Gruppen mit. Die katholischen Priester versuchten, die Bevölkerung an das Land zu binden, um sie den säkularisierenden Einflüssen der Stadt zu entziehen. Die Großbauern und Grundbesitzer, die ländliche Arbeitskräfte benötigten, hatten ähnliche Interessen. Die konservativen Parteien ihrerseits erhofften sich von den wirtschaftlich von grundbesitzenden Arbeitgebern abhängigen Landbewohnern Unterstützung bei Wahlen. Schließlich wirkten auch die verschiedenen Regierungsbehörden an der Idealisierung des Landes mit, um die durchweg miserablen Wohnverhältnisse und die harten Arbeitsbedingungen zu vertuschen. Denn die idyllischen strohbedeckten kleinen Häuschen, die inmitten einer parkähnlichen Landschaft in der Nähe eines Weihers und im Anblick eines pittoresken Kirchturms lagen, gehörten eher zu den Vorstellungen über das Land als zur ländlichen Realität.

Die Lebenswirklichkeit der Bauern war durch harte körperliche Arbeit geprägt. Trotz deutlicher Fortschritte in der Agrartechnik und der Durchsetzung des eisernen Pfluges blieb bäuerliche Arbeit mit viel Kraftaufwand verbunden. Säen und graben, Garben auf die Wagen laden oder aber Waren über lange Strecken zum Wochenmarkt transportieren – all diese Tätigkeiten prägten die ländliche Arbeit. Diese erstreckte sich im Sommer und vor allem in der Zeit der Ernte über mehr als zwölf Stunden, konnte aber selbst im Winter noch elf Stunden täglich betragen.

Der Hof mit der auf ihm wohnenden Familie bildete eine Arbeitseinheit. Die Trennung zwischen Privat- und Berufsleben war nicht möglich.

Feste Arbeitszeiten, die beide Bereiche voneinander getrennt hätten, waren unter diesen Bedingungen unmöglich. Alle Mitglieder der Familie wurden in die Arbeit eingebunden, die Kinder für das Hüten des Viehs, die Frauen vor allem für die Arbeit im Haus und auf dem Hof, die Alten für kleinere Handarbeiten. Bäuerliche Arbeit war immer auch Familienarbeit. Ein alleinstehender Bauer konnte die anfallende Arbeit nicht bewältigen. Seine Heirat war selbst dann eine wirtschaftliche Notwendigkeit, wenn er dadurch nicht seinen Landbesitz vergrößerte. Zwischen Frauen und Männern waren auf dem Land die Arbeitssphären klar abgesteckt. Sprichwörter sorgten dafür, daß sie nicht überschritten wurden. So hätte sich ein kochender Bauer dem Spott des Dorfes ausgesetzt, während das Bild einer das Pferdegespann leitenden Bäuerin unüblich war. Innerhalb ihres Bereichs hatte die Bäuerin gleichwohl Handlungsfreiheit. So ist aus Österreich bekannt, daß die Frauen das Geld, das sie durch den Verkauf der Eier, Hühner und Gänse einnahmen, autonom verwalteten – in der Regel allerdings für die Kleidung der Kinder ausgaben.

Denn das Ziel der bäuerlichen Wirtschaft war die Selbstversorgung. Möglichst wenig sollte für das alltägliche Leben gekauft, möglichst viel von den Produkten des Landes jedoch verkauft werden, um Geld für Steuern, die Mitgift der Töchter, die Anschaffung von Vieh oder Landkäufe einzunehmen. Deshalb war die Ernährung auf dem Land eher schlecht. Fleischgerichte kamen ebenso selten auf den bäuerlichen Tisch wie Milchprodukte und wenn, dann an Festtagen. Selbst in den noch heute bekannten Weinanbaugebieten wie dem Beaujolais, verkauften die Weinbauern ihren guten Wein und behielten für den häuslichen Konsum das übrig, was sie nicht verkaufen konnten: in der Regel ein dünnes und saures Getränk.

Wenn Selbstversorgung das Ziel der bäuerlichen Haushalte war, dann galt es auch, ein Gleichgewicht zwischen den Ressourcen und den Ausgaben zu finden. Dieses Gleichgewicht wurde etwa durch eine zu hohe Kinderzahl, die ja zunächst vor allem mehr Esser bedeutete, empfindlich gestört. Es ist deshalb nicht erstaunlich, daß die Zahl der Geburten auf dem Lande abnahm. Ein Grund hierfür war das Hinausschieben des Heiratsalters. In dem schwäbischen Dorf Kiebingen heiratete man mit Ende Zwanzig, also bei einer mittleren Lebenserwartung von 57 Jahren relativ spät. Aber auch Methoden der Empfängniskontrolle führten zu einer Reduzierung der Kinderzahl. In Kiebingen wurden zu Beginn des 19. Jahrhunderts im Durchschnitt 6,9 Kinder pro Familie geboren, am

Ende des Jahrhunderts nur noch 5,25. Schließlich paßte sich die Kinderzahl auch dadurch den Möglichkeiten der bäuerlichen Wirtschaft an, daß die Kindersterblichkeit um so größer war, je weniger sich die Bauersfrau um die Kinder kümmern konnte. In Kiebingen trug die hohe Sterblichkeit unter Säuglingen und Kleinkindern dazu bei, daß trotz der hohen Geburtenziffer pro Familie nur 2 Kinder überlebten.

Eine weitere wirtschaftliche Belastung für die Familie war die Versorgung der Mädchen durch eine Mitgift oder die Unterbringung des zweiten Sohnes. Dabei bestand die Gefahr, der bäuerlichen Wirtschaft so viel Geld zu entziehen, daß der Bauer sich verschulden oder einen Teil seines Besitzes verkaufen mußte. Um dies zu vermeiden, wurde Mädchen bisweilen die Ehelosigkeit nahegelegt oder durch das Angebot einer zu geringen Mitgift auch vorprogrammiert. Sie blieben dann in einer Situation, die der von Mägden glich, auf dem Hof. Auch der Weg in ein Kloster konnte die Familie entlasten. Für die jüngeren Söhne bot dann in der zweiten Hälfte des 19. Jahrhunderts – wie aus Frankreich bekannt ist – die Schulausbildung einen Ausweg. Unter den Volksschullehrern der 3. Republik, die sich nach 1879 stabilisierte, waren zahlreiche Bauernsöhne.

Unter wirtschaftlichen Gesichtspunkten waren auch die Alten, die es weiter zu versorgen galt, ein Problem der bäuerlichen Wirtschaft. Diese konnten als Knechte oder Mägde zwar in der Regel bis zu ihrem Tode auf dem Hof verbleiben, aber die Versorgung der nicht fest eingebundenen Landarbeiter war selten geregelt, so daß sie im Alter durch Betteln um ihr Überleben kämpfen mußten. Auch der Umgang zwischen dem Jung- und dem Altbauern war nicht konfliktfrei. In einer Gesellschaft, in der die körperliche Arbeit so wichtig und bestimmend war, verlor der ältere Bauer natürlich an Einfluß auf die Entscheidungen auf dem Hof. Häufig war deshalb zu beobachten, daß er den Zeitpunkt hinauszögerte, an dem er dem Sohn den Hof übertrug. Für eine mehr oder minder lange Phase waren die Jungbauern aber noch von ihren Vätern abhängig. Selbst nach der Übergabe blieben diese auf dem Hof präsent und sicherten ihre Position ab. Entweder gaben sie dem Sohn oder Schwiegersohn ihr Land nur zur Pacht und blieben bis zu ihrem Tode Besitzer oder aber sie versahen die Übergabe mit klaren Bedingungen. So forderte Anna Maria Walter, als sie im Jahre 1818 ihr Land ihrem Sohn übergab, zu Martini ein Scheffel Dinkel, ein Viertel Gerste, einen halben Klafter Holz und 25 Büsche Reisig sowie die Nutzung ihres Teils des Gemeindelandes. Außerdem behielt sie sich das Recht vor, das Land zurückzunehmen, falls »eines oder das andere sie lieblos behandele, ja sogar mißhandele oder aber das Leibgeding nicht abrichte oder solches in schlechter Waare abmühen wolle...« Diese häufig detaillierten Bestimmungen über die Versorgung der alten Bauern oder Bäuerinnen werfen ein bezeichnendes Licht auf die Generationsbeziehungen auf den Höfen.

Die ländlichen Gesellschaften Europas wurden durch langfristig wirkende Strukturveränderungen geprägt. Die freie Verfügung über Boden und Kapital einerseits, ein von herrschaftlichen Festlegungen unabhängiger Markt der Pacht- und Arbeitsverträge andererseits hätten die Voraussetzungen für moderne Klassenverhältnisse auf dem Lande schaffen können. Sie setzten sich im 19. Jahrhundert allerdings in einem keineswegs kontinuierlichen, sondern von vielfältigen Verzögerungen und Zwischenstufen charakterisierten, lokal, regional und gesamtgesellschaftlich extrem vielfältigen Prozeß nach und nach durch. England und Frankreich waren – gesamteuropäisch gesehen – Vorläufer. In der englischen Gesellschaft wurde die Landwirtschaft frühzeitig kapitalistisch verändert und ständische Strukturen in ihr wurden abgebaut. Die Französische Revolution von 1789 setzte unter dem Druck von Bauernunruhen auf dem Land adelige Rechte außer Kraft, wie das Recht auf freie Jagd und das Recht, Abgaben von den Bauern einzufordern, und leitete eine große, in ihrer sozialen Breitenwirkung freilich begrenzte Landverteilung ein. Sie fand andernorts viele, wenn auch weniger erfolgreiche Nachfolger. In verschiedenen Teilen Europas blieb bis zur Jahrhundertmitte und darüber hinaus das Land mit verschiedensten Abgaben belegt. Als Gesinde arbeitende Arbeitskräfte blieben weiterhin durch patriarchalische Zwänge entmündigt. Verschiedene Formen der Untertänigkeit und der Leibeigenschaft prägten das Verhältnis von Bauern und Herrschaft vor allem im Osten. Feudale Relikte verhinderten die Herausbildung moderner Besitz- und Marktklassen, gewohnheitsrechtliche Regelungen schränkten den Geltungsbereich des modernen Eigentumsbegriffs ein, die soziale Schichtung der bäuerlichen Gesellschaft war im 19. Jahrhundert lange noch an zahlreichen Orten durch ständische und feudale Prinzipien gekennzeichnet.

Trotzdem gehörte das lange 19. Jahrhundert zu den Epochen, in denen sich die Situation der bäuerlichen Gesellschaft radikal veränderte. In Emanzipationsedikten wurden zuerst am 17. Dezember 1771 in Savoyen und schließlich auch am 19. Februar 1861 in Rußland die rechtlichen Weichen für die Herausbildung einer freien Bauernklasse und einer lediglich dem Souverän verpflichteten Staatsbürgergesellschaft gestellt. Die Tatsache, daß der ländlichen Bevölkerung persönliche Freiheit und rechtliche Gleichheit gewährt wurde, bezeichnet ein Kenner dieses Prozesses, Jerome Blum, als »den letzten großen Sieg des königlichen Absolutismus über den Adel«, der die alten Verhältnisse in seiner Mehrheit erbittert verteidigte. Nur in wenigen Staaten folgten jedoch die Dekrete, die das Programm in die Wirklichkeit umsetzten, so schnell aufeinander wie in Frankreich. Die Bauernbefreiung, die am 3. November 1789 verabschiedet worden war, wurde dort 1793 umgesetzt, während es in Preußen über 40 Jahre dauerte und 33 Folgegesetze notwendig waren, bis das Versprechen des Jahres 1807 eingelöst wurde. Im europäischen Vergleich war allerdings Frankreich eher die Ausnahme, während Preußen im Trend lag. Mit sogenannten Emanzipationsgesetzen wurden die Bauern von Abhängigkeiten und Pflichten befreit, erhielten gleiche Rechte wie die anderen Staatsbürger, damit auch das Recht auf Freizügigkeit und freie Berufswahl und konnten auch Besitzer des Landes werden, das sie bestellten. Damit wurden Mobilität hindernde Bestimmungen wie die im Großherzogtum Warschau aufgehoben, nach denen Bauern erst nach der Genehmigung des Bürgermeisters ihres Dorfes wegziehen durften. Die Leibeigenschaft, die kaum in West-, vor allem aber in Ost- und Mitteleuropa vor 1789 verbreitet war, wurde allenthalben in Europa, 1861 auch im zaristischen Rußland abgeschafft. Im Prinzip waren damit Freizügigkeit und die Möglichkeit für alle Bürger, Landbesitz zu erwerben, hergestellt. Damit war aber die Freiheit von Abgaben nicht gemeint. In Böhmen und im Moldaugebiet wurde selbst nach der Emanzipation von freien Bauern 156 Tage unbezahlter Arbeit verlangt, in süddeutschen Territorien von den vom Adel und der Kirche Abhängigen sogar 375 verschiedene Geld- und Naturalabgaben! Von den neuen Rechten ausgeschlossen blieb in vielen Gesellschaften das Gesinde, das weiterhin der Disziplinargewalt und oft auch der Willkür des Arbeitgebers unterworfen war. Erst seit 1840 durfte sich in Dänemark ein Knecht an einem Ort seiner Wahl Arbeit suchen, vorausgesetzt er war mindestens 28 Jahre alt. In Preußen war dies bis 1918 nicht möglich! Trotz dieser Grenzen der Freizügigkeit und der Gleichberechtigung ist wiederum Jerome Blum zuzustimmen, wenn er in einer Studie zum Emanzipationsprozeß schlußfolgert: Trotz aller Kompromisse leitete die Emanzipation der Bauern eine Freiheitsära in der Geschichte der Bauern ein.

Das Ausmaß dieser Freiheit hing von den konkreten Bedingungen der Emanzipation und vor allem davon ab, ob die Grundherren für ihre bisherigen Rechte entschädigt wurden. Analytisch läßt sich die Modernisierung von oben, das heißt vom Staat ausgehend, von der von unten unterscheiden, die von der ländlichen Gesellschaft und ihrer Eigendynamik ausging. Der preußische Weg der Bauernbefreiung wäre dem ersten, der französische und englische dem zweiten Modell zuzuordnen. Bekanntlich hatten die revolutionären Jakobiner im Frankreich des Jahres 1793 eine Entschädigung für die vormaligen Besitzer abgelehnt. Die ungarischen Revolutionäre des Jahres 1848 hatten ihr französisches Vorbild – allerdings nur für ein Jahr – nachgeahmt. Wenn andernorts nicht der Staat die Entschädigungssumme vorschoß und diese ganz oder teilweise in Raten von den bäuerlichen Besitzern einforderte, mußten die Bauern einen Teil ihres Landes verkaufen, um die vormaligen Eigentümer zu entschädigen. Besonders in Rußland und Preußen verloren sie in diesem Prozeß entweder jeglichen Landbesitz oder zumindest einen Teil, während in Österreich, Württemberg, Baden oder Nassau der Staat einen Teil der Forderungen zahlte, in Ungarn sogar die gesamten. Aus alledem wird schon deutlich, daß die Emanzipationsdekrete nicht zu einer großen Umverteilung des Landes führten. Vor allem jene Bauern, die kein Land besessen hatten, und dies war fast überall ein großer Prozentsatz, blieben weiterhin landlos – wenn man von dem russischen Teil Polens absieht, in dem nach dem Aufstand des Jahres 1863 zum Abbau sozialer und politischer Spannungen 130000 kleine Landstücke an Landlose verteilt wurden. Die Rechtsstellung, die die Bauern vor der Befreiung gehabt hatten, prägte auch ihre Lage danach. Im europäischen Vergleich wurden die Emanzipationsprozesse für die Bauern im Westen günstiger als im Osten geregelt, im Habsburger Reich und in Polen allerdings besser als in Preußen.

Vor allem in Großbritannien, aber auch in Schweden standen sich in der ländlichen Gesellschaft des 19. Jahrhunderts allerdings bereits Farmer und rational kalkulierende Agrarunternehmer auf der einen, freie Landarbeiter auf der anderen Seite gegenüber. Andernorts schoben sich zwischen und neben die Schicht der Agrarkapitalisten und das ländliche Proletariat – *braccanti* in Italien oder *ouvriers agricoles* in Frankreich genannt – während des gesamten 19. Jahrhunderts in einem je nach Gesellschaft unterschiedlichem Ausmaß Zwischenschichten, die ihr Überleben durch die Verbindung von Landbesitz und Lohnarbeit zu organisieren suchten. Nicht Gewinnmaximierung war ihr Handlungsmotiv, sondern das Bestreben, mit dem Besitz an Grund und Boden oder gewerblichen Zusatztätigkeiten die Familienwirtschaft zu erhalten. Wie unterschiedlich die Lebenssituationen allein in dem friesischen Dorf waren, in dem Friedrich Paulsen in der Mitte des 19. Jahrhunderts aufwuchs, beschrieb dieser folgendermaßen: »Es gab Großbauern (...), die nicht selbst mit Hand anlegten bei der Arbeit, dann eine sehr breite Schicht von mittleren Bauern, die regelmäßig (...) sich selbst an der landwirtschalichen Arbeit beteiligten. Dem folgte eine Schicht kleiner Besitzer, die auf dem eigenen Landbesitz nicht mehr ausreichende Arbeit für die Familienmitglieder hatten und daher durch übernommene Dienste ihr Einkommen steigerten. Endlich kamen die eigentlichen Tagelöhner, die nur ein Haus mit Garten und vielleicht noch Land für eine Kuh oder ein paar Schafe hatten, sie standen meist in regelmäßigem Arbeitsverhältnis zu einem Bauernhof. Endlich am Rande eine sehr kleine Schicht von Armen, die von ›gelegentlicher Arbeit oder vom Betteln‹ überlebten.«

Bauernfamilien, die über genügend Land verfügten, um alle Familienmitglieder ernähren zu können, waren auf dem Land in der Minderheit. Selbst in einem Land wie in Ungarn, das bereits 1785 die Leibeigenschaft abgeschafft hatte, waren Klein- und Mittelbauern zahlenmäßig unbedeutend. Auch die in der französischen Revolution angepeilte Demokratie lebensfähiger ländlicher Kleinbesitzer war Programm geblieben. Noch 1826 besaßen in Frankreich 77 Prozent aller Grundsteuerpflichtigen nicht genug Land, um eine vierköpfige Familie ernähren zu können. Im Deutschen Reich befanden sich noch 1882 fast 60 Prozent der Landbesitzer in der gleichen prekären Lage. Von ihnen sind jene Bauern zu unterscheiden, die ein Gespann mit Pferden oder Kühen und ausreichend Land besaßen, um genügend für den Lebensunterhalt und einen Überschuß für den Verkauf auf dem Markt zu produzieren. Diese prägten, obwohl in der Minderheit, die ländliche Gesellschaft. Sie sicherten sich beim Verkauf von Kirchen- oder Gemeindeland, aber auch von Nationalgütern oft die Löwenanteile, pachteten Land, vergaben Kredite und beschäftigten Landarme oder Landlose. Man hat sie deshalb in Frankreich in einem treffenden Bild als *coq du village* bezeichnet. Sie schlossen sich oft durch eine strikte Heiratspolitik zumindest der ältesten Söhne gegen die besitzlosen Schichten ab und erschwerten diesen die Einheirat in Familien mit Landbesitz. Sie waren auch in den Selbstverwaltungsorganen auf dem Land vertreten, die im Nordwesten Europas, in Frankreich, England oder Skandinavien, aber auch in Süddeutschland verbreiteter waren als in Ostdeutschland, Süd- und Ostmitteleuropa. Dort herrschten weiterhin eher Klientelbeziehungen oder quasi feudale Herrschaftsverhältnisse vor. In Ostpreußen verfügten Gutsherren noch bis weit in das 19. Jahrhundert hinein über die Polizeigewalt und die Patrimonialgerichtsbarkeit.

Die notwendige Betonung des großen Ausmaßes an Landarmut darf die markante Bedeutung der Klein- und Mittelbauern nicht verdecken. Ihre Zahl hatte sich in Frankreich bis 1884 verdoppelt, wo sie 30 Prozent des Bodens besaßen und zu den Kräften gehörten, die am Ende des Jahrhunderts neue Anbautechniken einführten. Auch in der belgischen Gesellschaft konnten sie durch häufige Zupachten genügend Land erwerben, um lebensfähige Betriebe herauszubilden. In Frankreich, der Schweiz, Dänemark und Schweden, aber auch in Bayern, Württemberg und Baden bildeten sie in der ländlichen Sozialstruktur einen Mittelbereich heraus, der sich deutlich von osteuropäischen Agrarverhältnissen, aber auch vom englischen Agrarkapitalismus unterschied. Dort stand eine kleine Klasse von Großagrariern und -pächtern, die den Landbesitz monopolisierten, der Masse von Kleinstbauern und Landarbeitern (im Osten lange feudal eingebunden, in England im Lohnarbeiterstatus) gegenüber, während die Zwischengruppe unbedeutend blieb. Eine starke Besitzkonzentration mit der damit einhergehenden verbreiteten Landlosigkeit charakterisierte auch – wenn auch unter anderen gesellschaftlichen Vorzeichen – das Alentejo, Westandalusien oder Süditalien.

Aber selbst dort, wo der bäuerliche Mittelbesitz existierte, konnte er weiterhin an Prinzipien der Subsistenzökonomie ausgerichtet sein und versuchen, sich von den Zwängen des Marktes abzukoppeln. Wenn auch die Notwendigkeit, Steuern zu zahlen, die bäuerliche Ökonomie notwendigerweise in Marktbeziehungen integrierte, so war doch auf französischen, bayerischen und norditalienischen Bauernhöfen, die keine familienfremden Arbeitskräfte beschäftigten, das Bestreben vorherrschend, möglichst wenig zu kaufen. In Italien sollen von 4,2 Millionen landwirtschaftlichen Betrieben nur 1,2 Millionen für den Markt Getreide angebaut haben, die anderen lediglich zur Selbstversorgung. Der Zielkonflikt zwischen der Bewahrung der bäuerlichen Familienwirtschaft einerseits, der Expansion des Betriebes und der Anbindung an den Markt andererseits wurde langfristig zwar zugunsten der zweiten Alternative gelöst, blieb aber in einem regional unterschiedlichen Ausmaß lange Zeit in der

Schwebe. Die Funktion des bäuerlichen Betriebes, primär für die Selbstversorgung zu existieren, wurde hier nicht grundlegend in Frage gestellt.

Seine wirtschaftliche Position betreffend ist jener fränkische Hof, den Georges Blondel am Ende des 19. Jahrhunderts besucht und beschrieben hat, etwa zwischen den Mittel- und den Kleinstbauern anzusiedeln: »Nun sind wir bei B., einem bescheidenen Besitzer, dessen Situation ein wenig unter dem Durchschnitt liegt. Er besitzt nur 5 Hektar Land von mittelmäßiger Qualität, verstreut in 3 Richtungen. Sein ziemlich dürftiges Haus setzt sich zusammen aus 2 Gebäudeteilen; einen Teil hiervon hat er zu einem minimalen Preis von 10 Mark an einen Maurer vermietet, der ihm darüber hinaus bei einigen seiner Arbeiten hilft. Das Mobilar ist auf ein Minimum reduziert. B. befindet sich am Rande des Elends. Zusätzlich zur Bestellung seiner 5 Hektar Land, eine Tätigkeit, die ihn nicht vollständig in Anspruch nimmt, erledigt B. einige Tischlerarbeiten, die ihm einen durchschnittlichen Verdienst von 0,50 Francs (40 Pfennig) pro Tag einbringen. Man findet hier das Landleben eines armen Gebietes in seiner bescheidendsten Form.«

Im krassen Gegensatz zur Minderheit der Vollbauern stand die Mehrheit der landarmen und landlosen Unterschichten, die in verschiedenartigsten Beziehungen zu den mittleren und größeren Grundbesitzern stehen konnten. Am direktesten waren Knechte und Mägde deren Einfluß unterworfen, die als Teil des Haushaltes und bei geringem Geldlohn kaum Selbständigkeit und Marktmacht erwerben konnten. Gesindeordnungen sorgten vor allem in Mitteleuropa bis ins 20. Jahrhundert hinein (häufig bis 1918/19) für deren Unterwerfung. Die Arbeitskräfte, die teilweise auf dem Land, teilweise in der ländlichen Heim- und Verlagsindustrie gearbeitet hatten, standen nach dem Ruin ländlicher Gewerbebetriebe in der Mitte des 19. Jahrhunderts gleichsam vor dem Nichts, konnten sich aber durch handwerkliche Arbeit teilweise über Wasser halten oder sich im Eisenbahn- oder Kanalbau als Lohnarbeiter verdingen. Zu den Landlosen oder Landarmen, zu denen am Ende des alten Reichs 40 Prozent der deutschen und 35 Prozent der europäischen Bevölkerung gezählt hatten, gehörten auch jene Klein- und Kleinstbauern, die zwar eigenes Land besaßen, das aber für ihren Lebensunterhalt nicht ausreichte. Sie verdingten sich deshalb bei Großbauern oder Grundherren und konnten aus der Mischung von Einkünften aus dem eigenen oder dem gepachteten Stück Land, agrarischer Lohn- und gewerblicher Heimarbeit ein oft äußerst prekäres Auskommen erwirtschaften.

Die materielle Situation der Kleinstbauern hing maßgeblich davon ab, ob sie in Anerben- oder Realteilungsgebieten lebten, ob und wie sie an den großen Landverkäufen und dem Landesausbau des 19. Jahrhunderts teilnehmen konnten, ob sie über gewerbliche Zusatzeinkünfte verfügten und ob in ihren Gemeinden Gewohnheitsrechte und Gemeindeland noch für jedermann zugänglich waren. Generell vermehrte sich der Zwergbesitz dort, wo – wie in Frankreich – das Land im Erbfall zwischen den Erben gleichmäßig verteilt wurde. Das 19. Jahrhundert war eine Hochzeit massiver Landverkäufe, die in der Regel auf eine landhungrige Käuferschaft trafen. Nach dem Verkauf des adeligen und Kirchenbesitzes in der Franzöischen Revolution fanden ähnliche Verkaufsaktionen in anderen Ländern statt, unter denen die des Jahres 1861 in Italien sicher die spektakulärste war. Die Rolle des Kleinbesitzes bei solchen Verkäufen stand in keinem Verhältnis zu seiner zahlenmäßigen Bedeutung. Großbauern, städtische Besitzer und Großgrundbesitzer erwarben vor allem dann das meiste Land, wenn die Aufnahme von Krediten für Kleinbauern quasi unmöglich und die zum Kauf angebotenen Landstücke groß waren. Auch bei der Teilung des Gemeindelandes wurden die ansässigen und besitzenden Bauern oft so bevorzugt, daß man mit Josef Mooser für Ostwestfalen von einer Art Gründerzeit sprechen kann. Die Gewohnheitsrechte der kleinen Leute – wie das Ähren- und Holzlesen – überlebten indes länger, da die Versuche ihrer Abschaffung immer wieder zu wütenden Protesten der ländlichen Gemeinden und vor allem der Landlosen führten, die in ihnen ein ebenso notwendiges wie günstiges Zusatzeinkommen sahen. Angesichts der Bevölkerungszunahme, der stetigen Teilung des Besitzes in Realteilungsgebieten und der seit der Mitte der 1820er Jahre steigenden Agrar-, Pacht- und Landpreise blieb der Landhunger weiterer Teile der ländlichen Unterschichten ungestillt. Diese mußten versuchen, ihre kärgliche Lebensgrundlage durch Arbeit bei Großbauern oder Grundbesitzern zu erweitern, selbst handwerkliche Nebentätigkeiten zu ergreifen oder in Heim- und Verlagsarbeit vor allem für die Textilindustrie weitere Ressourcen für die Familienökonomie zu eröffnen. Große Teile der landlosen und landarmen Landbewohner waren auf Lohnarbeit angewiesen, ohne daß sie in den Jahrzehnten in der Mitte des 19. Jahrhunderts allerdings ihren Traum von einer unabhängigen Existenz als Kleinbesitzer aufgegeben hätten. Lohnarbeit auf dem Lande nahm fast überall zu, wenn auch nicht in ihrer reinen Form, da häufig andere Einkommensformen hinzukamen. Selbst damit kamen die Landarmen und Landlosen kaum über die unterste Subsistenzschwelle hinaus, so daß Armut im 19. Jahrhundert auf dem Land ein Dauerphänomen blieb. In dem Maße, in dem der Ruin der ländlichen Industrie, der in vielen Gebieten seit 1840 einsetzte, eine wichtige Einkommensquelle verschloß, die Pacht von zusätzlichem Land immer schwieriger wurde, blieb oft nur die anfangs saisonale, dann dauerhafte Abwanderung in die Stadt, in Süd-, Mittel- und Osteuropa auch die Emigration nach Übersee. Aus jenen Schichten stammten die Millionen von Landbewohnern, die in der zweiten Hälfte des 19. Jahrhunderts, vor allem unter dem Eindruck der Agrarkrise ab 1880 die Dörfer verließen, um entweder in städtische oder industrielle Zentren zu ziehen oder in Nordamerika ihr Glück zu versuchen. In seinen Erinnerungen schilderte Franz Rehbein die Praxis der »Sachsengänger«:

»Um die Osterzeit, kurz nach meiner Schulentlassung, bereiste ein Agent aus Köslin die Gegend, um ›Landarbeiter nach Sachsen‹ anzuwerben.

Alles konnte der Mann gebrauchen: Männer und Frauen, Mädchen und Jungens. Schon einige Jahre vorher hatte er mit einem gewissen Vorschnitter Höhnike zusammen sowohl aus der Stadt wie aus den umliegenden Dörfern ganze Trupps von Landarbeitern angeworben, die vom Frühjahr bis zum Spätherbst kontraktlich zur Arbeit auf den Zuckerfabriken der Magdeburger und Braunschweiger Gegend oder auf verschiedenen Gütern von Hannover, Oldenburg und Schleswig-Holstein verpflichtet worden waren. Meistenteils waren diese Arbeiter zum Winter wieder nach der Heimat zurückgekehrt; jedoch hatten es auch zahlreiche einzelne wie auch ganze Familien vorgezogen, der Heimat für immer Valet zu sagen und dort zu bleiben.

Der Agent verstand es ausgezeichnet, den Leuten den Mund wässerig zu machen. Nach seinen Darstellungen war ›Sachsen‹ einfach das gelobte Land, wo Milch und Honig floß. Er hatte mit seinen Anpreisungen auch verhältnismäßig leichtes Spiel, denn viele von denjenigen, die sich bereits einmal hatten ›verschicken‹ lassen, ließen sich auch jetzt wieder anwerben und wußten den Neulingen ebenfalls mancherlei Günstiges über das schöne ›Sachsen‹ zu erzählen. Die Behandlung der Arbeiter sei besser wie auf den pommerschen Höfen, die Kost sei schmackhafter, und vor allem würden dort ungleich höhere Löhne gezahlt. Letzteres wurde selbst von denjenigen zugegeben, denen es dort sonst nicht gerade zum Besten gefallen hatte.«

Überall dort, wo sich das Land in den Händen weniger befand und die Landlosen und -armen unter katastrophalen Verhältnissen arbeiteten und lebten, brachen immer wieder Revolten aus. Meistens ging es um die Wahrung gewohnheitsrechtlicher Regelungen, eine gerechtere Eigentumsverteilung, den Zugang zu Land oder zu anderen Ressourcen der Gemeinde. Die Konfliktlinien verliefen dabei zwischen Großgrundbesitzern und bäuerlicher Gemeinde, die aufgrund ihrer tradierten Regeln, Rechte und bestehenden Kommunikationsformen durchaus eine gewisse Kohäsion besaß, aber auch zwischen Vollbauern und unterbäuerlichen Schichten, die zum Beispiel in der Debatte um die Wahrung oder Abschaffung von Gewohnheitsrechten unterschiedliche Interessen hatten. Je nach Raum und Zeit herrschte die eine oder andere Konfliktlinie vor. In manchen vom Großgrundbesitz geprägten Gegenden, wie in Teilen Englands oder dem Pariser Becken, in denen die Großgrundbesitzer so mächtig waren, daß die Landarbeiter sich nicht organisieren und wehren konnten, übernahmen ländliche Handwerker oder Kleinhändler deren Part. Auch die Abwehr von staatlichen Eingriffen in die ländliche Gesellschaft durch Steuern, Impfpflicht oder Militärdienst gehörte zu den Ursachen von Unruhen und Revolten.

Insgesamt war die ländliche Gesellschaft der zweiten Hälfte des 19. Jahrhunderts vor allem in West-, kaum dagegen in Osteuropa einem Prozeß der kulturellen Homogenisierung unterworfen, in dem Militärdienst und Schulpflicht, Eisenbahnen und Zeitungen die Landbewohner zunehmend in eine nationale Kultur einbanden und sie mit der Entstehung des politischen Massenmarktes ab 1850 in Frankreich, nach 1871 in Deutschland auch als Wähler interessant machten. In diesem Kontext veränderte sich das Bild des Bauern im bürgerlichen Publikum. Sie wurden nicht mehr als rückständige, unkultivierte, dahinvegetierende Produzenten wahrgenommen, sondern als in Harmonie mit Natur und Erde lebende, die Gesellschaft regenerierende Landbewohner. Gleichzeitig versuchten verschiedene politische Lager, die Landbevölkerung für sich zu mobilisieren. Während in Skandinavien dies in einem radikaldemokratischen Sinn gelang und auch in Frankreich die *Republique au village* lange Zeit vorherrschte, gelang es in Deutschland einem Agrarpopulismus, antiliberale, antiurbane und antibürgerliche Tendenzen auf dem Lande aufzunehmen, zu verstärken und zu verbreiten und sie für die Interessen der Großgrundbesitzer zu mobilisieren. Da in Großbritannien einzelnen gesellschaftlichen Gruppen weder von seiten des Staates noch von politischen Parteien eine moralisch-politische Bedeutung zugeschrieben wurde, die sie in Deutschland im 19. Jahrhundert zweifellos annahmen, fehlte ihre Stilisierung und Mobilisierung in der Massenpolitik am *Fin de siècle*. Angesichts dieser vielfältigen Orientierungen erweist sich im europäischen Kontext der den Bauern oft zugeschriebene Trend zum Konservatismus als Mythos.

Die verschiedenartige ländliche Sozialstruktur Europas ist nicht nur durch verbreitete Landlosigkeit und -armut gekennzeichnet, sondern auch durch Konzentration des Landbesitzes und eine kapitalistische Transformation der Landwirtschaft, die durch den Einsatz von ländlichen Lohnarbeitern sowie die Anbindung an das Marktgeschehen vorangetrieben wurde. Vor allem in nordeuropäischen Gebieten, die sich von Nordfrankreich über Holland, Norddeutschland nach Ostpreußen und Skandinavien erstreckten, florierte eine Getreide produzierende, marktorientierte Landwirtschaft, die durch moderne Agrarkapitalisten ebenso betrieben wurde wie durch traditionelle Adelige. Diese Gegenden setzten sich von der Polykultur anderer Gebiete ab, in denen eine derartig intensive Bebauung nicht möglich war.

In der Besitzhierarchie ländlicher Gesellschaften standen Adelige nahezu überall in Europa weiterhin an der Spitze, obwohl sie im Laufe des 19. Jahrhunderts auch zahlreiche Privilegien und Eigentumstitel, in und nach der Französischen Revolution sogar Titel und einen Teil der Besitztümer verloren hatten. Dennoch gehörten sie auch noch vor 1914 in zahlreichen europäischen Gesellschaften, vor allem aber in England, Österreich-Ungarn und Rußland zu den reichsten, politisch mächtigsten und kulturell tonangebenden Kreisen. Diese Beharrungskraft hat Arno Mayer mit dem Begriff *persistence of the old regime* eingefangen. Dabei hat er allerdings zu sehr die Gleichartigkeit adeligen Lebens und Einflusses in verschiedenen europäischen Ländern betont und nicht genug ihre Unterschiedlichkeit. Unter den Großgrundbesitzern, die in verschiedenem Ausmaß in Europa die ländliche Sozialstruktur prägten, waren Adelige trotz vordringenden bürgerlichen Einflusses noch Legion. Sie dominierten nicht nur in der Romagna, sondern auch in Rußland vor und nach der Reform des Jahres 1861. Sie besaßen über die Hälfte des ungarischen Landes im letzten Viertel des 19. Jahrhunderts, in England gemeinsam mit dem niederen Adel, der Gentry, sogar noch mehr. Selbst in Frankreich, wo die Revolution Adelstitel abschaffte und adelige Ländereien als Nationalgüter verkaufte, restaurierte der Adel seine ökonomische Basis weitgehend und fing nach 1815 an, vormalige Privilegien wieder einzufordern. Mit dem wirtschaftlichen ging der politische Einfluß besonders dort einher, wo das Wahlrecht an Steueraufkommen oder Grundbesitz gebunden war, wie in Deutschland vor 1866, in Frankreich vor 1848, in Belgien vor dem Ende des 19. Jahrhunderts, in England und Rußland sogar noch danach. In diesen Ländern konnten Adelige auch ihren politischen Einfluß behaupten, aber selbst dort, wo das allgemeine Männerwahlrecht frühzeitig durchgesetzt wurde, wie zum Beispiel in Frankreich, sorgten Klientelbeziehungen dafür, daß Adelige in ländlichen Wahlkreisen relativ problemlos gewählt wurden. In einzelnen Ländern – in Preußen etwa – blieben gewisse politische Vertretungsorgane ausschließlich dem Adel vorbehalten. Erst 1911 verlor bekanntlich das adelig dominierte House of Lords sein absolutes Vetorecht im Gesetzgebungsverfahren. Trotz dieser Ausnahme Englands wird man der These von J. Sperber zustimmen können, daß, je weiter man sich in Europa nach Osten bewegte, desto ungeteilter der Adel über Herrschaftspositionen verfügte und den Landbesitz monopolisierte.

Neben die Adeligen trat vor allem in Westeuropa der bürgerliche Großgrundbesitz, der in Frankreich, aber auch in Spanien und Italien im Umkreis größerer Städte verbreitet war. Land wurde in dem Maße als Investition für Bürger interessant, in dem mit Grund und Boden gesellschaftliches Prestige und Sicherheit, politische Rechte und regelmäßige Einkünfte verbunden waren. Auf diese Vorherrschaft des Landes gründete sich eine spezifische Gesellschaftsformation, in der adelige und bürgerliche Elemente wenn nicht verschmolzen, so doch koexistierten. Die Gentry in England ebenso wie die Notablen in Frankreich und Italien sind ihr zuzurechnen. Auch in Preußen erwarben zwar zunehmend Bürgerliche Rittergüter, und in der Schicht der Junker kam es sehr wohl zu einer Fusion bürgerlicher und adeliger Großgrundbesitzer. Aber aufgrund adeligen Exklusivitätsdenkens und der staatlichen Politik stand das 19. Jahrhundert hier noch stärker unter adeligen Vorzeichen als in anderen europäischen Ländern.

Als Teil der Verbürgerlichung des Landes ist nicht nur der Einfluß bürgerlicher Landbesitzer, sondern auch die Einbindung ländlicher Gemeinden in die von der Stadt ausgehenden Markt- und Kommunikationsbeziehungen anzusehen. Das Dorf hatte noch im 18. und auch in Teilen des 19. Jahrhunderts als politisch autonomer und kultureller Raum bestanden, in dem Entscheidungen über Infrastrukturarbeiten ebenso wie über die Regeln des ländlichen Lebens getroffen wurden. Ein Netz von Nachbarschafts- und Gegenseitigkeitsbeziehungen, das Konflikte sehr wohl einschloß, band die verschiedenen Familien ebenso aneinander wie Heiraten und die Abgrenzung gegen Zuwanderer, Hausierer oder Bettler. Auch Handwerker und in der zweiten Jahrhunderthälfte Kleinhändler waren in diese Gemeinden eingebunden, mit denen sie die Sorge um die Erträge des Ackers oder der Wiesen teilten. Mit dem Vordringen von staatlichen Institutionen und Beamten, der Verallgemeinerung von Marktbeziehungen und dem Vordringen von städtischen Kulturmodellen wurde das Dorf im 19. Jahrhundert in einem regional freilich unterschiedlichem Ausmaß in seinen Funktionen bedroht. Die Vielfalt ländlicher, aber auch städtischer Märkte, das dichte Netz, das Viehhändler, Korn- und Butterverkäufer, aber auch Hausierer über das Land legten, stammten zwar nicht erst aus dem 19. Jahrhundert, nahmen aber in dieser Zeit an Intensität zu. Auch das Vordringen des städtischen Konsums, das an Katalogen von Versandhäusern, Sofas oder Fahrrädern abzulesen ist, gehört zu jenen im einzelnen noch schlecht bekannten Prozessen der Verstädterung des Landes. Zunehmend, wenn auch nicht überall, verlor die Gemeinde im Laufe des Jahrhunderts ihre sozial-kulturelle Einheit. Diese hatte sich zuvor in den Diskussionen herausgebildet, die über die Ernteerträge, die Nutzung des Gemeindelandes und die Geltung der Gewohnheitsrechte geführt wurden. Sie zeichnete sich auch durch eine oft um die Kirche zentrierte Geselligkeit und soziale Kontrolle aus. Sie lebte freilich im russischen *mir* noch fort, in dem – wie in manchen Gegenden Ungarns und Polens, Tirols und Vorarlbergs – noch im 19. und 20. Jahrhundert periodisch Ackerland unter den Dorfbewohnern verteilt wurde. Andernorts war sie unter dem Vordringen des Privateigentums und der freien Nutzungsrechte zerbrochen. Die Vermarktungsagenten der Städte und die Ausbreitung eines städtischen Konsummodells gaben ihr gleichsam den Todesstoß. Dörfer, die am Ende des 19. Jahrhunderts vor allem in Westeuropa von den zahlreichen Landhandwerkern verlassen wurden, ähnelten kaum noch den Gemeinden ein Jahrhundert zuvor.

Literaturhinweise

Allgemeine Werke über die Epoche

Blackbourn, David, *The Long Nineteenth Century. A History of Germany, 1780–1918*, New York 1998.

Charle, Christophe, *Vordenker der Moderne. Die Intellektuellen im 19. Jahrhundert,* Frankfurt a.M. 1996.

Craig, Gordon A., *Geschichte Europas 1815–1980*, München 1983.

Frevert, Ute, *Frauen-Geschichte. Zwischen bürgerlicher Verbesserung und neuer Weiblichkeit*, Frankfurt a.M. 1986.

Fulbrook, Mary (Hg.), *German History since 1800*, New York 1997.

Haupt, Heinz-Gerhard, *Sozialgeschichte Frankreichs seit 1789*, Frankfurt a.M. 1989.

Hobsbawm, Eric J., *Europäische Revolutionen*, Zürich 1962.

–, *Die Blütezeit des Kapitals. Eine Kulturgeschichte der Jahre 1848–1875*, München 1977.

–, *Das imperiale Zeitalter, 1875–1914*, Frankfurt a.M. 1989.

Kocka, Jürgen (Hg.), *Bürgertum im 19. Jahrhundert. Deutschland im europäischen Vergleich*, 3 Bde., München 1988.

Lequin, Yves, *Histoire des Français*, 3 Bde., Paris 1984.

Nipperdey, Thomas, *Deutsche Geschichte 1800–1866*, München 1983.

–, *Deutsche Geschichte 1866–1918*, 2 Bde., München 1990/92.

Thompson, Francis (Hg.), *The Cambridge Social History of Britain, 1750–1950*, 3 Bde., Cambridge 1990.

Wehler, Hans-Ulrich, *Deutsche Gesellschaftsgeschichte*, Bd. 2 u. 3, München 1987/95.

Der Arbeiter

Conze, Werner/Engelhardt, Ulrich (Hg.), *Arbeiterexistenz im 19. Jahrhundert*, Stuttgart 1981.
Geary, Dick, *Arbeiterprotest und Arbeiterbewegung in Europa 1848–1939*, München 1983.
Kaplan, Steven L./Koepp, Cynthia J. (Hg.), *Work in France*, London 1986.
Kocka, Jürgen (Hg.), *Arbeitsverhältnisse und Arbeiterexistenzen*, Bonn 1990.
–, *Arbeiter und Bürger im 19. Jahrhundert: Varianten ihres Verhältnisses im europäischen Vergleich*, München 1986.
– (Hg.), *Europäische Arbeiterbewegungen im 19. Jahrhundert. Deutschland, Österreich, England und Frankreich im Vergleich*, Göttingen 1983.
–, *Lohnarbeit und Klassenbildung*, Bonn 1983.
Langewiesche, Dieter/Schönhoven, Klaus, *Arbeiter in Deutschland. Studien zur Lebensweise der Arbeiterschaft im Zeitalter der Industrialisierung*, Paderborn 1981.
Lequin, Yves, »Labour in the French Economy since the Revolution«, in: Mathias, Peter/Postan, Michail M. (Hg.), *The Cambridge Economic History of Europe*, Bd. 7, Cambridge 1978.
Perrot, Michelle, *Les ouvriers en grève*, Paris 1974.
Ritter, Gerhard A. (Hg.), *Geschichte der Arbeiter und der Arbeiterbewegung in Deutschland seit dem Ende des 18. Jahrhunderts*, 11 Bde., Berlin u. Bonn 1984ff.
Ritter, Gerhard A./Tenfelde, Klaus, *Arbeiter im deutschen Kaiserreich. 1871 bis 1914*, Bonn 1992.
Ruppert, Wolfgang (Hg.), *Lebensformen: Alltag und Kultur von der Frühindustrialisierung bis zum »Wirtschaftswunder«*, München 1986.
Tenfelde, Klaus (Hg.), *Arbeiter und Arbeiterbewegung im Vergleich. Berichte zur internationalen historischen Forschung*, München 1986.
Scholliers, Peter (Hg.), *Real Wages in 19th and 20th Century Europe: Historical and Comparative Perspectives*, New York 1989.
Sewell, William H., *Work and Revolution in France*, Cambridge 1980.
Thompson, Edward P., *Die Entstehung der englischen Arbeiterklasse*, Frankfurt a.M. 1987 (*The Making of the English Working Class*, London 1963).

Unternehmer und Manager

Augustine, Dolores L., *Patricians and Parvenues. Wealth and High Society in Wilhelmine Germany*, Oxford/Providence 1994.
Bergeron, Louis, *Les capitalistes en France (1780–1914)*, Paris 1978.
Berghoff, Hartmut/Möller, Roland, »›Tired pioneers and dynamic newcomers?‹ A comparative essay on English and German entrepreneurial history, 1870–1914«, in: *Economic History Review* XLVII, 2 (1994).
Cassis, Youssef, »Wirtschaftselite und Bürgertum. England, Frankreich und

Deutschland um 1900«, in: Kocka, Jürgen (Hg.), *Bürgertum im 19. Jahrhundert. Deutschland im europäischen Vergleich*, München 1988.
–, *City Bankers 1890–1914*, Cambridge 1994.
– (Hg.), *Business Elites*, Aldershot 1994.
–, *Big Business. The European Experience in the Twentieth Century*, Oxford 1997.
Chandler, Alfred, Jr., *Scale and Scope. The Dynamics of Industrial Capitalism*, Cambridge, Mass. 1990.
Erickson, Charlotte, *British Industrialists: Steel and Hosiery 1850–1950*, Cambridge 1959 (Repr. Brookfield/Vt. 1986).
Howe, Anthony, *The Cotton Masters, 1830–1860*, Oxford 1984.
Jones, Charles A., *International Business in the Nineteenth Century. The Rise and Fall of a Cosmopolitan Bourgeoisie*, New York 1987.
Kaelble, Hartmut, *Berliner Unternehmer während der frühen Industrialisierung. Herkunft, sozialer Status und politischer Einfluß*, Berlin 1972.
Kocka, Jürgen, *Unternehmer in der deutschen Industrialisierung*, Göttingen 1975.
Lévy-Leboyer, Maurice (Hg.), *Le patronat de la seconde industrialisation*, Paris 1979.
Moine, Jean-Marie, *Les barons du fer. Les maitres de forges en Lorraine du milieu de 19e siècle aux années trente. Histoire social d'un patronat sidérurgique*, Nancy 1989.
Rubinstein, William D., *Men of Property. The very Wealthy in Britain since the Industrial Revolution*, London 1981.

Der Ingenieur

Bergeron, Louis und Bourdelais, Patrick, *La France n'est-elle pas douée pour l'industrie?*, Paris 1998.
Day, Charles R., *Education for the Industrial World. The Ecoles d'Arts et Métiers and the Rise of French Industrial Engineering*, London 1987.
Grelon, André, *Les ingénieurs da la Crise. Titre et profession entre les deux guerres*, Paris 1986.
Grelon, André/Stück, Heiner, *Ingenieure in Frankreich, 1747–1990*, Frankfurt a.M. 1994.
Guillaume, Pierre (Hg.), *La professionnalisation des classes moyennes*, Talence/Gironde 1996.
Kocka, Jürgen, *Die Angestellten in der deutschen Geschichte. 1850–1980*, Göttingen 1981.
Lescure, Michel, *PME et croissance économique. L'expérience française des années 1920*, Paris 1996.
Lévy-Leboyer, Maurice (Hg.), *Le patronat de la seconde industrialisation*, Paris 1979.

Lévy-Leboyer, Maurice/Morsel, Henri, *Histoire de l'électricité en France, 1919–1946*, Bd. II: *L'interconnexion et le marché*, Paris 1994.
Moine, Jean-Marie, *Les Barons du fer. Les maîtres de forge en Lorraine du milieu du 19e siècle aux années trente*, Nancy 1989.
Ribeill, Georges, *La Révolution ferroviaire. La formation des compagnies de chemin de fer en France (1823–1870)*, Paris 1993.
Scholl, Lars U., *Ingenieure in der Frühindustrialisierung*, Göttingen 1978.
Schweitzer, Sylvie, *André Citroën (1915–1935). Le défi et le risque*, Paris 1992.
Shinn, Terry, *L'Ecole Polytechnique, 1794–1914* (Savoir scientifique et pouvoir social), Paris 1980.
Thépot, André, *L'ingénieur dans la société française*, Paris 1985.

Der Arzt

Berridge, Virginia, »Health and medicine«, in: Thompson, Francis M. L. (Hg.), *Cambridge social history of Britain 1750–1950*, Bd. 3, Cambridge 1990, S. 171–242.
Bonner, Thomas Neville, »Medical women abroad: a new dimension of women's push for opportunity in medicine 1850–1914«, in: *Bulletin of the history of medicine*, Bd. 62, 1988, Nr. 1, S. 58–68.
Bynum, William F./Porter, Roy (Hg.), *Companion encyclopedia of the history of medicine*, Bd. 2, London 1993, S. 1190–1710.
Cassedy, James H., *Medicine in America: a short history*, Baltimore/London 1991.
Faure, Olivier, *Les français et leur médecine au XXe siècle*, Paris 1993.
–, *Histoire sociale de la médecine XVIIIe-XXe siècles*, Paris 1994.
Frevert, Ute, *Krankheit als politisches Problem 1770–1880. Soziale Unterschichten in Preußen zwischen medizinischer Polizei und staatlicher Sozialversicherung*, Göttingen 1984.
Huerkamp, Claudia, *Der Aufstieg der Ärzte im 19. Jahrhundert. Vom gelehrten Stand zum professionellen Experten: Das Beispiel Preußen*, Göttingen 1985.
Labisch, Alfons/Spree, Reinhard (Hg.), *Die medizinische Deutungsmacht im sozialen Wandel*, Bonn 1989.
Léonard, Jacques, *Les médecins de l'Ouest au XIXe siècle*, 3 Bde., Paris 1978.
–, *La médecine entre les savoirs et les pouvoirs: une histoire intellectuelle et politique de la médecine française au XIXe siècle*, Paris 1981.
Marland, Hilary, *Medicine and society in Wakefield and Hudderfield 1770–1870*, Cambridge 1987.

Die Gläubige

Arnold, Odile, *Le corps et l'âme. La vie des religieuses au XIXe siècle*, Paris 1984.
Blackbourn, David, *Wenn ihr sie wieder seht, fragt wer sie sei. Marienerscheinungen in Marpingen*, Hamburg 1997.

Carraciolo, Elisabetta, *Misteri del chiostro napoletano*, Florenz 1986.
Corbin, Alain, *Die Sprache der Glocken*, Frankfurt a.M. 1997.
Courtine, Jean-Jacques/Haroche, Claudine, *Histoire du visage. Exprimer et taire ses émotions (XVIe-début XIXe siècle)*, Paris 1994.
De Giorgio, Michela, »Das katholische Modell«, in: Duby, Georges/Perrot, Michelle (Hg.), *Geschichte der Frauen*, Bd. 4, Frankfurt/New York 1994.
Fattorini, Emma (Hg.), *Santi, culti, simboli nell'età della secolarizzazione (1815–1915)*, Turin 1997.
Götz v. Olenhusen, Irmtraud (Hg.), *Wunderbare Erscheinungen. Frauen und katholische Frömmigkeit im 19. und 20. Jahrhundert*, Paderborn 1995.
–, *Frauen unter dem Patriarchat der Kirchen. Katholikinnen und Protestantinnen im 19. und 20. Jahrhundert*, Stuttgart 1995.
Groppi, Angela, *I conservatori della virtù. Donne recluse nella Roma dei Papi*, Rom 1994.
Langlois, Claude, *Le catholicisme au féminin. Les congrégations françaises à supérieure générale au XIXe siècle*, Paris 1984.
Michelet, Jules, *Le prêtre, la femme et la famille*, Paris 1845.
Neera (Anna Zuccari-Radius), *Una giovinezza del secolo XIX*, Mailand 1975.
Pelaja, Margherita, *Matrimonio e sessualità a Roma nell'Ottocento*, Rom 1994.
Rocca, Giancarlo, *Donne religiose. Contributo a una storia della condizione femminile in Italia nei secoli XIX-XX*, Rom 1992.
Saurer, Edith (Hg.), *Religion der Geschlechter. Historische Aspekte religiöser Mentalitäten*, Wien 1995.
–, »Versprechen und Gebote. Gebetbücher für Frauen, insbesondere im frühen 19. Jahrhundert. Beispiele aus Österreich«, in: Bödeker, Hans u.a. (Hg.), *Der Umgang mit dem religiösen Buch*, Göttingen 1991.
Savart, Claude, *Les catholiques en France au XIXe siècle: le témoignage du livre religieux*, Paris 1985.
Scaraffia, Lucetta/Zarri, Gabriella (Hg.), *Donne e fede*, Rom 1994.
Schreiner, Klaus, *Maria. Jungfrau – Mutter – Herrscherin*, München 1994.
Ventura, Gioacchino, *La donna cattolica. Continuazione alle Donne del Vangelo*, Mailand 1855.
Warner, Marina, *Alone of All Her Sex. The Myth and the Cult of the Virgin Mary*, London 1976.

Das Dienstmädchen

Alq, Louise, *Le maitre et la maitresse de maison*, Paris 1882.
Baker, Lady A.S., *Our Responsibilities and Difficulties as Mistresses of Young Servants*, London 1886.
Booth, Charles, *Life and Labour of the People in London*, 8 Bde., London 1903.
Budde, Gunilla-Friederike (Hg.), *In Träumen war ich immer wach. Das Leben des Dienstmädchens Sophia von ihr selbst erzählt*, Bonn [2]1990.
–, »›Stützen‹ der Bürgergesellschaft. Varianten der Rolle von Dienstmädchen in

deutschen und englischen Bürgerfamilien des 19. Jahrhunderts«, in: Berghoff, Hartmut/Ziegler, Dieter (Hg.), *Pionier und Nachzügler? Vergleichende Studien zur Geschichte Großbritanniens und Deutschlands im Zeitalter der Industrialisierung*, Bochum 1995, S. 259–280.

Dawes, Frank Victor, *Not in Front of the Servants. A True Portrait of Upstairs, Downstairs Life*, erw. Neuaufl. London 1989.

Gutton, Jean Pierre, *Domestiques et serviteurs dans la France de l'ancien régime*, Paris 1981.

Horn, Pamela, *The Rise and Fall of the Victorian Servant*, Dublin 1975.

McBride, Theresa, *The Domestic Revolution. The Modernization of Household Service in England and France, 1820–1920*, New York 1976.

Müller, Heide, *Dienstbare Geister. Leben und Arbeitswelt städtischer Dienstboten*, Berlin 1971.

Müller-Staats, Dagmar, *Klagen über Dienstboten. Eine Untersuchung über Dienstboten und ihre Herrschaften*, Frankfurt a.M. 1987.

Orth, Karin, *»Nur weiblichen Besuch.« Dienstmädchen in Berlin 1890–1914*, Frankfurt/New York 1993.

Ottmüller, Uta, *Die Dienstbotenfrage*, Münster 1978.

Pauleweit, Karin, *Dienstmädchen um die Jahrhundertwende. Im Selbstbildnis und im Spiegel der zeitgenössischen Literatur*, Frankfurt a.M. u.a. 1993.

Popp, Adelheid, *Haussklavinnen. Ein Beitrag zur Lage der Dienstmädchen*, Wien 1912.

v. Rosen, Kathinka, *Zur Dienstbotenfrage. Eine Erwiderung an Dr. Oscar Stillich*, Leipzig 1903.

Rustemeyer, Angela, *Dienstboten in Petersburg und Moskau 1861–1917. Hintergrund, Alltag, Soziale Rolle*, Stuttgart 1996.

Sans Gène, Marie [Anna Hill], *Jugenderinnerungen eines armen Dienstmädchens.* Unveränderter Nachdruck d. Ausgabe von 1906, Bremen o.J.

Schlaf, Johannes, *Miele. Ein Charakterbild*, Stuttgart 1960.

Schultz, Violet, *In Berlin in Stellung. Dienstmädchen im Berlin der Jahrhundertwende*, Berlin 1989.

Stillich, Oscar, *Die Lage der weiblichen Dienstboten in Berlin*, Berlin u. Bern 1902.

Tichy, Marina, *Alltag und Traum. Leben und Lektüre der Wiener Dienstmädchen um die Jahrhundertwende*, Wien u.a. 1984.

Viersbeck, Doris, *»... in fester Stellung.« Leben eines Hamburger Dienstmädchens um 1900*, Düsseldorf 1986.

Vormbaum, Thomas, *Politik und Gesinderecht im 19. Jahrhundert*, Berlin 1980.

Walser, Karin, *Dienstmädchen. Frauenarbeit und Weiblichkeitsbilder um 1900*, Frankfurt a.M. 1985.

Wetzorke, Friederike, *»... aber ein eigener Hausstand wär' schöner.« Dienstmädchen in Braunschweig um die Jahrhundertwende*, Frankfurt a.M. 1988.

Wierling, Dorothee, *Mädchen für alles. Arbeitsalltag und Lebensgeschichte städtischer Dienstmädchen um die Jahrhundertwende*, Berlin/Bonn 1987.

Zull, Gertraud, *Das Bild vom Dienstmädchen um die Jahrhundertwende. Eine Untersuchung der stereotypen Vorstellungen über den Charakter und die soziale Lage des städtischen weiblichen Hauspersonals*, München 1984.

Die Lehrerin

Albisetti, James, *Schooling German Girls and Women. Secondary and Higher Education in the 19th Century*, Princeton 1988.

Beckmann, Emmy (Hg.), *Die Entwicklung der höheren Mädchenbildung in Deutschland 1870–1914, dargestellt in Dokumenten*, Berlin 1936.

Bölling, Rainer, *Sozialgeschichte der deutschen Lehrer. Ein Überblick von 1800 bis zur Gegenwart*, Göttingen 1983.

Brehmer, Ilse (Hg.), *Lehrerinnen. Zur Geschichte eines Frauenberufs*, München 1980.

– (Hg.), *Mütterlichkeit als Profession? Lebensläufe deutscher Pädagoginnen in der ersten Hälfte dieses Jahrhunderts*, Pfaffenweiler 1990.

Frevert, Ute, *Frauen-Geschichte. Zwischen bürgerlicher Verbesserung und neuer Weiblichkeit*, Frankfurt a.M. 1986.

Gerhard, Ute, *Unerhört. Die Geschichte der deutschen Frauenbewegung*, Reinbek 1990.

Greven-Aschoff, Barbara, *Die bürgerliche Frauenbewegung in Deutschland 1894–1933*, Göttingen 1981.

Hardach-Pinke, Irene, *Die Gouvernante. Geschichte eines Frauenberufs*, Frankfurt/New York 1993.

Huerkamp, Claudia, *Bildungsbürgerinnen. Frauen im Studium und in akademischen Berufen 1900–1945*, Göttingen 1996.

Jacobi, Juliane (Hg.), *Frauen zwischen Familie und Schule. Professionalisierungsstrategien bürgerlicher Frauen im internationalen Vergleich*, Frankfurt a.M. 1994.

Jarausch, Konrad H., *Students, Society, and Politics in Imperial Germany. The Rise of Academic Illiberalism*, Princeton 1982.

Kerchner, Brigitte, *Beruf und Geschlecht. Frauenberufsverbände in Deutschland 1848–1908*, Göttingen 1992.

Klewitz, Marion, »Lehrerinnen in Berlin. Zur Geschichte eines segregierten Arbeitsmarktes«, in: Schmoldt, Benno (Hg.), *Schule in Berlin: gestern und heute*, Berlin 1989, S. 141–162.

Lange, Helene, *Die höhere Mädchenschule und ihre Bestimmung*, Berlin 1887.

–, *Kampfzeiten. Aufsätze und Reden aus vier Jahrzehnten*, 2 Bde., Berlin 1928.

Die Lehrerin in Schule und Haus. Zentralorgan für die Interessen der Lehrerinnen und Erzieherinnen des In- und Auslandes 1 (1884/85) – 30 (1913/14); seit Jg. 27 (1910/11) u.d.T.: *Die Lehrerin. Organ des allgemeinen dt. Lehrerinnenvereins.*

Zahn-Harnack, Agnes von, *Die Frauenbewegung. Geschichte, Probleme, Ziele*, Berlin 1928.

Zentralblatt für die gesamte Unterrichtsverwaltung in Preußen 32 (1890) – 56 (1914).

Der Staatsbürger

Bering, Dietz, *Der Name als Stigma. Antisemitismus im deutschen Alltag 1812–1933,* Stuttgart 1992.
Brubaker, Rogers, *Staatsbürger. Deutschland und Frankreich im historischen Vergleich,* Hamburg 1994.
Gerhard, Ute, »Die Rechtsstellung der Frau in der bürgerlichen Gesellschaft des 19. Jahrhunderts«, in: Jürgen Kocka (Hg.), *Bürgertum im 19. Jahrhundert. Deutschland im europäischen Vergleich,* Bd. 1, München 1988, S. 439–468.
Godineau, Dominique, *Citoyennes tricoteuses: les femmes du peuple à Paris pendant la Révolution française,* Paris 1988.
Hirschman, Albert O., *Engagement und Enttäuschung: über das Schwanken der Bürger zwischen Privatwohl und Gemeinwohl,* Frankfurt a.M. 1984, Neuausg. 1988.
Hobbes, Thomas, *Vom Menschen – vom Bürger,* Hamburg 1994.
Kocka, Jürgen, »Bürgertum und bürgerliche Gesellschaft im 19. Jahrhundert«, in: ders. (Hg.), *Bürgertum im 19. Jahrhundert. Deutschland im europäischen Vergleich,* Bd. 1, München 1988, S. 11–76.
Lüdtke, Alf, *»Gemeinwohl«, Polizei und »Festungspraxis«: Staatliche Gewaltsamkeit und innere Verwaltung in Preußen 1815–1850,* Göttingen 1982.
Marshall, Thomas H., *Bürgerrechte und soziale Klassen: Zur Soziologie des Wohlfahrtsstaats,* Frankfurt a.M. 1992.
Noiriel, Gérard, »L'identification des citoyens. Naissance de l'état civil républicain«, in: *Genèses* 13 (1993), S. 3–28.
–, *Die Tyrannei des Nationalen. Sozialgeschichte des Asylrechts in Europa,* Lüneburg 1994.
Offerlé, Michel, *Un homme, une voix? Histoire du suffrage universel,* Paris 1993.
Riedel, Manfred, »Bürger, Staatsbürger, Bürgertum«, in: O. Brunner u.a. (Hg.), *Geschichtliche Grundbegriffe,* Bd. 1, Stuttgart 1972, S. 672–725.
Rosanvallon, Pierre, *Le sacre du citoyen,* Paris 1992.
Rousseau, Jean-Jacques, *Der Gesellschaftsvertrag,* Köln 1988.
Somers, Margaret R., »Citizenship and the place of the public sphere: law, community, and political culture in the transition to democracy«, in: *American Sociological Review* 58 (1993), S. 587–620.
Weber, Max, *Wissenschaft als Beruf. Politik als Beruf,* Berlin 1992.

Der Migrant

Bade, Klaus J., *Deutsche im Ausland – Fremde in Deutschland*, München 1992.
Bodnar, John, *The Transplanted. A History of Immigrants in Urban America,* Bloomington 1985.
Caestecker, Frank, *Alien Policy in Belgium, 1840–1940. The Creation of Guest Workers, Refugees and Illegal Aliens*, Oxford 1998.

Chatelain, Abel, *Les Migrants Temporaires en France de 1800 à 1914*, Villeneuve-d'Ascq/Lille 1976.
Jackson, James H, *Migration and Urbanization in the Ruhr Valley, 1821–1914*, Atlantic Heights, N.J. 1997.
Kampfhoefner, Walter D, *The Westfalians. From Germany to Missouri*, Princeton 1987.
Lucassen, Jan, *Migrant Labour in Europe, 1600–1900*, London 1987.
Lourens, Piet/Lucassen, Jan, *Die lippischen Ziegler im 18. und 19. Jahrhundert. Entstehung und Entwicklung eines »ethnischen« Berufs*, Osnabrück 1998.
Moch, Leslie P., *Moving Europeans. Migration in Western Europe since 1650*, Bloomington 1992.
Noririel, Gérard, *Le Creuset français. Histoire de l'immigration XIX-XXe siècles*, Paris 1988.

Großstadtmenschen

Agulhon, Maurice (Hg.), *La ville de l'âge industriel. Le cycle hausmannien*, Paris 1983.
Ankum, Katharina von (Hg.), *Women in the Metropolis. Gender and Modernity in Weimar Culture*, Berkeley 1997.
Dennis, Richard, *English industrial cities of the nineteenth century. A social geography*, Cambridge 1984.
Evans, Richard J., *Tod in Hamburg: Stadt, Gesellschaft und Politik in den Cholera-Jahren 1830–1910*, Reinbek 1991.
Fraser, Derek/Sutcliffe, Anthony (Hg.), *The Pursuit of urban history*, London 1983.
Fritzsche, Peter, *Reading Berlin 1900*, Cambridge, Mass. 1996.
Gall, Lothar (Hg.), *Stadt und Bürgertum im 19. Jahrhundert*, München 1990.
Hardtwig, Wolfgang/Tenfelde, Klaus (Hg.), *Soziale Räume in der Urbanisierung. Studien zur Geschichte Münchens im Vergleich 1850–1933*, München 1990.
Heberle, Rudolf/Meyer, Fritz, *Die Großstädte im Strom der Binnenwanderung. Wirtschafts- und bevölkerungswissenschaftliche Untersuchungen über Wanderung und Mobilität in deutschen Städten*, Leipzig 1938.
Hennock, Ernest P., *Fit and Proper Persons. Ideal and Reality in Nineteenth-Century Urban Government*, London 1973.
Ladd, Brian, *Urban Planning and Civic Order in Germany, 1860–1914*, Cambridge, Mass. 1990.
Lee, Joseph J., »Aspects of Urbanization and Economic Development in Germany 1815–1914«, in: Abrams, Philip/Wrigley, E.A. (Hg.), *Towns in Societies. Essays in Economic History and Historical Sociology*, Cambridge, 1978, S. 279–293.
Lees, Andrew, *Cities Perceived. Urban Society in European and American thought, 1820–1940*, Manchester 1985.

Matzerath, Horst (Hg.), *Städtewachstum und innerstädtische Strukturveränderungen. Probleme des Urbanisierungsprozesses im 19. und 20. Jahrhundert*, Stuttgart 1984.
Merriman, John (Hg.), *French Cities in the Nineteenth Century*, London 1982.
Pinol, Jean-Luc, *Le monde des villes au XIXe siècle*, Paris 1991.
Planert, Ute, *Antifeminismus im Kaiserreich. Diskurs, soziale Formation und politische Mentalität*, Göttingen 1998.
Reif, Heinz, *Die verspätete Stadt. Industrialisierung, städtischer Raum und Politik in Oberhausen, 1846–1929*, 2 Bde., Köln 1993.
Reulecke, Jürgen/Rüdenhausen, Adelheid Gräfin zu Castell (Hg.), *Stadt und Gesundheit. Zum Wandel von »Volksgesundheit« und kommunaler Gesundheitspolitik im 19. und frühen 20. Jahrhundert*, Stuttgart 1991.
- (Hg.), *Geschichte des Wohnens*, Bd. 3 (*1800–1918. Das bürgerliche Zeitalter*), Stuttgart 1997.
Roters, Eberhard/Schulz, Bernhard (Hg.), *Ich und die Stadt. Mensch und Großstadt in der deutschen Kunst des 20. Jahrhunderts*, Berlin 1987.
Schlör, Joachim, *Nachts in der großen Stadt: Paris, Berlin, London 1840–1930*, München 1991.
Schorske, Carl E., *Wien: Geist und Gesellschaft im Fin de Siècle*, Frankfurt a.M. [2]1982.
Sharpe, William/Wallock, Leonard (Hg.), *Visions of the Modern City. Essays in History, Art, and Literature*, New York 1983.
Smuda, Manfred (Hg.), *Die Großstadt als »Text«*, München 1992.
Stedman Jones, Gareth, *Outcast London. A study in the relationship between classes in Victorian society*, Oxford 1971.
Sutcliffe, Anthony, *Towards the Planned City. Germany, Britain, the United States and France 1780–1914*, Oxford 1981.
Teuteberg, Hanns Jürgen (Hg.), *Urbanisierung im 19. und 20. Jahrhundert. Historische und geographische Aspekte*, Köln 1983.
Vries, Jan de, *European Urbanization 1500–1800*, London 1984.
Waller, Philip J., *Town, City, and Nation. England 1850–1914*, Oxford 1983.
Witzler, Beate, *Großstadt und Hygiene. Kommunale Gesundheitspolitik in der Epoche der Urbanisierung*, Stuttgart 1995.
Zimmermann, Clemens, *Die Zeit der Metropolen. Urbanisierung und Großstadtentwicklung*, Frankfurt a.M. 1996

Der Künstler

Becker, Wolfgang, *Paris und die deutsche Malerei 1750–1840*, München 1971.
Berger, Renate (Hg.), *»Und ich sehe nichts, nichts als die Malerei«. Autobiographische Texte von Künstlerinnen des 18.-20. Jahrhunderts*, Frankfurt a.M. 1987.
Blochmann, Georg M., *Zeitgeist und Künstlermythos. Untersuchungen zur Selbstdarstellung deutscher Maler der Gründerzeit*, Münster 1991.

Borchard, Beatrix, *Clara Schumann. Ihr Leben*, Frankfurt a.M. 1991.
Busch, Werner (Hg.), *Funkkolleg Kunst. Eine Geschichte der Kunst im Wandel ihrer Funktionen*, 2 Bde., München 1987.
Dahlhaus, Carl, *Die Musik im 19. Jahrhundert*, Darmstadt 1980.
Daniel, Ute, *Hoftheater. Zur Geschichte des Theaters und der Höfe im 18. und 19. Jahrhundert*, Stuttgart 1995.
Grossmann, Joachim, *Künstler, Hof und Bürgertum. Leben und Arbeit von Malern in Preußen 1786–1850*, Berlin 1994.
Hein, Dieter/Schulz, Andreas (Hg.), *Bürgerkultur im 19. Jahrhundert. Bildung, Kunst und Lebenswelt*, München 1996.
Koselleck, Reinhart (Hg.), *Bildungsbürgertum im 19. Jahrhundert*, Bd. 2, Stuttgart 1990.
Lenman, Robin, *Die Kunst, die Macht und das Geld. Zur Kulturgeschichte des kaiserlichen Deutschland 1871–1918*, Frankfurt a.M. 1994.
Mommsen, Wolfgang J., *Bürgerliche Kultur und künstlerische Avantgarde. Kultur und Politik im deutschen Kaiserreich 1870 bis 1918*, Frankfurt a.M. 1994.
Paret, Peter, *Die Berliner Sezession. Moderne Kunst und ihre Feinde im kaiserlichen Deutschland*, Berlin 1981.
–, *Kunst als Geschichte. Kultur und Politik von Menzel bis Fontane*, München 1990.
Plagemann, Volker, *Das deutsche Kunstmuseum 1790–1870*, München 1967.
Sfeir-Semler, Andrée, *Die Maler am Pariser Salon 1791–1880*, Frankfurt a.M. 1992.
Warnke, Martin, *Hofkünstler. Zur Vorgeschichte des modernen Künstlers*, Köln 1996.
With, Christopher B., *The Prussian Landeskunstkommission 1862–1911: A Study in State Subvention of the Arts*, Berlin 1986.

Der Adlige

Aretin, Karl-Ottmar Freiherr von, »Der bayerische Adel. Von der Monarchie zum Dritten Reich«, in: Martin Broszat u.a. (Hg.), *Bayern in der NS-Zeit*, Bd. 3, München 1981.
Beckett, John V., *The aristocracy in England 1660–1914*, Oxford 1986.
Bush, Michael L., *The English aristocracy. A comparative synthesis*, Manchester 1984.
Cannadine, David, *Aspects of aristocracy. Grandeur and decline in modern Britain*, New Haven 1994.
–, *The decline and fall of British aristocracy*, New Haven 1990.
Carsten, Francis L., *Geschichte der preußischen Junker*, Frankfurt a.M. 1988.
Higgs, David, *Nobles in nineteenth-century France: practice of inegalitarianism*, Baltimore 1987.
Jocteau, Gian C., *Nobili e nobiltà nell'Italia unita*, Rom 1997.
Les noblesses européennes au XIXe siècle, Mailand 1988.

Lieven, Dominic, *Abschied von Macht und Würden. Der europäische Adel 1815–1914*, Frankfurt a.M. 1995.
Malatesta, Maria (Hg.), »Sociabilità nobiliare, sociabilità borghese«, in: *Cheiron* 9/10 (1988).
Meriggi, Mana, *Milano borghese. Circoli ed élites nell'Ottocento*, Venedig 1992.
Montroni, Giovanni, *Gli uomini del re. La nobiltà napoletana nell'Ottocento*, Catanzaro 1996.
Reden-Dohna, Adelheid von/Melville, Ralph (Hg.), *Der Adel an der Schwelle des bürgerlichen Zeitalters*, Stuttgart 1988.
Wehler, Hans-Ulrich (Hg.), *Europäischer Adel 1750–1950*, Göttingen 1990.

Der Bauer

Moulin, A., *Les paysans dans la société française*, Paris 1988.
Blum, J. (Hg.), *Histoire des Paysans*, Paris 1992.
Mayer, A.J., *The Persistence of the Old Regime. Europe to the Great War*, New York 1981.
Braun, R., *Industrialisierung und Volksleben*, Göttingen 1981.
Ehmer, J./Mitteraur, M. (Hg.), *Familienstruktur und Arbeitsorganisation in ländlichen Gesellschaften*, Wien 1986.
Fehrenbach, Elisabeth (Hg.), *Adel und Bürgertum in Deutschland 1770–1848*, München 1994.
Haupt, Heinz-Gerhard, *Sozialgeschichte Frankreichs seit 1789*, Frankfurt a.M. 1989, S. 115ff.
Jakobeit, S. u.a. (Hg.), *Idylle oder Aufbruch? Das Dorf im bürgerlichen 19. Jahrhundert. Ein europäischer Vergleich*, Berlin 1990.
Kocka, Jürgen, *Arbeitsverhältnisse und Arbeiterexistenzen. Grundlagen der Klassenbildung im 19. Jahrhundert*, Bonn 1990.
Mooser, J., *Ländliche Klassengesellschaft 1770–1848. Bauern und Unterschichten, Landwirtschaft und Gewerbe im östlichen Westfalen*, Göttingen 1984.
Puhle, H.J., *Politische Agrarbewegungen in kapitalistischen Industriegesellschaften*, Göttingen 1975.
Schissler, Hannah, *Preußische Agrargesellschaft im Wandel. Wirtschaftliche, gesellschaftliche und politische Transformationsprozesse von 1763 bis 1847*, Göttingen 1978.
Wehler, Hans-Ulrich (Hg.), *Europäischer Adel 1750–1950*, Göttingen 1990.

Autorinnen und Autoren

Gunilla-Friederike Budde ist Wissenschaftliche Assistentin am Institut für Geschichte der Universität Bielefeld. Sie veröffentlichte unter anderem: *Auf dem Weg ins Bürgerleben. Kindheit und Erziehung in deutschen und englischen Bürgerfamilien. 1840–1914* (1994) und *Frauen arbeiten. Weibliche Erwerbstätigkeit in Ost- und Westdeutschland nach 1945* (Hg.; 1997).

Frank Caestecker ist Wissenschaftlicher Mitarbeiter an der EHSAL (Economische Hogeschool Sint-Aloysius) in Brüssel. Er beschäftigt sich mit der Geschichte der Ausländer- und Flüchtlingspolitik in Belgien. Zu dem Thema veröffentlichte er u.a.: *Ongewenste gasten: joodse vluchtelingen en migranten in de dertiger jaren in Belgie* (1993) und *Alien Policy in Belgium, 1840–1940. The Creation of Guest Workers, Refugees and Illegal Aliens* (1998).

Youssef Cassis lehrt als Professor für Wirtschaftsgeschichte an der Universität Grenoble und ist als Forschungsstipendiat zu Gast an der London School of Economics. Er schrieb mehrere Bücher zur Geschichte des Unternehmertums und zur Entwicklung des Wirtschafts- und Finanzwesens. Zuletzt erschienen: *City Bankers 1890–1914* (1994) und *Big Business. The European Experience in the Twentieth Century* (1997).

Olivier Faure ist Professor für Zeitgeschichte an der Universität von Lyon und Mitarbeiter des Centre Pierre Léon für Wirtschafts- und Sozialgeschichte; sein Forschungsschwerpunkt ist die Geschichte der

Medizin und der Gesundheitsfürsorge. Er veröffentlichte u.a.: *Les Français et leur médecine au XIXe siècle* (1993) und *Histoire sociale de la médecine du XVIIIe au XXe siècle* (1994).

Ute Frevert lehrt Geschichte an der Universität Bielefeld. Sie veröffentlichte u.a.: *Ehrenmänner. Das Duell in der bürgerlichen Gesellschaft* (1991) und *Frauen-Geschichte zwischen bürgerlicher Verbesserung und neuer Weiblichkeit. Sozialgeschichte der Frauen 1780–1986* (1986).

Michela de Giorgio lehrt als Historikerin am Institut für Politische Wissenschaften in Sassari. Sie ist Mitbegründerin und -herausgeberin der Zeitschrift *Memoria. Rivista di storia delle donne*. Sie veröffentlichte unter anderem: *Le italiane dall'unità ad oggia* (1992) und *Storia del Matrimonio* (1996, mit Christiane Klapisch-Zuber). Ihr aktueller Forschungsschwerpunkt sind Frauenkörper im 19. und 20. Jahrhundert in Italien.

Heinz-Gerhard Haupt ist Professor für allgemeine Geschichte unter besonderer Berücksichtigung der Sozialgeschichte an der Universität Bielefeld. Der Autor zahlreicher Publikationen zur französischen Geschichte und zum Vergleich europäischer Gesellschaften des 19. und 20. Jahrhunderts veröffentlichte zuletzt: *Die Kleinbürger. Eine europäische Sozialgeschichte des 19. Jahrhunderts* (1998, mit Geoffrey Crossick).

Claudia Huerkamp lehrt als Privatdozentin an der Universität Bielefeld; ihr Hauptinteresse gilt der Sozialgeschichte des 19. und 20. Jahrhunderts. Sie veröffentlichte unter anderem: *Der Aufstieg der Ärzte im 19. Jahrhundert. Vom gelehrten Stand zum professionellen Experten: Das Beispiel Preußens* (1985) und *Bildungsbürgerinnen. Frauen im Studium und in akademischen Berufen 1900–1945* (1996).

Friedrich Lenger ist Professor für Neuere und Neueste Geschichte an der Universität Erlangen. Zu seinen Veröffentlichungen zählen: *Sozialgeschichte der deutschen Handwerker seit 1800* (1988) und *Werner Sombart (1863–1941). Eine Biographie* (^{2}1995).

Jean-Luc Mayaud ist Mitarbeiter am Centre Pierre Léon für Wirtschafts- und Sozialgeschichte in Lyon.

Giovanni Montroni unterrichtet englische Geschichte an der Universität von Neapel. Veröffentlicht hat er unter anderem: *Società e mercato della terra* (1983), *Gli uomini del re* (1996) und *Aristocracy and professions*, in: *Society and professions in Italy. 1860–1914* (hg. v. M. Malatesta; 1995). Er beschäftigt sich vorwiegend mit der Geschichte von Monarchien und Adel.

Gérard Noiriel lehrt Geschichte an der École des Hautes Études en Sciences Sociales in Paris und ist Mitherausgeber der Zeitschrift *Genèses. Sciences Sociales et Histoire*. Zu seinen jüngsten Veröffentlichungen zählen: *Le creuset national. Histoire de l'immigration. XIXe-XXe siècle* (1988; ^{2}1992); *La Tyrannie du national. Le Droit d'asile en Europe. 1793–1993* (1991; dt. Ausg.: *Die Tyrannei des Nationalen. Asylrecht in Europa 1793–1993* (1994)); *Sur la crise de l'histoire* (1996) und *Longwy. Immigrés et prolétaires. 1880–1980* (1998).

Vincent Robert lehrt Zeitgeschichte an der Sorbonne in Paris. Seine Studien gelten vor allem den Formen politischen Lebens im Europa des 19. Jahrhunderts. Veröffentlicht hat er unter anderem: *Les chemins de la manifestation*. 1848–1914 (1996).

Sylvie Schweitzer ist Professorin für Zeitgeschichte an der Universität von Lyon und Mitarbeiterin am Centre Pierre Léon. Ihre Forschungsschwerpunkte sind soziale und durch Arbeit bedingte Klassen und Hierarchien im Zeitalter der Industrialisierung. Sie veröffentlichte zuletzt: *Industrialisation, hiérarchies au travail et hiérarchies sociales* (1997) sowie *Chercher les femmes au travail*, in: *Les Habits neufs de l'inégalité* (hg. v. M. Maruani; 1998).

Campus Kulturgeschichte

François Furet (Hg.)

Der Mensch der Romantik

1998. 326 Seiten, gb.

ISBN 3-593-35930-8

In seiner Heimat Frankreich galt der kürzlich verstorbene François Furet als der große zeitgenössische »Historiker der Revolution« (FAZ). Mit der Herausgabe des vorliegenden Bandes wird deutlich, wie stark sein wissenschaftliches Engagement auch der Zeit zwischen den Revolutionen galt. Die Romantik interessiert Furet, weil diese geschichtliche Epoche von der Nähe zu zwei Revolutionen geprägt ist: »Der Mensch der Romantik erblickte das Licht der Welt gleichzeitig mit der modernen Gesellschaft und wuchs in den Jahren zwischen 1814 und 1848 heran, zwischen dem Ende der Französischen Revolution und ihrer Neuauflage«, schreibt er in der Einleitung.

Der Band charakterisiert eine Epoche, die nicht mehr aristokratisch und noch nicht bürgerlich war. In ihr verloren die traditionellen Hierarchien und Wertvorstellungen des Ancien régime zwar immer mehr an Geltung, andere Gesellschaftsformen begannen sich aber erst allmählich und äußerst zaghaft durchzusetzen. In den Abschnitten über den Bürger und den Arbeiter wird deutlich, wie unvollkommen die Ausformung neuer Gesellschaftsschichten in jener Epoche noch war.

Das Kapitel über die Frau in der Romantik zeigt schließlich, wie hartnäckig überkommene Moralvorstellungen einer Veränderung der sozialen Landschaft im Weg standen – obwohl die Formulierung der Rechte der Frau in der Französischen Revolution bereits bedeutende Veränderungen der Mentalitäten bewirkt hatte. Auch die Einzeldarstellungen über den Gelehrten, den Arzt, den Priester, den Intellektuellen und den Revolutionär belegen, wie sehr der Zeitgeist der Romantik von Widersprüchen und Übergangsphänomenen geprägt war.

Campus Verlag · Frankfurt/New York